汉语方言论集

王 福 堂 著

商务印书馆
2010年·北京

图书在版编目(CIP)数据

汉语方言论集/王福堂著.—北京:商务印书馆,2010
ISBN 978-7-100-06512-2

I. 汉… II. 王… III. 汉语方言－文集 IV. H17-53

中国版本图书馆 CIP 数据核字(2009)第 006852 号

所有权利保留。
未经许可,不得以任何方式使用。

HANYU FANGYAN LUNJI
汉 语 方 言 论 集
王福堂　著

商 务 印 书 馆 出 版
(北京王府井大街36号　邮政编码100710)
商 务 印 书 馆 发 行
北京市白帆印务有限公司印刷
ISBN 978-7-100-06512-2

2010年4月第1版　　开本 787×1092　1/16
2010年4月北京第1次印刷　印张 20¾
定价：44.00元

目　录

汉语方言语音中的层次 …………………………………………………… 1
文白异读中读书音的几个问题 …………………………………………… 9
文白异读和层次区分 ……………………………………………………… 19
汉语方言调查和方言语音 ………………………………………………… 27
二十世纪的汉语方言学 …………………………………………………… 34
关于客家话和赣方言的分合问题 ………………………………………… 56
平话、湘南土话和粤北土话的归属 ……………………………………… 65
徽州方言的性质和归属 …………………………………………………… 80
普通话 üan 韵母主要元音的音值 ………………………………………… 89
普通话语音标准中声韵调音值的几个问题 ……………………………… 91
北京话儿化韵的产生过程 ………………………………………………… 99
杭州方言上声字中声母 v、z 的音变 …………………………………… 110
闽北方言弱化声母和"第九调"之我见 ………………………………… 118
原始闽语中的清弱化声母和相关的"第九调" ………………………… 123
原始闽语构拟问题的研究过程 …………………………………………… 137
汉越语和湘南土话、粤北土话中并定母读音的关系 …………………… 144
壮侗语吸气音声母 ʔb、ʔd 对汉语方言的影响 ………………………… 149
广州方言韵母中长短元音和介音的问题 ………………………………… 154
古全浊声母清化后塞音塞擦音送气不送气的问题 ……………………… 174
方言本字考证说略 ………………………………………………………… 191
绍兴话记音 ………………………………………………………………… 207
绍兴方言同音字汇 ………………………………………………………… 242
绍兴方言中的两种述语重叠方式及其语义解释 ………………………… 271
绍兴方言韵母又读中的元音 ɒ 和 a ……………………………………… 280

绍兴方言中蟹摄一等哈泰韵的分合……………………………………292
绍兴方言百年来的语音变化…………………………………………298
绍兴方言中表处所的助词"东*"、"带*"、"亨*"……………………310
从"实心馒头"到"淡面包"再到"淡包"……………………………319
绍兴方言"傺子"本字考………………………………………………322
后记………………………………………………………………………326

汉语方言语音中的层次

一

汉语方言中，下列现象可能和层次有关：同一个字有不同的语音形式，如北京话陌韵字"伯"₅po、⁵pai、₅pai 不同的韵母和声调；相同的意义有不同的词语，如"鼎"、"镬"、"锅"等；相同的语法功能有不同的句式，如疑问句的"vp 不 vp?"和"可 vp?"式；等等。以上各例分别属于语音层次、词汇层次和语法层次。这些层次大多由从异方言(不同地区或不同时间的其他方言)借入的部分和本方言原有的部分叠置而成。

本文讨论语音层次。语音层次具体表现为同一古音来源的字(一个字或一组字)在方言共时语音系统中有不同语音形式的若干音类。有的音类来自异方言，就叫做异源的。比如北京话上引陌韵字"伯"和下列铎韵字：

酪 lau³

洛 luo³

络 luo³ lau³

同是陌韵字，韵母有 o、ai 两个语音形式；同是铎韵字，韵母有 o(uo)、au 两个语音形式。陌铎韵字韵母各有两个音类，是两个不同的层次，其中 o(uo)是异源层次。

汉语方言中，一个字的异读中往往有异源的。这类异读具有不同的风格，并有语音上的对应性，一般称为文白异读。单个字的异读分别称为文读音(或读书音)和白读音(或口语音)，如上述北京话铎韵"络"字的 luo³ 为文读音，lau³ 为白读音。多个字语音上有对应的异读形成异读层次，分别称为文读层和白读层，如上述北京话陌铎韵的 o/uo 属文读层，ai/au 属白读层。异源层次一般是其中的文读层，大多是从外方言借入的。

不过并不是所有的异读中都有异源层次。比如北京话"慨"kʰai⁵、⁵kʰai 两读只是本方言中字音的声调分化，不是另从异方言借入读音的结果。又如"离～开"₅li、li³

两读也不是声调的异源层次,而只是同形字"离～开"(力智切)和"离～别"(吕支切)合并的结果。此外,许多语言运用造成的字音变化也不能归为异源层次。比如广州话"纠"˪tɐu是偏旁"丩"和"斗"混淆造成的误读,福州话"脚"˪kʰa是同义词"骹"的训读,这类读音和本字没有关系。

二

底层也是一种异源层次。这种层次比较古老,而且在语音系统中往往有特殊的曲折的表现。底层原是地理学名词,指最深处的地质层次,有时会有露头。语言学借用这一名词,用来指历史上已经被替换的语言留下的痕迹(大多表现为音值特点或个别词汇)。比如浙江庆元话帮端母为ʔb、ʔd,如"布"ʔbuᒾ,"到"ʔdauᒾ。帮端母浊化并吸气的这种特殊变化是汉语的历史演变所不能解释的。但大多数壮侗语声母塞音中双唇音和舌尖音只有浊音,其他部位只有清音,则是普遍的现象。联系这一地区的社会历史情况来考虑,庆元话双唇和舌尖部位塞音的特殊音值应该是反映了壮侗语的特点。这种音值是早期壮侗语和吴语接触后遗留下来的,目前在庆元话中成了体现壮侗语影响的底层。

有的方言底层的特殊语音形式已经消失,但通过它对语音系统造成的影响可以推知它早先曾经存在。比如湖南临武土话中古浊声母的音值:

婆并	甜定	球群	贱从	斜邪	丈澄	锄崇	乘船	仇禅
˪pu	˪tī	˪kʰiou	tɕī˪	˪tɕʰio	tsʰaŋ˪	˪tɕʰye	tsʰeŋ˪	˪tɕʰiou

从例字中可见,古浊声母清化后塞音塞擦音中并定母为p、t,不送气,其他声母为kʰ、tsʰ、tɕʰ等,送气。这些送气和不送气的声母在音值上和一般汉语方言中同类的声母并没有什么差别,但它们送气不送气的分化原则却显得特殊,同样不是汉语的历史演变所能解释的。联系上面庆元话帮端母的表现,可以推知,临武土话古浊声母的这种特殊分化也是壮侗语双唇、舌尖部位吸气的浊塞音影响的结果。与庆元话不同的是,临武土话后来又受到古浊声母清化后一律送气的客赣方言的影响,有了特殊的演变:本来双唇、舌尖部位的吸气音变为不送气清音,非吸气的其他声母变为送气清音。从发音方法来看,吸气音是不可能演变成送气音的。并定母目前虽然已经不是吸气音,但它没有变为送气音,则是因为曾经是吸气音的缘故。因此,临武土话并定母的不送气也体现了壮侗语声母的影响,虽然这种影响的表现比较曲折。

三

　　分析层次可以了解异方言及其语音特点,因而是一种必要。分析层次主要是对字音的不同语音形式进行分类,确定文读层和白读层。比如把前述北京话陌铎韵字的层次分为文读层的 o(uo)和白读层的 ai、au。

　　层次的区分要包括全部字音。不仅有两读的字要区分文白,只有一读的也要如此。比如上述北京话铎韵字"酪"lau⁻一读是白读,"洛"luo⁻一读是文读。有的字只有一个读音,但可以认为既是白读又是文读。比如山东荣成话:

　　　　盘 ₌pʰan 文 ₌pan 白　伴办 pan⁻　拔 ₌pa

荣成话古浊声母清化后塞音塞擦音不分平仄一律不送气。平声字"盘"有文白两读,仄声字"伴办拔"虽然只有一读,但应该认为它们其实也有文白两读,只不过两读相同罢了。所以字音可以有文白两读,即文白异读,也可以只有一个白读或一个文读,还可以兼有文白两读但语音形式相同。

　　有的方言中字音的文白异读不止两个层次。多层异读往往关系复杂,并可能存在文白转化的现象。比如泉州话豪韵字的一部分文读白读:

　　　　文　　　白
　　　　ɔ　　　o　　暴桃告高
　　　　au　　　o　　抱扫牢好
　　　　au　　　ɔ　　袍
　　　　o　　　au　　草老

au、ɔ、o 三个韵母每一个都可以出现在文读或白读的场合,这对确定它们的身份造成了困难。仅就上面前三组的情况来看,文读白读的关系还是比较清楚的。因为 au 只出现在文读场合,o 只出现在白读场合,显然 au 是文读,o 是白读。ɔ 同时出现在文白场合,则可以把它理解为一种介于 o、au 二者之间的现象,相对于韵母 o 是文读音,相对于韵母 au 是白读音。即它们是最早层次 o,次早层次 ɔ,最新层次 au。不过第四组的情况比较费解,因为它和第二组的情况正好相反,彼此矛盾。这第四组情况的出现,应该是方言中字音文白层次在长期使用中趋于杂乱的结果,由此造成了语感中文白区分的困难。

　　一般说字音中声韵调层次的配合是有规律的:和文读声母配合的韵母也是文读,和白读声母配合的韵母也是白读,等等。比如上海话"人"₌ɲiŋ 白 ₌zən 文,日母三等字

声母白读是鼻音 ȵ，和它配合的韵母是白读的齐齿韵 iŋ；文读声母是与由官话借入的音类相对应的 z，和它配合的韵母是由 iŋ 转为开口呼的 əŋ。又如北京话铎韵字"薄"₅pau 白 ₅po 文，两读中韵母区分文白，声母不区分文白。但也可以看成声母文白读音的语音形式相同，所以仍然是白读的声母和白读的韵母配合，文读的声母和文读的韵母配合。

不过有的方言字音中声母韵母和文白层次的配合并不严格。比如厦门话"知"₅tsai 白 ₅ti 文 ti⁵ 文三个读音中，声母 t 是白读，ts 是文读，韵母 ai 是白读，i 是文读。但在配合中，"知"的前一个读音是声文韵白，后两个读音是声白韵文，声母韵母之间文白的配合不一致。这几个读音应该不是本方言原有的，而是异方言的音类借入后与本方言的音类配合的结果。比如借入的韵母 i 和本方言的声母 t 配合为 ti，借入的声母 ts 和本方言的韵母 ai 配合为 tsai。这是因为本方言声母韵母有多个层次，而层次的区别在长期的使用中已经杂乱，所以异方言音类和本方言音类的配合在文白层次上出现了不一致的现象。(厦门话的"知"应该曾经存在声母韵母和文白层次严格配合的读音，比如 tai 和 tsi，但目前已经不存在了。)这种现象说明，在有的方言中，不能认为方言字音中声母是白读的韵母一定也是白读，声母是文读的韵母一定也是文读，而要根据实际情况处理。

四

语音层次有本方言原有的，有由异方言借入的，所以通常说一个方言的语音系统中可能存在异源或异质的成分。在语音层次中初步分清借自异方言的文读层和本方言原有的白读层以后，还需要了解其中异源层次的来源。异源层次的来源一般可以根据语音形式本身来判断。比如前述上海话"人"₅ȵiŋ 白 ₅zəŋ 文，根据日母字在吴方言口语词中声母为 ȵ，在官话中声母大多为 z 或 ʐ，可以把声母 ȵ 确定为吴方言本身的层次，归入白读层，把 z 确定为来自官话的层次，归入文读层。

有的方言还可以借助文献材料来判断层次的来源。比如安徽休宁话古浊声母清化后塞音塞擦音分送气不送气两类，分化并没有语音条件。以定母字为例：

　　　　te⁵ 题提蹄 ≠ tʰe⁵ 啼
　　　　to⁵ 弹 ≠ tʰo⁵ 檀坛
　　　　tiəu⁵ 投 ≠ tʰiəu⁵ 头
　　　　tiːɐ⁵ 填 ≠ tʰiːɐ⁵ 田

tɒɔ⁻ 堂棠唐塘 ≠ tʰɒɔ⁻ 糖

taɔ⁻ 腾誊 ≠ tʰaɔ⁻ 藤

tænɔ⁻ 铜桐筒童瞳 ≠ tʰænɔ⁻ 同

各行不等号前后的字在中古韵书中属于同一小韵,原是同音字,而目前却有送气不送气的对立。一个历史记载提供了这一声母分化的线索。根据清江永《榕村〈等韵辨疑〉正误》所记,三百年前婺源东郊方言和休宁话的古浊声母都是清化不送气的,西郊的方言直到饶州(今江西省赣方言区)都是清化送气的。清化送气体现了赣方言的特点。因此可以说,目前休宁话一部分古浊声母字清化送气应该是那时以来赣方言影响扩大的结果,属异源层次。

有的方言缺乏文献材料帮助判断层次的来源,可以借助和邻近方言的比较。比如建瓯话古浊声母清化后塞音塞擦音也分送气不送气两类,也没有语音条件可以说明。如下列并(奉)母字"肥"、"瓶"、"皮"和定(澄)母字"茶"、"铜"、"啼",每一组第三字的送气声母,可以根据历史文献中唐以后中原移民经江西大量进入闽地的记载,判断是由客赣方言借入的。而前两字声母的不送气,似乎都反映了本方言原有的读音。但如果把建瓯话和邻近的建阳话、石陂话相比较,就会发现情况并不那么简单:

	肥	瓶	皮	茶	铜	啼
建瓯	pyɔ⁻	ˬpaiŋ	pʰyɛɔ⁻	taɔ⁻	ˬtoŋ	tʰiɔ⁻
建阳	ˬpy	ˬvaiŋ	ˬpʰu	ˬta	ˬloŋ	ˬhie
石陂	pyɔ⁻	ˬbeiŋ	pʰoɔ⁻	taɔ⁻	ˬdoŋ	tʰieɔ⁻

以上并定母两组古浊声母字中,建瓯话不送气的"肥"、"茶"二字,建阳话、石陂话也不送气,"瓶"、"铜"二字,则建阳话声母为浊擦音和边音,石陂话声母为浊塞音。"瓶"、"铜"二字的这种情况,应该是临近吴方言影响的反映,只是在三个方言中反映的程度有所不同,一保持为浊音,一已经弱化,一已经清化。由此推断,建瓯话古浊声母的不送气音来源并不单一,"肥"、"茶"的声母固然为闽方言原有,"瓶"、"铜"的声母却来自吴方言。

五

如前所述,由异方言借入的音类和本方言原有的音类构成叠置。但方言中还有因本方言演变而构成的音类叠置。

首先，这后一种音类叠置主要和"词汇扩散"式的音变有关。比如目前北京话零声母 uei 韵母阳平字向阴平调的演变，采取一部分字一部分字、一个阶段一个阶段的方式进行。这是一种离散式音变。如①围为桅②唯惟维违③危微薇巍等字，其中①还没有变化，仍读阳平调，②已经开始变化，读阴平调阳平调两可，③已经完成变化，只读阴平调，不再读阳平调。这种方式的演变将会使所有的 uei 韵母阳平字都变成阴平字。不过这种音变也有一种可能的结果，即个别还没有变化的字音因为某种原因而不再进入变化的行列，最终作为旧音类的残余遗留下来，和已经变化了的新音类构成叠置。其次，个别字音如果和字形分离，语音上也可能会脱离音类主流的变化而成为残余形式。比如闽方言中效摄开口三等韵目前主要的语音形式是齐齿韵，但干燥义的"焦"字在福州话、厦门话中读音为 $_{c}$ta，韵母为开口韵 a（另"猫"字也为 a 韵母，如福州话 $_{c}$ma，厦门话 $_{c}$ba。但根据建瓯话该字的读音 me$^{\circ}$，应该认为是一个二等字，不属三等）。《说文》："焦，火伤也"，原指物因火变质变色。但在"焦"义转为干燥后，$_{c}$ta 音就和字形分离开来，人们一般都用同义词"干"作为书写形式。于是这个不再被认为是"焦"的字音 $_{c}$ta 就被保留了下来，成为残存形式，和效摄开口三等字齐齿韵的主流语音形式构成叠置。第三，个别字音的特殊变化也有可能生成新的语音形式。比如北京话"谁"$_{c}$ṣuei 在 20 世纪产生新的读音 $_{c}$ṣei 以后，两个韵母也构成了叠置。以上因本方言演变而构成的音类叠置，和因借入异方言而构成的音类叠置，形式上是一样的。这样看来，如果说因异方言音类进入而构成的音类叠置叫做层次，那么因为方言自身演变而构成的音类叠置也可以叫做层次。由于后者两个语音形式反映的是同源音类的历时差异，可以把它叫做同源层次，和异源层次相对。

六

异源层次和同源层次是由不同原因造成的，内部的音类一属异质，一属同质。但由于它们在语音形式上可以相同，区分存在困难。这就需要考虑使用语音的和非语音的多种手段。

首先从语音上考虑。同源层次中的新音类是旧音类演变的结果，而演变应该是可以用音理来说明的。这里把语音变化的过程看成是一个环环相接的链，那么旧的语音形式总是这个音链的上环，新的语音形式总是音链的下环，二者的位置不会倒置。比如北京话"嫩"的两读 nuən$^{\circ}$～nən$^{\circ}$，nuən$^{\circ}$ 是旧的语音形式，其中的介音 u 由于舌位偏前的声母和韵尾的共同影响而失落，变成了新的语音形式 nən$^{\circ}$。就北京话来说，不能反过来假设 nuəŋ⁼ 是由 nəŋ⁼ 变成的，因为说 nəŋ⁼ 衍生出一个介音 u 是没有任何音理上的根据的。（不过有的方言如厦门话，中古开口字"尘"ˬtʰun 却在同一语音条件下由开口韵转为合口韵，说明汉语方言中的语音变化不都是由同一发音机制决定的。）

  但在异源层次中，由异方言借入的音类和本方言原有的音类彼此间没有演变和生成的关系，因此它们中哪一个是音链中的上环和下环，要根据两个方言中该音类演变的速度来决定。如果异方言演变快，则本方言音类是音链中的上环，异方言音类是下环；如果本方言演变快，则异方言音类是音链中的上环，本方言音类是下环。前者如上海话奉母字"肥"ˬbi白ˬvi文，本方言的白读音声母为双唇音 b，由官话借入的音类折合成的是唇齿音 v，唇齿音是由双唇音演变来的，所以白读音是音链中的上环，文读音是下环。后者如双峰话溪母字"口"⁼tɕʰie白 ⁼kʰe文，流摄开口一等韵声母在官话中是舌根音，而本方言中因为韵母中前元音的影响而由早先的舌根音腭化成了舌面前音，所以文读音是音链中的上环，白读音是下环。上面说过，同源层次中旧的语音形式总是演变慢的一方，因此，凡音类演变快的异源层次都不难和它相区别。但音类演变慢的异源层次则可能难以和同源层次相区别，因为本方言的旧语音形式和异方言音类都是音链中的上环，情况相似。这就需要寻求除语音以外的其他条件来帮助区分两种层次。下面以苏州话歌韵字为例：

  əu   驼搓歌
  ɒ   他哪那
  əu 文 ɒ 白 多拖
  əu 文 i 白 左
  ɒ 文 əu 白 大

韵母中共有 əu、i、ɒ 三个语音形式，但文白的配合并不单纯。i 只见于白读音。əu 有时单独出现，有时是与 ɒ 或 i 交替的文读音，有时是与 ɒ 交替的白读音，看来也像是一个被新文读音推挤的旧文读音。即三个语音形式是白读音 i，旧文读音 əu，新文读音 ɒ。但韵母同样为 ɒ 的"多"、"拖"和"大"则文白情况相反，成为矛盾。从词语来看，ɒ 韵母实际上应当分为两类："多～呢"、"拖～箱子"的读音是口语中旧有的白读音，"大伟～"和"他哪那"等的读音本地口语不用，只见于书面语，应为新起的文读音。ɒ 韵母的这种或文或白并不是其他韵母推挤的结果，而是借入异方言的字音造成的。这样，歌韵字的三个语音形式就应当分成四个层次：əu、i、ɒ 白、ɒ 文。就苏州话歌韵字中古以后的历史演变来看，韵母曾经经历过一个高化的过程，其中 əu 是这一演变的结果,白读音 ɒ 是旧语音形式的残留,白读音 i 是原读 ɒ 韵母的某些字后来衍生出 i 介音再变化的结果,文读音 ɒ 则是由官话借入的。这样,ɒ白、i、əu 应该属于同源层次,ɒ文属于异源层次。其中 ɒ白和 ɒ文(ɒ文在官话中其实也是旧语音形式的残余)语音形式相同,但由于文白的差异,得到了区分。综上所述,苏州话歌韵字的层次应该是:ɒ白1、i白1-2、əu 2、ɒ文。

汉语方言中层次形成的时间早晚不尽相同。就总体情况来看,官话是汉语方言中去古最远的,所以官话在近代、现代对东南诸方言影响造成的异源层次,容易和这些方言中的同源层次相区别。而东南诸方言相对来说存古较多,相互间的影响也发生较早,因而不少方言,特别是闽方言中层次多而复杂。在这些方言中,如果两种层次和文白的联系不够清晰,判断相互间的区别将是更为困难的。

参考文献

北京大学中文系语言学教研室:《汉语方音字汇》(第二版),文字改革出版社,1989。
丁邦新:《丁邦新语言学论文集》,商务印书馆,1998。
李如龙:《方言与音韵论集》,香港中文大学中国文化研究所吴多泰中国语文研究中心,1996。
王福堂:《汉语方言语音的演变和层次》,语文出版社,1999。
王洪君:《文白异读与叠置式音变》,《语言学论丛》第 17 辑,商务印书馆,1992。
王士元:《语言的探索》,北京语言文化大学出版社,2000。
徐通锵:《历史语言学》,商务印书馆,1991。

(原载《语言学论丛》第 27 辑,商务印书馆,2003 年)

文白异读中读书音的几个问题

汉语方言字音存在文白异读，其中口语音是方言原有的，读书音借自异方言。这一看法目前已经成为共识。不过由于方言的复杂性，对极少数语言事实还存在不同的解释。本文在这里讨论与读书音有关的几个问题。

一、读书音的来源

文白异读中的读书音来自异方言。但异方言具体情况有不同。因异方言情况的不同，读书音可以分别叙述如下。

1. 来自权威方言的读书音

作为读书音来源的异方言，一般指权威方言。而权威方言有时也是汉语的民族共同语。就文献所见，宋元以来，在汉民族共同语形成过程中发生过影响的汉语方言，先后有宋元时河北中南部和山东一带的方言，明代和清初南京一带的方言，清中叶以后北京一带的方言。它们都属于官话方言，语音系统相近，因此一般情况下不容易判断目前方言中的读书音反映的是其中的哪一个。比如扬州话：

街 ₋tɕiɛ文 ₋ke白

"街"，见母开口二等字。见系二等字声母的腭化最早发生在官话区北层的大多数方言，普遍见于河南、河北、山东等地。要借助汉语历史研究才能确定这一读书音语音基础的所在地。又如广州话：

近 kɐn²文 ⁻kʰɐn白

"近"，全浊上字。读书音的阳去调反映了普遍见于官话方言区的全浊上归去（阳去）的调类演变规律。要弄清楚"近"的读书音来自哪里，也要借助汉语的历史研究。

权威方言有时不是民族共同语，而只是邻近的某个比较有影响的方言。以浙江金华话的咸山摄字为例：

三 ₋sã文 ₋sɑ白　仙 ₋siã文 ₋siɛ白　酸 ₋suã文 ₋sɤ白　宣 ₋ɕyã文 ₋ɕyɤ白

例字中口语音为纯元音韵，读书音为鼻化韵。口语音的纯元音韵是由方言早期的鼻尾韵弱化变来的。读书音的鼻化韵则来自较晚的鼻尾韵,显然与后来的异方言影响有关。金华历史上一直是府治所在。南宋以后杭州一带北来移民的语言在一定程度上改变了杭州话的吴方言面貌。以后杭州地区的居民不断南下进入金华地区,杭州一带移民的方言又影响了金华地区的方言,生成了丰富的读书音,并在这一方言分歧严重的地区发挥某种共同语的作用。这种读书音后来还成了地方戏曲婺剧的语音标准。

2. 北京话读书音的来源

在读书音来自异方言的问题上,北京话似乎有点特殊。李荣曾经认为:"北京话的文白异读,文言音往往是本地的,白话音往往是从外地借来的。"北京话事实上的确有"从外地借来的"口语音。比如"芥菜"kai⁼ tsʰai⁼(某一品种的芥菜)一词的读音是从南方方言借入的,词中"芥"作为见系开口二等字,声母没有腭化。而北京话原有"芥"的读音 tɕie⁼,声母已经腭化。已经腭化的读音应当看成是读书音,没有腭化的读音应当看成是口语音。又如地名"香港"ˆɕiaŋ ˆkaŋ,其中的"港"也是见系开口二等字。据威妥玛《语言自迩集》,19 世纪中叶的北京话中,"港"字音ˆtɕiaŋ,声母已经腭化。目前"港"字声母不腭化的读音应该和粤方言有关。这是因为鸦片战争后清政府被迫割让香港,民情沸腾,这一地名不断见于国人的言语之中,名从主人,"港"字的读音就由见系开口二等字声母没有腭化的粤方言借入到北京话。一百多年后的今天,北京话中"港"的具有口语音性质的外来读音ˆkaŋ 保存了下来,原有的具有读书音性质的ˆtɕiaŋ 反而消失了。不过以上只是个别词语的情况。如果从语音系统着眼,认为北京话的读书音是方言原有的,口语音是借来的,北京话就成了读书音来源问题上的例外。而且这里还有了另外一个问题,那就是具有民族共同语地位的北京话为什么也要向异方言借入系统的字音。不过实际情况是,北京话成为民族共同语的语音标准晚在清中叶以后,在这以前,北京话自然也要受那时权威的异方言的影响,借入字音。而借入的字音也仍然是读书音,不是口语音。最近一些学者的研究还说明,北京话的读书音是分期分批借入的。

目前北京话的文白异读,主要表现在铎药觉屋陌麦德职缉质韵入声字的声母韵母声调等方面。对应情况如下:

(1)韵母

  铎药觉 o uo ɤ ye(文)——au iau(白),例如:

    薄 ˆpo 文 ˆpau 白 络 luo⁼ 文 lau⁼ 白 阁 ˆkɤ 文 ˆkau 白 学 ˆɕye 文 ˆɕiau 白

  屋 u y(文)—— ou iou(白),例如:

熟 $_\subset$su 文 $_\subset$ʂou 白　宿 su$^\supset$ 文　ɕy$^\supset$ 文　ɕiou$^\supset$ 白

陌麦 o ɤ(文)——ai(白)，例如：

迫 pʰo$^\supset$ 文 $^\subset$pʰai 白　择 tsɤ $_\subset$ 文 $_\subset$tʂai 白　册 tsʰɤ$^\subset$ 文 $^\subset$tʂʰai 白

德职 ɤ(文)——ai ei(白)，例如：

得 $_\subset$tɤ 文 $^\subset$tei 白　塞 sɤ$^\subset$ 文 $_\subset$sai 白 $_\subset$sei 白　侧 tsʰɤ$^\subset$ 文 $_\subset$tʂai 白

缉质 ɤ(文)—— ei ʅ(白)，例如：

涩 sɤ$^\supset$ 文 $_\subset$sei 白　瑟 sɤ$^\supset$ 文　虱 $_\subset$ʂʅ 白

(2) 声调

北京话古入声字的声调分派，是全浊入归阳平，次浊入归去声，清入归阴平、阳平、上声、去声。清入字的调类分派没有语音条件，而且不同的记载也不完全一致。近日高晓虹以《汉语方音字汇》为主对清入字进行统计，311字中，一字一调的字数为阴平 75(占 24.1%)、阳平 40(占 12.9%)、上声 24(占 7.7%)、去声 71(占 22.9%)，一字数调的字数为 101(占 32.4%)。清入字的调类分派虽然缺乏条件，但按韵母的文白异读来判断，口语音多为阴平和上声，读书音多为去声和阳平。

(3) 声母

北京话知庄组字声母大多为 tʂ tʂʰ ʂ，但读书音有少数字的声母为 ts tsʰ s。如：

择 tsɤ$_\subset$ 文 $_\subset$tʂai 白　册 tsʰɤ$^\supset$ 文 $^\subset$tʂʰai 白　色 sɤ$^\supset$ 文 ʂɤ$^\supset$ 白 ʂai 白

以上声韵调文白异读的情况，韵母方面，北京话古入声字口语音的韵母普遍见于北京所在的河北地区，显见是本地方言原有的读音。这些口语音韵母也见于元周德清《中原音韵》，说明它们早在元代已经存在。但读书音的韵母见于《中原音韵》的只有铎药觉屋韵字。这应该是从当时相邻的河北中南部和山东一带的方言借入的。和这类韵母元音音值相近的字音现在仍然能在这一带的方言里见到。如济南话：

薄 $_\subset$pɤ　络 luɤ$^\supset$　阁 $_\subset$kɤ　学 $_\subset$ɕye

熟 $_\subset$su　宿 $_\subset$ɕy

陌麦德职缉质韵字的读书音韵母则不见于《中原音韵》，而见于较晚明徐孝《合并字学集韵》。它们应该是稍晚在明代从当时权威的南京一带的方言借进来的。目前扬州、南京一带的方言也还有这种韵母元音音值相近的字音。如南京话：

陌 məʔ$^\supset$　择 tsəʔ$^\supset$　册 tsʰəʔ$^\supset$

得 təʔ$^\supset$　塞 səʔ$^\supset$　侧 tsʰəʔ$^\supset$

涩 səʔ$^\supset$　瑟 səʔ$^\supset$　虱 səʔ$^\supset$

声母方面，《中原音韵》中知庄章组相同而与精组对立，即知庄章组声母卷舌，精组声母不卷舌。而目前南京一带方言知庄组梗摄二等字和庄组深臻曾摄三等字与精组相同,声母不卷舌,其他韵摄字和章组相同,声母卷舌。如南京话:

  择 tsəʔ˳ 册 tsʰəʔ˳ 涩 səʔ˳ 瑟 səʔ˳ 色 səʔ˳

  闸 tʂaʔ˳ 察 tʂʰaʔ˳ 叔 ʂuʔ˳

北京话读书音的情况不同于《中原音韵》,而和上述南京一带的方言基本相同。这也说明北京话知庄组声母不卷舌的读书音主要是明代以后从南京一带的方言借入的。(早期北京话知庄组声母也有个别卷舌的读书音,如前例中的"色"ʂɤ˒,则应当并非来自南京一带的方言。)

  声调方面,《中原音韵》中上述清入字的声调为上声。而目前官话方言区清入字的调类东北地区归上声,北方官话归阴平。推测当时北京地区的方言因为和东北相邻地区的方言关系密切,声调分派规律相同,所以清入字也归上声;但又受到南部河北山东一带方言的影响,所以也有一些字归入阴平。明代以后,南京一带的方言开始在声调方面影响北京话。南京一带的方言有入声,入声的调型和去声的调型相近而略短(比如南京话目前入声调值为55,去声调值为44,都是高的平调),这可能使北京地区方言部分清入字的声调由上声或阴平转为去声。清代与民初北京话的读书音中曾有一种杜撰的入声调,在1920年王璞录制的《中华国音留声机片》中,调值就是与去声(高降调)相同而略短的。此外,北京话清入字还有一部分读阳平,原因目前还不很清楚。有人认为可能是全浊入归阳平这一调类分派规律影响的结果。因为归入阳平的全浊入字声母清化后塞音塞擦音不送气,而归入阳平的清入字的塞音塞擦音声母也多为不送气。总起来说,北京话清入字是接受了不同时期不同方面的影响陆续派入多个调类,各次分派的语音条件混合在一起无法区分,造成了目前声调分派缺乏规律的现象。

  上述北京话在成为权威方言以前借入异方言的过程说明,北京话成系统的文白异读仍然是读书音来自异方言,口语音是方言原有的,情况不是例外。

3. 来自文献规范的读书音

  汉语方言中的文白异读以闽方言最为丰富。比如:

  厦门 前 ₋tsien文 ₋tsɪŋ白 ₋tsun白 ₋tsãĩ白

  潮州 老 ˀlau文 ˀlau白 lau˒ lieu˒白

  福州 拖 ₋tʰo文 ₋tʰua白 ₋tʰai白

  闽方言的文白异读不但数量多,对应也复杂,其中还有语音形式比口语音古老的读书音。比如厦门话:

咸摄	馅 ham²文 ā²白	甲 kap₋文 kaʔ₋白
山摄	单 ₋tan文 ₋tūā白	发 huat₋文 puʔ₋白
宕摄	娘 ₋lioŋ文 ₋nīū白	药 iɔk₋文 ioʔ₋白
江摄	腔 ₋kʰɔŋ文 ₋kʰīū白	学 hak₋文 oʔ₋白
梗摄	行 ₋hıŋ文 ₋kīā白	摘 tık₋文 tiaʔ₋白

例字中口语音的韵母，舒声为鼻化韵，入声为喉塞尾韵。这种韵母是方言早期字音中韵尾-m、-n、-ŋ和-p、-t、-k的弱化造成的，而弱化作用与早期字音中韵母元音为低元音有关（类似现象在目前许多汉语方言中都有表现，如前述金华话咸山摄阳声韵字）。但读书音的韵母仍然保持韵尾-m、-n、-ŋ和-p、-t、-k。这种语音形式比口语音古老的读书音，似乎与早期相邻的客赣方言对闽方言的影响有关。这种较后进入闽地的字音会较晚发生韵尾弱化的现象。不过就方言间的关系来看，客赣方言系统地影响闽方言的可能性不大。实际存在的也许是另一种可能性，即从社会文化情况考虑，宋元以来闽方言区普遍的识字教育会造成这样的读书音。和其他地区一样，闽方言区的儿童启蒙时要在私塾中学习四书五经。复杂的方言使人们特别注意字音。学习中，解释经书用口语音（厦门话就叫"解说"），诵读经书则用读书音（厦门话就叫"孔子白"）。这种读书音参照隋唐以来《切韵》、《广韵》等韵书的反切，与韵书字音的声韵相近，与口语音有不同，其中有些字音与变化了的口语音相比更为古老。随着时光的变迁，这种读书音通过塾师的世代相授流传下来，成为方言音系的组成部分。它的来源固然不是当时的某个异方言，但就其外来的性质和生成读书音的作用而言，古代韵书的语音系统也可以认为是一种权威的异方言。

4. 关于读书音在共同语中与口语音并存的问题

李新魁曾在《论近代汉语共同语的标准音》一文中说，民族共同语可能同时存在书面语和口语两种标准音。他以明陶宗仪《说郛》中有关北宋时讨论"正音"的一则记载为例说明。《说郛》引《谈选》说："寇莱公与丁晋公同在政事堂日，闲论及天下语音何处为正。寇言：'唯西洛人得天下之中。'丁曰：'不然，四远各有方言，唯读书人然后为正。'"李文认为寇、丁其实并没有相互否定，而只是各主张一方面的标准。因为汉语共同语一直存在两种标准音，"一种是书面共同语的标准音，一种是口语共同语的标准音。……书面语的标准音就是历代相传的读书音，这种读书音在南北朝以至唐代，大体上就是《切韵》和《广韵》所反映的读音系统，……而口语的标准音就一直以中原地区河洛语音（一般称之为'中州音'）为标准。"（但宋以后共同语的两种标准音在中州音的基础上统一了起来，清中叶以后又转为北京话。）也就是说，李文认为隋唐宋时的两种标准音中,读书音以韵书为语音基础,相对的口语音即为汴洛语音。由此看来,在某一特定时期,读书音可能在共同语内部产生,与口语音并存。

根据李文所述,有人因此认为,方言中的读书音应该也是原有的,并非来自异方言,从最初文字出现时产生,至今与口语音并存。不过这一推测并没有事实根据,而且李文所述也还需要斟酌。因为书面语和口语的差别主要是文体上的,而通常所说方言中读书音和口语音的不同则是语音系统上的。书面语和口语即使在语音上存在差别,也只是零星的,不是系统的。如果把书面语和口语的两种标准音与读书音和口语音等同起来,两种标准音就应该有各自不同的语音系统,那将对方言产生极大的影响。因为对于方言来说,任何共同语读音的借入都会生成读书音。如果共同语中不同语音系统的两种标准音借入到同一方言,由此可能造成的文白异读将会极其复杂。因此李文所说作为共同语书面语标准音的读书音和通常所说方言的读书音应该不同。而实际上李文也说,书面共同语标准音和口语共同语标准音"在语音系统上没有大的出入","在音系的总体特点上基本一致",只是某些字音的读法不完全相同。具体而言,即前者只是一些"历代相传的训诂音"、"特殊的古读"、"读破",以及所谓的"庄重之音"。如果是这样,那么这些个别的字音特点以及字音的书面色彩,由于不涉及音类的对应,语音上并不会构成系统。因此,隋唐宋时共同语中书面语和口语的标准音实际上应该也只有一个语音系统,并没有不同系统的读书音和口语音并存的情况。与此相关,显然也不能推断方言自身可以因书面语而生成读书音,与口语音并存。

二、读书音语音形式的生成

方言中的读书音由异方言借入,其音值按理应当与异方言音类相同或相近。实际情况也大多如此。但方言读书音的语音形式与异方言常有差异,有的甚至相去颇远,似乎不可能是由异方言借入的。其实这是因为从异方言借入的读音需要分解为声母、韵母、声调,根据方言语音系统的情况进行处理,然后才成为读书音,其间读书音和异方言音类的对应有不同情况,音值上的近似程度也存在差别。

比如在某些情况下,方言从异方言借入词语,造成的读书音和异方言原来的读音相同。如成都话:

虽 $_c$suei 文 $_c$ɕy 白

例字中读书音和权威方言如北京话相同,是因为方言中有和权威方言音类音值相同的声母韵母。

就多数情况来说，方言中借入的读书音不一定与异方言词语的读音相同。这是因为方言中的对应音类不一定与异方言音类的音值相同。而人们在发音动作上对异方言总不如像对本方言那样熟悉，所以总是倾向于以本方言音类的音值去代替异方言音类的音值。这就是通常所说的折合。比如厦门话：

斧 ⁽hu 文 ⁽pɔ 白

"斧"，非母字，权威方言声母为 f。闽方言没有这一声母，就以现有的音值相近的 h 来代替。h 之与 f，就是一种折合。

有时方言中已经有折合生成的读书音，但因为音值差别较大，在权威方言的持续影响下，有可能再次折合，生成与权威方言音值更为接近的读书音。比如赵元任《现代吴语的研究》所载 20 世纪 20 年代的绍兴城区话：

家 ⁽tɕio 文 ⁽ko 白

"家"，见母麻韵开口二等字。读书音借入了权威方言腭化了的声母 tɕ，韵母则折合为方言中麻韵的 io。但在权威方言的持续影响下，"家"字目前又产生了新的读书音 ⁽tɕia，其中韵母 ia 也借自权威方言，音值因此更加接近权威方言。

但折合是有限度的。如果权威方言的影响力很强，借入的读书音就有可能突破折合的限度，即突破方言音系与权威方言的音类对应。如苏州话：

你 ⁽ni 文 ȵi² 白

苏州话声母 n 不与韵母 i 配合，声母 ȵ 才能与韵母 i 配合，如"泥"ȵi。但在权威方言的影响下，n 突破对应的限制和 i 配合，这一与 i 配合的 n 就通过读书音进入了苏州话，造成与权威方言音值相同的字音（但仅限于代词"你"字一音）。又如太原话：

白 pieʔ₂ ⁽pai 新　　北 pieʔ₃ ⁽pei 新

"白"、"北"都是入声字。但在北京话的影响下，韵母和声调不是折合成方言中相对应的入声韵和入声调，而是出现了和北京话韵母调类都相近的新读音。这种读音领字不多，就性质来说是读书音。

如果方言中没有与权威方言字音音值较为接近的音类，而权威方言的影响又很强大，方言中就不仅会突破折合的限度，还可能创造出原先并不存在的新音类。比如苏州话：

儿 ⁽l̩ 文 ⁽ȵi 白

"儿"，止摄开口三等日母字，权威方言如北京话读音为 ⁽ɚ。但苏州话等吴方言的语音系统不存在卷舌元音,因此就以音值相近的边音 l 来替代,比照方言中声化韵 m̩、ŋ̩ 等的发音方法创造出一个声化韵 l̩(ʰᵒl)。这一声化韵 l̩ 作为新产生的音类,只用于读书音。

　　以上是读书音在音值上向异方言音类靠拢的不同情况。至于方言中某些读书音看起来并不接近异方言,应该与折合的情况有关。因为把异方言读音折合成音值相近的方言音类虽然是一种普遍的要求,但折合成哪个音类合适,还要考虑方言音系中声韵调的分类,而对应合适的音类却不一定音值相近。以南昌话为例:

　　　　　席 ɕit₂文 tɕʰiak₂白

"席",邪母昔韵入声字。读书音声母 ɕ 借自权威方言。但韵母并非来自权威方言,因为权威方言通过历史演变早已失去了具有-p、-t、-k 韵尾的入声韵。韵母也不是方言中与权威方言音值相同的阴声韵韵母 i。因为南昌方言音系中韵母有阴声韵、阳声韵、入声韵等类别,折合虽然要求音值的接近,却必需限制在方言音系中入声韵的范围之内(如果这一限制不能突破的话),所以只能是一个主要元音为 i 的塞音尾韵 it。这样,本身没有 it 韵母的权威方言就使南昌话的"席"产生了读书音 it。至于这一读书音的韵尾是-t 而不是与口语音韵母相同的-k,则是因为南昌话入声韵中的元音 i 只与韵尾-t 配合,不与-k 配合,即入声韵韵母中只有 it,没有 ik。而这又是南昌话历史演变中深臻曾梗摄入声字韵母合流的结果,比如"习缉"、"悉质"、"息职"本来韵尾分别为-p、-t、-k,现在都是-t,三字同音 ɕit₂。这样,本应是韵尾-k 的梗摄昔韵字"席"的读书音,韵母就成了 it。由此看来,方言中经过折合的读书音更接近权威方言原有读音只是相对于口语音来说的,实际上与权威方言仍然可能有较大的差别。

　　从上述情况可见,借入的读音在方言中经过处理成为读书音,总起来说,在音值上与异方言相近。某些读书音看起来与异方言仍有相当差异,但与方言中的原音类相比,也还是更接近于异方言。

三、读书音在方言向权威方言靠拢方面所起的作用

　　读书音之由异方言借入,是语用的需要。如果权威方言的读音与方言有所不同,人们便会模仿权威方言的发音。这首先是为了交往的方便,其次也是因为这样可以起到接近与权威方言有关的人、事、物的作用,在社会交际中改善自己的身份与地位。但因此产生的一个结果,就是在借入读书音的方言中,对应的音类在语音

上逐渐向权威方言靠拢。最直接的表现就是字音音值的接近。比如前述厦门话"斧"字的声母，口语音保持了上古的重唇音 p，读书音则折合为喉头摩擦音 h。h 和权威方言的唇齿音 f 虽然还有不小差别，但和口语音的 p 相比，已经是大大接近权威方言了。

方言通过读书音向权威方言靠拢不仅表现在音类的音值上，还表现在音类本身的对应上。以山西闻喜话"糠"$_c$kʰʌŋ文 $_c$kʰə白和"科"$_c$kʰə 为例。闻喜话口语音中，宕摄字和果摄字韵母本来已经合流，"糠"和"科"同音$_c$kʰə。这种音类的合流反映了方言自身演变的特点，和权威方言不同。但由于读书音的借入，宕果两摄韵母重新有了区别，以 ʌŋ 和 ə 的形式相对立。通过读书音，方言和权威方言之间新的音类对应建立了起来，如果以后读书音取代了口语音，"糠"$_c$kʰʌŋ 和"科"$_c$kʰə 不再同音，结果就是方言的韵母分类也向权威方言靠拢。

但是，读书音进入方言、成为方言语音系统的一部分以后，会在方言语音规律的制约下变化，个别方言中的读书音在音值和音类对应方面有可能不是越来越接近和靠拢权威方言，而是相反越来越背离权威方言。以晋南方言为例：

	汤	黄	蒸	红
临汾	$_c$tʰɑŋ文 $_c$tʰə白	$_c$xuɑŋ	$_c$tʂəŋ文 $_c$tʂə白	$_c$xuəŋ文 xuə白
新绛	$_c$tʰəŋ文 $_c$tʰə白	$_c$xuəŋ文 $_c$uə白	$_c$tʂəŋ文 $_c$tʂən白	$_c$xuəŋ文 xuə白

大部分晋南方言宕江曾梗通摄舒声字读书音的韵母，宕江摄为 ɑŋ 组，曾梗通摄为 əŋ 组。如上例临汾话"汤"、"黄"为 ɑŋ 组，"蒸"、"红"为 əŋ 组，不同韵。但闻喜、夏县等一小部分方言只有 əŋ 组，宕江曾梗通摄舒声字韵母相同，如上例新绛话。新绛话读书音这种韵母分类的情况显然和权威方言不同。看起来好像新绛话的读书音并不是来自权威方言的。但作为晋南方言的一部分，新绛等方言中宕江摄和曾梗通摄舒声字读书音早期应该也是不同韵的，情况和临汾等方言相同，只是后来合并成了 əŋ 组。所以这是读书音在方言语音演变的过程中发生了变化，导致韵母分类与早期从权威方言借入时的情况有了不同。这说明，不能因为读书音目前的韵母分类不同于权威方言，反过来设想读书音可能并非来自权威方言。

新绛等方言读书音的变化显然不利于方言向权威方言靠拢。不过，读书音发生上述这种变化的方言毕竟很少。总的说来，绝大多数方言中的读书音仍然在音类的音值和对应两方面向权威方言靠拢，读书音使方言向权威方言靠拢的作用无疑仍然是肯定的。

参考文献

曹志耘:《南部吴语语音研究》,商务印书馆,2002。
高晓虹:《方言接触与北京话入声字的历史层次》(北京大学博士论文),2000(未刊)。
　　　《北京话古清入字归调历史及成因考察》,《语言教学与研究》2003.4。
侯精一、温端政:《山西方言调查研究报告》,山西高校联合出版社,1993。
李荣:《语音演变规律的例外》,载《音韵存稿》,商务印书馆,1982。
李如龙:《论闽方言的文白异读》,载《方言与音韵论集》,香港中文大学中国文化研究所吴多泰中国语文研究中心,1996。
李新魁:《论近代汉语共同语的标准音》,《语文研究》1980.1。
刘淑学:《中古入声字在河北方言中的读音研究》,河北大学出版社,2000。
王临惠:《汾河流域方言的语音特点及其流变》,中国社会科学出版社,2003。
徐通锵:《历史语言学》,商务印书馆,1991。

(原载《语言学论丛》第 32 辑,商务印书馆,2006 年)

文白异读和层次区分

一、文白异读的形成和竞争

一般来说,方言中文白异读的形成与异方言的影响有关。人们为交际的方便,有时感到需要从民族共同语所在的官话方言或某个地区性的权威方言借入词语的读音,使自己的说话比较接近这个异方言。这样,方言中就有了异方言的读音。比如上海方言"人"字的 $_c$zən $_c$niŋ 二音,前一读音叫读书音,是从官话方言借入的,相对也接近官话方言的字音,后一读音叫口语音,是本方言原有的。

字音中的读书音和口语音并存,形成叠置。文白读音在语用的要求下会展开使用范围和使用频率的竞争。当借用的要求持续存在时,读书音有可能取代口语音,成为字音中唯一的读音。当借用的要求减弱或放弃时,这一过程就可能停顿甚至逆转,读书音的使用会减少或甚至被废弃,方言中只留下原有的口语音。

因此借入读书音以后,经过一段时间的竞争,文白读音的使用场合就可能发生变化,读书音可能也用在口语中,口语音可能也用在正式说话的场合。比如北京方言铎韵字韵母的文白读音是 o/ɤ 和 au,陌麦韵字韵母的文白读音是 o/ɤ 和 ai。目前铎韵字"摸"$_c$mo 文 $_c$mau 白,作为单音节动词,口语音已经很少使用,一般在口语中也用读书音;"乐"lɤ$^?$ 文 lau$^?$ 白一般也使用读书音,口语音甚至已经被取代;而陌韵字"白"$_c$po 文 $_c$pai 白中读书音很少使用,一般正式场合也用口语音;麦韵字"册"tsʰɤ$^?$ 文 tsʰai$^?$ 白则一般使用读书音,口语音已近消失。音类中各字文白读音在竞争过程中的情况不一,是语用造成的结果。汉语方言中文白异读的形成一般都已经有相当长的时间,因此像北京方言这种文白读音使用场合变化、文白界限趋于模糊的情况是常见的。但如前所述,在竞争过程结束后,方言中总会出现借入的读书音取代口语音,或相反读书音退出方言归于消失的情况。

文白各读音也可能不止一个。比如厦门方言"平"$_c$piŋ 文 $_c$pʰiā 白 $_c$piā 白 $_c$pʰī 白

ₑpī₂白，五个读音中的后四个都是口语音。这四个读音有的可能原来是读书音。因为方言在不同时期陆续借入读书音，早期借入的读书音在后来借入的读书音的推挤下进入口语的领域，就会改变身份，转成口语音。这也是文白各读音间相互竞争的结果。

在竞争中，如果读书音在叠置中最终取代了口语音，就完成了音类的演变。这种音变就叫叠置式音变。比如上海方言"人"ₑzən ₑȵiŋ 等日母字，如果 ȵ 声母一读完全消失，z 成了日母唯一的音值，以后就将随着方言的声母系统一起演变。这种情况和一般语音演变的结果是一样的。

但如前所述，文白读音竞争的结果也有可能是读书音被放弃，口语音恢复为字音中唯一的读音。比如据摩棱多夫《宁波方言的字音》所载，百年前宁波方言"鞋"字有ₑjiæ 文 ₑɦa 白二音，目前已无读书音；绍兴方言"瞎"字有 ɕiæʔ₂文 hæʔ₂白二音，目前也无读书音，而且连读书音的韵母 iæʔ 也已经从韵母系统中消失。从语音演变的角度来说，这是一种回转。由于一般演变中的语音变化都只向前演进，不会回转，因此，叠置式音变和一般的语音演变，结果是可能不同的。

二、文白异读和层次

1. 两种不同来源的层次

方言中，字音原有的读音和借入的读音叠置在一起，构成字音的层次。同一音类中，字音的读书音构成文读层，字音的口语音构成白读层。字音的层次和音类的层次是个别和一般的关系。

如上所述，层次原本只是用来指从异方言借入的读音，即读书音的。但人们在开始区分层次时，常常不能确定异读中哪个读音是方言原有的，哪个读音是从异方言借来的。如果读书音和口语音的语音形式相同，就更是难以区分。比如苏州方言歌韵字的韵母一般都已经演变为 əu，而"拖"tʰəu 文 tʰɒ 白和"他"tʰɒ 二字，其中"拖"字口语音和"他"字的韵母同为 ɒ，这两个 ɒ 就很容易被看成是同一个层次，都是口语音。但实际上"拖"字的口语音韵母 ɒ 是歌韵字未变的早期读音，"他"字的韵母 ɒ 是后来从官话方言借入的，二者不属同一个层次。因此，"他"字的韵母应为 ɒ文，"拖"字口语音的韵母应为 ɒ白。同一个语音形式有方言原有的，有从异方言借入的，来源不同，最好把它们都看成是层次。比如把借入韵母（如 ɒ文）归入的叫做异源层次，原有韵母（如 ɒ白）归入的叫做同源层次。

2. 建立同源层次的必要性

比照读书音归为异源层次的做法，把未变的口语音归为同源层次，是有充分的理由的。

在历史语言学中，人们原来一直认为语音变化采取渐变的方式，即音值逐渐变化，同时音类中全体成员共同参与音变。这种音变叫连续式音变。比如合肥（城区）方言的中老年口音中韵母 y，在青年口音中变为 ʮ，如"举" ᶜtɕy → ᶜtsʮ，变化同时并全部完成。但半个世纪前，美国学者王士元发现，语音也会采取突变的方式，即演变过程中字音突然变化，音类各字（词）则分阶段参与音变。比如北京方言 uei 韵母零声母阳平字的声调向阴平的演变。演变过程中，声调的变化是突然完成的，由阳平变读为阴平，中间没有逐渐的调值变化作为过渡。但音类中各字的变化是分组进行的。比如①危微薇巍、②唯惟维违、③围为桅等组，目前①组中各字已经完成变化，都读阴平，②组中各字的变化还在进行中，读阴平和阳平两可，③组中各字还没有变化，仍读阳平。王氏把这种现象叫做词汇扩散。以词汇扩散的方式进行的音变，或称离散式音变，也是一种方式的语音演变。如果其中音类各字分阶段的音变全部完成，其结果将和采取渐变方式的语音演变相同。因此我们现在已经无法确知，汉语历史上已经完成的各种音变哪些是采取了上述的哪种方式。

但在以词汇扩散方式进行的音变中，音类中也可能会有个别字音由于某种原因不加入到变化的行列，仍保持原有的语音形式。如上述苏州方言"拖"字的韵母在某些词语（如"拖鼻涕"）中保持了原有语音形式 ɒ 不变。这种未发生变化的语音形式 ɒ 和已经发生变化的语音形式 əu 也呈现叠置的状态，与借入读音 ɒ（如"他"）和方言原有读音 əu 的文白读音叠置，在形式上是相同的。既然目前离散式音变和叠置式音变都已经被确认是连续式音变以外的两种语音演变方式，由此而产生的上述两种类似的叠置现象自然也有必要加以正常的处理，不再把其中的任一种看成是例外。类似的现象最好有类似的处理。因此，把演变中音值未变的叫做同源层次，和借入字音的异源层次相对，应该是合适的。这两种不同来源的层次所具有的不同性质，可以借名称来区别。

三、字音中层次的区分

1. 区分层次的依据

在方言字音中区分文读层和白读层，主要是根据二者在语音上的系统对应。比如上文北京方言铎韵和陌麦韵字"摸乐白麦",根据对应,可以把各字前一读音的韵母 o/ɤ 归入文读层,后一读音的韵母 au 和 ai 归入白读层。只要语音上的系统对应明显存在,这样的处理并没有多大困难。但如下一些情况会造成层次区分的困难,需要按实际情况分别处理。

2. 区分层次的困难

(1) 因字音数量变化和文白身份改变造成的困难

如果方言中的文白层次领字太少,难以构成明显的语音对应,区分层次就不很容易了。比如方言中刚开始产生的读书音数量极少,不易确认。如闻喜方言老年口音假摄开口三等韵只有"社"字 ₋sə、₋siɛ 两读。仅这一字两读,而且读音 ₋sə 还是新近出现的,就不易肯定它们是一般异读还是文白异读。而只有在了解到年轻人口音中假摄开口三等"蔗牙佘"等字的韵母也已经有 ə、iɛ 两读,才能肯定它确是文白异读。又如方言中的口语音即将消失,残余极少,也不容易被认识。如西安方言中表示挖掘义的读音 ₋tɕie 和表示横或野蛮义的读音 ₋ɕye,一般人已经不清楚本字是什么。但和临近的山西方言相比较,就可以肯定它们是"耕" ₋kəŋ 和"横" ₋xuoŋ 的口语音。一般人所以不认识它们,不但是因为它们的文白对应形式特殊,也是因为它们的数量太少,无法构成明显的语音对应。以上方言中个别刚产生的读书音和残存的口语音,需要设法参照不同年龄层的口音或邻近的方言来认定它们。

另外,方言中个别字音的文白定名,由于语用中竞争的复杂情况,也有可能变得和音类的文白层次不尽一致。比如厦门方言中知母文白层次的读音是 ts 和 t,止摄韵母文白层次的读音是 i 和 ai,但止摄知母字"知" ₋ti 文 ti⁻ 文 ₋tsai 白的三个读音中,韵母仍是 i 文 ai 白,声母却变为 t 文 ts 白。方言中这种个别字音的文白读音,因文白身份的改变而和音类的文白层次不相一致的情况,也会增加区分层次的困难。

(2) 因字音的读音新老和借入方向造成的困难

前面提到,方言字音中借入的是读书音,原有的是口语音。一般说来,民族共同语所在的官话方言对其他方言,特别是对南方方言产生影响,借出字音。比如南昌方言"丁" ₋tin 文 ₋tiaŋ 白,读书音据官话方言的读音折合而成。由于南方方言保留古音成分较多,读音较老,官话方言演变较快,读音较新,一般印象中,汉语方言总是南方方言向官话方言借入字音,读书音较新,口语音较老。因此可以借助字音中的读音新老和借入方向来判断读书音和口语音,区分文读层和白读层。

但也有南方方言借入官话方言的字音不定较新、原有字音不定较老的情况。因为南方方言虽然总体上比官话方言古老,却可能某个音类演变较快,读音较新,相比之下从官话方言借入的某个读音倒反显得较老。比如湖南双峰方言流摄一等溪母字"口"^{c}kʰe 文 ^{c}tɕie 白，较老的读书音 kʰ 是从官话方言借入的，较新的口语音 tɕʰ 是方言原有的。双峰方言"口"字口语音早期的声母 kʰ 腭化为舌面前音 tɕʰ，是流摄字韵腹元音前元音影响声母的结果。现在借入了较老的 ^{c}kʰe，按常规被处理为读书音。这就是说，借入的读书音语音也可能较老，而不是较新。这种较老的读书音可能影响到对文白读音的一般判断。

也有可能不是南方方言向官话方言借入字音，而相反是官话方言向南方方言借入字音。比如北京方言"芥"字 tɕie² 文 kai² 白二音，口语音是从南方输入某一种芥菜时借入的。相对于见系开口二等字声母还没有腭化的南方方言，北京方言"芥"字原有读音的腭化声母 tɕ 较新，借入读音中的声母 k 相对较老。由于一般较老的读音是口语音，这个读音就处理成了口语音。也就是说，借入的异方言读音可以不处理为读书音，而处理为口语音。这种并不是方言原有的口语音也会影响层次的区分。

而且字音的借贷还不限于在官话方言和南方方言之间发生。有些借入字音的来源特殊，其文白属性和读音新老也可能不一致。比如厦门话：

咸摄　馅 ham² 文　ā² 白　　甲 kap₂ 文 kaʔ₂ 白
山摄　单 ^{c}tan 文　^{c}tūā 白　发 huat₂ 文 puʔ₂ 白
宕摄　娘 ^{c}liɔŋ 文　^{c}nīū 白　药 iɔk₂ 文 ioʔ₂ 白
江摄　腔 ^{c}kʰɔŋ 文　^{c}kʰīū 白　学 hak₂ 文 oʔ₂ 白
梗摄　行 ^{c}hiŋ 文　^{c}kīā 白　摘 tɪk₂ 文 tiaʔ₂ 白

例字中口语音韵母舒声为鼻化韵，入声为喉塞尾韵，是方言早期读音中韵尾-m、-n、-ŋ 和-p、-t、-k 弱化的结果。读书音的韵母仍然保持韵尾-m、-n、-ŋ 和-p、-t、-k，则应该是后来借入的读音。这种比口语音古老的读书音，显然不可能由官话方言借入，而从方言间的关系着眼，也不可能来自相邻的客赣方言。但从社会文化情况考虑，宋元以来闽方言区普遍的识字教育却有可能造成这样的读书音。这一传统的看法如果无误，说明中古韵书的规范有可能造成读书音。这种通过文化学习获得的、比口语音古老的读书音，也会影响层次的判断。

以上各种读书音存在新老和借入方向的种种差别。弄清楚这些不同的情况，才有可能对方言中文白读音的层次作出正确的区分。

四、字音中层次的消失和重建

文白读音通过竞争，或是读书音取代口语音，成为字音中唯一的读音，或是读书音被放弃，口语音重新成为字音中唯一的读音，其结果都是层次的消失。

但方言中还有读书音本来已经取代了口语音，层次已经消失，但又借入口语音，重新建立起层次的现象。比如杭州方言微母字"忘"vaŋ²文 maŋ²白，日母字"肉"zoʔ₂文 nioʔ₂白，其中的口语音就是借入的。杭州方言原本使用读书音，极少口语音。这种重新建立起来的层次，也有必要确定其文读层和白读层。

杭州方言借入的这种口语音不是来自官话方言，而是来自周围的吴方言。而且杭州方言不是像一般方言那样借入读书音与原有的口语音构成层次，而是借入口语音与原有的读书音构成层次。这会使杭州方言有不同于吴方言的身份，使人们对它是否是吴方言产生疑问。而实际上，杭州方言也的确带有官话方言的色彩。杭州方言除基本上使用读书音外，还有通音音值的"儿"尾(ɭ)，与官话相同的人称代词"我"、"你"、"他"（复数加"们"）和否定词"不"，以及大量的书面语词，因此在江浙人的印象中几乎是一种蓝青官话。1922年上海出版的基督教会出版物《中华归主》就把杭州方言归入了官话。但赵元任认为杭州方言仍然是吴方言，因为它虽然"有一批使用频率高的词语属于官话类型，可是音系仍属典型的吴语音系，闭塞音声母按清浊和送气与否分成三类"。不过至今仍然有人认为，杭州方言的微日母字读音和浊上归去的情况与官话相同，即使存在声母三分，也还是一种"保守的官话方言"，不是吴方言。

从历史来看，杭州方言原本无疑是属于吴方言的，只是从南宋初年宋王朝迁都临安以来，受到北方官话长期强大的影响，发生了很大变化。自汴梁迁入临安的王室成员、各级官吏以及大量的市民，不仅带来了汴梁的城市生活的各个方面，还带来了汴梁的方言。据周密《武林旧事》、吴自牧《梦粱录》等所记，当时甚至连街巷中小贩的叫卖声也是用的"汴音"。而且据明郎瑛《七修类稿》所说，直至明时，杭州方言的入声字还是派入三声的，如"玉"音"御"，"一"音"倚"，"百"音"摆"，显见清入归上，次浊入归去（该书没有提到全浊入的情况）。不过郎瑛也说，"汴音"的分布局限在城区之内，郊区江干一带仍然操"杭人之旧音"。那么目前的杭州方言到底是继承了"汴音"，还是"杭人之旧音"，就成了需要考虑的问题。但看来杭州方言继承的不是"汴音"。因为目前的杭州方言除古全浊声母保有浊音音值外，还有完整的入声系统。据文献，北宋时官话中的浊声母已经开始清化，因此杭州方言声母的三分应该不是"汴音"保守的结果，而是本身的吴方言特点。而且如果认为杭州方言是官话方言，那么从明代已经消失了入声的"汴音"到今天具有完整入声系统的杭州方言，应该会经历入声恢复的过程。这一过程应该留有痕迹，会有个别已经派入三声的入声字（或至少是其中的清入字和次浊入字）残留在方言中，文献中也会有相关的记载，但实际上都无所见。而罗氏所提微日母字读音和浊上归去的问题则完全是官话对吴方言影响的结果（笔者曾著文论述过这一问题）。目前杭州城区方言和江干一带的方言并没有明显差别。所说的"汴音"看来已经消失，杭州方言继承的应该是"杭人之旧音"。因此，现代杭州方言不是官话，而是吴方言。

　　杭州方言从周围方言借入较多的口语音，用于口语，是近期才出现的情况。这说明杭州方言不仅在宋元时期，而且在明以后的一段时间里也仍然受到官话的巨大影响。但明以后的影响不只来自"汴音"，也来自清王朝驻军带入的北京官话。八旗兵在西湖湖滨一带的驻地称为"旗下"，居闹市区中心，具有向周围扩散官话影响的有利地位（比如目前杭州中老年人还在说的"蓝帽儿"一词，用于非尊称指第三者，原即指清王朝的下级官吏，显然是他们带来的用词）。直到清末民初，官话方言在吴方言区的影响减弱，杭州方言就加快了从周围借入口语音的步伐。20世纪60年代以后杭州市区不断扩大，陆续有邻县的居民并入郊区，又使杭州方言和周围方言的关系发生变化，出现了借入口语音的新一波浪潮。

　　由此看来，杭州方言是作为吴方言而向周围的其他吴方言借入口语音的（不过现有的口语音中是否有个别早期的残留，已经很难判断）。早期的口语音数量极少，就笔者记忆所及，20世纪四五十年代时不过20多个。例如：

　　　　微奉母：尾微 ˊvi 文 ˊmi 白，晚微 ˊvɛ̄ 文 ˊmē 白，防奉 ₒbaŋ 白，

　　　　日母：饶 ₒzɔ 文 ₒȵiɔ 白，绕 zɔˊ 文 ȵiɔˊ 白，软 ˊzyō 文 ˊȵyō 白，韧 nezˋ 文 ȵinˋ 白，绒 ₒȵioŋ 白，

　　　　见系：介见 tɕiēˋ 文 kaˋ 白，胶见 ₒtɕiɔ 文 ₒkɔ 白，减见 ˊtɕiē 文 ˊkē 白，裥见 ˊkē 白，豇见 ₒkaŋ 白，角见 ₒtɕiaʔ 文 koʔ 白，觉见，~得 tɕyəʔ 文 koʔ 白，揩溪 ₒtɕʰi ̄ 文 ₒkʰa 白，嵌溪 tɕʰi ̄ˋ 文 kʰɛ̄ˋ 白，掐溪 kʰaʔ 白，确溪 tɕʰyəʔ 文 kʰoʔ 白，苋晓 ɕiē ˋ文 hē ˋ白，鹹匣 ₒjiɛ 文 ₒɦɛ 白，项匣 jiaŋˋ 文 ɦaŋˋ 白，压影 iaʔ 文 aʔ 白，也喻 ˊjiɛ 文 jiaˋ 白 ɦaˋ 白，

　　　　遇摄：吕来 ˊly 文 ˊli 白，去溪 tɕʰyˋ 文 tɕʰiˋ 白，

　　　　梗摄：硬疑 ŋənˋ 文 ŋaŋˋ 白，横匣，~竖 ɦuaŋ 白，横匣，蛮~ ₒhən 文 ₒuaŋ 白

当地俗话说："杭州萝卜绍兴种"。杭州地处吴方言区腹地，各地之间的联系不啻千丝万缕，一直有周围地区，特别是萧绍一带的居民进入杭州。近30年来，杭州方言又借入了相当数量的口语音。除上文提到的"忘"（微母）"肉"（日母）二字外，还有"味肥蚊闻问网望"（微奉母），"惹让热"（日母），"界戒交跤觉睡~间监江夹"（见母），"敲"（溪母），"茄"（群母），"外咬眼"（疑母），"蟹瞎"（晓母），"狭"（匣母），"挨矮鸭"（影母），

"破"(果摄),"爹扯写谢夜"(假摄),"挨赖"(蟹摄),"绷彭猛生羹坑杏樱"(梗摄),"朋"(曾摄),等等。这些年轻人使用的新读音,甚至还没有得到多数老年人的认同。但借入这种读音后建立起来的文白异读,和其他吴方言的文白异读,无疑是相同的。

杭州方言借入口语音,重新建立起层次,反映了杭州方言作为吴方言在文白异读方面的回归。这是一种恢复性的变化。由于杭州方言这种借入口语音的情况极为少见,应当不致影响文白异读和层次问题的一般论述。

参考文献

丁邦新:《汉语方言层次的特点》,载《历史层次与方言研究》,上海教育出版社,2007。
罗杰瑞:《关于官话方言早期发展的一些想法》,《方言》2004.4。
摩棱多夫(P. G. von Möllendorff):《The Ningbo Syllabary》(宁波方言的字音),1901。
王福堂:《杭州方言上声字中声母 v、z 的音变》,《语言学论丛》第 20 辑,商务印书馆,1998。
　　　《汉语方言语音中的层次》,《语言学论丛》第 27 辑,商务印书馆,2003。
　　　《文白异读中读书音的几个问题》,《语言学论丛》第 32 辑,商务印书馆,2006。
徐　越:《杭州方言的内部差异》,《方言》2007.1。
赵元任:《现代吴语的研究》,清华学校研究院,1928,科学出版社,1956。
　　　《吴语对比的若干方面》,载《赵元任语言学论文集》,商务印书馆,2002。

（原载《语言研究》第 29 卷第 1 期,2009 年）

汉语方言调查和方言语音

一

语音是语言的物质外壳,方言调查中首先要做的便是语音的调查。调查语音先要记录相当数量的单字音,从中归纳方言的声韵调以及声韵调的配合关系,然后再从语料中归纳字音在语流中的变化规律,如变调、轻声、儿化等。这样就构成了方言的语音系统。完成了方言的语音调查,才能深入调查研究方言的词汇和语法。

目前都用《方言调查字表》(以下简称《字表》)记录方言的字音。请方言区的发音人用当地方言念《字表》上的字。前面声母韵母声调三页例字表要用严式音标记录,以便归纳方言声韵调的音位。正表部分就用宽式音标记录,最后按声韵调的顺序编排成方言的同音字表。

用《字表》调查记录方言字音时,要请发音人念字时多想,尽可能不遗漏字的不同读音(如果一个字有几个读音,这种遗漏是很有可能的)。也不要请几位语言情况有差别的人一起发音,以免归纳成一个杂糅的方言音系。记录后整理时,不要把见于文献、但活的口语中已经不用的字音补充进去。补充了这种字音,会模糊方言语音的时间性,混淆共时和历时的区别。

发音人的个人情况,如所在地(城区或郊区)、年龄、性别等,都会影响字音。城区与外地交流多,方言容易受影响,郊区则因为相对偏僻,与外地交往较少,方言可能保持较多早期的特点。语言不断变化,老年人往往比年轻人保留较多旧的语言成分。一般来说男性的社会活动较女性为多,对当地方言的了解也较女性为多。另外,文化程度高的人《字表》上的字认得多,而且比较能理解调查人的想法和要求,而文化程度低的人掌握方言常常会在某一局部比较深入。调查方言时,可以根据需要按上述情况选择发音人。如果要了解不同发音人的各种情况,也要分别记录。

不同发音人的语言情况有时有很大差别。笔者1964年核对《汉语方音字汇》(以下简称《字汇》)中太原(城区)方言字音时很有体会。《字汇》的太原字音原是由山西大学中文系的田希诚先生记录的,因此就请田先生帮助寻找发音人来核对。先是请来一位年轻的女大学生。笔者发现,她的发音和《字汇》所记有很大差别,很多字音变得跟普通话的读音相像了。这可能是年轻人容易受普通话影响的缘故。笔者因此请田先生再请一位年纪大一点的先生。果然一位中年教师的发音跟《字汇》所记的差别要少多了。笔者颇有感触,进而又提出请《字汇》太原字音的原发音人再核对一下。田先生就带笔者去太原老城区找到一位60多岁的老先生。核对中发现,除个别几个字,老先生所念跟《字汇》所记完全一致。

不过以上影响发音人发音的还只是个人因素。会发生影响的还有社会的因素。多年后《字汇》正式修订时,太原字音中补充了不少口语音。这时笔者回想起,在20世纪五六十年代推广普通话的浪潮中,大家看重的是方言中的读书音,所以《字汇》原来记的和核对时几位发音人念的太原字音都没有口语音。碰到这种情况,如果不考虑到社会的影响,即使有合适的发音人,也是很难调查好的。

记下字音以后,还需要确定单字各个读音的不同性质,为它们区分层次。读书音和口语音用不同的符号标明。单字只有一个读音的其实也有文白之分,一般不用符号标明,但在分析时仍然要区别对待。文白读音有时可以有多个,也需要区分。有时同样的读音有文白之异(比如苏州方言的"拖"$_c t^h ɒ$白和"他"$_c t^h ɒ$文),更要分开处理,把它们归入不同的层次。

二

《方言调查字表》原名《方言调查表格》,是赵元任设计的。收入的字按《切韵》音系的声韵调排列,实际上是一个简编的《切韵》同音字表。调查者在用它记录方言字音时,字音和《切韵》的声韵调相对应,归纳方言的声韵调一般就不会有缺漏(不过字表前面三页的例字表中,韵母部分的例字不一定能完整反映某些南方方言复杂的韵母系统,需要在调查时补充)。

调查汉语方言语音,也可以记录词汇表和成篇语料,从中归纳方言的语音系统。国外调查语言就是这样做的。国内调查少数民族语言也是这样做的。不过汉语因为有《切韵》这部韵书,而且按赵氏所说,用《字表》调查效率高,"用极少时间可以得一大批的初步知识",所以调查汉语方言就比调查其他语言多了一个选择。20世纪中期董同龢曾经用词汇表和成篇材料调查过客家话和闽南方言,赵氏本人也这样调查过台山方言。董氏在调查了四个闽南方言以后说,用语料记音和用《字表》记音,结果是一样的。目前国内调查汉语方言语音,一般都用《字表》。

但国外有的学者对调查汉语方言使用《字表》有不同看法。比如比利时学者贺登崧说:"让被调查人读字表,这样就几乎无法了解方言的现实情况"(这里所说的"现实情况"是指词语的使用情况),因此"读调查字表这样的做法,应当废止"。这就牵涉到对使用《字表》必要性的不同看法了。

其实,赵元任当初设计这一《切韵》系统的《字表》调查方言语音,是和汉语的特点有关的。

在古代,汉语只有单纯词,其中绝大部分单纯词是单音节的,只有少数联绵词是多音节的。那时音节、意义、汉字和词之间有一种特殊的联系:一个汉字表示一个音节和一个意义的结合体,而这一音义的结合体又是可以独立运用的一个词。所以,一个音节、一个意义、一个汉字和一个词,口语中都可以叫做"字"(人们现在也还把词叫做"字眼")。所以中古以前的字书就是词典,韵书也就是按音排列的词典。这样看来,古代的字也就是词,字音也就是词音,字音的变化也就是词音的变化。但汉语在后来的发展中,"文言"变化为"白话",出现了大量多音节的复合词(结构词),这就不能再说字就是词了。不过现代汉语中还保存有许多古汉语的成分和用法,某些字虽然在口语中已经不再是词(如"人民"),但在一些较文的说法中仍然可以是词(如"当官要为民做主"),所以词与非词的界限有时仍然是模糊的。而且人们通过观察和工作实践发现,在字不再等同于词以后,汉语中的语音变化仍然与字相联系,声韵调仍然从单音节的字音中归纳,语流音变的发生也仍然以单音节的字音为基础(即使是有的方言中"成词"与"不成词"有别的变调,甚至是吴方言中被有的人看做是"词调"的变调,也要以字音为语音条件)。这就是说,汉语中的语音分析仍然以字音为基础,尽管字音已经不再也是词音了。如果说通过词语和语料也可以分析语音,实际上那也是要通过其中的字音。因此汉语和其他语言相比较,语音分析多了字音这一层。可以说,印欧语是通过词语分析语音的,也只能通过词语,而汉语是可以通过单字分析语音的,不一定要通过词语,这是二者间很重要的差别。而汉语字音的这一重要特点,人们并不是一开始就认识到的。

由此看来,方言调查中用《字表》记音,主要是由汉语的特点决定的。而且用《字表》记音还有别的好处,比如便于归纳方言的语音系统,记音的同时也和《切韵》音系进行了初步的历史比较,记音后所得同音字表还是音系的重要组成部分。因此,废止使用《字表》的说法,显然是不能考虑的。

使用《字表》记录方言有时会有漏记读音的情况。因为发音人在看到一个字的时候不一定能马上把它在不同词语中的读音（尤其是口语音）全都想起来，特别是如果有些词语是平常很少使用的话。因此使用《字表》记音时应当多问，并且可以使字音记录和下一阶段的词汇调查相互照应，把在词语中发现的漏记读音及时补充到《字表》中去。不过可能漏记读音并不是《字表》本身的弱点。即使使用词汇表和成篇语料，如果不能接触到有某个字的不同读音的各个词语，也同样会有漏记读音的可能。漏记读音主要是调查工作中的问题，不是《字表》的问题。

三

贺氏不仅认为用《字表》调查汉语方言的方法"应当废止"，还认为 20 世纪前半期汉语方言研究的工作"像新语法学派，太以语音规律为主"（据赵氏在给董氏信中的转述），而这样做的结果，便是"知道的仅仅是汉字的方言音，其他就所知无几了"。他认为，"中国的方言研究中，运用普遍的语言学方法比较落后"，"要建立起可靠的历史研究，只有唯一的方法，那就是进行以现代方言为证据的语言地理学的研究"。贺氏的看法牵涉到如何看待汉语方言研究历史的问题。

贺氏是一位神父，曾于 1941 至 1948 年在我国山西、河北传教，期间在大同和宣化地区调查方言。他把方言中语音、语法、词汇的地理差异用地图的形式表示出来，并把这种差异和当地的社会历史、人文地理和民俗等各种非语言要素联系起来，指出后者在前者形成中的作用。这是方言地理学在汉语方言研究中取得的最早的成果。但他的主张和工作并没有得到我国学术界的响应。因此他对当时的汉语方言研究不注意方言地理学颇不满意，对高本汉《中国音韵学研究》一书在汉语方言研究中的影响不以为然。

不过草创时期的汉语方言研究没有把注意力放在方言地理学的研究上是有原因的。这和方言地理学产生的条件有关，也和早期汉语方言研究的情况有关。

方言地理学是 19 世纪 70 年代以后在欧洲兴起的。在此之前的历史比较语言学，亦即语音发展规律的研究，取得了巨大的成就。新语法学派还提出了"语音规律无例外"的口号。但人们也发现，标准语中总有一些成分表现例外，显得缺乏规律性。有人认为这可能是因为标准语不够纯粹，也许在偏僻的农村还保存有纯粹的语言，因此主张调查农村地区的方言。而为了验证新语法学派的口号，有的语言学家（如温克尔、席叶龙等）也各自对一个地区的方言进行调查，并用地图的形式把方言的各种特点反映出来。他们意外地发现,语言的变化除了要受语言条件的影响以外,也要受非语言的社会条件的影响,其因素主要是交际的密度和不同社团的影响力。他们因此提出"每一个词都有自己的历史"的论断,和前述新语法学派的口号相抗衡。方言地理学的发现冲击了历史比较法。但它所用的地理方法又使比较法可以提高精密性和普遍性,这又弥补了新语法学派的不足,对历史比较法起到了补充的作用。从以上欧洲语言学的发展历史,可见方言地理学是在历史比较语言学之后,以后者为基础,作为对后者的纠正和补充而出现的。

而在20世纪的前半期,现代意义的汉语方言研究正在摆脱传统语文学的束缚开始起步。由于方言在传统上不受重视,留下来的文献很少,而汉字不能标音,能确切反映方言语音情况的文献更少。为了了解方言事实,汉语方言研究一项新的巨大的工作便是调查和记录汉语方言。与此同时,还有怎样研究方言的方法问题,以及人们一直关心的、想要解决的多个具体问题。不少人提出过自己的看法。其中如史语所的学者认为,要"以某一种方言的细密研究认识其中各种机用,以相互的关系和古今的变迁认识其演变","要横着比较方言,纵着探索某个方言所含的事实"等。他们还提出这样一些课题,比如"为中国方言歧异的东南方言区域画出分县分乡的语言图","解决在几种方言中音素音调相互影响以成变化"、"辨出在几种方言中的时代层次","南部方言有没有因与当地土著混合而成的现象"以及"黄河流域语言在南宋时之急变是不是由于金元战争",等等。这里所说的研究方法就是历史比较法,具体问题则是与方言语音有关的共时的历时的基本问题,主要也属于历史比较语言学的范畴。由于符合客观条件和现实需要,这些想法和做法很快成为人们的共识。回顾百年来的汉语方言研究,正是这样以历史比较语言学为开端,持续至今的。

而当时的《中国音韵学研究》一书正适合草创时期汉语方言研究的需要。高氏调查方言语音的方法,以及根据现代方言语音材料构拟《切韵》音系的原则和方法,曾起了示范的作用。如果说高氏的著作极大地推动了汉语方言研究,并不为过。

但贺氏对高氏的方言调查方法提出了质疑。他引述高氏给《中国音韵学研究》中译者的信:

> 字音的调查法不是叫人一个字一个字读,乃是问他什么叫什么。例如"帆"字也许被问的人不认识它,也许把它读作别字,所以最好问他:借风力行船用布做的那个东西叫什么;如果他说的是"船篷",那么再问他还叫什么,直到问出可认为"帆"字音为止。

贺氏认为高氏这样的调查"不是方言学,而是已为日叶龙的研究结果所全面否定的旧词源学"。他接着还说,"这样也就能理解,为什么高本汉在《中国音韵学研究》中把大同方言的'昨'标为[tsua]了。而我在桑干河南岸地区进行了三年调查,这个说法一次也没有听说过,大家总是说[iɛ ni kə]或[iər kə](按即'夜里个'或'夜儿个')"。

　　从上面的引例可以清楚地看到,高氏调查的是"帆"和"昨"这两个字的读音,即贺氏本人所说"汉字的方言音",而不是这两个方言词的读音。高氏就具体事物询问字音,是为了避免发音人对汉字的误解误读。这种不是"就字问字"的方法,连赵氏也认为是字音调查中"最保险的问法"。而贺氏由于对汉语字音和词音的区别缺乏了解,对高氏的调查目的存在误解,以为高氏是调查方言词语而误记了字音。其实高氏为构拟《切韵》音系,调查的本来就不是方言词语,而就是字音。汉语方言调查中,记录字音和记录词语是目的不同的两项工作。

　　学术有其发展的规律,汉语方言研究也有其发展规律。在草创时期,百废待兴。轻重缓急,需要有正确的判断。汉语方言研究必须先从调查入手,以便拥有作为研究对象的方言材料。必须像欧洲语言学那样先从历史比较语言学的研究入手,以便了解汉语方言语音的现状、历史及其变化规律。只有在了解了语言事实和语音变化一般规律的前提下,人们才有可能进一步去了解规律的例外现象,再进一步在某些例外现象中寻找规律。如果在缺乏历史语言学基础的当时就开展方言地理学的研究,将不可能对学术的整体发展有所助益。因此,贺氏提出"中国的方言研究……落后"甚至"愚蠢"的激烈指责也没有能使汉语方言研究改变方向,就是可以理解的了。其实国人也并不是不重视方言地理学,史语所许多方言调查报告附有多幅方言地图,后来还有人出版过专门的方言地图集,但都因为缺乏必要的基础而未能深入,仅限于语言事实的标写。直到最近,才开始有某些著作在语言事实的分析说明方面进行尝试。

　　现代意义的汉语方言研究至今已近一个世纪,已经超越草创的阶段,有了很大的提高。就目前来看,汉语方言研究的方面已经由语音扩展到词汇和语法,研究的方法也由记录和描写进至分析与说明,历史比较法的运用取得了不少成果,前人提出的课题也已经有一小部分在进行之中。20世纪中期以来还吸取了多种国外新的语言学理论和方法,如语言共时研究中的结构主义、转换生成语法等,效果显著。在这种基础渐已具备的情况下,包括汉语方言地理学在内的各项研究取得成果,就是可以期待的了。

参考文献

布龙菲尔德(L. Bloomfield):《语言论》,袁家骅、赵世开、甘世福译,商务印书馆,1980。

董同龢:《华阳凉水井客家话记音》,科学出版社,1956。
傅斯年:《所务记载》,《史语所集刊》1 本 1 分,1928。
高本汉(B. Karlgren):《中国音韵学研究》,赵元任、罗常培、李方桂译,商务印书馆,1940。
贺登崧(W. A. Grootaers):《汉语方言地理学》,石汝杰、岩田礼译,上海教育出版社,2003。
梅耶(A. Meillet):《历史语言学中的比较方法》,岑麒祥译,科学出版社,1957。
史语所:《历史语言所工作之旨趣》,《史语所集刊》1 本 1 分,1928。
王福堂:《汉语方言语音中的层次》,《语言学论丛》第 27 辑,商务印书馆,2003。
徐通锵:《历史语言学》,商务印书馆,1991。
赵元任:《汉语词的概念及其结构和节奏》,载《赵元任语言学论文集》,商务印书馆,2002。
中国社会科学院语言研究所:《方言调查字表》(修订本),商务印书馆,1981。

(原载《语言学论丛》第 36 辑,商务印书馆,2008 年)

二十世纪的汉语方言学

一、现代汉语方言研究的草创时期（一）

1. 汉语方言研究理论的建立

20世纪的现代意义上的汉语方言研究——汉语方言学，可以说是由北京大学的歌谣采集工作引发的。

20世纪初，中国社会发生了巨大深刻的变化。清王朝的崩溃，使中国社会包括学术思想在内的各个方面，有了彻底挣脱封建正统观念束缚的可能。欧洲科学和民主思想大量传入。中国知识分子向往德先生和赛先生。五四运动则使这一向往发展为热潮。由于平民思潮的兴起，过去不被注意的民间风俗、歌谣、方言等，这时也成了重视和研究的对象。北京大学从1918年起收集民间歌谣，不久以后成立了歌谣研究会。在记录歌谣时遇到记录语音和解释词义的问题，又引起对方言研究的兴趣。沈兼士当时指出："歌谣是一种方言文学，歌谣里的词语多少都是带有地域性的。倘使研究歌谣而忽略了方言，歌谣中的意思、情趣、音调至少会有一部分的损失。所以研究方言可以说是研究歌谣的第一步基础工夫。"（《今后研究方言之新趋势》，1923）就这样，方言研究由歌谣研究引发了起来。

当时欧洲语言学的理论和方法已经介绍到了国内。我国学者透过歌谣的收集，看到了方言研究本身的价值和任务。所以沈兼士又说："为歌谣而研究方言，只是研究方言目的里的一件事，其实，方言仍有它应该被研究的独立的价值在。"他还进一步指出，"我们今后研究方言的新趋势，与旧日不同者，综有三点：(1)向来的研究是目治的注重文字，现在的研究是耳治的注重言语；(2)向来只是片段的考证，现在需用有系统的方法实行历史的研究和比较的研究，以求得古今方言演变之派别，分布之状况；(3) 向来只是孤立的研究，现在需利用与之有直接或间接关系的发音学、言语学、文字学、心理学、人类学、历史学、民俗学等等，以为建立新研究的基础"。（同前）这里所说的"新趋势"、"新研究",就是现代汉语方言研究的理论、目的和方法。

与此同时,林语堂也认为,"方言研究应该有独立的身份与宗旨,不应该做附属于歌谣研究之下之一物。"他还具体说明,作为一种"语言学的事业",方言研究应当在十个方面进行努力,即(1)"应考求声音递变的真相,及观察方言畛域现象",(2)"应以广韵二百〇六部为研究起发点",(3)"应使发音学详密的方法厘清音声的现象",(4)"应注重俗语而略于字音",(5)"应力求规则的条理,或者说,应承认语言为有被科学整理的可能性",(6)"对于词字应寻求文化的痕迹",(7)"应博求古语之存于俗语中的",(8)"对于文法关系应做独立的语言学上的研究",(9)"应考求句法的同异",(10)"应寻求俗语中最新的文法倾向"。(《研究方言应有的几个语言学观察点》,1923)

在这种看法的影响下,北京大学在 1924 年成立了方言调查会,宣言书中提出了"绘成方言地图"、"考定方言音声"、"调查殖民历史"(即调查居民的迁徙史)、"考定苗夷异种的语言"(即调查少数民族语言并确定其谱系)、"依据方言的材料反证古音"、"扬雄式的词汇调查"和"方言语法的研究"等七项任务。

1928 年,国立中央研究院历史语言研究所成立,同时创办了《国立中央研究院历史语言研究所集刊》(简称《史语所集刊》)。史语所成立之初,也对方言研究的目的做了明确的叙述:"以后我们的汉语学不得不以方言的研究为成就的道路。……以某一种方言的细密研究,认识其中各种机用,以相互的关系和古今的变迁认识其演变。……待后来方言研究得好了,然后可以更认识在古代给我们的那些不大记音的记载。所以我们现在要于汉语学的致力,左也是方言,右也是方言。""我们希望……能为中国方言歧异的东南区域画成分县分乡的语言图,能解决在几种方言中音素音调相互影响以成变化的题目若干个,能辨出方言中字的时代层次,能接触到些很宽广的题目,如现在南部方言有没有因为当时土著混合而成的现象,黄河流域语言在南宋时之急变是不是由于金元战争,并且能够破除若干不着边际的迷信如五方水土使音变迁等话,总而言之,我们要横着比较方言,纵着探索某个方言所含的事实。"(《所务记载》,傅斯年执笔,1928)以上的论述,较之方言调查会的宣言和林语堂的意见更深入,更具体,而且看得更远。

至此为止,现代意义上的汉语方言研究,它的理论、目的和方法,可以说已经得到明确的阐述。汉语方言研究从此结束了小学训诂式的传统,走上了科学的道路。这对它以后的发展具有决定性的意义。

2. 方言调查工作的开始

北京大学方言调查会虽然在 1924 年成立时提出了具体的任务,但以后几年中并没有成果问世。这是有原因的。赵元任后来解释说:"空谈了许多时候怎么也没有结果呐?这大半是因为有几种必需的条件还不能实现。第一,要有永久性的组织跟经费,……第二,要有相当训练的工作者,第三,要国内太平,……"(《现代吴语的研究》,1928)这些条件是在几年后才逐渐具备的。

1928年成立的历史语言研究所正是这样一个永久性的学术机构。它在汉语研究方面起了引导的作用。而开始着手方言研究准备工作的则是一些接受过现代语言学训练的学者。他们在现代技术方面也有所掌握。其中如刘复在留学欧洲时以实验手段研究汉语方言声调,发明了声调推断尺。赵元任使用渐变音高管记录方言声调的绝对音高,又在《一套标调的字母》(1930)中介绍了他创造的五度制标调法,用来标写方言声调的相对音高。这种标调法后来成了声调描写中普遍使用的方法。赵元任还设计了《方言调查表格》,收字 3567 个,供方言调查时记音之用。表格的表头上注明《切韵》系统的声韵调类等,所以表格实际上也是一个《切韵》系统的同音字表。用这个表格记录方言,可以很快得出方音和中古音的对应条例,"用极少的时间可以得一大批的初步知识"。能设计出这样的表格是因为有《切韵》这一古代韵书。这实在是我国方言学界的幸事。

史语所成立后,赵元任任语言组主任。以后的若干年中,史语所的语言研究工作主要就是调查方言。起初有赵元任在两广调查 22 个方言点(1928 年 11 月—1929 年 2 月),在海南调查 6 个方言点(1930 年 8 月),白涤洲在关中地区调查 42 个方言点(1933 年),罗常培在皖南歙县等地调查 6 县 46 个方言点(1934 年)。1935 年,史语所又拟定了一个调查方言的总计划,决定成立一个人数不多的调查队,在全国做一个粗略的初次调查,灌制方言音档,绘制方言地图,在数年内完成。这就有了江西(1935年春)、湖南(1935 年秋)、湖北(1936 年春)三省的调查。以后因计划变动和抗日战争爆发,调查工作停顿了几年,再后才又调查了云南(1940 年春)和四川(1941 年秋—1946 年)。通过以上总共八次的调查,记录了大量的方言。其中湖北和关中两种分别在 1948 年和 1954 年出版。

《湖北方言调查报告》由赵元任、丁声树、杨时逢、吴宗济、董同龢共同编写。全书包括分地报告和综合报告两大部分。分地报告分列全省 64 个方言点的材料,每一点都有声韵调表,800 字的同音字表,方音与古音的比较,会话材料。综合报告分列各地字音比较,常用词比较,方言分区及概况,以及 66 幅语言地图。该书对以后的方言调查和著作编写,无论在内容上和体例上,都有重要的参考价值。

《关中方音调查报告》是白涤洲在 1933 年调查关中方言时所得的材料,去世后由喻世长代为整理的。内容包括42个方言的声韵系统和427个单字音表。审音严格。但单字音没有标调,使字音的声韵母和声调分了家。

3. 当代方言的描写研究

这一时期的方言研究,在现代语言理论的指导下,按照语言系统性的要求,描写一个个完整的方言。调查以方言区的发音人为对象,避免了记音人的主观性。用国际音标记音,克服了以往用汉字注音不够准确的弊病。这些都使汉语方言研究有了不同于传统的新面貌。

这一时期方言的描写研究侧重于语音。这一方面是因为汉字不标音,以往有关的文字记载在反映语音的具体情况方面最为欠缺,所以开始时的方言描写研究不免特别注意语音。另一方面,当时瑞典语言学家高本汉"综合西方人方音研究之方法与我国历来相传反切等韵之学"(高本汉《中国音韵学研究》中译本傅斯年序,1939)取得很大成功,也使我国学者特别注意在方言研究中利用传统音韵研究的成果。诸如字音分析为声韵调,声韵调配合之取则于韵图,方音与《切韵》音系音类的对应等,都行之有效。1935年,罗常培在《汉语方音研究小史》中指出,当时方言研究中存在"重视语音,轻视词汇"的现象。在这以后,方言的描写研究中开始也注意词汇。

这一时期有关当代方言的描写研究有如下重要著作(按发表时间先后介绍,下同):

1924:刘复《四声实验录》。该书用浪纹计记下北京、武汉、广州等12个方言的声调曲线,经计算后用五线谱的形式标出声调的绝对音高。这是第一部以实验手段研究汉语方言声调的著作。但发音记录与实际方言有距离(这可能主要是发音方面的问题),调值计算也不够准确。

1928:赵元任《现代吴语的研究》。这是作者1926年在清华学校国学研究院时所做的调查,记录了江苏、浙江两省吴方言区33个方言点的声韵调和30个方言点的75个词语,以及方言声韵调和中古音的比较。这是第一部通过田野工作完成的、用国际音标准确记音的方言著作(但该书的内容仅为调查所得材料的一小部分)。

1930:陶燠民《闽音研究》。该文介绍福州方言中"大率未经人道"的语流音变,记录了福州方言声母类化规律和声调转变规律,以及声调影响音节中元音音质的条例。

1931:罗常培《厦门音系》。主要有厦门方言同音字表,方言声韵调和十五音及《广韵》音系的详细比较。表格繁多。所列字音和话音的转变规律是对方言中文白异读现象的首次详细描写。

1939:赵元任《钟祥方言记》。内容包括钟祥方言的声韵调及配合关系,音节表,同音字表,与国音和古音的比较,以及2700余词语(没有标音)。由于罗常培1935年指出前此的方言调查不重视词汇,因此从该书开始的同类著作在这方面有了显著改进。作者自认为该书是"一个比较详细的方言记","可以给人做一个其他方言记录的样本"。

1941:罗常培《临川音系》。内容包括临川方言音系,方音和《广韵》音系、北京音的比较,以及450条方言特殊词语。该书还讨论了临川方言的内部分歧以及从临川方言中体现出来的赣方言和客家话的密切关系。

1941:黄锡凌《粤音韵汇》。该书确定了广州方言的语音标准,提供了一个精细的广州方言音系和同音字表,区分了古全浊上字的文白异读,对变调现象有详尽的描写。

1948:董同龢《华阳凉水井客家话记音》。记录了四川西南官话区中的一个客家话方言岛。该书介绍了这一客家话的声韵调,音节表,大量语料,以及3000个左右的词语。该书说明在调查方言时没有使用《方言调查表格》,认为该表格"选字是以现代各方言所自出的'中古音系'为据,求得的音韵系统难免是演绎式的而非归纳式的",而记录如果只限于字音,"极少成片段的真的语言记录,词汇与语法的观察无法下手"。当时国外有人对国内方言调查工作"太以语音规律为主"提出不同意见。(贺登崧《中国语言学及民俗学之地理的研究》,1948)董同龢一方面申明"没有忘记语音规律以外的事",一方面说明该书在方言调查过程中是"把汉字丢掉",收集大量"成句成段以至成篇的语言记录",从中归纳方言的音素(声韵调)和语素(词语)的。

此外,这一时期还有如下一些重要的著作和论文:赵元任《北京、苏州、常州语助词的研究》(1926)、《南京音系》(1929)、《中山方言》(1948),王力《两粤音说》(1928),龙果夫夫妇(苏)《湖南省湘潭、湘乡方言》(1931),刘文锦《记咸阳方言》(1932),白涤洲《关中入声之变化》(1935),张洵如《北平音系十三辙》(1937),岑麒祥《广州音系概况》(1946),高名凯《福州话之语丛声母同化》(1947)等。其中赵元任《北京、苏州、常州语助词的研究》是现代汉语方言研究中最早的语法研究著作。

4. 古代方言的描写研究

这一类属于方言考古性质的描写研究,一般是先对有关的古文献中的语言材料进行分析,再和当代方言的语音系统进行比较,然后构拟出它的古音类的音值,用国际音标标写。这样的方言考古,原则和方法都比较科学,结论也比较可靠。

这方面的描写研究有如下重要著作:

1933:罗常培《唐五代西北方音》。该书以敦煌石室写本中《千字文》、《大乘中宗见解》、《阿弥陀经》、《金刚经》等残卷以及《唐蕃会盟碑》碑文共五种汉藏对音材料,分别和切韵系统的声韵调以及兰州、平凉、西安、三水、文水、兴县等六种现代西北方音相比较,构拟了唐五代西北地区汉语的语音系统。

1942:周祖谟《宋代汴洛语音考》。根据宋邵雍《皇极经世声音唱和图》中的音声图区分声韵母,根据当时文人诗词的用韵考证韵母,构拟了宋代汴洛地区方言的声韵调系统,并和现代开封方言的声韵调相比较,确定它当时"足为北音一系之代表"。

1948:徐嘉瑞《金元戏曲方言考》。以现代昆明方言考证金元时戏曲作品中的词语。

这一时期还出现了一些方言词语考古之作,如孙锦标《南通方言疏证》(1913),詹宪慈《广州话本字》(1929),邱立《闽南方言考》(1929),翁国梁《闽北方言述》(1929),刘颐《楚语拾遗》(1930)等。不过,这些作品都是在章太炎《新方言》影响下产生的,可说是传统方言研究的余波了。

5. 方言分区

汉语应该分成几个方言,从来就是人们关心的问题。因为方言分区既是方言研究的结果,又是方言研究的基础。我国古代长期以来没有人为汉语方言做过分类工作。清末章太炎是传统方言研究最后一位大家,却也是做方言分区的第一人(章太炎对汉语方言的分类见《章氏丛书》"检论·方言",1915)。但他没有做过实地的方言调查,只是以语感作为判断的依据,所分九种方言不免有许多不确切的地方,难以为准。1922年上海出版了基督教会出版物《中华归主》一书,载有汉语方言的分区:"1. 官话(北部、南部、西部,客家话,杭州话,其他),2. 沿海方言(吴语,闽语,粤语)。"该书说明这是来自当时学术界的意见,但没有提供这样区分的确切根据。而这一时期史语所的方言调查工作和某些学者个人的著作,提供了许多第一手的材料,可以成为方言分区的可靠依据。

从1933年起,史语所先后三次在《中华民国新地图》和《中国分省新地图》的"语言区划图"中对汉语方言做了划分(其中1933年的第一次分区由赵元任署名)。各次分区如下:

1933:华北官话,华南官话,吴,客,粤,闽,海南——7

1939:北方官话,上江官话,下江官话,吴,客,粤,闽,皖,潮汕——9

1948:北方官话,西南官话,下江官话,湘,赣,吴,客,粤,闽南,闽北,徽——11

另外,李方桂在《中国的语言和方言》(《中国年鉴》,1937)中分区如下:

1937:北方官话,西南官话,下江官话,粤,赣客,闽,吴,湘——8

赵元任在《国语入门》(1948)中分区如下：

1948：北方官话，西南官话，下江官话，粤，赣客，闽南，闽北，吴，湘——9

以上各次分区的特点，一是越分越细，如把华南官话分为西南官话和下江官话，又从西南官话中分出湘语，从下江官话中分出赣语和徽语，闽语分为闽南、闽北等。二是分区意见不一，如赣语和客家话的分合。但分区总的说来符合实际情况，而且日趋准确。

另外，黎锦熙和王力也对汉语方言做过分区。黎锦熙按江河湖海等水系把汉语方言分为12系，即河北系，河南系，河西系，江淮系，江汉系，江湖系，金沙系，太湖系，浙源系，瓯海系，闽海系，粤海系。(《国语运动史纲》，1934)这种分区显然只考虑了语感，而且以传统的方音与水土具有联系的概念作为理论基础，可以说是一个不合时代的错误了。王力把汉语方言分为官话、吴、闽、粤、客五系，(《中国音韵学》，1935)与史语所1933年的分区基本相同。

二、现代汉语方言研究的草创时期（二）

1. 汉语方言普查

1949年，中华人民共和国成立。工农大众政治地位的改变，提高了方言口语的地位。1956年6月6日，《人民日报》发表《正确地使用祖国的语言，为语言的纯洁和健康而斗争》的社论，提出"要学习人民的语言"。这说明，方言口语已经不只是从科学的角度研究的语言现象，也是在政治上被重视的社会现象。

1950年，中国科学院语言研究所成立。这是由原史语所部分成员和北京大学、清华大学、燕京大学等高校的部分学者组成的。1954年成立了方言组，丁声树任组长，李荣任副组长。语言所还创办了《中国语文》(1952)和《语言研究》(1956—1959)两种刊物，刊载包括方言在内的语言学论文。学术机构和专业刊物的创办，为方言研究的开展创造了条件。

1954年中国文字改革委员会成立，负责文字改革、推广普通话和汉语规范化三大语文政策的制订和具体工作的推行。三大语文政策是一个有机的整体，文字改革是中心。文字改革以汉字简化为近期任务，以拼音化为长期目标。为了最终完成文字拼音化的任务，需要把普通话推广到方言分歧的全国。而为了推广普通话，又首先要取得对方言的一定了解。这样，调查方言就和三大语文政策联系了起来，成了社会的需要，不再只是一项学术活动，工作因此得到了极大的推动。

1955年，现代汉语规范问题学术会议召开。会议通过决议，建议"在两年内完成汉语方言初步普查的计划"。丁声树、李荣并在会上所作的报告《汉语方言调查》中提出,"不仅要调查语音情况,还要重视方言词汇和方言语法的研究"。1956 年制订了《语言科学研究工作十二年远景规划草案》,指出汉语方言调查是汉语研究的三个中心问题之一,而首先要进行的便是方言调查。同年高教部和教育部下达了进行方言普查的指示。教育部和语言所联合举办了三期普通话语音训练班,训练各地高校调查方言的人员。北京大学等高校也开设了"汉语方言学"课程,培养学生调查方言的知识和能力。语言所还编制了《方言调查字表》(1955,根据赵元任《方言调查表格》修订)、《方言调查词汇手册》(1955)、《方言调查简表》(1956)、《古今字音对照手册》(1958)等,以及语音训练班的教材《汉语音韵讲义》(丁声树、李荣,1956)、《汉语方言调查手册》(李荣,1957)。此外还有岑麒祥《方言调查方法》(1956)、马学良等《语言调查常识》(1956)等。这些都为方言普查做了人力上和业务上的准备。

1956 年方言普查工作在全国各省区汉语地区展开,1958 年基本完成。两年多时间里,总共调查了大陆 1849 个市县的汉语方言。1959 年起工作转入总结阶段,编写了调查报告近 1200 种,学话手册 300 余种,各省区的方言概况 20 种(计有河北、辽宁、黑龙江、内蒙古、山东、河南、山西、陕西、甘肃、江苏、浙江、安徽、湖北、湖南、四川、云南、贵州、福建、广东、广西等)。以后公开出版的方言概况有《江苏省和上海市方言概况》(1960)、《四川方言音系》(1960)、《河北方言概况》(1961)、《安徽方言概况》(1962)等 4 种,学话手册 70 余种。

《江苏省和上海市方言概况》全书包括省内 4 个方言区语音特点的介绍,20 个方言点 2601 个单字音对照表,21 个方言点 567 条词语对照表,42 幅反映 74 个调查点语音词汇特点的地图。各地的记音做过综合性的比较和平衡,是反映方言普查成果的代表作。

方言普查告一段落时,有的地区还进行了词汇的专项调查。如中国科学院河北省分院语言文字研究所 1959 年起调查了河北省 150 多个市县的方言词汇,编写了《河北方言词汇》(1996 年以李行健编《河北方言词汇编》为名出版)。这也是普查中唯一的词汇的专项调查工作。

方言普查积累了丰富的方言材料,增加了人们对汉语方言虽属初步却是全面的认识。普查工作还培养了大量具有调查经验和描写能力的人员,改变了以往方言研究局限在少数学者之中的局面。这些情况对方言研究以后的发展具有重要的意义。

2. 当代方言的描写研究

在方言普查的调查和总结阶段,方言研究的一般工作也在进行。这一时期对单

个完整的方言进行描写,描写的水准和材料的丰富程度都要超过前一阶段。较重要的有下列著作:

1959:李永明《潮州方言》。在发掘方言口语方面有很好的成绩,除语音外,词汇、语法的材料也相当丰富。

1960:《昌黎方言志》。是以语言研究所丁声树、李荣为首的多个作者在扩大了行政区划的昌黎县调查和整理的结果。对方言音系、词汇、语法、方音和北京音的对应、方言内部差异等有详细的描写分析。同音字表、分类词表以及其他语料均称丰富。编写上由概况介绍转向语言结构各部分的细致描写是一个特点。该书是比以前赵元任《钟祥方言记》更成熟的方言志样本,"可以作为进一步调查汉语方言的参考"。

由于对方言有了较多的了解,这一时期出现了综合介绍汉语方言的专著以及字音和词汇的材料集。如:

1960:袁家骅等《汉语方言概要》。根据作者在北京大学中文系讲课的讲义加工而成。共 12 章,分绪论、分论、综论三大部分,分论部分逐章介绍汉语的各大方言。语音的介绍兼及共时和历时、个别和一般,词汇、语法也得到相当的重视。作为第一部介绍汉语方言概况的著作,基本上反映了此前方言研究的成果。

1962、1964:北京大学中国语言文学系语言学教研室《汉语方音字汇》、《汉语方言词汇》。前书收集 17 个方言代表点 2722 个字的读音,后书收集 18 个方言代表点 905 条词语,都用国际音标标音。字目并注有中古音。两书都采用表格形式,在普通话的字目、词目下排列方言字音和词语的材料,供比较研究之用。两书所收方言点及其音系未能完全一致,是一不足。

此外,《中国语文》、《语言研究》等刊物和《语言学论丛》、《普通话和方言丛刊》、《普通话与方言集刊》等文集登载有相当数量的论文。比较重要的有:陈慧英、白宛如《广州话和北京音的比较》(1958),王福堂《绍兴话记音》(1959),詹伯慧《潮州方言》(1959),郑张尚芳《温州音系》(1964)、《温州方言的连读变调》(1964),李荣《温岭方言语音分析》(1966)等。

1949 年以后,海峡两岸分隔,海内外学界同行联系中断。但境外的汉语方言研究不乏优秀作品问世。重要的如台湾地区有赵元任《台山语料》(1951),董同龢《厦门方言的音韵》(1951)、《四个闽南方言》(1959),杨时逢《台湾桃园客家方言》(1957),赵元任、杨时逢《绩溪岭北方言》(1965),丁邦新《如皋方言的音韵》(1966)等。国外则有易家乐(法)《中山隆都方言》(1956),包拟古(美)《厦门方言》(1958),桥本万太郎(日)《海南文昌方言》(1960)等。

《台山语料》和董同龢的两种著作都是不使用调查表格,完全根据所记语料整理而成的。

3. 方言分区

1955年,丁声树、李荣在《汉语方言调查》中说,汉语方言"还没有经过全面的调查",仅就已知的情况可以分为8种,即:

1955:官话,吴,湘,赣,客,闽南,闽北,粤——8

这一分区实际上是在1948年史语所分区的基础上,把北方官话、西南官话、下江官话合而为一,再删去不成熟的徽语而成的。

方言普查完成后,人们对方言的情况有了新的了解,开始以新的情况来检验过去所做的分区。1963年,潘茂鼎等《福建汉语方言分区略说》一文根据福建省内闽方言的共同点和不同点,把闽方言分成"闽东、莆仙、闽南、闽中、闽北"五个小区。也就是说,福建省内的闽方言应当是一个统一的大方言,它的次方言则不限于闽北话和闽南话。由于福建省以外闽方言的情况与上述结论不矛盾,所以1955年的方言分区就改变为如下所示:

1963:官话,吴,湘,赣,客,粤,闽——7

汉语方言至此分为7个。这一结论为广大方言工作者普遍接受。

三、现代汉语方言研究的提高时期

1. 进一步开展方言研究任务的提出

20世纪50年代的方言普查很有收获。但是在普查基础上以语音为重点进行的一般描写,成绩还只是初步的。1961年,丁声树在《关于进一步开展汉语方言调查研究的一些意见》一文中提出,"还需要在普查的基础上继续深入,逐步提高",虽然"语音方面还要继续注意,但要以词汇、语法为重点进一步开展汉语方言的调查研究",因为"只有方言的语音、词汇、语法三方面都经过了系统的调查研究,我们才能弄清楚汉语方言的全部面貌,才能把汉语方言学建立在一个比较稳固的基础上"。

丁声树提出进一步开展汉语方言研究的任务,主要是研究领域要由语音向词汇、语法扩展。因此,1963年语言所制订了绘制河北省和北京市方言地图集、开展汉语方言重点调查和收集方言资料的科研规划。1965年,《中国语文》又刊载了介绍广东方言词典和湖北广济方言词典编写计划的文章。但是这些工作都还没有来得及展开,"文化大革命"就开始了。

十年动乱中,全国各单位机构瘫痪,科研工作陷于完全停顿。科学、教育、文化部门相当一部分人员流散,资料也有部分散失。直到1976年"文革"宣告结束,社会生活才逐渐恢复正常。

1977年,在原中国科学院学部的基础上成立了中国社会科学院,语言所划归该院。原方言组改为方言研究室,李荣任主任,工作开始恢复。各高校也逐渐恢复了正常的教学与科研。1978年,语言所在北京和苏州先后召开了语言学科规划座谈会,确认仍以"弄清汉语的基本事实"为这一阶段语言研究的主要任务之一。1979年创办了汉语方言研究的专业刊物《方言》。1981年建立了全国汉语方言学会,在方言工作者中起协调工作步伐和交流学术观点及活动情况的作用。这样,由于研究方向明确,有一定的工作条件,方言研究就迅速恢复和发展起来。

这一时期的方言研究工作得到几个方面的推动。一是各地方言工作者以只争朝夕的精神工作,很多人想把在"文革"中失去的时间补回来,在被破坏的园地上更多地耕耘。二是各地(省区市县)在编写地方志的过程中提出编写方言志的急切要求。三是由语言所牵头的若干个国家级科研规划,如方言重点调查、地图绘制、词典编纂、音档录制等项目,需要吸纳各地人员共同进行。这些项目涉及的具体内容,如连读变调、方言音系、方言新老派关系、方言分区、方言词典、方言语法等,大多在各届方言学会年会的研讨会上得到讨论,《方言》杂志则在稿件组织和情况报道方面加以配合。各地方言工作者也着手进行自己的工作计划,并分头组织官话、吴方言、客方言、粤方言、闽方言、晋语等方言或专题的研讨会,编辑出版论文集,推动研究。所以,这一时期的工作紧张热烈,成果众多。可以说,汉语方言研究在经历停顿和破坏后迅速恢复,水平大有提高,结束了草创阶段,开始转向全面和深入。

2. 方言描写的全面和深化

这一时期方言研究水平的提高,首先可以从描写工作的两个方面来叙述。

(1)描写的内容由局部趋于全面

首先是涉及的方言点大大增加。不再局限在少数代表方言点,而是扩大到一般地区和边远地区(如乌鲁木齐、西昌)以至台湾、香港等地,也不再局限于音系结构较为复杂的南方诸方言,而是扩大到过去重视不够的广大北方地区的官话方言。各地编写了大量的方言志,其中以山西、山东、湖南三省编写的数量最多(计山西40种,山东15种,湖南15种)。这些作品总的来说质量很好,虽然大多篇幅有限,描写比较简略,但都有助于反映汉语方言的全貌。各省和地域性的调查报告也在陆续编写之中。已出版的如詹伯慧、张日昇《珠江三角洲方言字音对照》、《珠江三角洲方言词汇对照》、《珠江三角洲方言综述》(1987—1990)、《粤北十市县粤方言调查报告》(1994)、《粤西十市县粤方言调查报告》(1998),吴积才等《云南省志·汉语方言志》(1989),刘育林《陕西省志·方言志(陕北部分)》(1990),陈昌仪《赣方言概要》(1991),李如龙、张双庆《客赣方言调查报告》(1992),钱乃荣《当代吴语研究》(1992),侯精一、温端政《山西方言调查研究报告》(1993),曹志耘《严州方言研究》(1996),孟庆惠《安徽省志·方言志》(1997),鲍明炜等《江苏省志·方言志》(1998),刘伦鑫《客赣方言比较研究》(1999),李如龙等《粤西客家方言调查报告》(1999)等。也有若干地域性的调查研究写成论文集的形式。如复旦大学中国语言文学研究所吴语研究室编《吴语论丛》(1988),陈章太、李如龙《闽语研究》(1991),侯精一《现代晋语的研究》(1999),等等。此外,张振兴《台湾闽南方言记略》(1983)是这一时期大陆作者描写台湾闽南话的第一本著作。

在方言词汇方面,除方言志综合描写中包括的词语部分外,还出现了许多有关的专题论文。方言词典也开始编纂出版,普遍有较好的水平。其中如饶秉才、欧阳觉亚、周无忌《广州话方言词典》(1985),收词精当,体例谨严,在注音、释义、用例方面作了精心安排。徐世荣《北京土语词典》(1990),释义部分反映了作者丰富的生活经验和准确的语感,现用词语和旧词语分编收录是一种新的处理。语言所主编的《现代汉语方言大词典》共收42种分地词典,每一种收入词语从7000到10000条不等,如张惠英《崇明方言词典》(1993),贺巍《洛阳方言词典》(1996)。这些分地词典都有至少4000余条共同的词目,编排在一起,就成为一部综合性的大词典。

其他方言词典还有厦门大学中国语言文学研究所汉语方言研究室《普通话闽南方言词典》(1982),陈刚《北京方言词典》(1985),王文虎、张一舟、周家筠《四川方言词典》(1987),朱彰年、薛恭穆、周志锋、汪维辉《阿拉宁波话》(1991,以后增订为《宁波方言词典》,1996),李如龙、梁玉璋、邹光椿、陈泽平《福州方言词典》(1994),张维耿《客家话词典》(1995),等等。

此外还有收入众多方言点词语的综合性词典,篇幅很大。如陈章太、李行健《普通话基础方言基本词汇集》(1996),收入官话93个方言点的音系简介、同音字表和2645条词语,充分体现了普通话"以北方话为基础方言"的基本事实。另外,许宝华、宫田一郎《汉语方言大词典》(1997),兼收共时和历时的方言词语,词语从当前的调查记录和古今文献中收集,是一个古今方言词汇集。

方言词语方面的工作还包括考本字。由于汲取了现代语言学和音韵学、词汇学等方面的研究成果,这一阶段的本字考证较之传统时期大大增加了可靠程度。重要的论文有施文涛《宁波方言本字考》(1979)，白宛如《广州话本字考》(1980)，黄典诚《闽语"人"的本字》(1980)，张惠英《吴语劄记》(1980)，颜森《新干方言本字考》(1983)，翁寿元《无锡方言本字考》(1989)，李荣《吴语本字举例》(1980)、《"捐"字的音》(1988)、《台风的本字》(1990—1991)、《福州话"下雨"的本字》(1992)等。著作则有李新魁、林伦伦《潮汕方言词考释》(1992)。

方言语法是过去方言研究中最薄弱的一环，常常被忽略。但是它的重要性却是不容置疑的。它不仅是方言研究的组成部分，对整个汉语的语法研究也是不可缺少的。袁家骅早在《汉语方言概要》(1960)中就说过，"汉语语法的建立，……最现实、最直接的辅助应当是汉语自己的方言语法"。后来朱德熙在中国语言学会第六届学术年会上的书面发言(1992)中，也指出"方言语法研究、历史语法研究和标准语语法研究三者之间的密切关系"。他从 80 年代起结合方言语法来研究现代汉语语法，写了许多很有影响的作品，如《北京话、广州话、文水话和福州话里的"的"字》(1980)、《汉语方言里的两种反复问句》(1985)等。他们的观点和实践促进了人们对方言语法研究重要性的认识。从 80 年代后期开始，方言语法研究逐步开展了起来，至今十余年间，成绩可观。所见论文涉及构词法、句法、虚词等各个方面。构词法如喻遂生《重庆话名词的重叠构词法》(1988)，施其生《汕头方言动词短语重叠式》(1988)，项梦冰《试论汉语方言复合词的异序现象》(1988)，谢自立、刘丹青《苏州方言变形形容词研究》(1995)等。句法如陈法今《闽南方言的两种比较句》(1982)，郑懿德《福州方言的"有"字句》(1985)，刘丹青《苏州方言的发问词与"可 vp"句式》(1991)等。虚词如李小凡《苏州方言的指示代词》(1984)，刘勋宁《现代汉语句尾"了"的来源》(1985)，马希文《北京方言里的"着"》(1987)，谢自立等《苏州方言里的语缀》(1989)，张清源《成都话的动态助词"倒"和"起"》(1991)，张惠英《现代汉语代词研究》(1997)等。除论文外，也有专集出现。如汪国胜《大冶方言语法研究》(1994)，项梦冰《连城方言语法研究》(1997)，钱乃荣《上海话语法》(1997)，李小凡《苏州方言语法研究》(1998)，伍云姬编《湖南方言的动态助词》(1996)、《湖南方言的介词》(1998)和《汉语方言共时与历时语法研讨论文集》(1999)，胡明扬编《汉语方言体貌论文集》(1996)等。黄伯荣编《汉语方言语法类编》(1996)则为方言语法研究提供了丰富的参考资料。

以上各方面的工作成果，为进一步的方言研究提供了丰富的材料。此外也有旧著做了改进的。如北京大学中国语言文学系语言学教研室《汉语方音字汇》(第二版，1989)、《汉语方言词汇》(第二版，1995)，修订补充后分别收入 20 个方言代表点 2961 个字的读音和 1230 条词语，统一了两书所收方言点和音系、发音人的年龄(中老年)和地区(城区),规定了字音词语的现用性,从而保证了方言材料时间上和空间上的一致性。

(2)描写由简略趋于细致和深化

首先是出现了若干描写细致的方言志。如贺巍《获嘉方言研究》(1989),描写语音、词汇、语法而以语音为主,对方言中变韵的类别和不同的语法功能有详尽的描写。许宝华、汤珍珠《上海市区方言志》(1990),语音部分包括同音字表、内部差异、与北京音和中古音的比较,词汇部分有总数约8000上下的分类词表,语法部分分词类、词法、句法等方面,是当时描写方言语法最为细致的;书中语料用隐蔽的录音方式收集,能保证把错误减少到最小程度。叶祥苓《苏州方言志》(1990),语料丰富,50幅地图(曾以《苏州方言地图集》为名于1981年在日本出版)提供了苏州方言语言特点在263个调查点的情况,是进行语言地理学分析的好材料;但对戏曲语言和自然语言的不同性质不甚区别,是一不足。另外还有语言所主编的以《昌黎方言志》为蓝本、具有统一规格的方言研究丛书,已出版的有博山、洛阳、武汉、嘉定、舟山、江永、黎川、漳平、福清等9种,如颜森《黎川方言研究》(1993)。此外还有李新魁等《广州方言研究》(1995),陈泽平《福州方言研究》(1998),周长楫等《厦门方言研究》(1998)等,均属后出转精之作。这些作品对语音、词汇、语法各方面都有细致的描写,反映了方言总体描写深化的一面。

其次是语音描写的深化。描写不再局限于语音本身,对语音层面和语法层面交叉的语言现象也给予了广泛的重视,并注意到这些现象与纯语音现象性质的不同。在前一阶段,进行这种现象描写的还只是个别人的附带工作,这时则已成为洪流。这方面的重要论文有李荣《温岭方言的变音》(1978),吕叔湘《丹阳方言的声调系统》(1980),郑张尚芳《温州方言儿尾词的语音变化》(1980、1981),徐通锵《山西平定方言的"儿化"和晋中的所谓"嵌l词"》(1981)、《宁波方言的"鸭"[ɛ]类词和"儿化"的残迹》(1985),贺巍《济源方言记略》(1981),朱德熙《潮阳话和北京话重叠式象声词的构造》(1982),谢自立《苏州方言两字组的连读变调》(1982),叶国泉、唐志东《信宜方言的变音》(1982),田希诚《山西和顺方言的子变韵母》(1986),周祖瑶《广西容县方言的小称变音》(1987),陈忠敏《宁波方言"虾猪鸡"类字声调变读及其原因》(1992),等等。

也有运用实验的方法描写方言音类音值的工作。如曹剑芬《常阴沙话古全浊声母的发音特点》(1982),林茂灿、颜景助《北京话轻声的声学性质》(1980)等。另外,语言所的"现代汉语方言音库"收录40种重要方言的音档,提供了方言的声音形象。这些工作从另一方面反映了方言语音描写的深化。

3. 方言研究的深入

上述对方言现象的描写基本上没有涉及产生这一现象的原因,如语言内部规律和社会文化背景。这一时期也出现了试图解释这种原因的工作。从描写现象进而作语言规律和社会背景的探求,是方言研究深入的反映。这一情况可以分两方面来叙述。

(1)由现象描写趋于规律探求

与现象相对,规律是指现象产生的原因以及现象的形成和变化过程。首先,规律探求包括语言接触引起的变化及其过程方面的研究。这是方言横向的变化,为此要分析其他方言、民族语言等对方言起作用的因素。这一性质的研究,就语言接触的不同情况可以分为几类:

方言交界地区的方言。如湘鄂赣交界地区的方言(董为光《湘鄂赣三界方言的送气声母》,1989),浙闽交界地区的方言(郑张尚芳《浦城方言的南北区分》,1985,王福堂《闽北方言弱化声母和"第九调"之我见》,1994),赣闽交界地区的方言(张双庆、万波《从邵武方言的几个语言特点的性质看其归属》,1996),浙皖交界地区的方言(曹志耘《严州方言语音特点》,1997)等。

方言岛。如四川的湘方言岛(崔荣昌、李锡梅《四川境内的"老湖广话"》,1986,张一舟《从中兴话古全浊声母字的读音看全浊声母的演变》,1987,崔荣昌《四川乐至县"靖州腔"音系》,1988,《四川达县"长沙话"记略》,1989),黑龙江的站话(游汝杰《黑龙江的站人和站话述略》,1993),山东的北京方言岛(张树铮《山东青州北城满族所保留的北京官话方言岛记略》,1995)等。

双语区方言。如湘南地区的双方言(李永明《临武土话——土话与官话的比较研究》,1988,黄雪贞《江永方言研究》,1993),广东的双方言(叶国泉、罗康宁《广东双方言区的分布及成因》,1992)等。

混合方言。如广东闽粤客混合方言(潘家懿《粤东地区的一种混合型方言——占米话》,1995),海南闽粤客混合方言(黄谷甘、李如龙《海南岛的迈话——一种混合型方言》,1987),广西苗汉混合方言(王辅世《广西龙胜伶话记略》,1979),青海藏汉混合方言(陈乃雄《五屯话初探》,1982,《五屯话音系》,1988),甘肃汉藏混合方言(仁增旺姆《汉语河州话与藏语的句子结构比较》,1991)等。

规律探求的另一面,是方言自身纵向的历史演变。方言的历史演变,无论是整个系统,还是某一音类,都要受规律的支配。探求这种规律,需要通过分析一个方言或比较若干个方言来进行。这方面的研究,有张盛裕《潮阳方言的文白异读》(1979)、《潮阳方言与〈广韵〉声母的比较》(1982),陈泽平《福州话的韵母结构及其演变模式》

(1984),李思敬《汉语"儿"[ɚ]音史研究》(1986),王洪君《山西闻喜方言的白读层与宋西北方音》(1987)、《文白异读与叠置式音变》(1992),鲁国尧《泰州方音史和通泰方言史研究》(1988),李小凡《苏州方言的字调转移及其成因》(1990),施其生《广州方言的介音》(1991),潘悟云《"囡"所反映的吴语历史层次》(1995),王福堂《杭州方言上声字中声母 v、z 的音变》(1997),等等。

还有以方言中某一音类为对象的研究,如李如龙《闽西北方言"来"母字读 s-的研究》(1983),郑张尚芳《浙南和上海方言中的紧喉浊塞音声母 ʔb ʔd 初探》(1988),熊正辉《官话区方言分 ts tʂ 的类型》(1990),蒋希文《湘赣话里中古知庄章三组声母的读音》(1992)等。

此外,还出现了若干以方言演变和方言接触为研究内容的文集和专著。如李荣《音韵存稿》(1982)、《语文论衡》(1985),李如龙《方言与音韵论集》(1996),王福堂《汉语方言语音的演变和层次》(1999)等。

(2)由纯语言研究进而联系社会原因

方言调查中常常会遇到方言的读音和用词因居民年龄性别不同而有异的情况。但这还只是语言社会性的一般反映。语言社会本质的表现是广泛而深刻的。方言研究只有结合语言使用者的人文历史背景,如社会历史、居民迁徙、生产活动、婚姻习俗以及其他风俗习惯等多个方面来进行,才能了解由非语言因素造成的原因。欧洲的方言研究一直是这样看、这样做的。但 20 世纪的汉语方言研究,因为草创阶段对语言材料的紧迫要求,也因为汉语方言差异中处于主要地位的语音的吸引力,人们从一开始就陷入了以语音为主的调查整理工作之中,乐此而不疲。早期北京大学的歌谣收集工作,以及后来罗常培在《语言与文化》(1950)中就客家人的历史迁徙提出的联系社会和文化研究方言的建议,都没有能产生多大影响。但在方言研究经历了数十年发展后的这一时期,终于开始出现了这种联系语言的社会性来研究方言的工作。专题论文如林焘《北京官话溯源》(1987),侯精一《山西理发社群活动的研究报告》(1988),林彬《吴川方言亲属称谓词》(1991),方松熹《舟山(定海)方言渔业词汇》(1993)等。专著有周振鹤、游汝杰《方言与中国文化》(1986),崔荣昌《四川方言与巴蜀文化》(1996),黄尚军《四川方言与民俗》(1996)等。结合语言社会本质的研究,将使汉语方言研究展现出一个生动的方面。

4. 境外汉语方言研究和对外学术交流

这一时期境外的汉语方言研究异常活跃,对内地的研究工作有积极的影响。

台湾地区的研究主要集中在与岛内方言种类相同的闽南话和客家话。如董同龢等

《记台湾的一种闽南话》(1967),丁邦新《台湾方言源流》(1970)和《儋州村话》(1986),杨时逢《台湾美浓客家方言》(1971),张贤豹《海口方言》(1976)等。另一种工作是早期史语所在大陆调查的方言材料的整理,如杨时逢《云南方言调查报告》(1969)、《湖南方言调查报告》(1974)、《四川方言调查报告》(1984)等。还有方言分区、方言演变规律和方言历史的研究。如丁邦新《汉语方言区分的条件》(1982),何大安《规律与方向——变迁中的音韵结构》(1988),张光宇《闽客方言史稿》(1996)。香港地区的研究有张洪年《香港粤语语法的研究》(1972),蔡俊明《潮语词典》(1976,后来增订为《潮州方言词汇》,1991),徐云扬《自主音段音韵学理论与上海声调变读》(1988)等。

国外学者研究汉语方言大多有所侧重。美国学者中张琨主要利用吴、闽方言的材料研究汉语方言音类的历时演变规律,梅祖麟主要利用吴、闽方言的材料研究汉语方言语法的历时演变。再如包拟古、罗杰瑞研究闽方言,余蔼芹研究粤方言和方言语法,杨福绵研究客家话,王士元和郑锦全综合研究汉语各个方言。日本学者桥本万太郎研究山西方言和客家话,辻伸久研究粤方言和湘方言,古屋昭弘研究吴方言,平田昌司研究皖南徽语和闽方言,中岛干起的研究兼及闽、吴、湘等方言,平山久雄则侧重于方言音类的古音值构拟。法国学者中,易家乐研究闽方言,萨加尔研究客家话和赣方言。重要的论文有:王士元《竞争性演变是残留的原因》(1969),罗杰瑞《闽语声调的演变》(1973)、《原始闽语的声母》(1974),萨加尔《赣方言和客家话的关系》(1988),张琨《建州八音的声调》(1988),平田昌司《闽北方言"第九调"的性质》(1988),郑锦全《汉语方言亲疏关系的计量研究》(1988),梅祖麟《汉语方言里虚词"著"字三种用法的来源》(1989),岩田礼《汉语方言中"祖父"、"外祖父"称谓的地理分布》(1995)等。重要的著作如:罗杰瑞《福建建阳方言》(1969),余蔼芹《粤方言研究》(卷一,1972),桥本万太郎《客家方言》(1973),村上嘉英《现代闽南语词典》(1979),辻伸久《广西粤语比较音韵》(1980)等。

改革开放以来,方言研究的对外学术交流渐趋活跃。台湾地区和国外的学者大多都曾来大陆访问或开会,或前往方言区实地调查研究。境内外学者还共同举办学术讨论会。合作项目也逐渐增多。如中国社会科学院和澳大利亚人文科学院《中国语言地图集》(1987,1989),朱德熙和余蔼芹的"汉语方言语法调查",李如龙和平田昌司、张双庆等的"中国东南方言比较研究",已出版论文集《动词的体》(1996)、《动词谓语句》(1997)、《代词》(1999)等数种,许宝华和宫田一郎《汉语方言大词典》(1997),曹志耘和平田昌司《徽州方言研究》(1998)等。这些项目的实施和完成,对汉语方言研究来说都是一种促进。

我国现代意义上的方言研究起步很晚,至今不过数十年,水平还是有限的。境外汉语方言研究的成果虽然数量不如国内众多,但在现代语言理论的指导下,常有上好的建树。如王士元的词汇扩散,罗杰瑞对闽语词汇中时间层次的分析,徐云扬关于自主音段音系学理论在上海话中的应用,都启发了国内的同行。60年代美国学者提出"普林斯顿假设",为汉语各方言构拟原始语音系统,其中罗杰瑞所构拟的"原始闽语"以及张琨、平田昌司等学者对这一构拟的批评,大大促进了汉语方言研究在这一领域的深入。另外,日本学者从语言地理学的角度研究汉语方言也给中国学者以推动。

5. 方言分区

80年代初期,中澳合作进行《中国语言地图集》的项目,由中国社会科学院语言研究所负责绘制中国境内汉语方言的分布图,民族研究所负责绘制境内除汉语外各民族语言的分布图。就汉语方言部分来说,由于方言普查以及此前的历次调查都没有为汉语方言划定具体的分界线,因此绘制工作并非水到渠成。语言所组织众多方言工作者,在方言普查的基础上再作补充调查,经数年努力才告完成。所做的方言区分,由李荣写成《官话方言的分区》(1985)和《汉语方言的分区》(1989)二文,体现在《中国语言地图集》的17幅汉语方言图中。地图中有明确的方言区分界线,每一方言区内有四至五个层级的划分。这是一部具有时代意义的、能代表当前汉语方言研究水平的方言地图。

李荣和《中国语言地图集》所做的方言分区如下:

1987:官话,晋,吴,徽,湘,赣,客,粤,闽,平——10

这一分区较之方言普查后的分区多出了晋语、徽语、平话三个方言。其中徽语早在40年代就有人提到过,晋语和平话是首次设立的。

官话内部是根据古入声的演变情况划分次方言的。晋语因为有入声而从官话中分出来。但同样有入声的江淮官话却没有分出来,仍然是官话的一个次方言。标准相同而处理不同,使众多方言工作者存有异议。贺巍在《汉语方言研究的现状与展望》(1991)一文中也认为:"晋语主要特点是有入声,和江淮官话的特点是'古入声今读入声'相比,在分区的标准上没有明显的差别",否定了入声作为晋语从官话中分立出来的依据。

四、结语

20世纪的汉语方言研究发展迅速。数十年来的工作取得了很大的成绩,但还有很多不足之处。回顾过去的工作,有必要在某些关系的处理方面总结经验教训,供今后的工作参考。

1. 欧洲语言学和传统方言研究的关系

20世纪的汉语方言研究是在摆脱了传统的束缚后,在欧洲语言理论的指导下发展起来的。我国传统的方言研究曾经有过光辉的历史,汉代扬雄《方言》一书至今仍有它不可磨灭的价值。但在唐宋以后,传统方言研究逐渐沦为经学的附庸,失去了活力。它把自己的任务局限在词语的考古方面,以书面文献作为主要的研究对象,研究方法也一直未能科学化、现代化。史语所《历史语言所工作之旨趣》(1928)一文曾就传统方言研究兴衰的原因做过如下总结:学术"(1)凡能直接研究材料,便进步;凡间接的研究前人所研究或前人所创造之系统……便退步。……(2)凡一种学问能扩张它所研究的材料,便进步,不能,便退步。……(3)凡一种学问能扩大它作为研究时应用的工具的,则进步,不能的,退步。"20世纪的汉语方言研究,正是总结了这些经验教训,直接研究方言口语,广泛收集材料,运用各种研究手段(如从国际音标到实验仪器等),才取得了目前的进展的。

不过清算过去并不意味着完全否定传统的方言研究。传统中有精华,比如就方言口语进行调查记录时,从音类的角度观察方言的变化,就是在今天也需要这样做。实际上有的工作(如方言中音类和本字的考证)取得成功,正是因为结合了传统,有的工作(如"原始闽语"的构拟)归于失败,置传统研究的成果于不顾即是原因之一。事实说明,继承传统中的精华,对方言研究今后的发展是绝对不可缺少的。

2. 方言描写和理论探索的关系

20世纪的汉语方言研究,从草创时期一开始就以描写方言,——即调查、记录、整理方言,作为主要的工作任务。这一工作为我们积累了丰富的语言材料。

从一开始就重视方言的描写有两方面的原因。一是当代方言是主要的研究对象,丰富的方言要尽可能全面细致地记录下来,以供研究。而且由于语言处在不断变化之中,变化了的方言也需要重新记录。就这点来说,方言的描写工作是一项永无休止的任务。二是由于汉字不标音,我们只能以记录方言作为取得语音材料的唯一手段。以上原因决定了数十年来汉语方言研究做的主要就是描写方言学的工作,即"弄清汉语基本事实"的工作。

不过,显然也不能只把注意力放在全面准确地描写方言之上。在方言普查工作完成以后,方言研究的进一步发展已经提出了转向深入的要求。这一要求的真正体现,不在于研究领域由局部趋于全面,而在于对隐藏在方言现象之中的规律的探索。

描写方言现象(尽管描写之中实际上隐含着理论)和在方言现象中探求规律,是不同的两件事。描写只说明现象是什么样的,规律则说明现象为什么是这样的。当然,描写方言是基础,探求规律只有在描写的基础上才能进行。但从研究的角度看,描写方言现象只是手段,探求规律才是最终的目的。而且也只有在认识规律的基础上,才能反过来更好地描写方言现象,在描写中不致盲目,不致对某些重要现象视而不见。所以,描写工作进展到一定程度,必定会提出探求规律的要求。一些有关论文的出现,尽管数量还不多,却正是这一要求的反映。这也预示描写方言学在取得长足发展之后另一个研究方面即将开始。

作为一门学术的方言研究来说,它的发展可以分成若干个不同的时期。但两个时期之间不会有截然分明的界限,不可能像某个人或某个单位的工作计划那样具体,在一项工作结束后才开始另一项工作。在方言描写工作仍在大量进行的今天,(如前所述,这一描写工作也是不可能结束的)迫切需要因势利导,使方言研究开始规律探索的工作。规律的探索将有助于当前的方言描写。相反,不鼓励方言描写以外的其他研究工作的开展,将会延缓方言研究整体的发展。

3. 集中引导和学术争鸣的关系

20世纪汉语方言研究发展迅速,原因之一是有一个处于领导地位的学术机构,有一些能起领头作用的权威学者。从开始时的史语所到后来的语言所,情况相似。有了能起领导作用的机构,就可以讨论情况,确定目标,制订计划,组织人力,执行任务,而这一切都有经费的保证。有了权威学者,就可以引导学术界走向某一预定的方向。

学术发展有其客观规律,只有符合规律,才能顺利发展。因此,不论是学术机构或是权威学者,都有必要随时注意学术领域日常活动中隐藏着的预示未来动向的因素,推动学术向前发展。不过个人的判断不免常常会受到自己的观点、兴趣甚至性格方面的影响。而权威所在,提倡什么固然会产生影响,不提倡什么也会产生影响。所以提供一个正常的学术环境鼓励争鸣,鼓励创新,始终是重要的问题。只有不仅工作活跃,而且思想也活跃,方言研究才能在各个阶段都顺利发展。

20世纪中,汉语方言研究从史语所创立时"十几个书院的学究"的小小事业,到目前有众多方言工作者共事的学术洪流,发展迅速。数十年来耐心细致的调查研究,积累了大量丰富的方言材料,对汉语方言有了相当的了解,也开始了理论上的探索。但平心而论,材料的丰富还是相对的,缺乏了解的方言仍不在少数。调查工作需要继续全面和深入,研究和探索的工作也才刚刚开始。草创初期学者们提出的任务,绝大多数都还没有着手进行。汉语方言研究对象多,问题也多。不过,如果能不断进取,化解前进中遇到的矛盾,相信在下一个世纪,汉语方言研究一定会有更快的发展,取得更多的成果。

参考文献

北京大学中国语言文学系语言学教研室:《汉语方音字汇》(第二版),文字改革出版社,1989。
　　　　《汉语方言词汇》(第二版),语文出版社,1995。
陈昌仪:《赣方言概要》,江西教育出版社,1991。
陈章太、李如龙:《闽语研究》,语文出版社,1991。
陈章太、李行健:《普通话基础方言基本词汇集》,语文出版社,1996。
丁声树:《关于进一步开展汉语方言调查研究的一些意见》,《中国语文》1961.3。
丁声树、李荣:《汉语方言调查》,载《现代汉语规范问题学术会议文件汇编》,科学出版社,1956。
董同龢:《华阳凉水井客家话记音》,科学出版社,1956。
傅斯年:《所务记载》,《史语所集刊》1本1分,1928。
高本汉:《中国音韵学研究》,商务印书馆,1930。
河北省昌黎县县志编纂委员会、中国科学院语言研究所:《昌黎方言志》,科学出版社,1960。
何耿镛:《汉语方音研究小史》,山西人民出版社,1984。
贺登崧:《中国语言学及民俗学之地理的研究》,《燕京学报》35期,1948。
贺　巍:《获嘉方言研究》,商务印书馆,1989。
　　　　《汉语方言研究的现状与展望》,《语文研究》1991.3。
黄典诚:《闽语"人"的本字》,《方言》1980.4。
江苏省和上海市方言调查指导组:《江苏省和上海市方言概况》,江苏人民出版社,1960。
李方桂:《中国的语言和方言》,《中国年鉴》,1937。
李　荣:《汉语方言调查手册》,科学出版社,1957。
　　　　《官话方言的分区》,《方言》1985.1。
　　　　《汉语方言的分区》,《方言》1989.4。
李永明:《临武方言——土话与官话的比较研究》,湖南人民出版社,1989。
林　焘:《北京官话溯源》,《中国语文》1987.3。
林语堂:《研究方言应有的几个语言学观察点》,载《语言学论丛》,开明书店,1933。
刘勋宁:《现代汉语句尾"了"的来源》,《方言》1985.2。
罗常培:《唐五代西北方音》,史语所单刊甲种之12,1933。
　　　　《汉语方音研究小史》,载《罗常培语言学论文选集》,中华书局,1963。
罗杰瑞(Jerry Norman):《Tonal Development in Min》,JCL. 1:2,1973;《闽语声调的演变》,张惠英译,《中南民族学院学报》1985.4。
　　　　《The Initials of Proto-Min》,JCL. 2:1,1974;《原始闽语的声母》,海牧译,《音韵学通讯》(4),1983。
潘茂鼎、李如龙、梁玉璋、张盛裕、陈章太:《福建汉语方言分区略说》,《中国语文》1963.6。

平田昌司:《闽北方言"第九调"的性质》,《方言》1988.1。
饶秉才、欧阳觉亚、周无忌:《广州话方言词典》,香港商务印书馆,1985。
沈兼士:《今后研究方言之新趋势》,《歌谣》增刊,1923。
王福堂:《闽北方言弱化声母和"第九调"之我见》,《中国语文》1994.4。
项梦冰:《连城方言语法研究》,语文出版社,1997。
谢自立、刘丹青、石汝杰、汪平、张家茂:《苏州方言里的语缀》,《方言》1989.2、1989.4。
徐世荣:《北京土语词典》,北京出版社,1990。
徐通锵:《宁波方言的"鸭"[ɛ]类词和"儿化"的残迹》,《中国语文》1985.3。
徐云扬:《自主音段音韵学理论与上海声调变读》,《中国语文》1988.5。
许宝华、汤珍珠:《上海市区方言志》,上海教育出版社,1980。
叶国泉、唐志东:《信宜方言的变音》,《方言》1982.1。
袁家骅等:《汉语方言概要》(第二版),文字改革出版社,1983。
詹伯慧:《四十年来汉语方言研究的回顾》,载《方言·共同语·语文教学》,澳门日报出版社,1995。
张光宇:《闽客方言史稿》,台湾南天书局,1996。
张双庆编:《动词的体》,香港中文大学出版社,1996。
赵元任:《现代吴语的研究》,科学出版社,1956。
　　　《钟祥方言记》,科学出版社,1956。
　　　《北京、苏州、常州语助词研究》,《方言》1992.4。
赵元任、丁声树、杨时逢、吴宗济、董同龢:《湖北方言调查报告》,商务印书馆,1948。
郑张尚芳:《温州方言的连读变调》,《中国语文》1964.2。
中国社会科学院和澳大利亚人文科学院:《中国语言地图集》,香港朗文出版(远东)有限公司,
　　1987、1989。
中国社会科学院语言研究所:《方言调查字表》(修订本),商务印书馆,1981。
中研院史语所:《历史语言所工作之旨趣》,《史语所集刊》1本1分,1928。
朱德熙:《北京话、广州话、文水话和福州话里的"的"字》,《方言》1980.3。

(原载《二十世纪的中国语言学》,北京大学出版社,1998年)

关于客家话和赣方言的分合问题

一

客家话和赣方言的分合,是现代汉语方言分区中一个久已存在的问题。1933年中央研究院历史语言研究所所作的方言分区中,只有客家话,没有赣方言。赣方言北部包括在华南官话中,南部包括在客家话中,还没有分出来。是不是存在赣方言以及客家话和赣方言的关系怎样,是罗常培首先提出来的。罗常培1936年在《临川音系》的叙论中提出,临川话和以梅县话为代表的客家话很相近,二者"是同系异派的方言";1942年在《从客家迁徙的踪迹论客赣方言的关系》一文中提出,江西方言"和客家话系统相近";1956年在《临川音系》再版序言中又提出,存在着"客赣方言的亲属关系"。罗常培的看法显然得到了学术界的重视。1937年李方桂和1948年赵元任所做的方言分区中都有了赣方言,而且都和客家话合在一起,统称"赣客家语"。这和罗的看法恐怕是不无关系的。但是从1948年史语所的方言分区开始,客家话和赣方言又不再合在一起了。以后,客家话和赣方言两方言的分合,就一直存在不同意见。

二

客家话和赣方言分合的问题,主要是两个方言语音特点的异同问题。客家话和赣方言这两个比邻相处的方言在重要的语音特点方面相当一致,把它们区分开来是有一定难度的。历来在讨论两方言的分合时,一般都把作为依据的语音特点举出来。但所举不定一致,侧重点也不尽相同。下面列出一般认为的两方言重要的语音共同点和差异。

1. 客家话和赣方言共同的语音特点

这一类特点主要有:

(1) 古全浊声母清化后塞音塞擦音一律送气。例如：

	同	动	洞	独
梅县	₋tʰuŋ	tʰuŋ⁼文₋tʰuŋ白	tʰuŋ⁼	tʰuk₋
南昌	₋tʰuŋ	tʰuŋ⁼	tʰuŋ⁼	tʰuk₋

(2) 非敷奉母字声母和晓匣合口韵字声母音值相同。例如：

	匪	肺	服	花	画
梅县	ᶜfi	fi⁼	fuk₋	₋fa	fa⁼
南昌	ᶜfəi	fəi⁼	fuk₋	₋fa	fa⁼

2. 客家话和赣方言不同的语音特点

客家话不同于赣方言的语音特点主要如下：

(1) 存在"古无轻唇音"的现象，如梅县话"扶奉"₋fu文₋pʰu白；

(2) 存在"古无舌上音"的现象，如梅县话"知知"₋tsɿ文₋ti白；

(3) 泥来母字声母不相混同，如梅县话"男泥"₋nam≠"篮来"₋lam；

(4) 影疑母字声母不相混同，如梅县话"爱影"oi⁼≠"碍疑"ŋoi⁼；

(5) 溪母合口韵少数字声母为 f，如梅县话"裤溪"kʰu⁼文 fu⁼白；

(6) 没有撮口韵，如梅县话"雨"(合口三等)ᶜi；

(7) 一等覃谈韵字韵母混同，如梅县话"蚕覃"="惭谈"₋tsʰam；

(8) 部分江摄字读同通摄，如梅县话"双江"="鬆冬"₋suŋ；"浊觉"="逐屋"tsʰuk₋。

赣方言不同于客家话的语音特点主要如下：

(1) 泥来母字声母混同，如南昌话"南泥"="篮来"lan⁼；

(2) 影疑母开口一二等字声母混同，如南昌话"爱影"ŋoi⁼，"碍疑"ŋoi⁼；

(3) 有的方言来母细韵字声母为舌尖塞音，如都昌(土塘)话"料"tiɛu⁼；

(4) 有的方言知照三等字声母为舌尖塞音，如临川话"转知"ᶜtɔn，"超彻"₋tʰɛu，"虫澄"₋tʰuŋ，"真章"₋tin，"春昌"₋tʰun；

(5) 一等覃谈韵字韵母不相混同，如南昌话"蚕覃"₋tsʰɔn≠"惭谈"₋tsʰan。

3. 两方言因地域推移而渐增差异的语音特点

还有一些语音特点，在客家话和赣方言两方言的范围内，距离越远，差异越大。由南向北主要有几种情况：

(1) 韵母中闭口韵逐渐减少以至消失。例如：

	三	散	桑	法	发	伯
梅县	₋sam	ᶜsan	₋sɔŋ	fap₋	fat₋	pak₋

临川	ˍsam	ˍsan	ˍsɔŋ	fat˯	fat˯	peʔ˯文 paʔ˯白
南昌	ˍsan	ˍsan	ˍsɔŋ	fat˯	fat˯	pɛt˯文 pak˯白

（2）读入阴平的次浊上字逐渐减少以至消失，读入阴平的浊去字出现并逐渐增多。例如：

	马	舅	蛋	硬
梅县	ˍma	ˍkʰiu	tʰan˨	ŋaŋ˨
新干	ˍma	ˍtɕʰiu	tʰan˨	ŋaŋ˨
都昌	ˍma	iu˨文 ˍiu白	ˍlan	ŋaŋ˨

（3）阴阳入调值由阴低阳高逐渐变为阴高阳低。例如：

	阴入	阳入
梅县	1	5
连南	2	5
临川	32	5
余江	5	34
弋阳	5	3
南昌	5	21

上述特点中，全浊声母清化后塞音塞擦音送气无疑是两方言最重要的共同点。相比之下，不同语音特点的重要性就要差一些。其中客家话"古无轻唇音"、"古无舌上音"性质上虽然重要，但存在领字太少的问题。另外，某些语音特点反映客家话区南部北部和赣方言区南部北部因距离大小而增减差异，距离近的方言差异小，距离远的方言差异大。所以人们一直感到区分客家话与北部赣方言比较容易，区分客家话和南部赣方言要困难一些。特别是赣方言临川地区的方言实际上可以看成是客家话和北部赣方言之间的过渡。

从上述语音特点的整体情况来考虑，客家话和赣方言应当是可以处理成一个方言中的两个次方言的。但也还有一种意见认为，词汇在构成客家话和赣方言差异方面的作用不容忽视。比如据调查，和赣方言相比，客家人"我"说"偓"、"吃饭"、"吃茶"说"食饭"、"食茶"，"是"说"係"，"破了"说"烂了"，"活个"说"生介*"，"交合"说"鸟"，"藏~东西"说"摒"，等等，明显不同。不过，这种不同比起汉语方言间一般的词汇差异来程度上并不突出，而汉语方言也并不依靠这种词汇差异作为分区的依据，所以把它看作客家话和赣方言主要差异的组成部分，并不是很合适的。

三

由于上述客家话和赣方言语音特点的总体情况不能支持两方言的分立,1973年日本学者桥本万太郎在《客家方言》一书中提出,客家话有一些"古次浊上字归阴平",可以根据这个特点和赣方言相区别。1988年美国学者罗杰瑞在《汉语概况》中进一步表示:"认为客家话和赣方言之间存在密切联系,其理由大部分是表面上的。"桥本万太郎的意见为我国许多学者所接受。他们还补充指出,客家话古全浊上字和次浊平字也有读阴平的。黄雪贞《客家方言声调的特点》一文还提出:"客家话声调的特点在于古次浊上字和古全浊上字都有读阴平的。"这就是说,客家话一部分次浊上、全浊上、次浊平字归阴平的语音特点,可以用作区别于赣方言的主要依据。但结合共时和历时两方面来观察,这个依据恐怕还需要斟酌。

首先,客家话次浊平字确有少数字在各地一致归入阴平。以梅县话为例,如"毛"$_c$mau,"蚊"$_c$mun,"拿"$_c$na,"楼"$_c$lau,"鳞"$_c$lin,"笼"$_c$luŋ,"聋"$_c$luŋ,"窿"$_c$luŋ,"拈"$_c$niam,"研"$_c$ŋan,"昂"$_c$ŋɔŋ。但这些次浊平字归入阴平并不一定都是客家话自身演变的结果。其中有些字在邻近的湘、粤、闽方言,甚至赣方言中也同样读入阴平。例如:

	毛	蚊	拿	聋	拈	研
南昌	mauˀ$_c$mau			$_c$luŋ	$_c$niɛn	
长沙		$_c$mən	$_c$la $_c$la	$_c$lən	$_c$niē	$_c$niē
广州					$_c$nim	
厦门					$_c$nī	

这些字在相邻多个方言中都读入阴平,说明可能存在借用的情况。有的字借用的迹象还非常明显。比如粤方言中存在因小称变调而使包括次浊平字在内的各调类字读成高平调的现象。以广州话为例,如"楼"$_c$leu,"蚊"$_c$mɐn,"窿"$_c$luŋ等。而广州话的高平和梅县话的阴平调值相近。这很有可能是客家话中这些次浊平字读作阴平的原因。考虑到这种可能的借用情况,客家话中可以构成调类分派特点的次浊平字实际数量要大大减少,以致难以成为一个特点。

其次,次浊上字归阴平的现象虽然普遍见于客家话地区,但也有一些例外的情况。比如有一些客家话(特别是在赣南地区)就没有这一特点,而赣方言赣中地区特别是临川地区的一些方言反倒有这一特点,如广昌话"野"$_c$ia,南城话"尾"$_c$mi,黎川话"暖"ᶜnon。全浊上字归阴平的现象，更是不仅见于客家话，还见于许多赣方言。而且，如果把次浊上字和全浊上字结合起来考察，还可以发现客家话和赣方言在这方面具有一种内在的联系。以梅县、翁源、定南、大余等客家话和新干、南昌等赣方言为例：

	马	舅	蛋	硬
梅县	ᶜma	ᶜkʰiu	tʰanᐟ	ŋaŋᐟ
翁源	ᶜma	ᶜkʰiu	ᶜtʰan	ᶜŋaŋ
定南	ᶜma	ᶜtɕiu	tʰanᐟ	ŋaŋᐟ
大余	ᶜma	tɕiuᐟ文 ᶜtɕiu白	ᶜtʰā	ᶜŋā
新干	ᶜma	ᶜtɕiu	tʰanᐟ	ŋaŋᐟ
都昌	ᶜma	iuᐟ文 ᶜiu白	ᶜlan	ŋaŋᐟ

如果把上表中的阴平字改写成符号"＋"，再删去上声字和去声字，将可以看到下列情况：

	次浊上	全浊上	全浊去	次浊去
梅县	＋	＋		
翁源	＋	＋		
定南		＋		
大余		＋	＋	＋
新干		＋		
都昌		＋	＋	

表中各地都有浊上字归阴平的情况，说明这是一个在客赣两方言普遍发生的音变。音变在各地表现不完全相同，只是音变发生时各地方言自身的音韵条件不完全相同的反映。如梅县话和翁源话次浊上字和全浊上字都归阴平，反映音变发生时梅县话和翁源话次浊上和全浊上还没有分化。定南话和新干话次浊上归上声，只有全浊上字归阴平，反映当时定南话和新干话次浊上已经和全浊上分化，次浊上已经和清上合流。大余话和都昌话次浊上字归上声，而全浊去（和次浊去）字和全浊上字同归阴平，反映当时两方言次浊上和清上合流，全浊去（和次浊去）和全浊上合流。上面所说各方言不同的音韵条件，就是指次浊上和清上合流、全浊去（或包括次浊去）和全浊上合流这两个调类演变在方言中是否已经发生。

根据上述情况设想，浊上归阴平的音变不是在客赣两方言各地同时发生的。音变可能由南（客家话区）向北（赣方言区）发展，中间有一个过程。最先在南部发生时，客家话还不存在次浊上归清上以及全浊去（或包括次浊去）和全浊上合流的调类演变，所以次浊上和全浊上都归入阴平，浊去字不归阴平。以后音变向北发展到江西时，当地客家话和赣方言已经发生了次浊上和清上合流（这大概是官话的影响）以及全浊去（或包括次浊去）和全浊上合流的演变，所以次浊上字不归阴平，全浊去（或包括次浊去）字却随着全浊上字归入了阴平。（值得注意的是，今江苏泰州一带的方言也有类似的现象，如泰兴话"舅旧"$_c$tɕʰiɤɯ$^{\circ}$，"蛋"$_c$tʰɛ$^{\circ}$，"硬"$_c$ŋɐŋ$^{\circ}$，泰州话"舅旧"tɕiɤɯ$^{\circ}$$_{\text{文}}$ $_c$tɕʰiɤɯ$^{\circ}$$_{\text{白}}$，"蛋"tɛ$^{\circ}$$_{\text{文}}$ $_c$tʰɛ$^{\circ}$$_{\text{白}}$，"硬"$_c$ŋ$^{\circ}$。也许这一带的方言和赣方言之间曾有过密切的关系。）根据这一设想，浊上归阴平的音变发生时，如果不是江西的客家话和赣方言已经受到其他调类演变规律的影响，客赣两方言各地的全浊上次浊上字显然将和梅县话翁源话一样全部归入阴平。当然，以后次浊上归清上和浊去归全浊上的音变由北发展到了南部客家话地区，但那时当地方言浊上字已经归入阴平，浊去字已经不可能先归入上声然后再归入阴平了（如翁源话）。至于官话全浊上归去的调类演变对客赣两方言的影响，则是以后更晚的事，和浊上归阴平问题无关了。

从以上的观察中可以得到这样几点认识：

（1）客赣两方言区发生过三种和浊上字归阴平有关的调类演变。属于客赣两方言的除浊上归阴平（由南向北）外，还有浊去归浊上（由北向南），由官话区进入的有次浊上归清上。这些时间先后不一的调类演变在各地方言中留下了不尽相同的声调层次。

（2）客赣两方言浊上字归阴平，是在同一规律支配下产生的历史音变。浊上字在各地方言中的不同表现只是同一规律的不同折射，也就是说，这些不同表现只是同一个音变规律受其他不同规律干扰的结果。

（3）各地方言的全浊上字都参与了归入阴平的音变，而次浊上字是否参与音变则取决于有没有其他声调演变规律的影响。因此就调类演变而言，浊上归阴平这个音变的核心成分应该是全浊上字，而不是次浊上字。

（4）客家话和赣方言中都有在上述浊上归阴平的音变方面表现相同的方言和表现不同的方言，而表现相同的方言和表现不同的方言并不按两方言的界限分布。这说明当时这一音变可以在客赣两方言的范围内自由地传递或扩散，说明当时客赣两方言间实际上并不存在方言区的界限。

根据以上几点认识，可以认为，客家话古次浊上、全浊上、次浊平字归阴平的语音特点，还不能算是一个本质的特点。依靠它来和赣方言相区别，就方言一级来说还是不够的。但用来说明客赣两方言是同一大方言之内的两个次方言，则是相当合适的。

四

　　综上所述,客家话和赣方言不存在真正能成为方言分区的依据的语音差异。但就目前所知,江西境内说客家话的人和说赣方言的人都很坚持自己说的话是和对方不同的方言。也就是说,两个方言虽然语音共同点是主要的,但居民却在语言上不相认同。人们不禁要提出疑问:这种情况是怎样产生的?

　　也许客赣两方言重要的语音共同点不是由历史演变形成,而是由方言间的相互影响造成的。如果是这样,有重要共同点而仍属不同的方言自然就不足为奇了。那么问题仍然要回到本文开头提到的一些最重要的语音共同点(如古全浊声母清化后塞音塞擦音一律送气等)上,看它们到底是怎样产生的,有没有方言间相互影响造成的问题。1960年袁家骅在《汉语方言概要》一书中曾就这一问题指出:"方言间语音的相互影响和渗透是可能的,因此必须找出历史发展的线索,说明两个方言的确经过一个共同时期,才能算是同一方言的不同分支。"这样,就需要从了解客赣两方言人民的历史入手,观察两方言是不是经历过这样的共同时期。

　　现代赣方言分布在江西北部中部以及相邻湖北、湖南、福建的边界地区。人们对古代这一带的语言情况只有极少的了解。秦汉以前,这里是越人所居,没有汉语的分布。西汉扬雄《方言》多处提到吴越、吴扬越、吴扬江淮、吴楚、荆吴扬瓯等地的汉语方言,但不包括江西所属的南楚方言。不过稍后中古时期的吴语是一个分布在长江中下游广大地区、内部比较接近的大方言,当时所属赣北赣中一带的方言称为"傒语",和中古吴语其他地区的方言可能是比较接近的。

　　客家话的形成则和古代中原地区因躲避战乱而南迁的汉族居民有关。据近人罗香林的研究,他们的迁徙主要分为三期。西晋末年(306年)五胡乱华以后是第一期。大量中原汉族居民顺颖水南下,在东晋南朝三百年间陆续迁徙到今长江下游的皖南、苏北以至苏南、赣北、赣中一带的江南地区。《晋书·王导传》说:"中州士女避乱江左者十六七",可见移民数量之多。以后唐中叶安史之乱,中原居民又大量南迁,其中有的进入到赣北"洪吉饶"三州。唐末黄巢起义(874年)后十年战乱,赣北、赣中直至赣南的"虔吉饶信"等州处在战火之中,这一带的居民(主要是北来移民的后裔)又不得不向今赣南、闽西一带迁徙。这是第二期迁徙。再以后到南宋末年(1271年),元人南下,战乱又起,赣南、闽西又有大量居民向南迁徙到今广东东部、北部。这是第三期迁徙。在第三期迁徙后,他们开始被称为客家人。此后客家人还有局部的流动,其中如清初"迁海"复界后,部分客家人北上回流到江西遂川、萍乡、万载、修水等地。不过,客家人在第三期以后的迁徙,和客家话赣方言的分合问题已经没有关系了。

根据最近的研究,客家话的形成和上述第一期迁徙的关系不大,第二期迁徙则是客赣两方言分化的重要时期。第一期迁徙后,他们居住的赣北赣中地区正是现在的赣方言区,经历隋唐,长达三百余年。可见客赣两方言历史上的确是有过一个共同时期的。就目前赣方言的语音系统和客家话相近而大不同于中古吴语继承者吴方言和老湘语的情况来看,可以认为,在这一共同时期中,是属于中古吴语的"傒语"融合于北来移民的语言了。看来客赣两方言重要的语音共同点是在这三百多年的时间里经历共同的演变形成的。而第二期迁徙中,部分居民转移到赣南、闽西,离开了赣北、赣中,两地的方言就逐渐产生了不同的语音特点(当然也不能排除还各自保留有原来"傒语"和北来移民语言的某些不同残余),开始了赣方言和客家话的分化。不过这部分居民离开赣北赣中后并没有立即使两地方言间的关系发生多大变化。官话中次浊上和清上合流的声调演变发生在宋代,这一演变对客赣两方言浊上归阴平的音变都造成了影响。可见,客赣两方言在稍晚于宋代还保持着密切的关系,实际上仍然属于同一方言。另外,目前临川地区的赣方言和客家话语音共同点较多,可能是因为唐末动乱期间抚州一带相对比较安定,南下移民后裔居留未迁的较多。这一语音共同点较多的现象也反映了客赣两方言早期的密切关系。

既然客赣两方言曾经有过一个共同时期,曾经是同一方言,具有许多重要的语音共同点,又在相当长的时间里保持着密切的关系,那么为什么居民的共同心理却没有形成呢? 这和第三期迁徙后客家人在广东的情况有关。客家人作为晚到的移民,一般生活在广东东部、北部相对贫瘠的山区。清初,清王朝为阻绝大陆人民对台湾抗清力量的支持,采取将沿海居民内迁的"迁海"政策,沿岸地带20年间一无人烟。复界以后,广东官府招徕移民,大量客家人就由粤东、粤北的山区迁入富饶的珠江三角洲。日久以后,客家人与原居民严重矛盾,当地官府出面调停,资助部分客家人外迁。械斗虽然停息,客家人和当地人的相互抨击却持续下来。客家人为了辩诬,特别强调自己种族上和语言上与中原华夏的联系,并以东晋时南迁移民作为自己的先人。这样就出现了一个特殊的民系——客家。当然,在目前,客家人的大量迁徙已经成为历史,但客家是一个特殊的民系、客家话是客家人的语言这种观念,还没有完全消除。似乎客家话是和客家人本身,而不是和客家人所在的地域相联系的,客家话还不是一个完全意义上的地域性方言(要说明的是,赣南、闽西的客家人倒还没有这种强烈的客家意识)。笔者以为,也许这种心理状态才是客家话和赣方言区居民不相认同的真正原因。要解决客家话和赣方言的分合问题,也许首先要改变这种观念和心理,恢复为一种客观的语言观点。

语料来源

北京大学中文系语言学教研室:《汉语方音字汇》(第二版),文字改革出版社,1989。
　　　《汉语方言词汇》(第二版),语文出版社,1995。
陈昌仪:《赣方言概要》,江西教育出版社,1991。
顾　黔:《泰兴方言同音字汇》,《方言》1990.4。
黄雪贞:《梅县方言词典》,江苏教育出版社,1995。
李如龙、张双庆:《客赣方言调查报告》,厦门大学出版社,1992。
林立芳:《梅县方言语法论稿》,中华工商联合出版社,1997。
俞　扬:《泰州方言同音字汇》,《方言》1991.4。
张维耿等:《客家话词典》,广东人民出版社,1995。

参考文献

黄雪贞:《客家话的分布与内部异同》,《方言》1987.2。
　　　《客家方言声调的特点》,《方言》1988.4。
　　　《梅县方言的语音特点》,《方言》1992.4。
李　荣:《汉语方言的分区》,《方言》1989.4。
鲁国尧:《泰州方音史及通泰方言史研究》,载《鲁国尧语言学论文集》,江苏教育出版社,2003。
罗常培:《临川音系》,科学出版社,1958。
　　　《从客家迁徙的踪迹论客赣方言的关系》,载《语言与文化》附录三,北大出版社,1950;语文出版社,1989。
罗杰瑞(Jerry Normen):《Chinese》,Cambridge U. Press,1988;《汉语概说》(张惠英译),语文出版社,1995。
罗香林:《客家研究导论》,兴宁希山书藏,1933。
桥本万太郎(Hashimoto Mantaro):《The Hakka Dialect》(客家方言),Cambridge U. Press,1973。
萨加尔(Laurent Sagart):《On Gan-Hakka》(赣方言与客方言的关系),《清华学报》1988.1。
颜　森:《江西方言的分区》(稿),《方言》1986.1。
袁家骅等:《汉语方言概要》,文字改革出版社,(第一版)1960;(第二版)1983。
詹伯慧等:《汉语方言和方言调查》,湖北教育出版社,1991。
张光宇:《闽客方言史稿》,南天书局,1996。

(原载《方言》1998 年第 1 期)

平话、湘南土话和粤北土话的归属

一、引言

20世纪50年代末进行的汉语方言普查,发现了许多新的情况,为汉语方言分区提供了新的依据。当时根据普查材料编写的《广西汉语方言概况》(初稿,1960)首次介绍了平话。但由于未能充分论述,平话没有成为学界方言分区考虑的对象。直到1982年张均如撰文指出,广西壮语中的老借词并非借自粤语,而是借自平话,平话是不同于粤语的一种汉语方言,这才引起学界的关注。

80年代中,《中国语言地图集》在编写过程中提出了多种以往方言分区中未曾讨论过的方言,其中包括平话、湘南土话和韶州土话(现称粤北土话)。鉴于当时这些方言还很少有详细的调查记录,李荣在《汉语方言的分区》一文中说,《中国语言地图集》只是"画出通常说的平话分布的范围,留待以后核实",湘南土话与韶州土话也"都有待于进一步调查研究"。

近年来,对平话、湘南土话、粤北土话的调查已经全面启动。目前已经有多种单点或多点的描写性论著问世。有关这些方言归属问题的讨论也已经开始,但意见不尽一致。如1996年梁敏、张均如认为桂北平话和湖南南部的土话(平话)是同一种方言;1998年张双庆、万波认为粤北土话和湘南土话有密切的关系;而1995年刘村汉认为桂南平话接近粤语,应该归属粤语;1997年梁金荣认为桂北平话也接近粤语,平话应该整个归属于粤语;1998年李连进则反过来把粤语勾漏片中玉林、北流、容县、藤县等方言归入平话,等等。本文准备根据所见论著中的材料,讨论这些方言之间的关系以及它们在方言分区中的归属问题。

二、平话

1. 平话的分布

平话主要分布在广西的铁路、河流等交通线附近的城市郊区、集镇和农村，城区没有集中的分布(只有个别小城市如宾阳城内多数人说平话)。从桂林以北的灵川向南，沿铁路线(与古官道相同)到南宁形成主轴线，鹿寨以上为北段，柳州以下为南段。北段从桂林、临桂经龙胜、永福、阳朔、平乐到富川、钟山、贺县一带，是桂北平话的分布地区。南段南端从南宁由水路分出三支，右江支到百色(再远至云南富宁)，左江支到龙州，邕江支到横县，是桂南平话的主要分布地区。南段北端从柳州、柳江沿融江北上，经柳城、罗城到融水、融安一带，虽然在广西北部，语音上另有特点，仍然归属桂南平话。平话在各地有不同称呼，如百姓话、土拐话、蔗园话、客话(不同于客家话)、某某(地名)土话等，平话是统称。平话的使用人口估计不下三四百万，其中以桂南为多。除汉族外，也还有个别地区的瑶族、壮族、仫佬族、侗族使用平话。

2. 平话的语音特点

各地平话有一个共同的语音特点，即古全浊声母清化后塞音塞擦音大多不送气，和全清声母合流。以灵川三街话(桂北平话)和南宁心墟话(桂南平话)为例：

	盆並	淡定	穷群	浮奉	钱从	像邪	丈澄	床崇
灵川三街	₋pən	˂tɔ	˂kiŋ	˂fu	˂tsie	tsiaŋ²	tiaŋ²	˂tɕyaŋ
南宁心墟	˂pun	˂tam	˂koŋ	˂pou	˂tsin	tseŋ²	tseŋ²	˂tso锄

但临桂两江平话一律送气，成为例外。如："败並"pʰa²，"头定"˂tʰau，"桥群"˂kʰiu，"贼从"˂tsʰo，"像邪"tsʰē²，"床崇"˂tʃʰō，"常禅"˂tʃʰē。

各地平话有或大或小的差别。桂北平话内部分歧较大，桂南平话内部一致性较高。桂北平话主要的语音特点有：

(1) 少数知澄母保持为舌头音。如：

	猪	虫
灵川三街	˂ty	˂tiŋ
临桂五通	˂ti	˂tieŋ

(2) 部分溪母字声母在一些方言中变为擦音，开口韵前为 h，合口韵前为 f，和晓匣母或非敷奉母相混。如临桂五通平话"开"˂hei，"库"fu²。

(3) 没有鼻音韵尾-m 和塞音韵尾-p、-t、-k。如：

	南咸	金深	接咸	铁山	屋通
灵川甘棠	˂lɔ	˂tɕiŋ	tsie₋	tʰie₋	ei₋
平乐青龙	˂næ	˂tɕiæ	tɕie₋	tʰie₋	uɔ₋

(4) 部分方言中全浊入归入阳去调。如阳朔平话"狭"ho²，"舌"ʃi²，"毒"tɐu²。

桂南平话主要的语音特点有：

(1) 心母音值为 ɬ。如：

	锁	伞	塞
南宁心墟	ᶜɬu	ᶜɬan	ɬekᵓ
宾阳芦墟	ᶜɬou	ᶜɬan	ɬekᵓ

(2) 保留鼻音韵尾-m 和塞音韵尾-p、-t、-k。如南宁心墟平话"潭"₍tam，"拾"ɬɐpᵓ，"夺"tutᵓ，"客"hekᵓ（按，半圈方向相反的调号表示该调类的第二调。下同）。

(3) 清入浊入字各个分化为两个调（清入字的分化还看不出规律，浊入字按声母的全浊次浊分化），共有四个入声调。如南宁心墟平话"雪"ɬytᵓ，"索"ɬakᵓ，"雹"pakᵓ，"落"lakᵓ。

3. 平话和官话、白话的关系

广西地区的汉语方言有平话、官话（西南官话）、白话（粤语）、客家话和湘语等数种。就使用人口来说，平话居第四位。平话分布面积不大，又主要分布在集镇和农村地区，没有一个有代表性的城市方言。就目前情况看，平话受西南官话和白话影响较大。

桂北平话的分布地区大多也分布有西南官话。在官话的影响下，桂北平话的字音多有文白异读，读书音接近官话。如临桂五通平话"近₍群"ᶜtɕʰiɛn 文 ᶜkʰɛn 白，"沉₍澄"₍tsən 文 ₍ten 白。桂北平话区属双方言区，平话多在本地人之间或家庭内部使用，正式场合或对外交际使用西南官话。

广西白话的分布在桂东南较为集中，在桂南平话区显得零散。桂南平话和当地的白话有一些共同特点，语音面貌相近。如：

(1) 保留鼻音韵尾-m 和塞音韵尾-p、-t、-k：

	潭	执	夺	客
心墟平话	₍tam	tsɐpᵓ	tutᵓ	hekᵓ
南宁白话	₍tʰam	tsɐpᵓ	tytᵓ	hakᵓ

(2) 平上去入各分阴阳，入声又进一步再行分化：

	车	棉	水	你	喊	睡	屋	索	拾	日
心墟平话	₍tsʰɛ	₍min	ᶜɬui	ᶜnei	hemᶜ	ɬuiᶜ	ukᵓ	ɬakᵓ	ɬɐpᵓ	ȵietᵓ
南宁白话	₍tsʰɛ	₍min	ᶜsøy	ᶜnei	hamᶜ	suiᶜ	ukᵓ	sɔkᵓ	sɐpᵓ	ȵietᵓ

根据以上情况，不少人主张把平话，或至少是桂南平话归入白话。

不过桂南平话和当地白话的区别还是相当明显的。如：

（1）古全浊声母清化后塞音塞擦音桂南平话不送气，白话平上声字送气，去入声字不送气。如：

	穷	淡	丈	白
心墟平话	₍kʊŋ	⁽tam	tseŋ⁼	pek₎
南宁白话	₍kʰʊŋ	⁽tʰam	tsœŋ⁼	pak₎

（2）部分溪母字声母桂南平话为 h 或 kʰ，白话为 f。如：

	科	裤	阔
心墟平话	₍hu	hɔ⁼	hut₎
融安平话	₍kʰua	kʰu⁼	kʰut₎
南宁白话	₍fɔ	fu⁼	fut₎

（3）果（假）蟹效宕（江）摄一等字韵母的主要元音，桂南平话为 a，和二等韵相同（这里以假摄二等和果摄一等相配，江摄二等和宕摄一等相配）；白话为 ɔ，和二等韵的 a 对立（但江摄二等见系字并入了宕摄一等的 ɔ 类）。例如：

	锣果	沙麻	台咍	排皆	老豪	交肴	唐唐	江江	恶铎	学觉
心墟平话	₍la	₍ɬa	₍tai	₍pai	⁽lau	₍kau	₍taŋ	₍kaŋ	ak₎	hak₎
南宁白话	₍lɔ	₍sa	₍tʰɔi	₍pʰai	⁽lou	₍kau	₍tʰɔŋ	₍kɔŋ	ɔk₎	hɔk₎

（4）梗摄二等字和山摄合口一等（端系）字韵母的主要元音，桂南平话多为 e、u，白话多为 a、y。如：

	更梗	客梗	短山	脱山
心墟平话	₍keŋ	hek₎	⁽tun	tʰut₎
南宁白话	₍kaŋ	hak₎	⁽tyn	tʰyt₎

（5）浊入分化为两个调类，但桂南平话按声母的全浊次浊分化，白话按韵母主要元音的长短分化。如南宁心墟平话"雹"pak₎，"落"lak₎，玉林白话"立"lɐp₎，"纳"nɔp₎。

根据以上情况，至少就目前阶段来看，平话还应当是一种不同于白话的方言。

三、湘南土话和粤北土话

1. 湘南土话

湘南土话主要分布在湖南南部零陵、郴州地区。这里也是双方言区。其中冷水滩、东安、永州、双牌、道县、江永、江华、蓝山、宁远、新田、资兴、永兴、桂东、郴州、郴县、桂阳、嘉禾、临武、宜章、汝城以及湘西南通道等市县的全部或部分汉族居民,本地人之间或家庭内部使用土话,对外交际使用西南官话。

湘南土话复杂难懂,内部分歧大,但仍有以下共同的语音特点。例如:

(1) 古全浊声母清化后塞音塞擦音大多不送气:

	婆並	甜定	球群	饭奉	贱从	斜邪	丈澄	锄崇	乘船	仇禅
东安	₋bu	₋die	₋dziəu	va²	₋dziē	₋dzia	₋diũ	₋dzɛu	₋nzɔ	₋dziəu
江永	₋pu	₋tən	₋tɕiou	pan²	₋tsən	₋tsie	₋tɕian	₋tsu	₋ɕie	₋ɕiou
桂东	₋pʰɯ	₋tʰiẽ	₋tɕʰiɯ	fã²	₋tɕʰiẽ	₋tɕʰi	₋tsʰɔ̃	₋tsʰɯ	₋sən	₋tsʰɛ
道县	₋pu	₋tən	₋tɕʰiu	fən²	₋tsʰən		₋tsʰɔŋ	₋tsʰo		₋miu
临武	₋pu	₋tī	₋kʰiou	fã²	₋tʰī	₋tɕʰio	₋tsʰaŋ	₋tɕʰye	₋tsʰeŋ	₋tɕʰiou
宜章	₋pəu	₋tie	₋tɕʰiəu	fo²	₋tɕʰie	₋tɕʰye	₋tsʰaŋ	₋tsʰu	₋tɕʰin	₋tɕʰiəu

从上例可见,东安土话古全浊声母保持浊音音值;绝大多数土话古全浊声母清化后塞音塞擦音不送气,和全清声母合流,如江永土话;桂东土话古全浊声母清化后塞音塞擦音送气,和次清声母合流;临武、宜章、道县等地土话则并定母(包括音值为塞音的奉澄母)不送气,其他声母(塞音和塞擦音)送气,显示了声母不同发音部位发音方法所起的不同作用。不过道县土话群母不少字声母也不送气,如"桥"₋tɕi,"近"₋tɕiɛ,"舅"₋tɕiɯ。还有的方言并定母字有少数异读音送气,如桂阳敖泉土话"皮"₋pi ₋pʰi,"淡"⁻te ⁻tʰe。

(2) 多数土话溪母字声母变为擦音,和晓匣母、非敷奉母合流。如:

	苦	开	空
江永	⁻kʰu 文 ⁻hu 白	₋hɯ	₋kʰaŋ 文 ₋haŋ 白
蓝山	⁻hau	₋huo	₋haŋ
道县	⁻kʰo 文 ⁻xo 白	₋xə	₋xiɛ
临武	⁻kʰə	⁻kʰa 文 ₋xai 白	₋kʰoŋ
宜章	⁻kʰu 文 ⁻fu 白	₋xai	₋kʰəu

(3) 阳声韵大多蜕变为阴声韵。如:

	蚕咸	浸深	万山	跟臻	凉宕	肯曾	棚梗	风通
江永	₋tsai	tsa²	uou²	₋kai	₋liaŋ	⁻hai	₋pai	₋pai
道县	₋tsʰɔŋ	tɕiɛ²	uən²	₋kiɛ	₋lioŋ	⁻xiɛ	₋piɛ	₋fiɛ
临武	₋tsʰā	tseŋ²	uā²	₋keŋ	₋liaŋ	⁻xeŋ	₋poŋ	₋foŋ

宜章 ₋tsʰaŋ tsɛi⁻ o⁻ ₋kɛi ₋liaŋ ⁻tɕʰie ⁻pəu ₋ɤu

（4）全浊入除东安、桂阳（敖泉）土话保持入声、嘉禾土话归上声、临武土话归阴平外，多数土话归入阳去。如：

	服	十	力
江永	fu⁼	sɯə⁼	li⁼
道县	xu⁼	sʅ⁼	li⁼
东安	vu⁼	zʅ⁼	li⁼文 lie⁼白
嘉禾	⁻fu	⁻sə	⁻liə
临武	₋fou	₋ɕie	₋lie

2. 粤北土话

粤北土话分布在广东北部韶关地区的乐昌、曲江、仁化、乳源、南雄、武江、北江、浈江和清远市的连州、连南等市县。这里也是一个多方言的地区，有些地方本地人对内使用土话，对外使用客家话或粤方言，较少也使用西南官话。

粤北土话有以下语音特点：

（1）古全浊声母清化后塞音塞擦音送气与否有多种情况。下面以南雄（城区）、曲江白沙、乐昌皈塘、连州星子、乐昌长来（以下例①）和南雄百顺（例②）等土话为例：

① 　　　白并　大定　骑群　饭奉　钱从　袖邪　锤澄　床崇　乘船　酬禅

南雄 pa⁼ tɔ⁼ ₋tɕi fɔ̃⁼ ₋tsan tɕi⁼ ₋tsa茶 ₋ŋɔi ₋ɕin ₋tɕiɤ
白沙 pʰa⁼ tʰo⁼ ₋kʰi føŋ⁼ ₋tsʰie tsʰiu⁼ ₋tʰoe ₋tsʰɔŋ ₋sʌn ₋tsʰiu
皈塘 ⁻pia ta⁼ ₋kʰi fa⁼ ₋tʃʰie tʃʰi⁼ ₋tʃʰy ₋tʃʰou ₋ʃai ₋tʃʰi
星子 pa⁼ tɔ⁼ ₋kʰi pɔŋ ₋tsʰai tsʰieu⁼ ₋tʃʰy ₋tʃʰɔŋ ₋ʃai ₋tʃʰieu
长来 pa⁼ tu⁼ ₋kʰai fɔŋ ₋tsʰai tsʰi⁼ ₋tɕi ₋tʃʰaŋ ₋ʃŋ ₋tʃʰʌv

② 百顺（平仄声字各举一例）：

并：爬₋pa 白 pʰa⁼ ｜ 邪：徐 ₋tsʅ 谢 tsʰia⁼
定：桃₋tɔ 杜 tʰu⁼ ｜ 澄：茶 ₋tsa 柱 ⁻tsʰu
群：骑₋tsʅ 舅 ⁻tɕʰiθ ｜ 崇：锄 ₋tso 助 tsʰo⁼
从：齐₋tse 坐 ⁻tsʰo ｜ 禅：垂 ₋tsø 植 tsʰʅ⁼

从以上例字可见，古全浊声母清化后塞音塞擦音在南雄（城区）土话全部不送气，曲江白沙以及仁化石塘、南雄乌迳等土话全部送气，南雄百顺土话平声字不送气，仄声字送气。其他土话中送气与否和声母的发音部位发音方法有关。如乐昌皈塘黄圃、连州星子保安、连南三江（石蛤塘）等土话中并定母（包括音值为塞音的奉澄母）不送气，其他声母送气。其中乐昌长来、乳源桂头、曲江犁市等土话中并定母（包括音值为塞音的奉澄母）上声字口语音也送气，如乐昌长来土话"棒"$p^hɔŋ^⊃$、"淡"$t^hɔŋ^⊃$、"丈"$t^hɒŋ^⊃$。连州星子保安等土话也有个别并定母上声字送气，如星子土话"簿"$p^hu^⊃$。曲江犁市土话入声字也多送气，如"别"$p^hei^⊃$，"达"$t^hA^⊃$。

（2）少数知澄母白读音保持为舌头音。如乐昌长来"猪"$_ɕtɔ$、"长"$_ɕtɛŋ$。

（3）阳声韵大多蜕变为鼻化韵和阴声韵。如：

	南咸 难山	长宕	灵梗	穷通
连州	$_ɕnoŋ$	$_ɕtɕ^hiei$	$_ɕlɑi$	$_ɕk^hiɛ$
韶关	$_ɕnuə$	$_ɕtɕ^hin$	$_ɕlie$	$_ɕk^haŋ$
南雄	$_ɕnoā$	$_ɕtsɔ̄$	$_ɕliŋ$	$_ɕtɕiŋ$

粤北土话的语音特点大多和湘南土话相同。据了解，乐昌市皈塘、黄圃等地的土话和相邻湖南宜章土话的日常用语也比较接近。鉴于粤北土话和湘南土话的语音特点很相似，分布地区又相连，或许应该把它们看作是同一种方言（为方便起见，下文有时把湘南土话和粤北土话合称土话）。

3. 湘南土话、粤北土话和平话的关系

据上所述，多数土话古全浊声母清化后塞音塞擦音不送气、与全清声母合流的特点和平话相同，阳声韵转为阴声韵与浊入归阳去的特点和桂北平话相同。湘南土话、粤北土话在语言交际方面和西南官话的关系也和桂北平话有共同点。湘南土话和桂北平话在地理分布上也是相连的。湖南宁远、道县、通道等地的土话甚至本地人就自称为平话。看来，湘南土话、粤北土话和桂北平话也应该属于同一种方言。

湘南土话、粤北土话归入平话后，各地的语音分歧将可以用相邻不同方言的影响来解释。如桂南平话保持鼻音韵尾 -m 和塞音韵尾 -p、-t、-k，平上去入各分阴阳，和邻近白话的韵母及声调系统近古有关；桂北平话和湘南土话、粤北土话中韵母系统简化，层次多，调类分派复杂，也和周围方言和语言的多重影响有关，等等。

四、平话历史的推测

1. 平话的形成

讨论方言的归属，主要着眼于方言共时的特点，但也要注意历时方面有无共同发展的经历。桂南平话和白话语音相近，所以目前不少学者主张平话归属白话。但要确立这一主张，还必须探索平话的历史，说明它和白话经历过共同发展的时期，或目前平话已经失去基本特点,完全为白话所替换。但事实并非如此。

平话目前虽然不是一个大方言,但它在广西地区的历史却可能比当地其他几个汉语方言都要久远。就目前所知,官话是在宋代以后,特别是明代傅友德、沐英平定云贵(1382年)以后进入广西北部的,存在不过六百多年。白话是清初海禁大开、洋货涌入以后,由广东珠江三角洲一带的商人、移民循水路带入桂东南的,存在也不过三百多年。客家话是清乾隆以后广东沿海的客家人向内地移民时带入的,时间更为短促。湘语则主要是近一百年来由湖南湘语区的移民带入的。但据史籍记载,早在汉唐时就已经有汉人进入广西地区了。因此,广西当地必定早已存在一种和上述各种方言都不相同的汉语方言。这种汉语方言应该就是平话的前身,可以把它叫做"古平话"。

有一种传说认为,平话是由北宋狄青征讨广南西路蛮首侬智高时(1053年)所率领的军队带入的。据史籍记载,侬智高平定以后,这支军队的一部分就留驻当地,不再北归。从所在地区看,侬智高的根据地是在左江流域境外越李朝的广源州(现越南高平省广渊县),而目前广西平话的分布以古官道、宾邕地区及左右江一带最为集中(云南富宁在右江上游,当时也属广南西路),似乎还反映出当时用兵和镇守的态势。从方言渊源看,留戍军队中多山东青州、莱州、登州籍人,而平话区的居民也大多以山东为祖籍,目前胶东文登、荣城等方言的古全浊声母清化后塞音塞擦音仄声字不送气,平声字口语音也不送气,表明早期的情况正和平话相同。如荣城话"蒲並"$_{⊂}$pʰu 文 $_{⊂}$pu 白、"条定"$_{⊂}$tʰiau 文 $_{⊂}$tiau 白、"穷群"$_{⊂}$kʰiuŋ 文 $_{⊂}$kiuŋ 白、"钱从"$_{⊂}$tsʰien 文 $_{⊂}$tsien 白、"虫澄"$_{⊂}$tʂʰuŋ 文 $_{⊂}$tʂuŋ 白、"茬崇"$_{⊂}$tʂʰa 文 $_{⊂}$tʂa 白等。这一传说因为有历史记载和语言事实的支持,多数人认为可信。

看来上述史实和平话、特别是桂南平话存在某种关联。不过平话的形成如果只和所说留戍军队相联系,恐怕是不全面的。桂北平话区就不存在与上述史实有关的传说。因此,比较稳妥的看法也许应该如梁敏、张均如所认为的,平话是汉唐以来从中原地区及湖湘等地进入广西一带的移民、商人、官吏、军人所说的汉语,在少数民族语言以及后来其他汉语方言的环境中,经过长期发展而成的一种方言。

2. 古平话的语音特点

古平话的语音面貌并没有文献记载。不过,如果它确实是早期广西地区的汉语方言,或许可以尝试通过当地少数民族语言中较早的汉语借词和相邻境外非汉语中的汉语借词,间接了解它的某些语音情况,因为这些语言中的汉语借词必定是根据了古平话的语音。

张均如认为，广西壮语中的汉语借词从语音情况判断可以分为两类。一类时间较近，借自西南官话。另一类较早，过去认为借自白话，但从语音对应和词义看，应该是借自古平话。这第二类借词的语音有一个特点，即古全浊声母清化后塞音塞擦音不送气，和全清声母合流。下面以邕宁下楞壮语（南部壮语）和武鸣壮语（北部壮语）为例（平仄声字各举一例）：

下楞壮语　　　　　武鸣壮语

并：平 ₅piŋ　　部 pou²　｜　朋 ₅pɐŋ　　蚌 ˀpaŋ
定：堂 ₅taŋ　　定 tiŋ²　｜　铜 ₅tʊŋ　　地 tɐi²
群：拳 ₅kuin　　轿 kiu²　｜　桥 ₅kiu　　近 kɐn²
奉：冯 ₅fʊŋ　　罚 fat₂　｜　肥 ₅pi　　佛 pɐt₂
从：才 ₅tsai　　族 tsʊk₂　｜　墙 ₅ɕiŋ　　贼 ɕɐk₂
邪：随 ₅tsui　　象 tseŋ²　｜　松 ₅ɕiʊŋ　　巳 ɕɐi²
澄：朝 ₅tsiu　　丈 tseŋ²　｜　茶 ₅ɕia　　赚 ɕian²
崇：　　　　　状 tsaŋ²　｜　床 ₅ɕiʊŋ　　状 ɕiaŋ²
船：　　　　　实 ɬɐt₂　｜　神 ₅san　　顺 sum²
禅：时 ₅ɬei　　植 tsɪk₂　｜　城 ₅sin　　熟 ɕiʊk₂

从以上例字可见，下楞壮语汉语借词中的古全浊声母清化后塞音塞擦音不送气，武鸣壮语汉语借词中的并定群母（包括音值为塞音的奉母）不送气，其他声母变为擦音。（壮语北部方言中没有送气音声母，古次清声母失去送气成分，也和全清声母合流。不过通过调类的不同，清声母可以和古全浊声母字相区别，如武鸣壮语"件" kin² ≠ "见劝" kin²。）从壮语中的早期汉语借词可见，所借汉语方言古全浊声母清化后塞音塞擦音不送气，和全清声母合流的特点，和现代平话相同。

越南语中汉语借词的输入，大约开始于唐代以前。但整套的汉语借词，则是唐末十世纪时借入的。王力把前者称为古汉越语，后者称为汉越语。汉越语古全浊声母清化后塞音塞擦音也不送气。例如（汉越语古去声入声字调值相同，按清浊各合为一调，但下面例字中标为不同调类）：

并：婆 ₅ba　　别 biet₂　｜　邪：随 ₅tui　　俗 tuk₂
定：驼 ₅da　　夺 duat₂　｜　澄：茶 ₅tʂa　　柱 tʂu²
群：奇 ₅ki　　近 kən²　｜　崇：床 ₅ʂaŋ　　状 tʂaŋ²
奉：肥 ₅fʰi　　父 fʰu²　｜　船：神 ₅tʰən　　舌 tʰiet₂
从：才 ₅tai　　尽 tən²　｜　禅：城 ₅tʰaŋ　　涉 tʰiep₂

古全浊声母在汉越语中,随着越南语的演变经历了链移式音变(如 p、t → b、d,ts、s → t),部分改变了音值。比如并定母是先清化和帮端母合流,借入后再一起浊化(帮端母字如"包"₋bau、"北"bak₋、"颠"₋dien、"答"dap₋),成为 b、d。这以后从邪母再转为舌尖不送气塞音 t(精心母也为 t,如"左"ᶜta、"三"₋tam)。此外,送气音 tʰ 是照三组声母音变的结果(审母和清母也为 tʰ,如"失"tʰət₋、"草"ᶜtʰau),fʰ 是唇齿音音变的结果(非敷母和滂母也为 fʰ,如"法"fʰap₋、"芬"₋fʰən、"颇"ᶜfʰa)。这种声母的送气应该是后来进一步音变的结果。因此演变的开端应该是全浊的并定母与全清的帮端母合为不送气浊音一类,其他古全浊声母(如群、从、澄、崇)变为清的不送气塞音塞擦音。两类的音值虽然有清浊的不同,但全浊归全清的声类归并规律是一致的。全浊声母和不送气的全清归为一类,这一特点也和平话相同。

韵母方面,壮语中的早期汉语借词也有一个特点,即果蟹效宕摄开口一等字主要元音为 a,和二等字相同(这里以假江摄二等和果宕摄一等相配),不相对立。如:

	锣歌	茶麻	海哈	街皆	老豪	包肴	堂唐	讲江	作铎	雹觉
下楞壮语	₋la	₋tsa	ᶜhai	₋kai	ᶜlau	₋pau	₋taŋ	ᶜkaŋ	tsak₋	pak₋
武鸣壮语	₋la	₋ɕia	ᶜhai	₋kai	ᶜlau	₋pau	₋taŋ	ᶜkaŋ	tɕiak₋	pak₋

汉越语的情况与此相同。例如:

	罗歌	茶麻	改哈	街皆	老豪	巢肴	帮唐	巷江	落铎	朴觉
汉越语	₋la	₋tʂa	ᶜkai	₋kai	ᶜlau	₋sau	₋baŋ	haŋ₋	lak₋	pʰak₋

壮语早期汉语借词和汉越语上述一等韵主要元音的特点,也见于目前的平话,主要是桂南平话。这也是桂南平话不同于白话(包括勾漏片)的主要特点之一。

壮语中的早期汉语借词和汉越语是根据的哪一个平话方言的语音系统,目前还难以推测。不过从这些借词中音类层次对应单纯这点来看,当时的平话大概在各地比较一致,甚至是有代表方言的。

以上由壮语早期汉语借词和汉越语间接证明的古平话语音特点,应该在十世纪时已经形成。古全浊声母的音值是方言分区中一种早期的历史性语音标准。平话和白话在这方面表现出了不同的演变方向。由此可见,平话和白话在历史上并没有经历共同的发展阶段。它们并不是同一方言在近代分化的结果,很早就已经是不同的方言。由此也可见,目前桂东粤西的白话(勾漏片)在古全浊声母音值上和平话的共同点,应该不是共同的历史发展,而是平话影响白话的结果。

3. 平话语音中的外来成分

不过平话中古全浊声母清化后塞音塞擦音不送气的情况,目前只在广西地区表现普遍，在湘南土话中却较少见，粤北土话中更为少见。而且，湘南土话粤北土话古全浊声母塞音塞擦音的音值还有如下几种不同表现：

（1）全部为浊音，如湘南东安花桥土话；

（2）全部为送气清音，如桂北临桂两江，湘南桂东、宁远，粤北曲江白沙周田、南雄乌迳、武江上窑、北江腊石、浈江石陂、仁化石塘等土话；

（3）因调类不同而有送气清音和不送气清音的区别，如湘南资兴谭村、新田南乡、粤北南雄百顺等土话；

（4）因声母发音部位发音方法不同而有送气清音和不送气清音的区别，如湘南临武、道县、宜章、桂阳、敖泉、嘉禾，粤北乐昌皈塘黄圃长来、连州星子保安、连南三江（石蛤塘）、乳源桂头、曲江犁市等土话。

以上古全浊声母因调类不同而有送气与否的区别是汉语中调类影响声母演变的情况。全部为浊音或送气清音可能是周围方言影响造成的结果，由此有可能产生这些土话的归属问题。这说明古平话在影响周围语言的同时，也会受到外来的影响。因声母发音部位发音方法不同而有送气与否的情况则无法以汉语的演变规律来解释，而是否是外来影响的结果，还需要在下面结合有关方言的情况来考虑。

首先，前文提到的湖南临武、宜章、道县等和广东乐昌皈塘、连州星子、乐昌长来等众多土话中，古全浊声母清化后并定母（包括音值为塞音的奉澄母）不送气，其他塞音塞擦音声母送气，声母送气与否和声母的发音部位发音方法有关。和这有联系的是，桂北平话永福堡里、平乐阳安方言中帮端母字声母有鼻冠音，发音时"气流从鼻腔吸入"，如"班帮" $_c$mpæ、"当端" $_c$ntɔŋ。

其次，前文曾经提到过的汉越语，古全浊声母一般也都已清化，只有并定母是浊塞音 ɓ、ɗ。汉越语并定母的 ɓ、ɗ 和某些土话中并定母的 p、t 虽然清浊不同，但只有它们有不同于其他全浊声母的特殊变化方向，则是相同的。

扩大范围再看，目前还有一些汉语方言并定母或帮端母为 ɓ、ɗ 或 ʔb、ʔd 或 b d，和其他同类声母的音值不同。如闽语海南文昌话"败并"ɓai²、"拜帮" ɓai²、"队定"ɗui $_c$、"对端"ɗui $_c$，粤语广东化州话"大定"dai²、"都端" $_c$dou，广西玉林、容县、岑溪、藤县、苍梧夏郢等白话"碑帮" $_c$bi、"担端" $_c$dam，以及吴语上海金山话"饱帮" ^{c}ʔbɔ、"东端" $_c$ʔdoŋ（上海南汇话除 ʔb、ʔd 外还有 ʔɟ，如"锦见" ^{c}ʔɟiŋ），浙江永嘉蓬溪话"杯帮" $_c$ʔbai、"懂端" ^{c}ʔdoŋ，等等，情况和汉越语有相同之处。上述文昌话声母发音时气流"往里吸一下"，几个吴语方言的声母发音时"声门有一点紧缩作用"，也和桂北平话的某些方言相似。

上述现象显示，某些土话（以及其他某些汉语方言）和汉越语之间并定母的音值间存在着某种关系。作为汉语方言来说,这些现象从汉语自身历史演变的角度是不易理解的,因为汉语的语音系统本来不存在吸气音声母,汉语声母演变的条件是声调、韵母或声母的区别性特征(如清浊、送气与否等),而不是具体个别声母的发音部位。不过,这些现象有可能以壮侗族语言的底层或影响来解释。

目前分布在我国南方广大地区的壮侗族语言中,声母大多有带先喉塞成分的浊塞音 ʔb、ʔd(如壮语、布依语、临高话、仵僙话、村话等),或蜕变为喉塞不明显的 b、d(如西双版纳傣语);有的还有舌根音 ʔg 和舌面音 ʔɟ(如莫话、甲姆话),或蜕变为喉塞不明显的 g(如黎语);有的另外还有一套带鼻冠音的 mb、nd(如水语)或 mb、nd、ŋg、nɟ(如毛南语)。以上除少数语言,塞音塞擦音声母为浊音的只有 ʔb、ʔd,其他都为清音。正是这壮侗族语言的 ʔb、ʔd,和某些土话以及汉越语中并定母的特殊表现有关。

汉越语的情况要结合越南语来观察。越南语目前一般认为属于南亚语系孟—高棉族。越南语音系中的一个重要特点,即浊塞音只有 b、d,其他塞音塞擦音均为清音,和汉藏语系的壮侗族语言一致。因此,汉越语并定母为浊音,其他全浊声母为清音,应该是古平话的语音折合为越南语语音的结果。

土话则由于当地早期存在壮侗族居民和汉族说其他方言的居民,有必要联系壮侗族语言和汉语方言两方面来观察。

上面提到的 ʔb、ʔd 是常用的标写形式,说明辅音发音时同时有一个喉头破裂动作。壮侗族语言中 ʔb、ʔd 往往带有吸气作用。(上面提到的海南文昌话的 ɓ、ɗ 和某些桂北平话中的 mp、nt 等也都是吸气音。)因此 ʔb、ʔd 和吸气音 ɓ、ɗ 基本相同(文昌话 ɓ、ɗ 赵元任就记成 ʔb、ʔd)。但壮侗族语言目前大多只有双唇和舌尖部位的前喉塞浊塞音 ʔb、ʔd,极少其他部位的同类辅音。这是因为常见的吸气音基本上就限于这两个发音部位。如赵元任所说,吸气音在偏后的舌根软腭到声门间的不大空间动作有所限制,在这样的条件下,比较容易发音的就只有偏前的双唇和舌尖部位了。

根据这一考虑,可以设想某些土话曾经受到壮侗族语言的影响,浊声母 b、d(即并定母和音值为塞音的奉澄母)曾经音变为 ɓ、ɗ。而在以后浊音清化的过程中,ɓ、ɗ 因为具有吸气的特性,不再能参与方言中后来发生的送气化音变(这一音变估计是由客赣方言引起的),只能变化为不送气音,其他全浊声母则变化为送气音。这一音变过程可以表示如下:

       ①   ②   ③
并定母 b d → ɓ ɗ → p t
其他声母 g dʑ···→ g dʑ···→ kʰ tɕʰ···

由此看来，某些土话古全浊声母清化后塞音塞擦音送气与否和声母发音部位发音方法有关的现象，实际上是这些土话中壮侗语底层或影响的反映。

　　平话和湘南土话、粤北土话古全浊声母清化后塞音塞擦音送气与否的种种情况表明，广西的平话区是古平话分布的基本区域，湘南土话、粤北土话区是古平话后来扩展所及的地区。早期在平话区生活的可能基本上都是使用平话的汉族居民，因此古全浊声母清化后塞音塞擦音一律不送气的特点能够得到完整的体现。湘南土话、粤北土话区则除使用平话的汉族居民外，还分布有壮侗族居民，后来还有汉族说其他方言的居民。壮侗族居民在借入汉语词语或学说汉语或进而甚至改用汉语时都会带入壮侗语的特点，汉族居民在和壮侗族居民交际时也会接受这种汉语的影响，汉族居民所说的不同方言也会相互影响。这样，平话在和壮侗语、其他汉语方言接触中受到的影响，就导致某些土话中不同特点的形成。比如东安土话古全浊声母保持浊音音值是湘语的影响，临桂两江平话和曲江白沙土话等古全浊声母清化后全部送气是客赣方言的影响（因影响强烈而导致音值全部替换），临武和乐昌皈塘等众多土话中并定母（包括音值为塞音的奉澄母）不送气，其他塞音塞擦音声母送气，则先是壮侗族语言、后是客赣方言的影响。（乐昌长来等土话中并定母上声字白读音也送气可能还有珠江三角洲一带粤语的影响。这种粤语全浊声母清化后塞音塞擦音平上声字送气，去入声字不送气。如果送气的演变先只在上声调中发生的话，这种影响将是可能的。）因此可以说，某些土话中并定母音值的特点，实际上也是平话接受外来影响的结果。从地域分布看，由广西平话区往东到湘南土话区再到粤北土话区，具有特点的土话越来越多，说明所受外来影响的方面越来越多。

五、平话的归属

　　平话在历史上曾经是一个强势的方言。它的分布面积要大于现代平话。从汉越语反映的情况看，它的古全浊声母的语音特点早在十世纪前就已经形成。它还向周围非汉语大量输出借词。这种情况和广西地区在古代具有较为重要的军事经济文化地位有关。但清初以后，两广的经济文化重心移向沿海一带，广西地区相对变得落后，平话也开始衰落。如果说平话在早期还能对桂东粤西的白话施加影响，使之接受古全浊声母清化后塞音塞擦音声母不送气的语音特点（如玉林白话"皮"$_c$pi、"抱"^{c}pəu、"步"pu^2、"白"pa$_c$），后来则反过来大量接受周围方言的影响。特别是桂北平话所受影响巨大，以致外方言音类的不同读音多方进入。以灵川三街平话的韵母为例：

灾 哈 灯 登 证 蒸 撑 庚 争 耕 名 清 临 侵 民 真 根 痕——ai
权 ɯ 连 iɛ 圈 yɛ 喘 ya 延 iŋ 宣 yŋ 专 yaŋ——仙

上行例字反映目前同一音值的韵母具有众多中古韵类来源，下行例字显示同一中古韵类分化为不同音值的多个韵母，都是不同方言影响的结果。

平话今非昔比。数百年来，面对政治经济文化等方面优势越来越大的官话和白话，平话的分布地区日渐缩小。它不仅从绝大多数城市退出，退却到集镇和农村地区，而且逐渐由社会交际工具向家庭内部用语蜕变。目前桂北平话区和湘南土话区、粤北土话区作为双方言区或多方言区，居民对外多使用西南官话或客家话，桂南平话区内白话也越来越通行。社会交际作用的逐渐丧失还使各地平话失去交流机会，导致方言分歧的加剧。而这一结果反过来又将进一步加快平话丧失社会交际作用的过程。

前文提到，关于平话在方言区划中的地位问题，要考虑到共时和历时两个方面。平话在历史上无疑有过不同于其他方言的独立发展，而且对周围其他语言和方言有过重要影响。但它目前已经成为一个弱势方言。它目前虽然仍然保有基本的特点，但发展前景不容乐观。桂南平话可能融入白话，桂北平话和湘南土话、粤北土话可能消亡。在这种情况下，把一个没有发展前途、又正在失去社会交际功能的方言和官话、吴、湘、赣、客、粤、闽等大方言并列纳入一级分类的系列，恐怕是需要斟酌的。但把它归入其他方言，至少就目前来看，也还不适宜。目前似乎可以考虑既不让它在汉语各大方言的系列中取得平列或独立的地位，也不归并到其他方言中，而是作为各大方言以外的一种土话（这种情况可能不止平话一例）暂时搁置，同时注意它的发展，以后再作处理。

语料来源

鲍厚星：《东安土话研究》，湖南教育出版社，1998。
崔振华：《桂东方言同音字汇》，《方言》1997.1。
范峻军：《湖南桂阳县敖泉土话同音字汇》，《方言》2000.1。
广西师范学院中文系：《广西汉语方言概要》（初稿），1960。（未刊）
李　未：《广西灵川平话的特点》，《方言》1987.4。
李永明：《临武方言》，湖南人民出版社，1988。
梁金荣：《临桂两江平话的声韵调》，《方言》1994.1。
　　　　《临桂两江平话同音字汇》，《方言》1996.3。
林立芳、邝永辉、庄初升：《韶关市近郊"虱婆声"的初步研究》，《韶关大学学报》（社会科学版）1995.1。
沈若云：《宜章土话研究》，湖南教育出版社，1999。
王　力：《汉越语研究》，《岭南学报》9卷1期，1948；《王力文集》第18卷，山东教育出版社，1991。
张均如：《记南宁心墟平话》，《方言》1987.4。

张晓勤:《宁远平话研究》,湖南教育出版社,1999。
郑张尚芳:《浙南和上海方言中紧喉浊塞音声母 ʔb ʔd 初探》,载《吴语论丛》,上海教育出版社,1988。
周先义:《湖南道县小甲土话同音字汇》,《方言》1994.3。
庄初升、林立芳:《粤北土话中古全浊声母今读的类型》,《语文研究》2000.2。

参考文献

鲍厚星、颜 森:《湖南方言的分区》,《方言》1986.4。
李连进:《平话音韵研究》,广西人民出版社,2000。
李 荣:《汉语方言的分区》,《方言》1989.4。
李永明:《湖南双方言区概况及声调》,载《双语双方言》(2),彩虹出版社,1992。
梁金荣:《桂北平话语音研究》,暨南大学博士论文,1997。(未刊)
　　　　《桂北平话语音特征的一致性与差异性》,《语言研究》1998.2。
梁敏、张均如:《广西平话概论》,《方言》1999.1。
梁猷刚:《广东省北部汉语方言的分布》,《方言》1985.2。
林立芳、庄初升:《粤北地区汉语方言概况》,《方言》2000.2。
刘村汉:《桂南平话——粤方言的一个分支》,第五届国际粤方言研讨会论文,1995。(未刊)
倪大白:《侗台语概论》,中央民族学院出版社,1990。
王本瑛:《湘南土话之比较研究》,台湾清华大学语言所博士论文,1997。(未刊)
韦树关:《试论平话在汉语方言中的地位》,《语言研究》1996.2。
熊正辉:《广东方言的分区》,《方言》1987.3。
杨焕典、梁振仕、李谱英、刘村汉:《广西的汉语方言》(稿),《方言》1985.3。
张均如:《广西中南部地区壮语中的老借词源于汉语"古平话"考》,《语言研究》1982.1。
　　　　《广西平话对当地壮侗族语言的影响》,《民族语文》1988.3。
张均如、梁敏:《广西平话》,《广西民族研究》1996.2—4。
张双庆、万波:《乐昌(长来)方言古全浊声母今读音的考察》,《方言》1998.3。
赵元任:《中国方言当中爆发音的种类》,《史语所集刊》五本四分,1935;《赵元任语言学论文集》,商务印书馆,2002。
中国社会科学院、澳大利亚人文科学院:《中国语言地图集》,香港朗文出版(远东)有限公司,1987、1989。

(原载《方言》2001年第2期)

徽州方言的性质和归属

一、徽州方言在方言分区中的地位

徽州方言指分布在皖南地区旧徽州府歙县、绩溪、休宁、屯溪、黟县、祁门、婺源（现属江西）等地的方言。

徽州方言以复杂著称。对它在方言分区中所处的地位，曾经有过多种不同的看法。最早1915年章太炎在《检论》中说："东南之地，独徽州、宁国处高原，为一种。"1934年赵元任在《中国分省新图》中也使"皖方言"（后改称"徽州方言"）单独成区。同年罗常培调查徽州6县46个地点的方言，1935年魏建功发表《黟县方音调查录》，徽州方言开始初步为人们所了解。但1955年丁声树、李荣的方言分区删除了徽州方言。因为这一立一删，1960年袁家骅认为，皖南徽州话"有点接近吴方言或赣方言，正确的分类尚有待于今后进一步的调查研究"。1962年赵元任也在《绩溪岭北方言》中说："徽州方言在全国方言区里很难归类，所以我在民国二十七年……就让徽州话自成一类。因为所有的徽州话都分阴阳去，近似吴语；而声母都没有浊塞音，又近似官话。但是如果要嫌全国方言区分的太琐碎的话，那就最好以音类为重，音值为轻，换言之，可以认为是吴语的一种。"这就改变了他早年的看法。而1982年丁邦新在《汉语方言区分的条件》一文的注释中说，徽州方言"从早期历史性条件看来，不能独立，……古全浊声母都清化后，平仄都送气。……江苏下江官话区也有同样的现象，如如皋、泰兴、南通都是如此；因此我认为可以看作是下江官话的一种，可能受到吴方言的影响"。1988年罗杰瑞则在《汉语》一书中认为，"把绩溪话划入赣语问题不大"。以上一个时期把徽州方言归入周围方言的处理成了主流。但其间1974年雅洪托夫强调皖南方言（按即徽州方言）的特殊性，认为"很难提出这个方言的任何共同特征。也许从反面描写它更好：在长江以南安徽和相邻省份的所有方言中，那些无法归入官话，或者赣语，或者吴语的方言组成皖南方言",皖南方言"由于语言面貌的特殊性,必须被划为一个特别的方言"。1989年李荣在《汉语方言的分区》中也改变了自己早先取消徽州方言的做法,并对赵元任新的意见提出异议。他认为虽然"徽语的共性有待进一步的调查研究",但根据有不分阴阳去的方言是吴语(如铜陵),分阴阳去的方言却不是吴语(如横峰、弋阳)的情况,目前"还是把徽语独立,自成一区"。不过李荣设立的徽语除旧徽州府方言和周围旌德、太平(旧宁国府)、石台、东至(旧池州府)的一部分,江西德兴、景德镇(旧饶州府)的一部分,还包括浙江旧严州府的建德、寿昌、淳安(包括原遂安),范围扩大了许多。近年来,曹志耘、平田昌司等对徽州方言和严州方言进行了全面的调查,认为至少严州方言仍然可以归属吴方言。

以上所述,徽州方言或是独立成区,或是归入周围的吴方言或赣方言或江淮官话,分区中所有可能的不同设想都已经有人提出。而且徽州方言或独立或归并已经出现反复,有两位学者前后改变看法,这在汉语方言分区工作中也是仅见的。究其原因,恐怕是各家在当时条件下对徽州方言的了解存在差别,观察徽州方言地位问题的着眼点或侧重点也有不同。

二、徽州方言的语音特点

要判断徽州方言在方言分区中的地位,全面了解它的情况是一个前提。徽州方言的研究虽然开展较晚,但目前已经有不少材料可用于研究。下面列出徽州方言语音的共同点、内部分歧以及与周围方言比较等方面的情况。

1. 徽州方言语音的共同点

徽州方言共同的语音特点大致如下:

(1) 古全浊声母清化后塞音塞擦音部分字送气,部分字不送气。例如:

	坛平	淡上	蛋去	达入
歙县	$_ct^h\tilde{\jmath}$	$t\tilde{\jmath}^2$	$t\tilde{\jmath}^2$	$t^h\tilde{\jmath}^5$
休宁	$t^h\tilde{\jmath}_c$	$_ct\tilde{\jmath}$	$_ct\tilde{\jmath}$	$t\tilde{\jmath}^5$

(2) 微、日、疑母音值为 m、n(n̠)、ŋ(n̠)。例如:

	望微	日日	岩疑	蚁疑
歙县	o^2文 mo^2白	ni^2	$_c\eta$	$_cni$
休宁	au^5_c文 mau^5_c白	n_ie_c	$_c\eta$	$_cni$

(3) 泥来母开合口字声母或分或混,齐撮口字声母则都区分。例如:

	南泥	蓝来	年泥	连来
歙县	₍nɔ	₍lɔ	₍ŋE	₍lE
休宁	₍lɔ	₍lɔ	₍ȵa:ĩ	₍lia:ĩ

（4）知照组三等字声母音值为舌面音或舌叶音。例如：

	沾知	肠澄	赏书	船船
婺源	₍tɕī	₍tɕʰiā	₍ɕiā	₍ɕy̆
歙县	tʃiE⁻	₍tʃʰio	₍ʃio	₍tʃʰyE

（5）蟹摄一二等字韵母为单元音。例如：

	带一	街二	推一	快二
歙县	tɔ⁻	₍kɔ	₍tʰa	kʰuɔ⁻
休宁	ta⁻	₍ka	₍tʰo	kʰua⁻

（6）流摄开口一等韵全部或大部分字转为齐齿韵。例如：

	头	凑	狗
歙县	₍tiɤ	tsʰiɤ⁻	⁻kɤ
休宁	₍tʰiəu	tsʰiəu⁻	⁻tɕieu

（7）咸山宕江摄阳声韵韵尾弱化，韵母转化为鼻化韵，或进而再转化为阴声韵。例如：

	衔咸	天山	娘宕	项江
歙县	₍xɔ⁻文 ₍kɔ⁻白	₍tʰE	₍ȵio	xo⁻
休宁	xɔ⁻文 kɔ⁻白	₍tʰia:ĩ	ȵiɑu	₍xɑu
婺源	₍xỹ	₍tʰĩ	₍ȵiã	xã⁻

（8）咸摄一等覃谈韵部分方言区分，部分方言相混。例如：

	蚕覃	惭谈
歙县	₍tsʰɔ	⁻tsʰɔ
休宁	tsʰa	tsʰɔ

（9）平声调去声调分阴阳。例如：

	东平	同平	冻去	洞去
歙县	₍tan	₍tan	tan⁻	tan⁼
婺源	₍tɔm	₍tʰɔm	tɔm⁻	tʰɔm⁼

2. 徽州方言内部语音分歧

徽州方言分布面积虽然不大，语音上却存在分歧。分歧主要表现如下：

(1) 尖团音部分方言保持对立,部分方言已经混同。例如:

	进_精	劲_见
歙县	tsinᶜ	tʃinᶜ
婺源	tsɐinᶜ	tʃɐinᶜ
绩溪	tɕiaᶜ	tɕiaᶜ

进$_{精}$ 劲$_{见}$
歙县 tsin⁼ tʃin⁼
婺源 tsɐin⁼ tʃɐin⁼
绩溪 tɕia⁼ tɕia⁼

(2) 皖南西部部分方言存在长介音。这种长介音可能是某种特殊演变的结果。就音节结构来看,长介音实际上应该是主要元音,原来的主要元音则弱化为韵尾。例如:

先　　　短　　　卷
休宁 ₋siːɿ　ᶜtuːɿ　ᶜtɕyːɿ
歙县 ₋sɛ　ᶜtan　ᶜtʃyɛ

(3) 入声韵少数方言有喉塞尾ʔ,多数方言失落韵尾。例如:

叶　　　七　　　木
绩溪 iaʔ₌　tɕʰieʔ₌　mɤʔ₌
休宁 ia₌　tsʰi₌　mo₌

徽州方言和严州方言也有差别。特别是旧严州府东部方言的声韵调还各有系统的文白异读。以建德、寿昌方言为例:

(1) 古全浊声母清化后,塞音塞擦音读书音平声送气,仄声不送气,口语音建德话去声送气,平上入声不送气,寿昌话平仄声基本上都送气。例如(同一字文白读音调类相同调值不同的标写出调值。下同):

婆$_平$　　　棒$_上$　　　度$_去$　　　薄$_入$
建德 ₋pʰu²¹¹文₋pu³³⁴白　paŋ²文ᶜpo白　tu²文tʰu²白　pəʔ₌文pu白
寿昌 ₋pʰəɯ¹¹²文₋pʰəɯ⁵²白　pā²文ᶜpʰā白　tu²文tʰu²白　pəʔ¹³文pʰəʔ³¹白

(2) 咸山宕江摄阳声韵韵母,读书音为鼻尾韵或鼻化韵,口语音转为阴声韵。例如:

敢$_咸$　　　　权$_山$　　　　床$_宕$　　　　江$_江$
建德 ᶜkā⁵⁵文ᶜkɛ²¹³白　₋tɕʰyā²¹¹文₋tɕye³³⁴白　₋tɕʰyaŋ²¹¹文₋so³³⁴白　₋tɕiaŋ³⁴⁴文₋ko⁴²³白
寿昌 ᶜkā⁵⁵文ᶜkie²⁴白　₋tɕʰyā¹¹²文₋tɕyei⁵²白

(3) 浊上字声调有不同的分化:建德话读书音清上、次浊上合流,全浊上归去,口语音清上浊上合流;寿昌话读书音清上、次浊上合流,全浊上归去,口语音清上浊上分流。例如:

	椅(稳)	米	坐
建德	⸌i⁵⁵文 ⸌i²¹³白	⸌mi⁵⁵文 ⸌mi²¹³白	tsu²文 ⸌su白
寿昌	⸌uen⁵⁵文 ⸌uen²⁴白	⸌mi文 ⸌mi白	tsu²文 ⸌su白

3. 徽州方言和周围方言语音上的共同点和差异

徽州方言处在吴方言、赣方言和江淮官话之间,语音上和每一个方言都有相同点和不同点。徽州方言在古全浊声母音值这一早期历史性标准方面和相邻各方言都有不同。古全浊声母在吴方言中保持浊音音值,在赣方言中清化后塞音塞擦音平仄声都送气,在江淮官话中除如皋、泰兴、南通等少数方言同赣方言外,清化后塞音塞擦音平声送气,仄声不送气。例如:

	坛平	淡上	蛋去	达入
苏州	⸌dE	dE²	dE²	daʔ₂
南昌	⸌tʰan	tʰan²	tʰan²	tʰat₂
扬州	⸌tʰiæ	tiæ²	tiæ²	tiæʔ₂

在徽州方言本身则清化后塞音塞擦音部分字送气部分字不送气,其间没有语音条件。从这一早期历史性标准来看,徽州方言不同于周围的任何一个方言。

但徽州方言与周围方言也有共同点。其中与吴方言有较多相同的语音特点。如苏州话:

(1) 微日疑母音值为 m、ȵ、ŋ,如"望"voŋ²文 moŋ²白,"日"zɤʔ₂文 ȵiʔ₂白,"岩"⸌ȵi文 ⸌ŋE白;

(2) 知照组三等字声母为舌面音,如宁波"沾"⸌tɕi,"肠"⸌dʑiɑ,"身"⸌ɕiŋ,"船"⸌ziθy;

(3) 蟹摄一二等字韵母为单元音,如"带"tɒ²,"街"⸌kɒ,"推"⸌tʰE,"快"kʰuɒ²;

(4) 覃谈区分,如"蚕"⸌zø,"惭"⸌zE;

(5) 平声调去声调分阴阳,如"东"⸌toŋ,"铜"⸌doŋ,"冻"toŋ²,"洞"doŋ²。

此外,浙南个别方言中还有见于徽州方言的特殊的长介音。如:

	八	烟	湾	端	兼	锅	砖
金华	puːa₂	⸌iːa	⸌uːa	⸌tɯːə	⸌tɕiːə	⸌kuːə	⸌tɕyːə
永康		⸌iːa	⸌uːa	⸌tɯːə	⸌tɕiːə	⸌kuːə	⸌tɕyːə

徽州方言与赣方言也有不少相同的语音特点。如南昌话:

(1) 微日疑母音值为 m、ȵ、ŋ,如"望"uoŋ²文 mɤn²白,"日"lɛt₂文 ȵit₂白,"岩"ŋan²;

(2) 流摄开口见组一等为齐齿韵,如"头"⸌tʰɛu,"狗"⸌kiɛu,"藕"⸌ŋiɛu;

(3) 覃谈区分，如"蚕"$_‿$tsʰɔn，"惭"$_‿$tsʰan；

(4) 平声调去声调分阴阳，如"真"$_‿$tsən，"臣"$_‿$tsʰən，"镇"tsən$^‿$，"阵"tsʰən$^‿$。

由于流摄开口一等韵主要元音为前元音，因此有可能使韵母转为齐齿韵，舌根音声母腭化。这一主要元音为前元音的现象也见于客家话，如梅县话"狗"$^‿$kɛu，"藕"$_‿$ŋɛu 文 $_‿$ŋɛu 白，"后"hɛu$^‿$ 文 $_‿$hɛu 白。看来徽州方言中的这一特点与客赣方言的影响有关。

相比之下，与江淮官话仅有较少相同的语音特点。例如：

(1) 覃谈区分，如泰兴"蚕"$_‿$tsʰɛ 文 $_‿$tsʰū 白，"惭"$_‿$tsʰɛ；

(2) 平声调去声调分阴阳，如南通"东"$_‿$tʌŋ，"铜"$_‿$tʰʌŋ，"冻"tʌŋ$^‿$，"洞"tʰʌŋ$^‿$。

不过江淮官话南通、泰兴等方言与吴方言存在历史的渊源，所以这些特点实际上也可以看成是吴方言的特点。至于南通、泰兴等方言古浊声母清化后一律送气，则恐怕不能和徽州方言清化后部分送气部分不送气的现象相联系，而可能和客赣方言的影响有关。

如上所述，徽州方言具有众多语音特点，但内部存在分歧，缺乏一致的重要特点。徽州方言与周围方言有或多或少的共同点，与吴方言最为接近，其次为赣方言，与江淮官话距离较大，但与任何一个方言也都缺乏重要的共同特点。

三、徽州方言的历史

从上述语音情况来看，徽州方言内部缺乏一个属于早期历史性标准的共同特点，与周围其他方言也没有这样重要的共同特点，因此判断徽州方言在方言分区中的地位是有困难的。造成这种情况的原因，也许要从徽州方言的历史以及徽州方言和其他方言的关系中去寻找。

徽州方言的分布地区在上古时期是越人所居，他们与居住在吴、越、赣的越人是同一种族。东汉三国时，东吴开发江南，江北汉族居民大量进入江南。西晋末年永嘉之乱以后，北方中原地区的汉族居民为躲避战乱又曾多次南迁，其中颇有迁入皖南一带的。民国年间的《歙县志》说："邑中各姓，以程、汪为最古，……其余各大族，半皆由北迁南，略举其时，则晋宋两南渡及唐末避黄巢之乱三期为最盛。又半皆官于此土，爱其山水清淑，遂久居之，以长子孙也。"直至明以后，江淮地区的居民也还有不少移入的。以上历史上各次战乱平息以后虽然都有一部分居民迁回原籍，但以居留的为多，因此徽州地区的居民其实很早就已经转成以汉族为主体了。

徽州地区境内山水阻隔，交通不便。居民多以务农为生，与外地交往不多。唐宋以后,徽州地区通过新安江水运输出土特产如茶叶、木材、药材及徽墨歙砚等至浙江临安一带,或西向至江西浮梁贸易,因此与周围地区,特别是新安江流域的严州地区有比较密切的交往。明清时期,大批徽州人外出至淮扬一带经商形成潮流。徽商的活动造成了数百年间徽州地区经济和文化的繁荣。但到清末民初时,近代工商业兴起,铁路公路开通,新安江水运停滞,徽商经济趋于没落,徽州地区复归闭塞,甚至和严州地区的联系也减弱了。

从语言的角度看,皖南在上古时期是越人语言的分布地区,中古以后成为汉语方言——江南吴语的一部分。"徽州地区'辟陋一隅,险阻四塞',……山民索然寡居,不染他俗"(《新安志》),这样的长期闭塞不仅影响本地区的交往,造成方言的内部分歧,也和吴越产生一定的阻隔,可能因此形成本方言的某些特点。唐宋以后的移民往来及商业活动,又使徽州方言与浙江(特别是新安江严州地区)、江西、江淮地区的方言多所接触。总起来说,徽州方言在中古以后是吴语的一部分,但在闭塞的环境中也逐渐产生了一些自己的特点。徽州方言与严州方言有较多共同点,不仅是因为原来同属吴语,而且与新安江水运造成的密切交往也有关。徽州方言又受到周围方言的影响,与客赣方言和江淮官话的共同点应该是长期的地区间交往的结果。

四、徽州方言的性质和归属

如上所述,徽州方言原来是吴语的一部分,但后来有了自己的一些特点,与吴语有所区别;因为受到客赣方言和江淮官话的影响,和它们有了某些共同特点,但又不能因此归属这些方言。由于徽州方言本身没有可以独立成区的重要特点,"很难归类"就被考虑作为自成一区的理由。也就是说,多位学者把徽州方言处理为独立的方言,实际上并不是因为它具有独立成区的充足条件,而是因为它无法归入其他方言。

就语言特点来说,徽州方言具有某种混合语的性质。徽州方言共时的语音系统中包含有吴方言、客赣方言和江淮官话的多个层次。多种不同的层次模糊了徽州方言原来的属性,造成了归类的困难。在这样的情况下,徽州方言就在多次的方言分区中独立成区,跻身于大方言之列。不过多年来用以区分方言的语音标准都是以正面运用为原则的,即都是因为具有某些重要特点而确定其为某个独立的方言,而不是采取"反面"的做法,即本身没有重要特点,只因为不能归入其他方言就确定其为某个独立的方言。像徽州方言这样仅仅因为"很难归类"而被提拔起来置身于汉语大方言的行列,而且又是一个很小的大方言,将始终会是一个不稳定的因素。

徽州方言如果不能独立成区，由于前文所述古全浊声母的表现，要归入其他方言也确是困难的。不过这样做虽然困难，仍然有考虑的余地。比如徽州方言和吴方言目前仍然具有众多的语音共同点。而且它们在古全浊声母演变方面的不同表现，看起来是区分为两个不同方言的依据，实际上却有其内在的联系。这一联系可以通过历史的比较来揭示。

徽州方言古全浊声母早期的情况和目前是不同的。清江永曾在《榕村〈等韵辨疑〉正误》一文中指出："吾婺源人呼群、定、澄、并诸母字，离县治六十里以东达于休宁皆轻呼之，六十里以西达于饶皆重呼之。""轻呼"指不送气，"重呼"指送气。可见三百年前休宁话古全浊声母清化后塞音塞擦音读不送气音，婺源以西旧饶州府的赣方言才读送气音。既然徽州方言原来是吴方言的一部分，这三百年前的不送气音应该就是吴方言的层次，后来出现的送气音是赣方言影响的结果。

吴方言的古全浊声母目前仍然保有浊音音值。如果认为这一特点与三百年前休宁话的情况有关，理由首先在于吴方言的浊塞音塞擦音在语流中是不送气的（目前吴方言浊声母在单字音中带有的送气，实际上是附着在阳调字音节上的浊气流，并不是声母部分的送气成分）。不送气的浊声母清化，如果没有外来干扰，应该会成为不送气的清音。其次，目前吴方言中的古浊声母并非无一例外全部保有浊音音值，边缘地区少数方言中已经有程度不等的清化，而清化后的塞音塞擦音基本上就是不送气的。比如浙南赣东地区，松阳小槎、龙泉等方言平去入声字声母保持浊音音值，上声字声母清化不送气；景宁标溪、上饶、江山长台等方言上去入声字声母保持浊音音值（景宁话清上字并浊化），平声字声母清化不送气；泰顺罗阳话上入声字声母保持浊音音值，平去声字声母清化不送气；庆元话则古全浊声母不论平仄都清化不送气。以松阳、庆元方言为例：

	同平	动上	洞去	独入
松阳	₅doŋ	ʿtoŋ	doŋ²	doʔ₂
庆元	₅toŋ	ʿtoŋ	toŋ²	touʔ₂

又如浙西皖南地区，郎溪定埠话平声字声母保持浊音音值，上去入声字声母清化不送气；石埭掘珠、贵池灌口等方言不论平仄都清化不送气。（浙西皖南地区有的方言古浊声母还有弱化和擦音化的音变，应该是另一种方向的演变。）上述地区也有个别方言古浊声母清化后塞音塞擦音送气的，如江山城关话平声字清化送气，昌化昌北话入声字清化送气，太平永丰话不论平仄都清化送气等，从地理位置来看，可以认为是赣方言的影响。以上松阳小槎、庆元、郎溪定埠、贵池灌口等方言古全浊声母清化后不

送气的情况和三百年前的休宁话相同。这些古全浊声母清化后不送气的方言，实际上把保有浊音音值的绝大多数吴方言和清化后部分送气部分不送气的徽州方言联系了起来，成了它们之间的中间阶段。因此，借助上述历时比较可以把吴方言和徽州方言的共时现象联系起来作为一个整体来描述：古全浊声母在绝大部分吴方言中保持浊音音值；但浙南赣东和浙西皖南少数方言已经开始清化，清化后不送气；皖南赣东北浙西十余个方言已经完全清化，清化后部分字保持为不送气，部分字变为送气（其中旧徽州府的祁门、婺源、绩溪和旧严州府的淳安、寿昌等方言甚至大部分变为送气）。

这样描述的结果便是把徽州方言归入吴方言，成为吴方言的一部分。当然，这样的处理会动摇赵元任的吴方言声母全清次清全浊三分的定义，从而改变吴方言的内部结构，使一直被认为是保有古浊声母浊音音值的吴方言有了古浊声母清化的次方言或土语群。但这也正是赵元任后来的主张。而且考虑到湘方言根据古全浊声母部分保持浊音音值部分清化的类似情况区分为不同的次方言——老湘语和新湘语，则同样的处理原则和方法用于同样具有历史渊源和众多共同特点的吴方言和徽州方言，也应该是可行的。实际上目前吴方言中古全浊声母部分清化或全部清化的方言已经不限于个别，并将日益增多，即使不涉及徽州方言的归属问题，仅就吴方言内部的情况来说，上述处理恐怕也将是不可避免的。而徽州方言如果归入吴方言，成为吴方言中的一个次方言或土语群，也许是最为合适的归宿。

参考文献

曹志耘：《严州方言研究》，日本好文出版，1986。
丁邦新：《汉语方言区分的条件》，《清华学报》新14卷1期、2期，1982；又载《丁邦新语言学论文集》，商务印书馆，1998。
李荣：《汉语方言的分区》，《方言》1989.4。
平田昌司等：《徽州方言研究》，日本好文出版，1988。
魏建功：《黟县方音调查录》，《国学季刊》4卷4期，1935；又载《魏建功文集》(3)，江苏教育出版社，2001。
雅洪托夫：《汉语方言的分类及地理分布》，载《汉语史论集》，北京大学出版社，1986。
袁家骅等：《汉语方言概要》(第二版)，文字改革出版社，1983。
赵元任、杨时逢：《绩溪岭北方言》，《史语所集刊》36本上，1965。
郑张尚芳：《浦城方言的南北区分》，《方言》1985.1。
　　　　《皖南方言的分区（稿）》，《方言》1986.1。

（原载《中国语文研究》2004年第1期，香港中文大学中国文化研究所）

普通话 üan 韵母主要元音的音值

普通话 an、ian、uan、üan 这组韵母主要元音的音值因介音的不同而有差异,这已经是人所共知的了,但确切音值是什么,人们的看法并不一致。就笔者所知,目前有两种看法。一种认为主要元音在开合口韵母 an、uan 中是 [a],齐撮口韵母 ian üan 中是 [ɛ]。另一种则主张在开合撮口韵中是 [a](或在撮口韵中是 [æ]),齐齿韵中是 [ɛ]。两种看法的差别在于:üan 韵母主要元音的音值是什么,它跟齐齿韵 ian 的主要元音是否一致。现在把两种看法主张的韵母音值用国际音标写在下面:

         安   烟   弯   渊

(1) [an]   [iɛn]   [uan]   [yɛn]

(2) [an]   [iɛn]   [uan]   [yan]([yæn])

第一种看法见于多数与现代汉语语音有关的著作和教科书。从音位分析的角度说,ian üan 的主要元音在前鼻音韵尾 [n] 和前高元音 [i] 或 [y] 的共同影响下舌位都提高为 [ɛ],是一种很合理的解释。官话方言中也不乏类似的事实(如成都话、武汉话),可以为这种解释提供有力的证据。因此,第一种看法在学术界采用较多,是很自然的事。

同意第二种看法的著作不多,从 50 年代末李荣《汉语方言调查手册》、董少文《语音常识》开始,近年来还有北大中文系《汉语方音字汇》(第二版)、《现代汉语》和周同春《汉语语音学》等数种著作采用。采用这种看法的著作不多,可能是因为 ian、üan 中介音[i][y]同是前高元音而对主要元音所起的作用不同,不容易从音理上作出解释。事实上,这些著作也并没有在这方面尝试进行解释。

两种看法哪一种正确,笔者以为首先应当看哪一种符合语言事实,然后再考虑它的解释是否符合音理。普通话以北京语音为标准音。就笔者所接触到的北京话来看,符合语言事实的是第二种看法,即北京话中 an、uan、üan 的主要元音是 [a],ian 中的主要元音是 [ɛ]。四呼中主要元音音值看起来参差不平衡,却是天籁,不容置疑。可以说,持第二种看法的少数学者能不为表面上的不平衡现象所迷惑,跟他们大多长期生活工作在北京,有条件随时验诸唇吻有关。

笔者以为，üan 韵母的主要元音是 [a]（或[æ]）而不是 [ɛ] 的事实，还有待进一步分析，以期得到合理的解释。笔者最近在审音时发现，北京话 üan 韵母发音时，舌位在介音 [y] 发音结束后并没有直接向主要元音过渡，而是先有一个由 [y] 向[u]方向的舌位后退的动作，然后才向主要元音部位转移。这个舌位后退的动作虽然还没有真正到达后元音[u]的部位，但已经不容忽视，宽式音标就应该标成[u]了。这样，üan 韵母的介音实际上不是单介音[y]，而是双介音[yu] 了，也就是说，üan 韵母的音值实际上是 [yuæn]。以这一语言事实为基础，üan 韵母主要元音的音值就可以得到合乎音理的解释：üan 韵母主要元音受到双介音 [yu] 的共同影响，主要元音紧邻 [u]，所以受到的影响与 uan 韵母而不是与 ian 韵母相似，舌位仍低，应该与开合口韵母而不是与齐齿呼韵母归为一组；但因为 [u] 并不到位，而且前面还有一个前元音 [y]，所以主要元音的舌位又略高于 [a]，为 [æ]。

笔者还没有能就 üan 韵母介音的情况在北京话中进行一次全面的调查。但据观察，üan 韵母中双介音 [yu] 的存在即使还不能肯定是唯一的，也可以肯定是主要的。事实上，üan([yuæn])韵母如果按单介音 [y] 发音，听起来是很不自然的。笔者因此不揣冒昧，把上述看法提出来就教于同行和读者。

（原载《语文建设》1995 年第 1 期）

普通话语音标准中声韵调音值的几个问题

一

20世纪的1956年,国务院发布了推广普通话的指示。半个世纪以来,推普工作取得了巨大的成绩,学说普通话已经成为人们的自觉行动。随着国内外联系的日益加深,普通话还正成为外国人学说的一个重要语种。

国务院的指示说,普通话"以北京语音为标准音"。所说的"北京语音",是指北京话的语音系统,即北京话声韵调的类和值,它们的配合关系,以及各种语流音变(如变调、轻声、儿化)的规律。以北京语音为"标准",就是普通话在所有这些方面都要和北京话相同。

为了配合推广普通话的工作,20世纪50年代到80年代还进行了汉语规范化的工作,通过《普通话异读词审音表》的编写和修订,对异读词的字音进行规范。不过这一规范只涉及字音,不涉及语音系统,异读词中即使不符合规范的读音也仍然是符合北京语音的。因此一般认为,普通话的语音标准不存在需要规范的问题。

不过细究起来,普通话语音标准的某些部分还存在模糊之处,几个声韵调的音值明显有分歧和不一致的地方。产生这种情况的原因之一,是对语音标准的理解有宽严之别。比如卷舌元音 er 一般认为是单元音,但实际发音和复元音相似。掌握的宽严不同,对卷舌元音的看法和教学上的要求也就不同。语音标准本身存在的问题是另一个原因。这里有两种情况。一是北京话存在内部分歧。当语音标准牵涉到这些分歧时,人们可能会在是此和是彼之间无所适从。比如 üan 韵母有[yuan]和[yɛn]两种读音,如果肯定这一种,否定另一种,语音标准就会变得不同。二是作为一种方言,北京话处在不断的变化之中。经常会有一些新的语言特点产生出来,有的不久就消失了,有的则会巩固下来。半个世纪以来,北京话就积累了一定数量的变化。当普通话的语音标准牵涉到这些变化时,人们对从新或从旧也会犹豫不决。比如 w 原来是一个圆唇的半元音,但后来产生了另一种唇齿音[ʋ]的念法。怎样对待这个新产生的[ʋ],是不是接受下来,也会使语音标准变得不同。以上种种,都会影响现行语音标准的确定性。

由此看来,普通话的语音标准还存在需要规范的问题。这一问题虽然还没有使北京话的语音系统发生大的变动,但回顾半个世纪推普工作的实践,可以发现它对工作是有影响的。因此,这应该是一个需要注意的问题,有必要提出来。

二

下面笔者就从声韵调音值方面提出几个会影响普通话语音标准的问题。主要从语言演变的角度着眼。笔者还认为,在标准问题确定之前,最好先认同所有的语言事实。从这点出发,笔者准备对《普通话水平测试大纲》的有关处理也提一些看法。

1. 声母 zh、ch、sh、r 的发音部位

北京话的翘舌音声母 zh、ch、sh、r,实际上发音部位前后有些不同,音值也有些差异。《普通话水平测试大纲》根据现有规范,把翘舌音发音部位的"过于靠前或靠后"作为语音缺陷来处理。不过翘舌音发音部位这种"过于靠前或靠后"的具体情况一直不是很清楚。为了了解情况,北京大学中文系研究生刘芳曾经做过一次实验。她对近500人的录音材料进行频谱分析和听辨试验,得出的结论是:北京话翘舌音的发音部位有三种,将近五分之三的人是在齿龈后至硬腭前,大约四分之一的人偏后在硬腭中部,其余人(约15%)偏前在齿龈部位(顶音)。发音部位偏后的以年龄较大的男性为多,说明这是北京话较早的发音。相比之下,现在大多数人的发音部位是往前移动了。发音部位偏前的则以年轻女性为多,这是一种类似于"女国音"的现象,可能和某种社会心理有关,但也不能排除是否还有别的因素。目前大多数人的发音部位是在齿龈后至硬腭前,不属偏后,和规范相符。不过问题是翘舌音发音部位"过于靠前或靠后"都仍然是北京话的发音,现在却被认为是语音缺陷了。这样,按实验结果推断,可能就有将近半数的北京人发音不符合规范。而且考虑到目前南方许多方言的翘舌音声母也是部位靠前的顶音,南方人如果学说普通话的翘舌音时发音部位"靠前",显然也会被认为是语音缺陷。这样判定的语音缺陷似乎是范围大了一些。但既然北京话上述翘舌音声母前后差别不大的三种发音部位都见于日常口语,还是把它们都包括在规范之内,认为都符合语音标准为好。

2. w 的唇形

北京话合口呼零声母音节开头的 w,早先都念成圆唇的半元音[w],但后来出

现了不圆唇的唇齿化的[ʋ]。这一变化大约是在 20 世纪 50 年代开始的。圆唇的 w 变成唇齿音的[ʋ]是有语音条件的。即后面是不圆唇元音时发生这一变化,如 wa、wai、wan、wang、wei、wen、weng 等音节中的 w 念成[ʋ],后面是圆唇元音时不变,如 wu、wo 这些音节中的 w 仍然是圆唇音。北京大学中文系沈炯曾经根据北京话调查的录音材料做过统计,发现城区居民把 w 念成[ʋ]的比例很高,但近郊比较低,远郊又很高(近郊和远郊的这种情况和相连的河北方言有关)。在城区,[ʋ]的念法不但普遍存在,而且还在发展之中。《普通话水平测试大纲》肯定[ʋ]的存在,说 w"实际发音……是半元音[w]或唇齿通音[ʋ]"。不过《大纲》又认为"合口呼……的圆唇度明显不够"是一种语音缺陷。这样,合口呼 w 的这种非圆唇的[ʋ]显然就要归入到"圆唇度明显不够"之列,成为语音缺陷了。在这里语言事实和规范发生了矛盾。不过 w 的发音已经不可能恢复到以前一律念圆唇音的时候了,目前 w 有条件地唇齿化的变化已经完全巩固,因此应该把它排除在语音缺陷之外。

3. 韵母 e 和 er 的舌位

北京话韵母 e([ɤ])一般认为是单元音韵母。但是它的发音实际上有一个动程:开始时是[ɤ],然后舌位略微下降到[ʌ]的部位,成为[ɤʌ](因为后面的元音[ʌ]发音较轻,严式标音可以写作[ɤˆ])。发音的动程使它具有复元音的性质,和以中元音为主要元音的 ei、ou 相似。不过 ei、ou 的发音过程是舌位升高,韵尾是高元音的[i]和[u],[ɤʌ]的发音过程是舌位降低,韵尾是偏低的[ʌ]。

北京话韵母 er 是卷舌元音,一般也认为是单元音韵母。但它的发音也有一个动程:刚开始舌位较低,比央元音低一些后一些,大致是个[ʌ],然后舌尖上升并往后卷,舌位随之抬高到[ɚ],成为[ʌɚ](因为前一个元音较轻较短,可以写作[ˆɚ]),宽式标音写作[ər]。发音的动程同样使它具有复元音的性质,不过和北京话的 ei、ou 不同的是,ei、ou 的主要元音在前,[ʌɚ]的主要元音在后。

年龄较大的北京人念 er 韵母时,不同声调的字,开始时元音的开口度还会有点不同。念阳平字"儿"时,元音舌位接近央元音,是前述的[ˆɚ]([ɹɚ]);念上声去声字"耳"、"二"时,元音舌位下降成[ɐ],接近低元音,成为[ɐɚ],宽式标音写作[ɐr]。拿它们跟不同的儿化韵比较,明显可以看出差别:

"儿"[ər]="盆儿"[ər]

"耳"、"二"[ɐr]="板儿"、"襻儿"[ɐr]

"儿"和"耳"、"二"本来是同韵的。但在上述例字的发音中,"儿"和"盆儿"同韵,

"耳"、"二"和"板儿"、"襻儿"同韵。既然"盆儿"和"板儿"、"襻儿"不同韵，就说明"儿"和"耳"、"二"实际上也不同韵。不过在中青年人口音中，这种差别已经缩小，"耳"、"二"的元音是不是比"儿"的舌位低，大家并不在意。中青年人口音的这种情况代表了北京话变化的方向，可以认为是规范所在。因此目前 er 的发音不考虑声调因素，声调因素引起 er 韵母的不同发音并不处理成语音缺陷。

但韵母 e 和 er 发音中具有动程是一个迄今未变的因素，不考虑这一情况却会出现困难。就北京话语音系统中韵母的相互关系来看，把韵母 e 和 er 处理成单元音是完全合适的，或者说还是应当的。但这是一种宽式的处理。按照这种宽式标音，外地人学说普通话就有可能把它们念成真正的单元音。为教学效果着想，有必要按严式标音把它们作为复元音来学习。而韵母 e 和 er 在实际口语中是复元音，在语音系统中是单元音，并不是矛盾的。

4. 韵母 üan 的音值

按《普通话水平测试大纲》的标音，ian üan 韵母的音值是［iæn］［yæn］，主要元音相同，其中撮口韵的介音是［y］。不过在北京人的口音中，齐齿韵 ian 只有［iɛn］一值，主要元音没有念成［æ］的。撮口韵 üan 也不念成［yæn］。北京话中的撮口韵有两种差别不小的读音。第一种读音的主要元音是［a］（舌位实际上要稍微高一些，略偏后，严式标音可以写作［æ］，和《大纲》相近），和开合口韵 an uan（主要元音［a］的舌位其实也要略高一些）的基本相同。第二种读音的主要元音是［ɛ］，和齐齿韵 ian 的相同。两种读音的介音也有差别。主要元音和齐齿韵的［ɛ］相同的读音，介音是通常的［y］，可以标写为［yɛn］。主要元音和开合口韵的［a］相同的读音，介音比较复杂。笔者曾经撰文指出，这种介音在发完［y］以后，舌位并没有直接向主要元音过渡，而是先有一个由［y］向［u］的舌位后退的动作。这个后退的动作虽然还没有完全到达后元音［u］的部位，但已经不容忽视，宽式标音就应该写成［u］了。

北京大学中文系王韫佳所做的语音实验也证明 üan 韵母中介音［y］和韵腹元音［a］之间的确存在一个过渡音（后元音［u］）。下面是一位女发音人所发 üan 韵母的三维语图（见下页）。从图中可以看出，第二共振峰（表征元音舌位的前后）从起始处急速下降，降到一定程度后又开始上升，这说明舌位经历了从前向后，然后再向前的两次变化过程。因此，这种读音的介音不是一般的单元音的［y］，而应该是一种较少见的双元音的［yu］。这样，北京话 üan 韵母的第一种读音就可以标写成［yuan］。

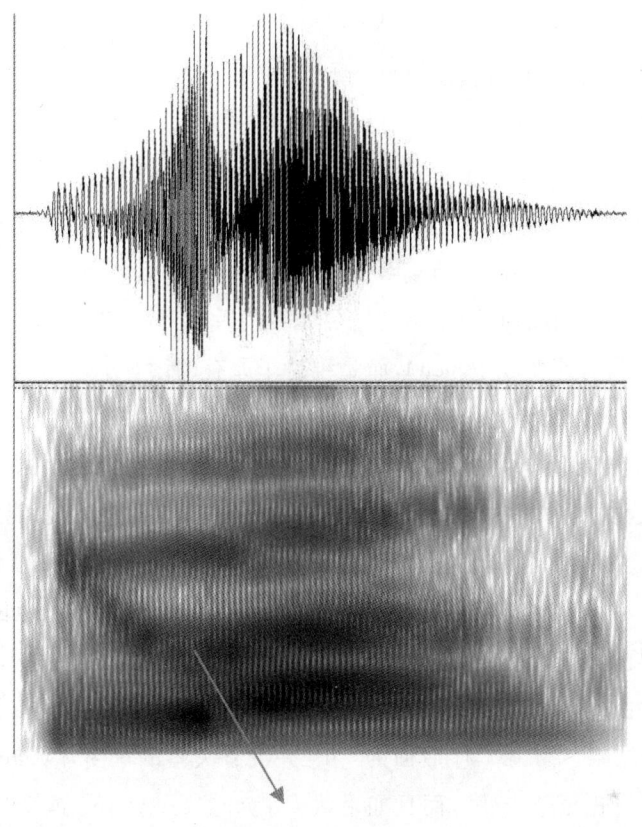

F₂ 先降后升的拐点

北京话 üan 韵母有［yuan］和［yɛn］两种不同读音由来已久。威妥玛（T. F. Wade）所著《语言自迩集》（1867）记述 19 世纪中期的北京话，距今已 150 余年，所记 üan 韵母的读音就是两种，拼写成 üan 和 üen。从所举例字看，üan 可以和声母 l、ch、ch'、hs（［l、tɕ、tɕʰ、ɕ］）和 y（零声母）配合，üen 则只在声母 hs（［ɕ］）后出现，后者的使用范围要小得多。就主要元音的音值看，威氏说 üan 中的 a "比较像 an 中的 a"，üen 中的 e 威氏没有说明，但根据拼写，应该和齐齿韵 ien（［iɛn］）的相同。威氏也没有说明 üan 的介音 ü 是单元音还是双元音，只肯定 üan üen 两个读音的主要元音是 a 和 e 的不同。这两种读音的主要元音和目前北京话的基本相同。

北京话 üan 的读音［yuan］主要元音不与齐齿韵相同而和开合口韵相同，在配合上显得很不平衡。但结合介音来看，却是完全可以理解的。按理，an 组韵母开齐合撮四呼的主要元音原来应该都是相同的［a］（从 an 组儿化韵的主要元音相同可以看出来），目前的不同是语音演变的结果。比如：

```
an [an]    ian [iɛn]    uan [uan]    üan [yuan]
 ↓           ↓            ↓             ↓
ar [ɐr]    iar [iɐr]    uar [uɐr]    üar [yuɐr]
```

基本韵母可能原来是[an][ian][uan][yuan]，主要元音相同。后来齐齿韵[ian]因为发音部位偏前的介音[i]和前鼻音韵尾[n]的共同影响，主要元音的舌位升高，变成了[iɛn]。撮口韵[yuan]也有前鼻音韵尾[n]，介音[yu]中的[y]也是前元音，本来也应该能产生类似的共同影响使主要元音的舌位升高，但因为[y]后面有后元音[u]的阻隔，没有能变成[yuɛn]，而是维持了原有的读音[yuan]。而儿化时由于卷舌韵尾顶替了前鼻音韵尾，齐齿呼介音不能和卷舌韵尾共同影响主要元音的舌位，所以尽管儿化韵四呼不同，主要元音却一致是[ɐ]。这反过来也说明儿化韵生成时基本韵母开齐合撮四呼的主要元音都是相同的[a]。(不过目前也能听到有人把儿化韵的撮口韵念成[yɛr]，甚至齐齿韵也念成[iɛr]。但这种主要元音是[ɛ]的儿化韵只是具有个人特点的并非语言自然演变的结果，不在北京音系的范围之内，显然也应该不在语音规范之内。)

而北京话的[yɛn]一读看来正常，却是不易理解的。[yɛn]按音理不可能是[yuan]演变的结果。因为[y]后面的[u]并没有失落的理由，[yuan]的主要元音[a]([æ])的读音也至今未变。而且如果认为[yɛn]是[yuan]演变的结果，那么作为演变中的新陈代谢的现象，两个韵母就不可能同时存在，[yɛn]一读出现时，[yuan]应该就消失了。而实际情况并非如此。所以威氏所记的第二种读音 üen 不像是北京话原有的，它的出现大概跟外方言的影响有关。外方言撮口韵如果介音是单元音的[y]而不是北京话的双元音[yu]，韵母[yan]就会像齐齿韵[ian]变成[iɛn]一样，也变成[yɛn]。这种主要元音舌位比北京话要高的撮口韵在官话方言中极为常见。北京作为首都长期以来一直是外来人口集中的地方。通过人员的往来，外方言的读音[yɛn]可能进入北京话，与北京话原有的[yuan]并存，按威氏所记，最初主要出现在摩擦音[ɕ]声母之后。*

---

　　* 就目前的了解，19世纪外国人有关北京话的著作，有以口语音为基础的，如威妥玛(T. F. Wade)的作品和富善(C. Goodrich)《华英袖珍词典》(1916)、《官话萃珍》(1916)等；有侧重于读书音的，如伦敦大英圣书会《官话新约全书》(1888)，卫三畏(S. W. Williams)《汉英韵府》(1874)等；有二者兼收的，如艾约瑟(J. Edkin)《官话课本》(1869)。后几种著作中读书音的韵母即为 üen 而不是 üan。由于北京话在当时还没有成为官话唯一的标准音，南方官话(如南京话)在构成北京官话读书音这方面有很大的影响。据何美龄(K. Hemelino)《南京官话》(1902)所记，南京话"远""喧"等字的韵母就是 üen [yɛn]，与 ien 相对。这也说明，目前北京话 üan 韵母的[yɛn]一直是外来的，起初还具有书面语的性质。(2008年1月依黄灵燕博士论文《清代官话罗马字著作音系研究》记)

威氏所记主要元音和开合口韵母相同的 üan 韵母,后来用于国际邮政电讯通用的威妥玛式拼音,an 组韵母就写作 an、iên、uan、üan。撮口韵取 üan 不取 üen,说明二者在威氏心目中的主次,而这应该是语言事实的反映。我国学者根据语言实际的标音也很相似,比如赵元任标作 [an iɛn uan yan],李荣标作 [an iɛn uan yan(或 yæn)]。

上述情况说明,北京话 üan 韵母实际上存在 [yuan][yɛn] 两种很不相同的读音,其中 [yuan] 是北京话原有的,主要的,[yɛn] 是外来的,次要的。就北京音系来看,[yuan] 显然比 [yɛn] 更具有代表性。但奇怪的是,近年来读音 [yuan] 很少见于语音媒体,学术著作也多不接触,推普材料更是从不提及,在这些方面更多听到见到的倒是 [yɛn]。这也许是因为目前北京的外来人口越来越多,不了解北京话原有读音 [yuan] 的人有所增加,而且就外地人来说,念 [yɛn] 可能比念介音特别的 [yuan] 要容易些。但尽管如此,[yuan] 极少见于正式场合的情况还是显得突然,不像是语言的自然淘汰,而似乎是一种引导或规范的结果。不过 [yuan] 一读目前实际上仍然见于北京话,作为地道的北京话的韵母,仍然是北京人口头主要的读音,因此也只有 [yuan] 才能体现作为普通话语音标准的北京音系的完整性。因此,[yuan] 不言而喻应当被承认属于普通话语音标准的范围,不被排除在外。[yuan] 应当得到即使不超过 [yɛn] 也与之相同的普遍使用。如果今后的语音规范要求 üan 韵母最终只有一个读音,而且可以在现有的两个读音中任取其一,那也应当让人们全面了解语言的实际情况,使 [yuan] 韵母有机会与 [yɛn] 韵母在使用中自由竞争,供人们选择。只有在这样的基础上,引导或规范才是合理的。

5. 上声的调值

《普通话水平测试大纲》提到:"声调调型、调势基本正确,但调值明显偏低或偏高"是一种语音缺陷。北京话上声调的调值可能会与此处理有关。

北京话的上声是一个降升调,调值标作 214。但目前北京人念上声时降后上扬的幅度一般都不足,与 214 有不小差别。

降升调可以分解成前后两个部分:下降部分和上扬部分。汉语不同方言念降升调的字音,重心有的在前面的下降部分,有的在后面的上扬部分。比如成都话去声调 213 的重心是在后面的上扬部分,如"担担儿面"[tan^{213} $tər^{213}_{44}$ (-an) $miɛn^{213}$] 中的"担"和"面"。这一降升调重心在后,前面较轻较短的下降部分经常就不念出来,所以有的著作把这个调的调值标写成升调 13。北京话上声调的重心则是在前面的下降部分,后面较轻的上扬部分不很稳定,常常升不到应有的高度,大多念成了 213,甚至 212。

长期以来北京话上声的调值都标作 214，说明过去上扬部分能达到 4 这一高度。北京话的轻声可以证明这一点。北京话轻声的音高反映前字声调高低变化的走向。上声在轻声前虽然失去了上扬部分，只留下重心所在的下降部分，但原来上扬的高度却由轻声音节的音高体现了出来，比如"我的"[wo$_{21}^{214}$ tə^4]，轻声的高度就是 4。这样看来，北京话上声调值的 214 应该是稍早时的情况，目前的上扬不足实际上是语音变化的结果，而不是个人发音缺陷的问题。这一情况应该能和规范协调起来。在普通话水平测试中，不以上声字上扬不足、"调值明显偏低"为语音缺陷，应该是合理的。

三

以上笔者提出了几个北京话声韵调音值的问题。问题已考虑多时，在纪念推普工作 50 周年的今天提出来，希望能引起人们对作为普通话标准音的北京语音更多的关注。提出问题是解决问题的前提。人们在了解语言事实本身存在分歧这一实际情况之后，也就会了解目前普通话的语音标准还不是完整严密的。而一个完整严密的语音标准，需要通过调查，通过讨论，确定对各种语言事实是接受还是排除的不同处理，统一思想以后，才能制订出来的。从这个意义上说，希望提出上述问题能对制订一个这样的标准起一点推动作用，使存在已久的问题有可能得到解决。

参考文献

董少文：《语音常识》（改订版），文化教育出版社，1959。
国家语言文字工作委员会普通话培训测试中心：《普通话水平测试实施纲要》（繁体字版），商务印书馆，2004。
李　荣：《汉语方言调查手册》，科学出版社，1960。
刘　芳：《北京话 sh(/ʂ/)声母的频谱变异研究》，2001。（未刊）
沈　炯：《北京话合口呼零声母的语音分歧》，《中国语文》1987.5。
王福堂：《üan 韵母中主要元音的音值》，《语文建设》1995.1。
现代汉语规范问题学术会议秘书处：《现代汉语规范问题学术会议文件汇编》，科学出版社，1956。
赵元任：《现代吴语的研究》，清华学校研究院，1928；科学出版社，1956。

（原载《语言学论丛》35 辑，商务印书馆，2007 年）

北京话儿化韵的产生过程

一

北京话中的儿化韵是由基本韵母和词尾"儿"合音生成的。基本韵母共 17 组 40 个,除个别韵母外,可以生成 11 组 26 个儿化韵。基本韵母和生成的儿化韵对应如下:

a ia ua, ai uai, an ian uan yan → ɐr iɐr uɐr yɐr

ɤ → ɤr

o uo → or uor

ie ye → ier yer

ɿ ʅ i y , ei uei, ən in uən yn → ər iər uər yər

u → ur

au iau → aur iaur

ou iou → our iour

aŋ iaŋ uaŋ → ãr iãr uãr

əŋ iŋ uəŋ → ə̃r iə̃r uə̃r

iuŋ uŋ → iũr ũr

这整套的儿化韵是什么时候产生的,学界现有看法的着眼点不尽相同。如林焘《北京话儿化韵个人读音差异问题》认为,"北京话儿化韵儿化作用的完成,很有可能只是近一百多年的事"。李思敬《汉语"儿"[ɚ]音史研究》认为,儿化韵是"从元末明初到嘉靖这一百五十余年之间产生的"。李思敬所说的"产生"和林焘所说的"完成",是分别指一个过程的开始和结束,属于不同的时段。二者之间,则是儿化韵产生过程的全程。

林焘认为,北京话至今还有一些老年人的口音有自成音节的词尾"儿",没有儿化,如"灯儿"读成 $_\subset$təŋ ər·,"歌儿"读成 $_\subset$kɣər·,因此儿化韵的完成时间可能不会很早。词尾"儿"类似的语言记录也见于其他一些著作,大多是 -u、-ŋ 尾韵母和 u 韵母的字。如俞敏《驻防旗人和方言的儿化韵》所记圆明园旗人口音"桃儿"$_\subset$tʰau ər·,"猴儿"$_\subset$xou ər·,其中"儿"尾也自成音节。上述李文也记有北京南郊高里庄口音"样儿"iārˀ～iaŋˀ ər·,"(洋取)灯儿"$_\subset$tər～$_\subset$təŋ er·,"(小)猪儿"$_\subset$tʂur～$_\subset$tʂu ər·,"叔儿"$_\subset$ʂur～$_\subset$ʂu ər·,其中"儿"尾自成音节和儿化两可。林焘的推测得到语言事实的支持。

  李思敬是根据文献中明代歌谣小说等多种材料来推测儿化韵的产生时间的。如成化年间(1465—1487 年)金台(今河北保定)鲁氏所刻四种民间俗曲中的《题西厢记咏十二月赛驻云飞》,已经有"叶儿"、"芽儿"、"捉对儿"、"金盏儿"、"金鱼儿"等词语,其中的"儿"有时并不写出来。李思敬从语音上着眼,认为它们既然可以省略不写,可见已经"不是一个独立的音节",而"是儿化音(按即儿化韵)符号"了。不过这一现象似乎也可以从语法的角度去理解:"儿"尾如果虚化到一定程度,不管是自成音节还是已经合音,应该都有可能省略不写。目前河北某些方言如满城话的民歌里就存在这种情况。比如儿歌《小板凳》*:"小板凳,两条腿,我给奶奶嗑瓜子。……"其中"凳"、"腿"、"子"后面都附有"儿",但都没有写出来,而且"凳"后的"儿"($^\subset$tʰəŋ$_\subset$ŋər·)自成音节,"腿儿"($^\subset$tʰər)、"子儿"($^\subset$tsər)都是儿化韵。可见"儿"不写出来并不说明一定就已经是儿化韵,也就是说,儿化韵在当时并不一定已经产生。

  又如弘治、正德年间(1488—1521 年)成书的《西游记》,也已经有"子儿"、"个儿"、"躲一躲儿"、"耍耍儿"之类的词语。这类词语数量不多,"儿"尾也同样有和上述民间歌谣不一定已经儿化的问题。而且从作者吴承恩的籍贯和经历看,小说使用的大概是苏北地区的官话,还受到吴方言的影响。成书于隆庆、万历年间(1567—1619 年)的《金瓶梅》有了大量的儿化词语,而且其中"挂枝儿"的"枝"写作"真","打张鸡儿"的"鸡"写作"惊",说明"枝儿"和"真儿"同音,"鸡儿"和"惊儿"同音;"天不着风儿晴不的,人不着说儿成不的",说明腰韵位置上"风"和"说"儿化后押韵。李思敬认为,如果不是当时口语中已经普遍使用儿化韵,这种同音和押韵的情况是不可能出现的,因此儿化韵在那时应该已经完全成熟。当然,不同音的字成了同音,说明的确已经儿化了。不过这些现象之中,只有"枝儿"和"真儿"同音跟目前北京地区儿化韵的情况相符,"风儿"和"说儿"押韵只见于个别郊县(如平谷),"鸡儿"和"惊儿"同音则不

---

* 本文所引满城、定兴歌谣及其标音,除摘自《定兴方言》外,均系陈淑静先生提供。

见于北京地区各地。而且小说作者自署兰陵(今山东峄县)人,小说的语言中有大量的山东方言(上述儿化韵现象和目前山东某些地区如聊城、寿光方言的情况就都相符),显然和北京地区的方言存在距离。

由此看来,李文所引俗曲还难以证明当时儿化韵确实已经产生,所引小说材料则不能反映北京地区方言的总体情况。北京话儿化韵开始产生的时间和产生过程中的具体情况还需要根据其他材料来确定。

二

目前所知,最早有关北京话儿化韵的材料是民间流传的韵书"十三辙"。相传这是明清以来官话区地方戏曲曲艺押韵的十三个韵部。这一系列的韵书在不同地区分部的多少和次序并不完全相同。北京地区的"十三辙"有目无书。各辙的名称和次序如下:

  1. 中东   2. 江阳   3. 一七   4. 灰堆   5. 油求   6. 梭坡   7. 人辰

  8. 言前   9. 发花   10. 乜斜   11. 怀来   12. 姑苏   13. 遥条

十三辙以外还附有小人辰儿和小言前儿两个小辙。小辙就是儿化韵的韵组。

"十三辙"的分部甚至和目前北京话韵母各组也明显对应:

辙			
一七	ŋ̍	i	y
姑苏		u	
发花	a	ia	ua
乜斜		ie	ye
梭坡	ɤ\o	uo	
怀来	ai	iai	uai
灰堆	ei		uei
遥条	au	iau	
油求	ou	iou	
言前	an	ian	uan	yan
人辰	ən	in	uən	yn
江阳	aŋ	iaŋ	uaŋ
中东	əŋ	iŋ	uəŋ
		iuŋ	uŋ

看来"十三辙"的分部和当时北京话的韵母系统也基本相合。可以认为,它的方言基

础是包括北京地区的方言在内的,小人辰儿和小言前儿两个小辙应当也能反映当时北京话的情况。

最早收入儿化韵的韵书是稍后康熙甲寅年(1674年)易水(今河北易县)人赵绍箕所著的《拙庵韵悟》。从作者的籍贯看,韵书反映的是北京地区的方言。韵书的音系包括20个声母,72个韵母(分开齐合撮及 ʅ ɿ 六呼),五个声调。韵母中有两个注明取自南方方言的入声韵母,声调中有一个入声调,反映了当时音韵研究中保留入声的正统观念。韵书中还有注明是"俗"(即取自口头俗语)的"曲咽"(作者自注"卷舌,开口,曲其气于咽上",即儿化韵)两个(ər ar),配以六呼,共两组12个。这两组儿化韵和"十三辙"的小人辰儿、小言前儿相当。由此也进一步证明"十三辙"和早期北京话韵母系统的基本相合。

在"十三辙"中,能归入小人辰儿、小言前儿两个小辙的,并不是全部的辙(基本韵母)。魏建功归纳民间歌谣等押韵的情况后,在《说辙儿》一文中提出:"就我听说的,小辙儿只限于:一七、灰堆、人辰合成小人辰儿,言前、发花、怀来合成小言前儿。"张洵如在《北平音系小辙编》的序言中认为,根据押韵情况,合成小人辰儿的还应该有梭坡、乜斜二辙。李思敬则认为"这两套小辙实际上可以包括除'姑苏'、'遥条'、'尤(油)求'三辙以外的其他十套辙口",即小人辰儿中还有中东辙,小言前儿中还有江阳辙。

以上关于两个小辙包括六辙或八辙或十辙的不同判断,跟目前北京话儿化韵和基本韵母的对应情况都不完全相符。比如北京话基本韵母 ei、uei(相当于灰堆辙)生成的儿化韵由 er 组变为 ər 组(相当于小人辰儿),基本韵母 a、ia、ua(相当于发花辙)生成的儿化韵由 ar 组变为 ɐr 组(相当于小言前儿),都还只是半个多世纪以前的事;而基本韵母 ɤ、o、uo、ie、ye(相当于梭坡、乜斜辙)生成的儿化韵 ɤr、or、er 等组至今也还没有并入 ər 组,基本韵母 aŋ、əŋ 等组生成的儿化韵 ãr、ə̃r 等组也仍然保持为鼻化韵,没有并入 ɐr、ər 等组。因此,有可能是魏、张、李所根据的并不是严格意义上的北京话的语料,也有可能是北京话本身在历史发展中曾经有过某种非直线的变化(如学界一般认为的清人入关以后的情况)。不过,不管两个小辙和目前北京话儿化韵的对应情况如何,上述两种韵书都只有两组儿化韵,说明北京话儿化韵产生的时间应该是在出现"十三辙"的明末清初,比李思敬认为的要晚。

三

据上所述,早期北京话的儿化韵只有两组。这就有了一个问题:为什么"十三辙"

只有小人辰儿和小言前儿两个小辙？或者说，早期北京话的儿化韵为什么只有这两组，而没有其他？是否如李思敬所认为的，北京话早已存在众多儿化韵，但在当时合并成了两组？

张洵如在《北平音系小辙编》的序言中提出一个解释。他说："按小辙儿之仅有两道者，大概是因为'小言前儿'可包括'言前'、'发花'、'怀来'三辙，'小人辰儿'可包括'人辰'、'梭坡'、'乜斜'、'灰堆'、'一七'五辙，有此二辙（按，应为小辙），在通俗韵文里尽够应用。"张洵如没有考虑儿化韵的生成或合并，只是从押韵的角度看问题。不过即使按照他的说法，两个小辙也应该只够八辙应用，为什么另外还有五辙就不需要儿化韵了呢？魏建功在《说辙儿》中认为："原来十三道辙儿辙辙都可以附儿，而它的音却分不出十三个来，因为语音的自然变化，就归纳成'小人辰儿'、'小言前儿'两道小辙儿。""辙辙都可以附儿"，是说十三辙每一辙都有儿化韵。所谓"归纳"，是说附儿的十三辙因"语音自然变化"合并成了两个小辙。李思敬则仍然从语音上着眼加以解释。他根据目前"最老最土"的北京话的情况，认为两个小辙之所以能够包括十辙，原因在于"最大限度使用了拼合法"，即十辙中基本韵母主要元音是 ə（及舌位更高的元音）的和"儿"尾拼合成 əɻ，即小人辰儿，主要元音是 a 的和"儿"尾拼合成 aɻ，即小言前儿。李思敬的"最大限度"的"拼合"和魏建功的"归纳"实际上意思相同，都是指的合并。当然，他既然主张北京话儿化韵早在元末明初到嘉靖之间就已经产生，十辙合并为两个小辙的设想也就是可能的了。不过他根据的语言事实还需要斟酌，因为即使是目前"最老最土"的北京话，恐怕也不能认为是可以完全反映早期"十三辙"中小辙的情况的。

以上魏、李所说实际上都认为两个小辙是早先众多儿化韵合并的结果。这就又有了一个问题：从明清间"十三辙"的两个小辙到目前北京话的 11 组儿化韵，三百年来儿化韵数量由少转多，是不是分化的结果？而且早先合并了以后再分化，音理上又应当如何说明？

笔者以为，目前邻近北京的河北中部的一些方言可以帮助我们推测北京话儿化韵早期的情况和后来的发展，否定李思敬合而再分的说法。

先以满城话为例。满城话的韵母系统和北京话基本相同。基本韵母和"儿"尾生成儿化韵与否的情况如下：

（1）韵尾为 -u、-ŋ 的韵母不和"儿"尾合音，"儿"尾仍然自成音节。如：

    au iau ＋"儿"→ au iau ＋ uər

    ou iou ＋"儿"→ ou iou ＋ uər

aŋ iaŋ uaŋ ＋"儿"→ aŋ iaŋ uaŋ ＋ ŋər

əŋ iŋ uŋ yŋ ＋"儿"→ əŋ iŋ uŋ yŋ ＋ ŋər

（2）韵母 u 可以和"儿"尾合音，生成乙类儿化韵，也可以不合音，"儿"尾自成音节。如：

u ＋"儿"→ uər ∼ u ＋ uər

（3）其他韵母都和"儿"尾合音生成儿化韵。但分两种情况：

甲、韵母主要元音为低元音 a、高元音 ɿ ʅ i y 和中元音 e ə 的，生成甲类儿化韵：

a ia ua，ai uai，an ian uan yan ＋"儿"→ ɐɹ iɐɹ uɐɹ yɐɹ

ɿ ʅ i y ,ei uei, ən in uən yn ＋"儿"→ ər iər uər yər

乙、韵母主要元音为中元音 o ɤ ɛ 的，生成乙类儿化韵：

ɤ＋"儿"→ ɤər

o uo ＋"儿"→ oər uoər

iɛ yɛ ＋"儿"→ iɛər yɛər

甲乙两类儿化韵的区别在于：甲类儿化韵原来的"儿"尾变成一个卷舌成分，成为儿化韵中的韵尾，基本韵母大多发生音变，情况和北京话的儿化韵相同；乙类儿化韵的"儿"尾和基本韵母都不变，两个主要元音并存于一个音节之中，这种儿化韵可以说还不是完全意义上的韵母。（不过基本韵母中的主要元音如果是可以充当介音的高元音，则生成的乙类儿化韵可以和某个甲类儿化韵相同，如 uər。）

这一情况表明，满城话各组儿化韵的生成有先有后，并不同步。生成最早的是(3)甲类一般的儿化韵，然后是(3)乙类不完全意义上的儿化韵，再后是(2)类，合音和不合音两可，最晚的是(1)类，还没有合音。

再以定兴话为例。定兴话的韵母系统和北京话也基本相同。它的 -i、-n、-u、-ŋ 尾韵母和"儿"尾生成儿化韵与否的情况和满城话完全相同，其他韵母和"儿"尾则有如下的情况：

（1）a、ia、ua 生成甲类儿化韵；

（2）ɿ、ʅ、i、y 可以生成甲类儿化韵，也可以不合音，"儿"尾仍然自成音节；

（3）o、uo、iɛ、yɛ 生成乙类儿化韵；

（4）u、ɤ 可以生成乙类儿化韵，也可以不合音，"儿"尾仍然自成音节。

定兴话儿化韵不同于满城话儿化韵的地方主要在于：高元音 ɿ、ʅ、i、y 和中元音 ɤ 并不一定生成儿化韵，而是生成与否两可。因此两个方言儿化韵的情况大致相同。

和满城话、定兴话相比，目前北京话的基本韵母都已经生成了儿化韵。但 -u、-ŋ

尾韵母和"儿"尾虽然已经合音，合音后仍然保留了原韵尾（其中 -ŋ 韵尾转化成了前面元音的鼻化成分），位于卷舌韵尾之前。这和满城话、定兴话 -u、-ŋ 尾韵的不和"儿"尾合音看起来不同，但在保留原韵尾这一点上是一致的。（前述北京话个别人口音中 -u、-ŋ 尾韵母和 u 韵母后的"儿"尾仍然可以自成音节，则和满城话、定兴话情况完全相同。）这说明，不同步现象在北京话中也同样存在，只不过表现的程度不一样。

赵元任曾在《汉语口语语法》中就北京话儿化韵的上述现象提出过一个有说服力的解释。他说，儿化引起的"这种变化所遵循的总原则，我叫它'可共存发音的同时性'，即如果词根语素的韵母跟卷舌韵尾不是不能共存，那么其发音倾向是凑在一起。例如 ar …… 元音跟卷舌音大部分时间是同时的。ur 也如此，因为，发元音 u 时舌根抬起，圆唇，但没有规定舌尖的位置，它可以同时处于卷舌状态。发 i 和 y 这两个元音，舌头是平的，跟卷舌音不能共存，因此必须加进一个卷舌的中元音：'鸡儿' tɕi ＋ ɚ → tɕiɚ，韵母 in 也不能同时卷舌，因此干脆把 -n 丢掉，'今儿' tɕin ＋ɚ → tɕiɚ，跟'鸡儿'同音了。遇到后鼻音韵尾 -ŋ 就采取一个妥协的办法，把前面的元音既鼻化，又卷舌：'声儿'ʂəŋ＋ɚ→ʂə̃ɚ。"赵元任提出的原则也适用于满城话和定兴话。按照他的分析，韵尾不能和"儿"尾共存的基本韵母倾向于合音，韵尾能和"儿"尾共存的韵母倾向于保留原韵尾，因此这些方言中的 -i、-n 尾韵母最容易和"儿"尾合音生成儿化韵，-u、-ŋ 尾韵母最不容易和"儿"尾合音生成儿化韵，没有韵尾的单元音韵母生成儿化韵的难易程度则处在二者之间。不过不同方言中的这些舌位高低前后不同的单元音韵母还可以有不完全相同的情况。比如除满城话和定兴话有上述不同外，还有定县（东亭）话韵母 a、ia、ua 生成乙类或甲类儿化韵，其他韵母生成乙类儿化韵，老派保定话都生成乙类儿化韵，等等。

根据以上满城话、定兴话和北京话儿化韵生成情况的比较，可以推想，目前满城话、定兴话儿化韵的情况，就是早期北京话儿化韵的情况；满城话、定兴话各组儿化韵按某种顺序先后生成的情况，也曾经发生在早期的北京话里。就对应看，满城话、定兴话中由 -i、-n 尾等基本韵母最先生成的 ɚ、ɚ 两组甲类儿化韵正好就是"十三辙"中包括人辰、一七、灰堆和言前、发花、怀来等六辙的小人辰儿和小言前儿，生成乙类儿化韵的中元音 o、ɣ、ɛ 等基本韵母就是也有一部分字归入小人辰儿的梭坡、乜斜二辙，不能生成儿化韵的 -u、-ŋ 尾韵母和生成乙类儿化韵与否两可的 u 韵母就是不能归入小人辰儿、小言前儿的中东、江阳、油求、姑苏、遥条五辙。这样，"十三辙"中只有小人辰儿 和小言前儿两个小辙而没有其他，原因就很清楚，那就是儿化韵产生过程中的不同步现象。可以这样认为，明清间"十三辙"中只有小人辰儿、小言前儿两个小辙,是因为当时儿化韵刚开始产生,这两个小辙是最先生成的儿化韵,它们不是早先儿化韵合并的结果。而梭坡、乜斜二辙的一部分字也能儿化,从而押入小人辰儿,但其他各辙则要在"十三辙"成书之后才陆续生成儿化韵,"十三辙"中自然不可能提到它们。由此看来,北京话目前众多儿化韵并不是"十三辙"两个小辙分化所致,而是不包括在两个小辙之中的其他各辙后来陆续生成儿化韵加入进来的结果。

四

　　早期的北京话只有小人辰儿和小言前儿两个小辙。在这种情况下,民间歌谣中的儿尾词又是怎样押韵的呢?了解押韵情况很有必要。因为押韵的方式取决于儿化韵的生成情况,反过来又可以说明这一情况。魏建功是认为十三辙都已经生成儿化韵的。他说,民间曲艺中,"大约唱曲儿的合小辙儿,只要加儿在各辙之后读音相和的就可以一处押韵"。就是说,小辙虽然只有两个,但只要"相和",所有各辙的儿化韵都可以押入。下面以魏注(1)《小五儿》、(2)《小二哥》、(3)《香香蒿儿》等歌谣的韵脚为例:

(1) 小五儿,小六儿,
　　鼻涕疙瘩炒豆儿。(小人辰儿)
　　你一碗儿,我一碗儿,
　　急得秃子白瞪眼儿。(小言前儿)

(2) ……
　　窗户没蹬儿,
　　打的老婆照镜儿。
　　镜儿没底儿,
　　打的老婆唱曲儿。
　　曲儿没头儿,
　　打的老婆耍猴儿。(小人辰儿)
　　耍猴没圈儿,
　　打的老婆蹽天儿。(小言前儿)

(3) 香——香蒿儿,
　　辣辣——辣辣罐儿,
　　苦麻儿,

　　　　莴苣菜儿。(小言前儿)

魏建功认为,第一首中的"五"(苏姑辙)、"六"、"豆"(油求辙)和第二首中的"蹬"、"镜"(中东辙)、"头"、"猴"(油求辙)儿化后押入小人辰儿,第三首中的"蒿"(遥条辙)儿化后押入小言前儿。可是这样的押韵在北京话里实在很难"相和"。看来实际情况大概不会是这样的。

　　那么早期北京话中的儿尾词究竟怎样押韵才是符合实际情况的呢?笔者以为,既然儿化韵产生前所有儿尾词都按"儿"尾前一音节的基本韵母押韵,那么,一旦方言中因为不同步现象而先生成一部分儿化韵,这些儿化韵就会彼此相押,而还没有合音的那部分儿尾词也会仍然按原来的方法押韵,不会像魏建功所说的那样押入小人辰儿和小言前儿。目前满城话、定兴话歌谣里押韵的情况就是这样的。

　　比如定兴话歌谣中还没有合音生成儿化韵的儿尾词,仍然按"儿"尾前面的基本韵母押韵。如谜语《凌锥》:

　　　　铜钟儿($_{\subset}$tʂuŋ ŋər·),银系儿(ɕi$^{⊃}$ iər·),
　　　　刮风儿($_{\subset}$fəŋ ŋər·),落地儿(ti$^{⊃}$ iər·)。

其中"儿"尾都自成音节,一、三两句中的"钟"、"风"(中东辙)相押,二、四两句中的"系"、"地"(一七辙)相押。

　　如果同一首歌谣中兼有儿化韵和自成音节的"儿"尾,二者就分别押韵。如儿歌《大公鸡》:

　　　　大公鸡,□儿□儿□儿($_{\subset}$kər),
　　　　吃什么?吃葱心儿($_{\subset}$ɕiər)。
　　　　……
　　　　芥末打鼻儿($_{\subset}$pi iər·),
　　　　吃虾米小鱼儿($_{\subset}$y yər·)。

其中二、四两句中的儿化韵"□儿"、"心儿"(小人辰儿)相押,最后两句中的"儿"尾自成音节,"鼻"、"鱼"(一七辙)相押。

　　但似乎也有魏建功所说各辙的字儿化后都押入两个小辙的例外情况。如谜语《挂金灯》:

　　　　红骨朵儿,绿壳儿(tɕʰiau$^{⊃}$ uər·),
　　　　里头住着个胖小子儿($^{⊂}$tsər)。

满城话也有类似的例子,如《赞颂喜歌》:

　　　　新郎好比花椒枝儿($_{\subset}$tʂər),

新娘好比凤鸟儿（‵niau uər·），
　　凤鸟儿落在树枝上，
　　串了东枝儿串西枝儿（‵tʂər）。
　　低枝儿跳到高枝儿上，
　　跳得心里乐滋儿滋儿（‵tsər）。
　　一嘴锛了个花椒籽儿，
　　从头上麻到脚后跟儿（‵kər）。

两首歌谣第二句中"壳"、"鸟"（遥条辙）和后附的"儿"尾似乎和"子儿"、"枝儿"、"滋儿"、"根儿"（小人辰儿）押韵。不过这只是文字造成的错觉。从实际读音来看，"壳"、"鸟"后面的"儿"尾是自成音节的，没有儿化，因此和魏建功所认为的儿化韵押入小人辰儿的情况不是一回事。而且这两首歌谣里"壳儿"、"鸟儿"中的"壳"、"鸟"并没有参与押韵。因为"壳"、"鸟"后面的"儿"尾不但自成音节，而且在韵律上占有一个音步，本身就是韵脚。所以和"子儿"、"枝儿"等押韵的实际上不是"壳儿"、"鸟儿"，而是"壳儿"、"鸟儿"中的"儿"尾。"儿"（ɚ 或 ər）作为基本韵母和小人辰儿同音，相押自然"相和"，所以其实不是例外。

　　以上民间歌谣中自成音节的儿尾词和儿化韵分别押韵，保持了音韵上的"相和"。看来"相和"并不一定需要像魏建功所说的那样"加儿在各辙之后……一处押韵"，即并不一定都要押入儿化韵。据此推测，早期北京话中东、江阳、油求、姑苏、遥条等辙在还没有生成儿化韵的时候，和已经成为儿化韵的小辙也可以是这样分别押韵的。这反过来也说明，当时十三辙中没有归入小人辰儿和小言前儿的各辙，即使和两个小辙同在一首歌谣之中，也可以是没有儿化的。也就是说，在当时民间歌谣的押韵上，也可以反映儿化韵的没有同步完成。

五

　　综上所述，可以对北京话儿化韵产生的过程做一个小结。北京话的儿化韵是在明清之际开始产生的。儿化韵各组的生成并不同步。早期北京话中最先生成的是"十三辙"所附小人辰儿和小言前儿两个小辙（也就是稍后《拙庵韵悟》中的两组"曲咽"）。小人辰儿中还有一些来自梭坡、乜斜辙的字，表明当时这些辙在北京地区的方言中也有一部分字能生成儿化韵。中东、江阳、油求、姑苏、遥条等辙则没有生成儿化韵的迹象。目前北京话的整套儿化韵并不是"十三辙"中两个小辙分化所致，而是没有归入两个小辙的各辙后来陆续生成儿化韵加入进来的结果。目前北京话虽然已经有了整套的儿化韵,但个别人口语中 -u、-ŋ 尾韵母和 u 韵母(相当于中东、江阳、油求、姑苏、遥条等辙)后还可以有自成音节的"儿"尾,说明儿化韵的全部完成可能还是不久以前的事。估计北京话儿化韵从开始产生到最终完成的整个过程,大约是从明末到清末,持续了三百年左右。

参考文献

陈淑静:《河北满城方言的特点》,《方言》1988.2。
　　《保定音系》,载陈章太、李行健主编《普通话基础方言基本词汇集》,语文出版社,1996。
　　《平谷方言研究》,河北大学出版社,1998。
陈淑静、许建中:《定兴方言》,方志出版社,1998。
李思敬:《汉语"儿"[ɚ]音史研究》(增订版),商务印书馆,1994。
林焘:《北京话儿化韵个人读音差异问题》,《语文研究》,1982.2;又载《林焘语言学论文集》,商务印书馆,2001。
王福堂:《汉语方言语音的演变和层次》,语文出版社,1999。
魏建功(文狸):《说辙儿》,载《国语周刊》1933.103—104;又载《魏建功文集》(3),江苏教育出版社,2001。
张鹤泉:《聊城方言志》,语文出版社,1995。
张树铮:《寿光方言志》,语文出版社,1995。
张洵如:《北平音系十三辙》,中国大辞典编纂处,1937。
　　《北平音系小辙编》,开明书店,1949。
赵元任:《汉语口语语法》(吕叔湘译),商务印书馆,1979。

(原载《语言学论丛》第 26 辑,商务印书馆,2002 年)

杭州方言上声字中声母 v、z 的音变

一

杭州方言声母中有一整套浊辅音：b、d、g、dz、dʑ、v、z、ʑ、ɦ。如"步"bu˨，"独"doʔ˨，"共"goŋ˨，"潮"˨dzɔ，"桥"˨dʑiɔ，"份"vən˨，"热"zyʌʔ˨，"旋"zii˨，"杭"˨ɦaŋ。这也是吴方言的共同特点。但引人注意的是，杭州方言上声字的声母中还有ʋ、ɹ（不卷舌）两个辅音，与浊辅音 v、z 的音值相近而不相同。如"晚"˧ʋɛ̃ 和"饭"vɛ̃˨，"忍"˧ɹən 和"人"˧nən。这两个辅音在赵元任《现代吴语的研究》和以后许多著作中都没有提到。近年出版的《当代吴语研究》（钱乃荣）记录了这两个辅音，认为它们都是独立的声母，与 v、z 对立。

但据观察，ʋ 和 v、ɹ 和 z 并不是相互独立的声母，因为它们不在同一声调中出现。例如：

    凡 ˨vɛ̃ 晚 ˧ʋɛ̃ 饭 vɛ̃˨ 伐 vaʔ˨

    人 ˨zən 忍 ˧ɹən 认 zən˨ 十 zəʔ˨

ʋ、ɹ 只出现在上声调，v、z 只出现在阳平、阳去、阳入调。而且在连读变调时还存在 ʋ、ɹ 转化为 v、z 的现象，以致同一个字在连读中声母变得不同，例如：

    傍晚 baŋ$_{21}^{212}$ ʋɛ̃$_{55}^{52}$ ≠ 早晚 tsɔ$_{55}^{52}$ vɛ̃$_{21}^{52}$（←ʋ-）

    忍耐 ɹən$_{55}^{52}$ nɛ$_{21}^{23}$ ≠ 坚忍 tɕii$_{32}^{323}$ zən$_{34}^{52}$（←ɹ-）

或是声母不同的字在连读中声母变得相同。例如：

    早晚 tsɔ$_{55}^{52}$ vɛ̃$_{21}^{52}$（←ʋ-） = 早饭 tsɔ$_{55}^{52}$ vɛ̃$_{21}^{23}$

    坚忍 tɕii$_{32}^{323}$ zən$_{34}^{52}$（←ɹ-） = 奸人 tɕii$_{32}^{323}$ zən$_{34}^{212}$

连读中，阳平、阳去、阳入调字中的 v、z 声母音值始终不变，而"晚"、"忍"等上声字中的 ʋ、ɹ 声母只出现在 52 调（与单字调上声相同）和 55 调两个高变调中，在 34 和 21 较低的变调中都变为 v、z，与"饭"、"人"等字的声母没有差别。可见 ʋ 和 v、ɹ 和 z 属于同一音位，不相独立。ʋ、ɹ 只出现在某些声调前，作为音位变体，宽式标音应该写

作 v、z。

二

杭州方言声母 v、z 在上声中音值为 ʋ、ɹ 是一种音变。这一现象很不寻常,原因值得探究。由于这一音变是以声调为条件的,因此要从声母和声调的配合关系中去寻找原因。为此先要了解吴方言声母声调配合的一般规律以及杭州方言在这方面的表现。

吴方言声母声调配合的一般情况是,声调分阴阳两类,清辅音 p、pʰ、t、tʰ、k、kʰ、ts、tsʰ、tɕ、tɕʰ、f、s、ɕ、h 等(以下统称清阻塞音)声母字与阴调配合,边鼻音 m、n、ɲ、ŋ、l、半元音 j 等(以下统称响音)声母字和浊辅音 b、d、g、dz、dʑ、v、z、ʑ、ɦ 等(以下统称浊阻塞音)声母字与阳调配合,很有规律。极个别边鼻音声母字出现在阴调(如绍兴方言"拎"ᶜliŋ,"扭"ᶜniɤ),零星不成规律,可以不论。但不少方言中响音声母字出现在阴调(上声)具有规律性(如苏州方言"猛ₓ"ᶜmən),反映了吴方言一种新出现的声母声调配合规律。

杭州方言的情况是,清阻塞音声母字与阴平、阴去、阴入、上声(就性质说应该是阴上)配合,符合吴方言的一般规律。响音声母字与阳平、阳去、阳入、上声配合,也就是响音声母可以有规律地出现在阴调(上声),反映了上述吴方言中新的配合规律。浊阻塞音声母字与阳平、阳去、阳入配合,其中 v、z 声母字还可以与上声配合,使浊阻塞音也出现在阴调,则完全突破了吴方言声母声调配合的一般格局。

声母 v、z 出现在阴调本来会造成音感上的不协调。但当地人对这并不敏感。因为声母 v、z 在上声调和具有阴调性质的高变调中实际音值不是浊擦音而是变为无擦通音 ʋ、ɹ("晚","忍")。ʋ、ɹ 和边鼻音等在音色上有共性,同属响音。可以认为,这种音变是在吴方言声母声调配合的一般规律的制约下发生的。它起一种调整作用,使阴调(上声)中的 v、z 声母"响音化",从而消除音感上的不协调,使人们可以接受它们。不过,这种调整作用是在音位以下变体一级进行的,不形成新的辅音音位。

三

浊阻塞音 v、z 声母字与阴调配合这一特殊格局,导致不协调现象的产生。但这种特殊格局又是什么原因造成的呢?这显然与杭州方言的历史演变有关。检查上述

v、z声母字的来历可以发现，从音类看，它们不像其他浊阻塞音声母那样来源于古全浊声母，而是来源于次浊的微日二母；从声调看，它们只限于次浊上声。可见特殊格局的形成，与微日母字的声母音值演变有关，也与次浊上字的调类演变有关。由于次浊声母和次浊上声是声母、声调的重要类别，因此演变过程的揭示，不但要通过吴方言区各地微日母和次浊上调当前不同情况的比较来着手，而且要放到整个声类和调类古今演变的背景中去观察。

　　吴方言声母演变的一般规律是，古清声母演变为今清阻塞音声母，古次浊声母演变为今响音声母，古全浊声母演变为今浊阻塞音声母。调类演变的一般规律是，古清声母字归入阴调，古次浊、全浊声母字归入阳调。吴方言由于声母古今对应整齐，调类的演变又以声类为条件，因此形成了古声类、今声类、今调类三者整齐对应的格局。即从历史来源看，古清声母字只与阴调配合，古次浊、全浊声母字只与阳调配合；从共时看，清阻塞音声母字只与阴调配合，响音、浊阻塞音声母字只与阳调配合：二者完全一致。只是包括杭州方言在内的不少吴方言，古次浊上字的调类分派和微日母字的声母音值演变发生了新的变化，声母与声调出现了特殊的对应。

四

　　吴方言区各地次浊上字调类分派，微日母字声母音值，以及声母声调配合的情况，大致可以分为以下五种类型，反映了不同的演变情况：

　　1.古清上字归阴上，次浊上、全浊上字归阳上，有阴阳两个上声调。微日母字声母文读为浊阻塞音，白读和其他次浊字声母为响音。如绍兴方言：（下面例字第一行为次浊的明来喻母字，第二行为次浊的微日母字，第三行为全浊的奉禅母字。下同。）

　　　　猛 ˪maŋ　　　两 ˪liaŋ　　　有 ˪ɦiɤ
　　　　晚 ˪væ文 ˪mæ白　忍 ˪zə文 ˪ȵin白
　　　　犯 ˪væ　　　　善 ˪zə

这一类方言中，上声中的古清声母字和今清阻塞音声母字都归阴调，古次浊、全浊声母字和今响音、浊阻塞音声母字都归阳调，古声母、今声母清浊与调类阴阳的对应整齐一致，是吴方言一般规律的完整体现。见下面表一上、下：

	阴平	阴去	阴入	阴上	阳上	阳平	阳去	阳入
清	+	+	+	+				
次浊					+	+	+	+
全浊					+	+	+	+

表一上

	阴平	阴去	阴入	阴上	阳上	阳平	阳去	阳入
清阻塞音	+	+	+	+				
响音					+	+	+	+
浊阻塞音					+	+	+	+

表一下

次浊微日母字("晚"、"忍")文读声母的浊阻塞音音值不是吴方言自身演变的结果,而是外来影响的产物。这一情况不仅见于绍兴方言,也见于吴方言区大部分方言。由于绍兴方言中次浊字的声调随同全浊字一起演变,这一外来音值的出现没有影响到声母清浊和调类阴阳配合的格局。

2. 古清上字归上声,次浊上、全浊上字归阳去,有一个上声调(阴上)。次浊字声母除微日母文读为浊阻塞音外,微日母白读和其他次浊字声母为响音,和绍兴方言相同。如余姚方言:

猛 maŋ² 两 liaŋ² 有 ɦiɤ²

晚 ʷuē² 忍 zeŋ²文 niŋ²白

犯 vē² 肾 zeŋ²

这一类方言发生了浊上归去的调类演变。古次浊上字和全浊上字都归阳调,今响音声母字和浊阻塞音声母字也都归阳调,没有改变吴方言声母清浊和声调阴阳配合的一般格局。见下面表二上、下:

	阴平	阴去	阴入	上声	阳平	阳去	阳入
清	+	+	+	+			
次浊					+	+	+
全浊					+	+	+

表二上

	阴平	阴去	阴入	上声	阳平	阳去	阳入
清阻塞音	+	+	+	+			
响音					+	+	+
浊阻塞音					+	+	+

表二下

这一类方言有个别次浊微日母字归入阴调(上声),声母发生变化(如"晚"声母与影母合流),但没有影响到整体格局。

3. 古次浊上字一部分文读与清上字合流,归上声,一部分文读、全部白读和全浊上字归阳去,有一个上声调(阴上)。如苏州方言:

猛 ⌐mən 文 maŋ² 白　　两 ⌐liaŋ 文 liaŋ² 白　　咬 jiæ² 文 ŋæ² 白

晚 vE² 文 mE² 白　　忍 zən² 文 ȵin² 白

犯 vE²　　肾 zən²

这一类方言发生了浊上归去和次浊上与清上合流的演变。但次浊字归入阴调(上声)只限于文读中的一小部分响音声母字("猛"、"两"),次浊文读大部分响音声母字("咬",疑母字)和全部微日母浊阻塞音声母字("晚"、"忍")以及白读仍归阳调。因此形成了古次浊母字文读声母响音可以和阴调(上声)配合的新格局。但微日母字文读浊阻塞音声母只和阳调配合,显示了吴方言原有格局的稳固性。见下面表三上、下:

		阴平	阴去	阴入	上声	阳平	阳去	阳入
清		+	+	+	+			
次浊	文				+	+	+	+
	白					+	+	+
全浊						+	+	+

表三上

	阴平	阴去	阴入	上声	阳平	阳去	阳入
清阻塞音	+	+	+	+			
响音				+	+	+	+
浊阻塞音					+	+	+

表三下

4. 古次浊上字文读和个别白读与清上字合流,归上声,次浊上字大部分白读和全浊上字归阳去,有一个上声调(阴上)。次浊微日母字声母白读为响音或浊阻塞音,个别文读为清阻塞音,其他次浊字声母为响音。如江阴方言:

猛 ⌐mɛŋ　　两 ⌐liaŋ　　有 ⌐ɣɛ

晚 ⌐uæ　　染 ⌐sø 文 ȵiŋ² 白　　乳 ⌐ɕy 文 zy² 白

犯 væ²　　肾 zəŋ²

这一类方言发生了浊上归去和次浊上与清上合流的演变。古声母、今声母与声调的配合关系与苏州方言基本相同。个别次浊微日母字文读音声母与清声母相同,如"武"ᶜfu＝"府","乳"ᶜɕy＝"许",显然是原浊阻塞音清化的结果。看来这种音变与吴方言声母声调配合的一般规律的制约有关,即除响音外只有清阻塞音可以进入上声。但浊阻塞音声母清化虽然可以达到阴调只与清声母字配合的目的,却在次浊母字声母音值的演变方面造成特殊。见下面表四上、下:

		阴平	阴去	阴入	上声	阳平	阳去	阳入
清		＋	＋	＋	＋			
次浊	文				＋	＋	＋	＋
	白					＋	＋	＋
全浊						＋	＋	＋

表四上

	阴平	阴去	阴入	上声	阳平	阳去	阳入
清阻塞音	＋	＋	＋	＋			
响音				＋	＋	＋	＋
浊阻塞音					＋	＋	＋

表四下

5. 古次浊上字与清上字合流,归上声,全浊上字归阳去,有一个上声调(阴上)。次浊微日母字声母为浊阻塞音,极个别微日母字白读和其他次浊字声母为响音。如杭州方言:

   猛 ᶜmoŋ 两 ᶜliaŋ 有 ᶜiɤ
   晚 ᶜvɛ̃ 文 ᶜmɛ̃ 白 忍 ᶜnəŋ
   犯 vɛ̃² 肾 zəŋ²

这一类方言发生了全浊上归去和次浊上与清上合流的演变。次浊上字不论文白全部进入阴调(但还有少数人把个别次浊上白读字念成阳去调的,如"舀"jio²),包括微日母今浊阻塞音v、z声母字。正是这一与其他方言不同的演变造成了杭州方言古声母、今声母与声调配合的特殊格局。见下面表五上、下:

	阴平	阴去	阴入	上声	阳平	阳去	阳入
清	+	+	+	+			
次浊				+	+	+	+
全浊					+	+	+

表五上

	阴平	阴去	阴入	上声	阳平	阳去	阳入
清阻塞音	+	+	+	+			
响音				+	+	+	+
浊阻塞音				+	+	+	+

表五下

表五上、下情况不一，原因即是古全浊声母字与今浊阻塞音声母字与声调的配合情况不一。杭州方言中，次浊上字文读响音进入阴调，与不少方言相同，表现了吴方言新的配合规律。次浊上字白读响音进入阴调，动摇了吴方言声母声调的配合格局。微日母字浊阻塞音也进入阴调，则是完全破坏了原有格局，并造成音感上的不协调。但如前文所述，这些阴调中的浊阻塞音声母字通过"响音化"消除了这一不协调。"响音化"实际上起了勾销浊阻塞音声母与上声配合的作用，使表五下变得与表五上一致，即今声母、声调的配合与古声母、声调的配合相一致。

五

从上述各地方言的情况可见：第一，吴方言调类浊上归去的演变是否发生决定了方言中上声调的数量。凡这一演变未曾发生的方言，上声有阴阳两个，如绍兴方言；发生了这一演变的方言，上声只有一个（阴上），如余姚、苏州、江阴、杭州等方言。第二，在只有一个上声调（阴上）的方言中，次浊母字与清上字合流的程度不同：或是不归上声而归阳去，如余姚方言；或是一部分文读归上声，另一部分文读和全部白读归阳去，如苏州方言；或是文读和一部分白读归上声，另一部分白读归阳去，如江阴方言；或是文读白读全部归上声，如杭州方言。第三，次浊微日母今浊阻塞音声母字是否进入上声（阴上）也不尽相同：或是全不归上声，如苏州方言；或是个别文读归上声（声母清化），如江阴方言；或是全部归上声，如杭州方言。

以上各种情况反映了官话方言的影响在吴方言区各地不同程度的存在，五种类型则体现了这种影响在吴方言中逐渐加深的过程。吴方言区各地所受的影响以杭州方言为最。部分浊阻塞音被从阳调转移到阴调,说明所受影响力的强大。这显然与杭州在南宋王朝建都后中原居民大量进入的社会历史背景以及地处南北大运河终点的地理交通条件有关。(事实上,中原方言在北宋时就已经完成了全浊上归去、次浊上与清上合流以及微日母字声母转化为 v、z 或 ʐ 的演变。)但杭州方言能通过上声中次浊母今浊阻塞音声母字的"响音化"消除外来影响所引起的不协调现象,复归协调,从中又可以看到吴方言声母声调配合规律的稳固性和作用力仍然是巨大的。

参考文献

鲍士杰:《杭州方言略说》,《杭州师范学院学报》,1982.2。
江苏省和上海市方言调查指导组:《江苏省和上海市方言概况》,江苏人民出版社,1960。
钱乃荣:《当代吴语研究》,上海教育出版社,1991。
史有为:《常州方言中奉微母字声母清化现象》,1983。(未刊)
雅洪托夫:《十一世纪的北京语音》,载《汉语史论集》,北京大学出版社,1986。
赵元任:《现代吴语的研究》,清华学校研究院,1928;科学出版社,1956。
浙江省语言学会:《浙江吴语的分区》,《语言学年刊》第 3 期,1985。
周祖谟:《宋代汴洛语音考》,载《汉语音韵论文集》,商务印书馆,1957;《问学集》,中华书局,1966。

(原载《语言学论丛》第 20 辑,商务印书馆,1998 年)

闽北方言弱化声母和"第九调"之我见

一

美国学者罗杰瑞观察到汉语闽北方言中存在着来源于古塞音、塞擦音的浊擦音和流音声母,这类声母的古浊平字又大都和其他声母的古浊平字不同调,调类超出四声八调的系统之外(罗氏称为"第九调")。为解释这种现象,罗氏假设历史上曾经存在过一种不同于一般汉语的原始闽语,并且从历史比较语言学的角度为原始闽语构拟了一个声母系统。这个声母系统共有六套塞音、塞擦音,清浊各三套:

$$p \quad t \quad ts \quad tɕ \quad k \qquad b \quad d \quad dz \quad dʐ \quad g$$
$$p^h \quad t^h \quad ts^h \quad tɕ^h \quad k^h \qquad b^h \quad d^h \quad dz^h \quad dʐ^h \quad g^h$$
$$\text{-}p \quad \text{-}t \quad \text{-}ts \quad \text{-}tɕ \quad \text{-}k \qquad \text{-}b \quad \text{-}d \quad \text{-}dz \quad \text{-}dʐ \quad \text{-}g$$

和中古《切韵》的声母系统相比,这个构拟多出了一套送气浊声母和两套清浊弱化声母(即表中前加"-"的声母)。罗氏认为,正是这两套弱化声母构成了闽北方言中前述字音特殊声母的来源,而古浊平字还以不同声母为条件分化成两个调类:非弱化声母的浊平字归入了阳平,弱化声母的字归入了"第九调"。如建阳方言:

反 vaiŋ³　转 lyeŋ³　早 lao³　指 i³　狗 eu³
瓶 vaiŋ⁹　长 loŋ⁹　谢 lia⁶　蛇 ye²　猴 eu⁹

这种弱化声母的古今音变,可以归纳为-p、-b→v、-t、-d、-ts、-dz→l,-tɕ、-dʐ、-k、-g→∅。

二

罗氏认为,原始闽语中弱化声母产生的原因,就塞音来说,可能是由于某种浊音前加成分的影响使它后面的主要辅音经历了一个弱化过程,也可能是复辅音中某个成分的失落引起了主要辅音的弱化;构拟中的前加"-"就是用来表示这个还不能确定的引发弱化的成分的。罗氏认为,上述声母的弱化过程也适用于清塞擦音。对于浊塞擦音,他没有解释。

　　许多学者不同意罗氏对原始闽语弱化声母的构拟和产生原因的解释。余霭芹认为,声母弱化不过是建阳等方言的一种特殊音变。李如龙认为,古浊声母今读送气、不送气及弱化的三分是"不同历史层次的反映"。平田昌司认为,余说没有说明音变过程,李说没有涉及弱化清声母问题。针对李说,平田表示同意郑张尚芳主张浦城城关方言端母字声母 l 来自 ʔd- 的可能性,认为弱化清声母和浙南吴语全清声母的紧喉作用(如浙江庆元方言"波"ʔbo⁴⁴,"朵"ʔdɔ³³)可能有关。他还根据郑张氏对浦城石陂方言古全浊声母分化现象的介绍,推测吴闽方言之间的相互影响是调类分化——"第九调"产生——的主要原因。这些讨论涉及问题的不少重要方面。但是全清声母紧喉作用说并不能解释闽北方言中大多数"第九调"字来源于全浊声母而不是全清声母的事实,方言间相互影响说也没有具体说明古全浊平字分化出"第九调"的过程。笔者准备在这两方面提出自己的看法。

　　笔者以为,闽北建阳、崇安、政和、松溪、建瓯等方言中不同程度地存在着的来源于古塞音、塞擦音的浊擦音、流音等声母,就它们语音转变的性质来看,无疑是一种弱化。但是,把这种弱化现象产生的时间上推到闽语形成的早期,并且以浊音前加成分的影响来解释,并没有充分的理由。因为这种性质的弱化现象并不是闽语特有的。从历时看,汉语中古时期普遍发生的从帮组声母中分化出非组声母(p、$p^h \rightarrow f, b \rightarrow v$)的音变,就是这样性质的一种弱化,而这种音变并没有浊音前加成分的介入。帮组声母没有这种前加成分,是音韵学界的共识。从共时看,$p、b, t、d, k、g \rightarrow v、l、\emptyset$ 这样的音变也见于闽北方言以外的许多现代方言。例如:

　　(1)福州:$p\ p^h、t\ t^h、k\ k^h \rightarrow \beta、l、\emptyset$。如"枇杷"$pi^{52}_{31}\beta a^{52}$(←p),"土匪"$t^h u^{31}_{24}\beta i^{31}$(←$p^h$),"戏台"$xie^{213}_{44}lai^{52}$(←t),"课程"$k^h uɔ^{213}_{44}liaŋ^{52}$(←$t^h$),"米缸"$mi^{31}_{21}ouŋ^{44}$(←k),"布裤"$puɔ^{213}_{52}ou^{213}$(←$k^h$)。

　　(2)江西永新:$p\ p^h、t\ t^h、k\ k^h \rightarrow v、l、\emptyset \sim v$。如"把₋~刀"$_cva^{53}$(←p),"步₋~路"$vu^{Ↄ55}$(←$p^h$),"点₋~水"$_cliā^{53}$(←t),"囡₋~人"$_clɔ̄^{13}$(←$t^h$),"间₋~房"$_cā^{35}$(←k),"口₋~水"$_cœy^{53}$(←$k^h$),"个₋~人"$vo^{Ↄ55}$(←k),"块₋~布"$vai^{Ↄ55}$(←$k^h$)。

　　(3)湖南泸溪(乡话):并、定 → $f、l$。如"皮"$_cfɔ^{24}$,"大"$ly^{Ↄ33}$。

　　(4)福建浦城(城关):端、知 → l。如"多"$_clo^{35}$,"昼"$liɑo^{Ↄ324}$白。

　　(5)湖南益阳(桃江板溪、大栗港):定 → l。如"头"$_clou^{13}$,"大"$lai^{Ↄ11}$。

　　(6)湖北崇阳(天城镇):$b^h \sim \beta, d^h \sim l^h, \emptyset \sim w$。如"盘"$_cb^h uɤ^{21} \sim _c\beta uɤ$,"道"$d^h ɑo^{Ↄ33} \sim l^h ɑo^{Ↄ}$,"群"$_cuin^{21} \sim _cwin$。

(7) 安徽铜陵：并、定、群→ v、ɹ、ɣ。如"排"˪væ¹¹，"独"ɹo⊃¹³，"共"ɣom⊃³⁵。

上述各方言的声母弱化现象，大致都是唇音变成 v 或 β，舌尖音变成 l，舌根音变成 ø，和建阳方言的 v、l、ø 基本相同。只不过这些音变的范围存在差异。其中(1)福州方言的声母弱化是语流音变，以前字韵母阴声韵和ʔ尾韵作为音变条件。(2)永新方言的声母弱化也是语流音变，但范围较小，只发生在数量名结构的量词音节上。自(3)以下不属于语流音变的范围，而是声母本身的变化。其中(3)泸溪乡话的并定二母除弱化声母外，还演变成其他声母，如并母"盆"˪bɛ²⁴，"鼻"pi⊃³³，"排"˪pʰɔ⁵⁵；定母"提"˪di⁵⁵，"头"˪ta⁵⁵，"道"˪tʰɔ⁵³，"桃"˪nɑu²⁴，"藤"˪dzeŋ⁵⁵。(4)浦城方言的端母字声母都是 l，知母字声母弱化成 l 则限于白读音，如"昼"tɕiu⊃ ₓ liɑo⊃ ₐ。(5)益阳方言的定母字声母都弱化成 l。(4)(5)浦城和益阳方言的唇音、舌根音声母没有这种弱化音变。(6)崇阳方言的并滂、定透、群溪各有一个声母，但都有弱化音和非弱化音作为音位的自由变体。(7)铜陵方言并定群三个声母各只有一种弱化音的音值，和建阳方言的情况相同。上述各方言的情况说明，声母弱化的原因可以不尽相同，发展程度也可以有差别，自(1)至(7)还可以看成是一个逐渐加深的发展过程。但既然如此，也就不排除闽北方言中的声母弱化可以是由于其他原因在晚近才产生的，不一定要归因于原始闽语。在这一点上，余蔼芹的意见很有道理（尽管她没有说明具体的音变过程）。而平田所引郑张氏的紧喉作用说，却不能解释建阳等方言和前述除(4)浦城以外其他方言的事实。

三

罗氏的方案是把弱化声母和"第九调"联系在一起考虑的。对此，平田曾提出过疑问：既然弱化声母来源于原始闽语，而《建州八音》的中古浊平字可以读入"第九调"的又占了其中的绝大多数（约为 74%），那么我们将不得不认为原始闽语浊声母中弱化音占了绝大多数，这似乎是很不协调的构拟。笔者以为，平田的疑问很有道理，有必要从其他方面考虑产生弱化声母的可能性。在这方面，郑张氏从吴语影响闽语的角度介绍浦城石陂方言古浊声母的分化现象，为解决这一问题提供了重要的线索。

如果把石陂、建阳、建瓯等方言古浊声母字在各个声调中的读音进行比较，可以发现它们之间具有明显的联系。如下表（按，音标左下的"。"表示"第九调"）：

	平		上		去		入	
	/	\	/	\	/	\	/	\
	拳	行	柱	道	鼻~子	步	直	毒
石陂	kyŋ₋³³	₋giaŋ³¹	tʰiu⁵¹	dɔ₋³³	pʰi²⁴⁵	bu²⁴⁵	te₂³²	du₂³²
建阳	₋kyeiŋ³³⁴	₀ɦiaŋ⁴¹	hiu₋³³²	lau₋³³²	pʰɔi²⁴³	βo²⁴³	te₂⁴	lo₂⁴
建瓯	kyɪŋ₋²²	₋kiaŋ²¹	tʰiu²⁴⁴	tau₋⁴²	pʰi²⁴⁴	piɔ²⁴⁴	tɛ²⁴⁴	tu₂⁴²

表中一部分古浊声母字（拳柱鼻直）三个方言都读清声母，和一般闽方言古全浊声母清化的演变规律相同，可以认为是闽语原有的字音。另一部分古浊声母字（行道步毒），石陂方言是浊声母，建阳方言是弱化声母，建瓯方言基本上是清声母，建阳方言的调类还出现了超出四声八调的"第九调"。综合这三个方言的情况来判断，这部分字的读音应当是在闽语的古全浊声母清化以后从邻近保持古浊声母浊音音值的吴语借入的。新借入的浊音理应为闽语已经没有浊音的声母系统所不容，所以会发生新一轮的浊音清化。石陂方言地处闽语区的北缘，紧邻吴语区，因此能较长时期保持这些借字的浊音音值。而离吴语区稍远的方言，浊音的音变就较快发生。其中建瓯方言已经基本上变成了清的塞音、塞擦音声母，和一般闽语第一次浊音清化规律的结果相同（但特殊的声调表明了这些字的后起借字的身份）。建阳方言中这些字的声母变成了弱化声母，与闽方言第一轮浊音清化的规律不同。据统计，《建州八音》中"第九调"的字清不送气的有272例，清送气的只有30例，这也可以从这些字是由吴语进入得到说明，因为不送气正是吴语浊声母的特点。由此可见，闽北方言具有弱化声母的字音并不是闽方言原有的。这样，弱化声母和原始闽语不可能有什么关系就得到了证明。

闽北各方言中的"第九调"调值比较接近。如石陂31，建阳41，建瓯21，崇安22，政和21，松溪21，大多是一个不高的降调。闽北方言原有的古浊平字的调型调值也大致相同。如石陂33，建阳334，建瓯22，崇安33，政和33，松溪44，大多是一个中平调。"第九调"的调型调值不同于闽北方言原有的浊平字的调型调值，却和吴语浙南赣东地区紧邻闽语的一些方言的古浊平字的调型调值相近。如龙泉211，庆元52，云和213，松阳311，遂昌311，广丰31，上饶412，各方言大多也是一个不高的降调。这使我们推测，闽北方言从吴语借入的这部分古浊平字，语音上并没有按对应规律进行折合，而是原样照搬：声母音值照搬吴语的，调值也照搬吴语的。由吴语进入的这部分借字的调型调值既然和闽北方言原有的古浊平字不同，又不能像其他调类的借字那样有机会按调值的近似情况进行归并（建瓯话"第九调"并入上声是《建州八音》成书以前的事),古浊平字就有了并存的两个不同的调类,其中按吴语调值借入的调类成了超出四声八调范围的"第九调"。

语料来源

北京大学中文系:《汉语方音字汇》(第二版),文字改革出版社,1989。
陈蒲清:《益阳方言的边音声母》,《方言》1981.3。
李如龙、陈章太:《闽语研究》,语文出版社,1991。
万　波:《赣语永新方言量词的清音浊化》,《语文研究》1996.3。
王辅世:《湖南泸溪瓦乡话记音》,《语言研究》1982.1。
王太庆:《铜陵方言记略》,《方言》1983.2。
颜　森:《江西方言的分区(稿)》,《方言》1986.1。
袁家骅等:《汉语方言概要》(第二版),文字改革出版社,1983。
袁毓林等:《湖北崇阳(天城镇)方言调查字表》,1991。(未刊)
浙江省语言学会:《浙江吴语的分区》,《语言学年刊》第3期,1985。

参考文献

李如龙:《中古全浊声母闽方言今读的分析》,《语言研究》1985.1。
罗杰瑞(Jerry Norman):《Tonal Development in Min》,JCL 1:2,1973;《闽语声调的演变》,张惠英译,《中南民族学院学报》1985.4。
　　　　《The Initials of Proto-Min》,JCL 2:1,1974;《原始闽方言的声母》,海牧译,《音韵学通讯》(4),1983。
　　　　《闽北方言的第三套清塞音和清塞擦音》,《中国语文》1986.1。
平田昌司:《闽北方言"第九调"的性质》,《方言》1988.1。
余霭芹(Hashimoto Oi-kan Yue):《古代中国語声母の音韵对立》(论古汉语声母的音韵对立),《中国语学》223期,1976。
郑张尚芳:《浦城方言的南北区分》,《方言》1985.1。

(原载《中国语文》1994年第6期)

原始闽语中的清弱化声母和相关的"第九调"

一

美国学者罗杰瑞构拟的原始闽语声母系统和《切韵》相比有很大不同。比如原始闽语的塞音塞擦音有清不送气、清送气、清弱化音和浊不送气、浊送气、浊弱化音等如下六组：

p	t	ts	tɕ	k		b	d	dz	dʑ	g
pʰ	tʰ	tsʰ	tɕʰ	kʰ		bʱ	dʱ	dzʱ	dʑʱ	gʱ
-p	-t	-ts	-tɕ	-k		-b	-d	-dz	-dʑ	-g

而《切韵》声母系统的塞音塞擦音只有全清（清不送气）、次清（清送气）、全浊（浊不送气或浊送气）三组。三组声母（即帮端知精庄章见、滂透彻清初昌溪、并定澄从崇船群）的拟音如下（按发音部位先后排列）：

p t ʈ ts tʃ tɕ k　　pʰ tʰ ʈʰ tsʰ tʃʰ tɕʰ kʰ　　b d ɖ dz dʒ dʑ g

相比之下，弱化声母成为原始闽语声母系统的一个重要特点。弱化声母的构拟是以闽北地区建瓯、建阳、邵武等方言声母声调的某些特殊表现为依据的。

不少学者曾对弱化声母的构拟提出过不同看法。比如弱化声母的来源，郑张尚芳（1985）认为浦城话端母的"l 跟庆元的 ʔd 是相当的，可能从 ʔd 演变而来"。平田昌司（1988）基于郑张氏的看法，提出清弱化声母和吴方言古全清声母中的紧喉作用有关，"第九调"渊源于吴方言。笔者（1994）也根据建瓯、建阳、石陂等方言的材料，对浊弱化声母和与此相关的"第九调"是借自吴方言的问题作了论述。不过清弱化声母及相关的"第九调"和吴方言的关系还没有人做过比较深入的探讨。近年来罗杰瑞、黄金文、韩哲夫等三位学者的著作从新的角度论及清弱化声母和相关"第九调"的问题，否定了吴方言影响说，讨论较过去远为深入。笔者拟在此就这一问题提出自己的看法，说明清弱化声母和相关"第九调"等完全是吴方言影响的产物。

二

　　罗氏在《石陂话的浊声母》(2000)一文中对原始闽语弱化声母说的依据作了强调和补充。罗氏指出，石陂话中的浊音不但有来自古浊声母的（为行文方便，本文以"浊音"指浊塞音、塞擦音和擦音，"浊声母"或"古浊声母"指中古全浊声母），也有来自古清声母的，它们和闽北地区建阳等方言的弱化音有对应关系。罗氏记录了以下 35 个来自古清声母的浊音字（按，例字按古调类排列，音标左下的"。"表示"第九调"）：

　　平：崩。baiŋ　飞。ɦye（帮）

　　　　担。daŋ　单。duaiŋ　焦。diau（端）

　　　　簪。dzaiŋ　□稀。dzaiŋ（精）

　　　　饥。gye　乖。guai　膏。gɔ　铰。gau　缸。goŋ　菇。ɦu　高。ɦɔ（见）

　　上：反ᶜbaiŋ　补ᶜbio（帮）

　　　　赌ᶜdu　转ᶜdyŋ（端）

　　　　□淡ᶜdziaŋ　早ᶜdzɔ（精）

　　　　假ᶜga　稿ᶜgɔ　牯ᶜgu　狗ᶜɦu　笕ᶜɦaiŋ（见）

　　去：沸。ɦy（帮）

　　　　戴。duai（端）

　　　　荐。dzuiŋ　醉。dzy（精）

　　　　繫。gai（见）

　　入：发ᶜbuai　迫ᶜba（帮）

　　　　斫ᶜdu（端）

　　　　割ᶜɦuai　蕨ᶜɦye（见）

以上各字的声母和《切韵》帮端精见母（本文按闽方言的情况将非母归入帮母，知母归入端母）相对应，声调则古平声去声字为"第九调"，上声入声字为上声调。（例字中帮见母字还有声母为 ɦ 的，应该是 b、g 弱化的结果。）

　　罗氏指出，就声母和声调的配合来看，吴方言中声母的清浊和调类的阴阳是有关系的（比如苏州话音节 boʔ₂ 中的声母总是浊的）。但石陂话同调字的声母却可以有清有浊，相互对立。例如：

　　　　迫ᶜba——把ᶜpa　　特 de₂——直 te₂

　　　　早ᶜdzɔ——枣ᶜtsɔ　　跪 gyʔ——柜 kyʔ

牯 ˖gu——古 ˖ku

既然石陂话的浊音字可以和非浊音字出现在同一声调的音节里,那么认为石陂话的浊音是受吴方言影响而产生的说法就需要检验以至否定。因为这种说法有一个主要的困难,即浊音的分布在石陂话中和在吴方言中完全不同。吴方言的浊音只出现在低调域(按指阳调类),石陂话的浊音则不只有低调域的,也有高调域(按指阴调类)的。也就是说,石陂话的浊音既有来自古浊声母、阳调类的,也有来自古清声母、阴调类的。例如(例字按古声母清浊和调类平上去入排列):

饥见	早精	戴端	发帮	冯並	跪群	字从	值定
˖gye	˖dzɔ	˖duai	˖buai	ˬboŋ	gy²	dzi²	di˲

此外,还有如下一些情况也可以说明石陂话的浊音并非来自吴方言:

(1) 石陂话阳调类古浊声母字的声母有送气不送气两种形式。如"白"pa˲,"鼻"pʰi²。

(2) 石陂话的浊塞音在吴方言中并不都有对应的塞音形式。比如和温州话相比较:"糊"˖gu—ˬvu,"鹹"˖geŋ—ˬɦa,"长"˖dɔg—ˬdʑi,"饭"poŋ²—va²。

(3) 石陂话的浊音字有一些是闽方言特有的词语,而不是吴方言的用词。如"□远"dɔ²,"□多"dzai²,"□稀"˖dzaiŋ,"□淡"˖dziaŋ。

(4) 石陂话浊音字的某些重唇音在吴方言中相应为轻唇音。比如和温州话苏州话相比较:"冯"˖boŋ—ˬɦoŋ、voŋ,"吠"by²—vi²(苏州,按温州话为bei²),"发"˖buai-ho˲、fa?˖。

以上在石陂话来自古清声母和浊声母的浊音中,笔者拟主要讨论来自古清声母的浊音的问题。(罗氏所说古浊声母字的声母有送气不送气两种形式的问题,笔者曾有过论述,本文不再讨论。)笔者以为,石陂话中来自古清声母的浊音和浙南吴语中ʔb、ʔd一类的吸气音声母有关。如果认为石陂话中来自古清声母的浊音不可能来自吴方言的理由,是它们分布在阴调,而吴方言的浊音是没有在阴调的,那么需要说明的是,目前吴方言区部分方言中的这种分布在阴调的、具有先喉塞成分的ʔb、ʔd之类的声母正就是浊音。语音实验也证明它们是纯粹的浊音。与石陂相邻的庆元话就有这种ʔb(帮)和ʔd(端)。有的方言(如庆元松源话)还失落了其中的先喉塞成分,成为单纯的b、d。闽北方言借入的应该就是这种浊音。不过在吴方言中,ʔb、ʔd这类浊音和一般的浊声母还是有区别的。正如罗氏所说,吴方言的声母和声调存在特定的配合关系。吴方言中的浊声母,即使在单字音中已经有清化征兆的情况下,因为有和阳调类配合的音韵特征,仍然是浊声母。而像ʔb、ʔd这样的浊音,因为具有和阴调类配合的特点,与浊声母构成对立,即使本身已经是浊音,也仍然被认为是清声母。而且它们虽然同为浊音,绝大多数也还存在有无先喉塞成分的差别。不过当它们都被借入到闽北方言时,闽北方言由于古浊声母已经清化,已经没有清浊声母的对立,也不存在声母清浊和声调阴阳的配合关系,而且声母中也没有先喉塞成分,因此就把吴方言 ʔb、ʔd 等声母和一般的浊声母这两种音值和音韵特征都存在差别的浊音,当作完全相同的浊音接受了下来。这两种浊音在被接受以后的表现也完全相同,在有的方言——比如建阳话中还发生同样的弱化,如(按,音标左下的"ˌ"为阳平乙调)"反帮"ˌβaiŋ,"朋並"ˌβaiŋ,"担端"ˌlaŋ,"谈定"ˌlaŋ,"菇见"ˌo,"喉匣"(闽方言中为群母)ˌo,其中帮並母同为β,端定母同为l,见群母同为ø。这样,闽北方言如石陂话中就有了可以与阴调相配合的浊音,如"赌"ˌdu,"迫"ˌba。由此看来,石陂话中与阴调相配合的浊音应该还是从吴方言借入的,尽管 ʔb、ʔd 这种声母在吴方言中也是特殊的。

就目前所知,吴方言中 ʔb、ʔd 等声母除见于浙南浙中的庆元、景宁、青田、文成、永嘉、仙居、缙云、永康等地,还见于苏南上海郊区的金山、南汇等地。这种声母并不是吴方言原有的,而是壮侗语影响吴方言的结果。目前的吴方言区在上古时是越人所居。根据近人对《越人歌》和某些地名的研究,上古的越语可以肯定是壮侗语的一种。毋庸置疑,它对后来作为汉语的吴方言会有巨大的影响,吴方言有 ʔb、ʔd 这样的声母应该就是这种影响的表现之一。这种声母在早期吴方言中的分布肯定是非常普遍的。目前吴方言区绝大多数方言没有这样的声母,应该是后来在其他汉语方言(特别是官话方言)的影响下归于消失的缘故。在这种情况下,曾经导致闽北方言出现来自古清声母的浊音的 ʔb、ʔd 之类的声母,在吴方言中就变得少见了。

因此,上面罗氏提到的证明石陂话浊音并非来自吴方言的其他情况,目前语言事实虽是如此,却也要和方言的历史演变联系起来考虑。北部闽语和南部吴语历史上关系密切,较早时因为语言成分的来源相同或相互借用,肯定会有比目前更多的共同点。(即使在目前,相邻的南部吴语个别方言如浦城话中也甚至还有罗氏认为是闽北方言特有的弱化声母。)但如果两个方言当时具有的共同点由于各自演变的情况不同,目前就会表现出不一致、不对应。因此,像目前石陂话的上述浊塞音在吴方言中不都有对应的塞音形式,或者吴方言没有石陂话使用的某些词语,就是肯定会出现的结果。不过说石陂话某些重唇音和舌头音声母的浊音字在吴方言中声母为轻唇音和舌面音,情况倒还不是一概如此。比如苏州、温州等方言是非组重唇音和知组舌头音消失较快的,但浙西南的一些方言中这些特点还保留得比较多,和闽北方言的情况相近。如庆元话"飞"ˌʔbai,"冯"ˌpoŋ,"吠"pai²,"猪"ˌʔdo,"虫"ˌtoŋ。以上说明,闽北方言如石陂话等应该是从早期的吴方言借入来自古清声母和古浊声母的浊音的,只是在两个方言经历了一段时期的不完全相同的演变以后,目前共时比较中才有了不一致、不对应的现象,甚至找不到借用的来源了。由此看来,罗氏所说的上述情况,也并不能证明石陂话的浊音并非来自吴方言。

三

也有学者对罗氏清弱化声母的来源提出另一种意见。黄金文在《方言接触与闽北方言演变》(2001)中不同意弱化声母的构拟,也认为石陂话中来自古清声母和古浊声母的浊音并非来自吴方言,而都是闽北方言原有的。黄氏还从完全不同的角度出发考虑,认为来自古清声母的浊音是闽北方言中"清浊交替"现象的产物。

"清浊交替"是指声母由清变浊以此表示不同构词功能的手段。比如(例字中音标左下的阳平甲调"˻"相当于罗氏的"第九调"。下同):

  斑˻paiŋ 生~ — ˻baiŋ ~面
  单˻tuaiŋ 名~ — ˻duaiŋ ~身
  担˻taŋ ~子 — ˻daŋ ~肩
  膏˻kau 药~ — ˻gɔ ~油
  戴 tuai? 姓、顶~ — ˻duai ~帽

各例字中声母由清变浊导致名词转为动词或形容词的变化。黄氏认为,"清浊两个语音形式与这两个形式的语法分工情形明确,所以……这是一种借由声母清浊交替来表示构词功能的手段"。这种声母的清浊交替还伴随有声调的变化:"清浊两种读音在词法上分工,其中的浊音都读作阳平调",即交替中声母和声调的关系为"全清∶全浊(阳平)"。

汉语中一直有以音变的方式构成新词的手段。有以改变字音的声母为手段的"谐声",如並母字"扁"谐帮母字"编"和滂母字"篇"。有以改变字音的声调为手段的"四声别义",如"空~虚"和"空~缺"以平声和去声相区别。"四声别义"中也有声调声母同时变化甚至不变声调只变声母的个别例子。如"比校也"和"比近也",声调由上转去,声母由帮转並;"朝旦也"和"朝~向",声调平声不变,声母由知转澄。从现象看,"清浊交替"也是一种以声母和声调的同时变化来表达构词功能的手段。

但笔者以为,以"清浊交替"来解释这种音义变化,有不少困难需要克服。首先,以音变作为构词手段的这种现象普遍见于汉语各方言,并不限于一时一地。"清浊交

替"则只见于闽北地区,是一种绝无仅有的现象。即以上述"斑"、"单"、"担"、"膏"、"戴"等字为例,从意义的变化来说,词义和词类的这种差异,实际上也见于大部分汉语方言,石陂话里的这种现象很难说一定就是以特有的"清浊交替"的手段造成的。

"清浊交替"在语音条件方面有严格的限制而难以说明,也许是一个更大的困难。比如石陂话中借自吴方言古浊声母的浊音在来源方面没有限制,可以是《切韵》系统所有的全浊声母。例如:

倍並　吠奉　夺定　长澄　跪群　字从　锄崇　船船　谢邪　城禅　鞋匣
bo²　by²　dɔ　ᶜdoŋ　gy²　dzi²　ᶜdy　ᶜɦiŋ　dzia²　ɦiaŋ　ᶜɦai

但来自古清声母的浊音,从前面罗氏的35个例字和后面黄氏所记的19个例字来看,却只限于帮端精见4个声母。这4个声母都是全清声母,没有次清声母。这样,在"清浊交替"中,就只有全清声母与全浊声母的交替,而没有次清声母的参与了。

笔者曾就全清次清声母在谐声中的表现,据沈兼士《广韵声系》的材料做过一项谐声频率的统计。该书以《广韵》所收形声字的谐声系统为研究对象,取形声字的主谐字,求属于某主谐字的各个被谐字。如见母的"弓"谐溪母的"穹"、群母的"穷",並母的"白"谐帮母的"伯"、滂母的"拍",等等。主谐字的被谐字也可能还有被谐字,因此主谐字还可以再分为第一主谐字、第二主谐字、第三主谐字等。笔者取第一主谐字与同组清浊声母间的谐声例统计,整理成下列两表:

甲、第一主谐字为清声母,被谐字为浊声母:

	帮 滂	端 透	精 清	庄 初	章 昌	见 溪
並	31　4					
定		26　12			15　1	
从			15　6	3　1		
崇			9　5	4　2	3　1	
船					1　2	
群					1　1	38　3

乙、第一主谐字为浊声母,被谐字为清声母:

	帮 滂	端 透	精 清	庄 初	章 昌	见 溪
並	18　16					
定		9　17				
从			15　13	7　2		
崇			4　3	3　2		
船						
群						10　4

两表中上排表头"帮滂"等为清声母,各栏在左为全清声母,在右为次清声母;左边表

头"並定"等为全浊声母。甲表是全清次清声母的主谐字与全浊声母的被谐字相谐的次数,如"帮"与"並"相谐为 31,"滂"与"並"相谐为 4,等等。乙表为全浊声母的主谐字与全清、次清声母的被谐字相谐的次数,如"並"与"帮"相谐为 18,"並"与"滂"相谐为 16,等等。由两表可见,清声母和浊声母的谐声并不限于全清声母,而也包括次清声母。次清声母在谐声中的表现虽然总的来说不如全清声母活跃,但数量并非绝少,在个别情况下甚至还超过了全清声母。由此看来,"清浊交替"只限于全清声母和全浊声母相谐,并不符合汉语的一般情况。闽北方言的"清浊交替"不涉及次清声母,应该另有原因。

笔者还曾就周祖谟《四声别义释例》的材料归纳声母变化与声调变化关系的情况。该文收集见于文献的和流传于口头的四声别义例近 150 字(未计入若干流传于口头的已派入三声的古入声字),约九成例字均为只变声调不变声母。如"首":书九切 头也,书救切 头所向,上声与去声相对应,声母不变。不变声调只变声母的仅 14 例。其中声母全清与全浊对应的 9 例,如"别":彼列切 分~,皮列切 离~;次清与全浊对应的 1 例,如"大":徒盖切 巨也,土盖切 极也。声调声母都变的仅 4 例,声母均为全清与全浊相对应,但声母变化与声调变化之间没有固定的对应关系。如"卑":补支切 下也,部此切 下之,平声和上声相对应;"降":古巷切 下~,户江切 ~伏,去声和平声相对应。由此看来,"清浊交替"中"全清:全浊(阳平)"这一牵涉到声母声调变化规律的交替方式在四声别义中也属未见,而在一个方言区的次方言中却大量而且无例外地运用,可能性恐怕不大。

其次,在"清浊交替"中的全清声母只有帮端精见母,而没有其他声母——比如庄章母——的参与,也是一个不易解释的问题。从以上两表可见,庄章母也是参与谐声的(虽然它们——特别是章母——的表现不如其他全清声母活跃)。所以"清浊交替"不涉及庄章母,也应该另有原因。

前文提到,石陂话中来自古清声母的浊音是吴方言 ʔb、ʔd 等声母影响的结果,而吴方言中 ʔb、ʔd 等声母又是壮侗语影响的结果。如果说早期吴方言中壮侗语的影响有更多的表现,那应该是不但有 ʔb、ʔd 等声母的方言比现在多,而且这种声母的种类也比现在多。根据我国南方壮侗语分布地区如广西、贵州、云南、广东、海南等地的情况,不同语言中这些声母的数量很不一致。少则如拉珈话有 ʔb,壮语等有 ʔb、ʔd,多则如莫话、甲姆话有 ʔb、ʔd、ʔɟ(ʔd 的腭化音)、ʔg。这种吸气音的发音,就部位说,唇音、舌尖音比舌根音要容易些,就方法说,塞音比塞擦音要容易些。因此只有 ʔb、ʔd 的语言比较多,ʔb、ʔd、ʔɟ、ʔg 俱全的语言比较少。目前吴方言区的方言大多只有 ʔb、

ʔd，上海南汇话除 ʔb、ʔd 外还有 ʔɟ(ʔg 的腭化音)，但早期的吴方言可能普遍有和南方某些壮侗语相同的完整的 ʔb、ʔd、ʔdz(可能与 ʔɖ 有演变关系)、ʔg。这些吸气音声母都是不送气的，按音值和音韵特征，正好和汉语的帮端精见母相对应。这就说明，石陂话来自古清声母的浊音只有全清声母，没有次清声母，只限于帮端精见母，没有其他声母，完全是因为借入吴方言中由壮侗语 ʔb、ʔd、ʔdz、ʔg 等声母生成的浊音的缘故。(罗氏黄氏所举帮见母字也有声母为 ɦ 的，前面提到，那应该是 b、g 进一步弱化的结果，性质和建阳等方言相似。)当然，石陂话应该是可以从吴方言借入全部古清声母的借词的。但除上述帮端精见母因为是浊音而能被辨认外，语音形式是清音的其他声母就不容易发现了。

"清浊交替"中没有庄章母，还应该和早期吴方言中庄章母的音值是否与精母相同有关。吴方言中照系二三等字与精组声母音值异同的情况不一。例如：

	初初	生生	锄崇	浙章	臭昌	城禅	走精	苍清	族从
上海	₋tsʰu	₋saŋ	₋zɿ	tsɤʔ₋	tsʰɤ⁻	₋zən	tsɤ⁻	₋tsʰõ	zoʔ₌
无锡	₋tsʰɯɯ	₋saŋ	₋zɤɯ	tʂɤʔ₋	₋tɕʰiɯɯ	ne⁻	⁻tsei	₋tsʰõ	zoʔ₌
宁波	₋tsʰu	₋saŋ	₋zɿ	tɕieʔ₋	₋tɕʰiɤy	₋dziŋ	⁻tsei	₋tsʰõ	dzoʔ₌
遂昌	₋tɕʰiu	₋ɕiaŋ	₋za	tɕieʔ₋	₋tɕʰiu	₋ziŋ	⁻tsu	₋tsʰɤŋ	dzmɛʔ₌

一般来说，吴方言区绝大多数方言照二组声母与精组合流，但也有个别方言表现不同，如遂昌。照三组声母则部分方言与精组合流，如上海，部分方言为卷舌音或舌面音，不与精组合流，如无锡，遂昌，宁波。根据这种情况推测，早期吴方言在向闽北方言输出借词时，庄章母的音值可能普遍不同于精母，因此不可能进入上述特殊声母的行列，浊化后再一起借入到闽北方言里，闽北方言中来自古清声母的浊音因此就没有庄章母了。

此外，罗氏构拟的清弱化声母共 -p、-t、-ts、-tɕ、-k 5 个，其中的 -tɕ 起初曾有一个章母的例字"指"，建瓯话建阳话都音 ⁻i。这个闽方言中仅有的例字似乎说明章母字音值不同于精母，因此可以作为构拟的依据。从罗氏所说的原始闽语的基础——东汉吴楚方言和晋江东方言来看，作为汉语当时的一种方言，语音系统中的章母本来也应该是自成音类，有一个独立的声母的。不过这个例字在罗氏以后的论述中没有再出现，清弱化声母相应就减少了一个 -tɕ，余下 -p、-t、-ts、-k 4 个，变得和原始闽语其他各组的塞音塞擦音数量不一致了。但这 4 个声母却正好也和《切韵》的帮端精见母相对应。这就从另一方面说明，闽北方言来自古清声母的浊音只有帮端精见母字，没有章母字,原因也正在于这些浊音不是由原始闽语清弱化声母演变而来,而是吴方言ʔb、ʔd、ʔdz、ʔg等声母影响的结果。"指"在闽方言中多有声母为舌根音的白读,如厦门话潮州话ₓki。闽方言中还有个别照三字的声母有类似的读音,如厦门话"枝"ₓki,"齿"ᶜkʰi,"柿"kʰi²。声母的这类音值牵涉到上古音。闽方言这些字上古时的声母音值到中古时没有腭化而归入章组。因此建瓯话建阳话"指"音ᶜi可能与声母k的弱化有关,而与中古音的章母无涉。

由此看来,闽北方言中来自古清声母和古浊声母的浊音都来自吴方言。不过石陂话中来自古浊声母的浊音可以有《切韵》系统的所有全浊声母,而来自古清声母的浊音,由于壮侗语对吴方言的影响,就只限于《切韵》系统全清的帮端精见母。石陂方言中的这两类浊音虽然音值无别,来源是不同的。

四

黄氏所说石陂话"清浊交替"中的"全清:全浊(阳平)",即指平上去入各调的古清声母字浊化后都要变为阳平甲调。黄氏记录了19个这样的浊音字:

平:斑ₓbain 崩ₓbain 编ₓbin 担ₓdan 单ₓduain 饥ₓgyɛ 膏ₓgɔ
　　铰ₓgau 菇ₓɦu 其ₓɦi

上:反ᶜbain 狗ᶜɦu

去:沸ₓɦy 戴ₓduai 醉ₓdzy 降ₓgɔŋ 繫ₓgai

入:掇ₓdɔ 蕨ᶜɦyɛ

例字中绝大多数为阳平甲调。其中"狗"、"蕨"二字为上声,似乎不符合交替的规定。但前面罗氏所记石陂话中的这类浊音字分属两调:古平声去声字为"第九调"(即黄氏的阳平甲调),古上声入声字为上声调。这与黄氏"清浊交替"中浊音字只有一个阳平甲调的情况不同。这种不同也可能和调查记录中发音人的具体情况有关。不过无论是哪一种情况,都说明这类浊音字的调类分派存在特殊性。

石陂话中浊音字调类分派具有特殊性的还不限于来自古清声母的字,也包括来自古浊声母的字。而且来自古清声母的浊音字的调类分派和来自古浊声母的浊音字的调类分派不完全相同,需要区分开来。下面列出石陂话各调类的调值,并与崇安、建阳、政和、建瓯等方言相比较(各调类下的①为非浊音字的调值,②为浊音字的调值):

	清平 ① ②	清上 ① ②	清去 ① ②	清入 ① ②	浊平 ① ②	浊上 ① ②	浊去 ① ②	浊入 ① ②
石陂	51 31	21 21	33 31	213 21	33 31	51 33	45 45	32 32
崇安	51 51	21 21	22 22	35 21	33 22	55 22	5 55	5 5
建阳	53 41	21 21	332 41	214 21	334 41	332 332	43 43	4 4
政和	51 31	212 21	42 21	24 21	33 21	55 31	55 31	55 31
建瓯	54 21	21 21	22 21	24 21	22 21	44 42	44 44	44 42

以上古浊声母字中，石陂话平声浊音字有不同于非浊音字的调值，上声、去声、入声的浊音字则与非浊音字基本上同调，或因调类的分派而有不同分合。崇安、建阳、政和、建瓯等方言的情况与此大致相同。这就是说，闽北方言中来自古浊声母的浊音字和非浊音字的调类分派除平声以外基本上是相同的。

但来自古清声母的浊音字和非浊音字的调类分派则有较大的差别。一是浊音字和非浊音字的声调除上声外都有区别。二是浊音字的各个声调有较大的共性：平声去声字相同，上声入声字相同，而且都是调值相近的低降调。这种情况显然不是声调演变所致，也不像是借入吴方言声调的结果。

韩哲夫在《从调值再论闽北方言"第三套"声母的拟测》（2003）一文中从弱化声母本身寻找声调变化的原因。韩氏根据目前研究中有关浊塞音塞擦音的起首成分可能导致气嗓音产生，而气嗓音会降低其后元音音高的看法，认为罗氏提到的，石陂话中来自古浊声母的浊音的平声、上声、入声字发音时有一种类似吴方言浊声母的摩擦声（murmur），这一发现具有启发性。韩氏认为这种"摩擦声"是气嗓音的一种伴随成分，应该是弱化声母这一含义比较笼统的名称的确切内容。（韩氏因此建议把弱化声母的构拟改成 $b^ɦ$ 等）正是这种浊音的伴随成分起到了使声调调值降低的作用。这样，清弱化声母使阴调的平上去入分化，浊弱化声母使阳调的平上去入分化，分化出来的声调又大部分发生混合，成为目前的情况。（韩氏因此认为早期的闽北方言，即原始闽北方言的声调应该有 8 个，分化后的声调理论上应该一共有 16 个，只是因为声调的合流，实际上远没有这么多。）

这种解说的优点是提出了一个普遍起作用的因素，涉及所有浊音字的声调，因而具有一种系统性。不过它在解释上仍然存在困难。比如吴方言中的阳调字在任何一种调类的情况下都带有一种浊的喉头摩擦成分，来自气嗓音（breathy voice）。而石陂话中来自古浊声母的浊音的平声、上声、入声字发音时有类似吴方言浊声母的这种伴随成分,去声字中却不明显,作为一种普遍的发音特点,这是很不可能的。而且罗氏并没有提到来自古清声母的浊音字是否也有这种声母的伴随成分,但这类浊音字的声调却基本上都降低了调值,很难说明这是为什么。而如果说它们曾经有过这种伴随成分而后来都失落了,那也应该是有原因的。此外,韩氏也提到石陂话阳去调是一个高平调,那么阳去调就应该有充分的可能产生一个调值较低的新调,但闽北地区大多数方言并没有这个较低的新调。由此看来,韩氏还没有说明阴调类分化以及阳调类部分声调不分化的原因。

笔者以为,来自古清声母和古浊声母的浊音字声调各自分化的真正原因,仍然应该是吴方言的影响。首先,前面提到,来自古清声母的浊音是吴方言中 ʔb、ʔd 这类声母影响的结果。而吴方言中 ʔb、ʔd 这类声母是纯粹的浊音,由于与阴调相配合,与浊声母相对立,仍然被认为是清声母,因此它们在被借入到闽北方言后,归入了相对应的阴调类。但它们又是浊音,在归入阴调类以后有可能发生某种特殊的音高变化,生成不同于原有阴调的新的声调。这是因为声母浊音本身的影响(而不是其他)会使音节的音高变低,出现较原为低的调值。这和汉语历史上同名调因声母清浊的不同而分化为阴阳两调的情况是一样的。一般认为,浊声母发音时声带的振动会消耗较多的力量,因此会使浊声母音节的音高低于清声母音节的音高,从而导致同名调的分化。同名调分化之初,阴调和阳调的调型仍然保持相同,但音高有差别,阴调略高,阳调略低。当然,目前绝大多数汉语方言中同名的阴调和阳调不仅音高不同,调型也大多不同,但这应该是声调后来进一步演变的结果。阴阳调分化之初的情况目前只能在极少数方言中见到。下面以广州话和绍兴话为例:

	阴平	阳平	阴上	阳上	阴去	阳去	阴入	阳入
广州	53,55	21	35	23	33	22	33,5	22,2
绍兴	52	231	335	113	33	11	<u>45</u>	<u>23</u>

需要说明的是,广州话阴平调中的高平调是后起的,绍兴话阳平调升降调的微升是由调头发展来的,就整体而言,两个方言同名的阴阳调调型相同,音高则阴调略高,阳调略低。

来自吴方言的古清声母的浊音字进入石陂话的阴调类后发生音高降低的现象,可以说是浊声母使音节音高降低的同一机制起作用的结果。这不是一般的调类分派,即不同声调之间的分合,而是同一声调的分化,即一个声调变为两个。分化的语音条件是声母的清浊,所以可以说是一种清浊分调。就目前的调值来看,分化后浊音字的平声较阴平高降调 51 略为降低,是一个略高的低降调 31;去声较阴去中降调(比如可能与早期闽北方言阴去调近似的建阳 332,政和 42)略为降低而与平声的分化调 31 合流(不过崇安话是一个低平调)。上声为低降调 21,与原来已是极低的上声调 21 相同;入声与阴入低降升调(比如可能与早期闽北方言阴入调近似的建阳 214,石陂 213)相比有降无升从而与上声 21 合流。平声去声 31 和上声入声 21 这两个降调的调值很相近,因此在某些方言中后来又有合流的现象。比如政和话去声又和上声入声合流,建瓯话则平声去声一并和上声入声合流。

其次,来自古浊声母的浊音字进入闽北方言后,与石陂话中已经清化了的古浊声母字清浊对立,清音字和浊音字也可以出现在阳调类的同一声调中。阳调类的同一声调中有清音字和浊音字,应该也会引发同样的声调分化。不过分化实际上只发生在平声中,浊音字的平声和非浊音字的平声 33 相比是一个降调 31,因为超出了四声八调的范围而被称为"第九调"。(笔者曾认为这个声调是由吴方言借入的,但从语言的系统性考虑,看来以清浊分调统一解释才是适当的。)这一降调和来自古清声母平声浊音字声调的调值 31 相同。浊音字的上声和非浊音字的上声 51 相比是 33。石陂话的去声、入声没有出现声调分化。不过闽北方言阳调类中的上声、去声、入声一般都没有声调分化。这有可能是因为这些声调之间较多发生调类分派的缘故。比如石陂话以及与石陂话有声调对应关系的建瓯话等就存在古浊上和浊去合流、浊上和浊入合流以及全浊入和全浊去合流等多种调类分派现象。看来不同声调之间的调类分派会对同一声调内部的分化产生消极的影响。

汉语方言中,浊上、浊去、浊入调普遍较多发生调类分派,不独石陂话如此。但汉语方言中的清浊分调一般早已在调类分派之前完成,因此难以借助其他方言来证明石陂话阳调中浊音字和非浊音字的声调分化一定是一种清浊分调。不过目前方言中还有一种声调分化仍在进行,即送气分调。这是同一声调中声母的送气和不送气导致声调分化的一种现象。发音时声母的送气成分会消耗较多的力量,使送气音音节的音高低于不送气音音节的音高,从而导致声调的分化。送气成分所起的作用和清浊分调中浊声母的作用是相似的。具有送气分调现象的方言中大多存在全浊上归去、次浊上与清上合流以及次浊入动摇于阴阳调之间等调类分派现象。从这些方言的送气分调中同样可以看到调类分派对声调分化产生的消极影响。送气分调见于吴、赣、湘等多个方言,但数量不多。下面以吴江(黎里)、南昌、永修、邵阳、南宁(心墟平话)等方言为例(各调类下的①为不送气声母字的调值,②为送气声母字的调值):

	清平 ①②	清上 ①②	清去 ①②	清入 ①②	浊平 ①②	浊上	浊去	浊入
吴江	33	51 22	42 212	5 2	13	11	12	1
南昌	42	213	45 213	5	45 24	21	21	21
永修	45 24	212	44 334	5	33 22	12	12	2
邵阳	55	42	35 24	33 35	12	24,42	24	33,35
南宁	53	33	55 35	33 55	31	24	11	11,24

分调出现在清声母字平上去入各调，也出现在浊声母字平声调，但不出现在浊声母字上声去声入声调。（就目前所知，只有江西都昌话和永修话的浊入字也有分调。）这和闽北方言中来自古清声母和古浊声母的浊音字声调分化的情况相似。由此看来，声调分派对送气分调和清浊分调二者的影响是相同的，因此可以认为闽北方言中的声调分化确实是一种清浊分调。

闽北方言中来自古清声母和古浊声母的浊音字在调类和调值方面的上述表现的确是一种特殊的现象。但通过清浊分调的机制使这种浊音字获得一种较对应的调类为低的调值，应该是一个合理的解释。早期的汉语曾因清浊分调导致四声变为八调。闽北方言曾经发生过一次这样的分调。后来虽然原有的古浊声母已经清化，但因为一并借入了来自异方言的古清声母和古浊声母的浊音，八调又发生了这样的分调。这也许可以称为第二次清浊分调。这种分调虽说是在闽北方言内部发生的，但仍然是吴方言影响的产物。

五

综上所述，闽北方言中作为原始闽语弱化声母构拟基础的语言事实，如石陂话的浊音，建阳话等的弱化音，其实都是吴方言影响的产物。石陂话中来自古浊声母的浊音和吴方言的浊声母相对应，可以有《切韵》系统的所有全浊声母，而来自古清声母的浊音在和吴方言清声母的对应中，则因为壮侗语 ʔb、ʔd、ʔdz、ʔg 等声母对吴方言的影响，只限于全清的帮端精见母。来自古清声母和古浊声母的浊音字的调类调值大多无正常对应，是因为相关的"第九调"等是通过清浊分调的机制生成的。

闽方言是汉语中语音特点最多的方言。这不仅是由于闽方言本身产生的特点，以及保留有上古音的成分，就目前所知，很大程度上也是由于借入了相邻不同方言的许多成分。在对这后一种情况有所了解以后，闽方言的许多特殊现象就可以借助《切韵》系统得到解释，闽北方言受吴方言影响而产生的现象也可以这样来说明。而希望通过原始闽语弱化声母的构拟来解释前文讨论的这种声母声调的特殊现象，将始终会是困难的。

参考文献

陈昌仪:《赣方言概要》,江西教育出版社,1991。
何大安:《送气分调及相关问题》,《史语所集刊》60本4分,1989。
黄金文:《方言接触与闽北方言演变》,台湾大学出版委员会,2001。
刘民钢:《上海方言全浊声母的再研究》,载《吴语研究——第二届国际吴方言学术讨论会论文集》,上海教育出版社,2003。
罗杰瑞(Jerry Norman):《Tonal Development in Min》,JCL 1:2,1973;《闽语声调的演变》,张惠英译,《中南民族学院学报》1985.4。
　　《The Initials of Proto-Min》,JCL 2:1,1983;《原始闽方言的声母》,海牧译,《音韵学通讯》(4),1974。
　　《闽北方言的第三套清塞音和清塞擦音》,《中国语文》1986.1。
　　《Voiced Initials in Shyrbei》(石陂话的浊声母),载丁邦新、余霭芹编《李方桂先生纪念论文集——语言变化与汉语方言》,中研院语言学研究所(筹备处),2000。
平田昌司:《闽北方言"第九调"的性质》,《方言》1988.1。
石　锋:《吴江方言声调格局的分析》,载石锋、廖荣蓉《语音丛稿》,北京语言学院出版社,1994。
颜　森:《江西方言的分区》(稿),《方言》1986.1。
王福堂:《闽北方言弱化声母和"第九调"之我见》,《中国语文》1994.6。
郑张尚芳:《浦城方言的南北区分》,《方言》1985.1。
韩哲夫(Zev Handel):《Northern Min Tone Values and Reconstruction of "Softened Initials"》,《语言暨语言学》第4卷第1期,中研院语言学研究所(筹备处),2003;《闽北方言声调的调值与"弱化声母的构拟"》,陈宝贤译,《方言》2004.1。

（原载《中国语文》2004年第2期）

原始闽语构拟问题的研究过程

一、和原始闽语构拟问题的接触

我和原始闽语构拟问题接触算来已经 30 年了。最初是在 1974 年 10 月,罗杰瑞(Jerry Norman)随美国语言学代表团来北京大学中文系访问时,送给我《Tonel development in Min》(闽语声调的演变)和《The initials of Proto-Min》(原始闽语的声母)两篇文章。我由此对这一构拟发生了兴趣,而且意识到它将有可能为汉语方言研究带来新的方法和内容,为此感到兴奋。但由于对汉语历史的已有认识,感到很难接受这样的构拟。我是浙江人,所在吴方言区与闽方言区相邻,方言的语感也使我不能确信古代的闽方言会是这样的。但限于能力,一时不知怎样说明自己的看法,有一种无力的感觉。这就想到应该研究这个问题。而为此首先是要学习。不过当时还在"文革"期间,没有这样做的可能,只好把问题放下来。"文革"结束后,1978 年我有机会去福建调查几个闽方言代表点的情况,期间感觉到闽方言和周围方言特别是吴方言之间的相互影响。1980 年又和南京大学的同行到皖南屯溪、休宁调查方言,面对古浊声母清化后塞音塞擦音送气与否缺乏语音条件的现象,又感到其中有周围方言的影响在起作用。这种对方言间相互影响的感觉实际上就是前面提到的那种语感。通过这些调查,我对闽方言某些特殊现象可能与异方言影响有关的认识逐渐明确起来,就更不能认同原始闽语的构拟了。1979 年到 1990 年,我在《汉语方音字汇》和《汉语方言词汇》两书的修订工作中投入了除教学以外几乎所有能利用的时间,期间虽然也看到罗氏的《The Proto-Min finals》(原始闽语的韵母)等文章和其他某些学者的评论(包括平田昌司的力作),但都没有时间做进一步的考虑。直到 1992 年为研究生上课,这才开始埋头研究,并参加讨论。

从那时到现在,我对原始闽语构拟的看法见于下面几篇文章:

(1)《闽北方言弱化声母和"第九调"之我见》,

(2)《原始闽语的构拟》,

（3）《原始闽语中的清弱化声母和相关的"第九调"》。

原始闽语构拟的核心在于声母，特别是弱化声母，我的注意力也主要放在这上面。

二、原始闽语构拟中声母的特点

为了便于说明问题，这里首先要介绍原始闽语构拟的声母：

$$\begin{array}{llllll} p & t & ts & t\textctc & k & \quad b & d & dz & d\textzc & g \\ p^h & t^h & ts^h & t\textctc^h & k^h & \quad b^h & d^h & dz^h & d\textzc^h & g^h \\ -p & -t & -ts & -t\textctc & -k & \quad -b & -d & -dz & -d\textzc & -g \\ s & \textctc & x & & ? & \quad m & n & \dot{n} & \eta & l \\ z & \textzc & \gamma & \text{ɦ} & j & \quad m^h & n^h & & \eta^h & l^h \end{array}$$

这一声母系统与《切韵》相比，有如下主要特点（例字左下角的"˛"为阳平乙调）：

（1）有清和浊两套弱化的塞音塞擦音。（构拟的根据是建阳话"发"˛voi，"转"ᶜlyeŋ，"狗"ᶜeu，"瓶"˛vaiŋ，"长"˛lɔŋ，"猴"˛eu 等。）

（2）有送气和不送气两套浊塞音塞擦音。（构拟的根据是厦门话"爬"˛pe ～ "皮"˛pʰe，"茶"˛te ～ "啼"˛tʰi，"桥"˛kio ～ "骑"˛kʰia，"坐"tseˀ ～ "床"˛tsʰŋ，"石"tsioʔ˛ ～ "树"tɕʰiuˀ˛ 等。）

（3）有浊不送气和清送气两套边鼻音。（构拟的根据是建瓯话"来"lɛˀ ～ "螺"soˀ，厦门话"梅"˛bue ～ "茅"˛hm，"南"˛lam ～ "箬"hioʔ˛，"月"geʔ˛ ～ "额"hiaʔ˛，潮州话"年"˛hi 等。）

（4）有与 ɣ 对立的 ɦ，牙喉部位因此有了两个浊擦音。（构拟的根据是建阳话中"下"haˀ 与"雨"xyˀ 的不同声母。）

原始闽语声母系统与一般认为的汉语声母系统有很大差别。构拟者又处处顾及到语音变化的条件，言之成理，因此要对特点形成原因提出不同看法有很大难度。

三、较早时对原始闽语构拟的看法

我对这一构拟较早时的看法见于上面提到的前两篇文章。根据对汉语方言事实的了解，并从方言间相互影响的角度，提出如下不同意见：

（1）由清浊塞音塞擦音生成的弱化声母不仅见于闽北话，也见于别的许多汉语方言（如浦城话"多"˛lo，铜陵话"排"˛væ，"独"ɾoˀ，"共"ɣomˀ 等）。汉语中古时期帮组声母分化出非组声母(p、pʰ→f,b→v)也是一种弱化现象。所以闽北话的弱化声母并非一定来自原始闽语的清浊弱化声母,而可能是由相邻吴方言借入浊塞音塞擦音声母后弱化的结果。

(2)"第九调"(如建阳话41,石陂话31)不是浊平调部分字以弱化声母为条件分化而成,而是借入浙南某些吴方言阳平调中降调(如庆元话52,龙泉话211,松阳、遂昌、广丰等方言31、上饶话412)调值的结果。

(3)古浊声母塞音塞擦音清化后的不送气音是闽方言原有的,送气音可能是由客赣方言借入的。(类似情况见于皖南方言,如休宁话"投"tiəu² ≠ "头"tʰiəu²,送气音已经明确是由赣方言借入的。)

(4)边鼻音清送气音是闽方言特殊演变的结果,但并非来自原始闽语。湖南乡话中就有与闽北话来母的s对应的浊音z(如泸溪话"梨"₌za),是边音l擦音化的结果。明、泥、疑母字声母为h,则是鼻音m、n、ŋ送气化的结果,可能与闽方言中的非汉语底层有关。目前广西平南的闽南话还正在进行这一性质的语音变化,如"瓦"ŋia² ≠ "艾"ŋ̊ia² ≠ "械"hia²,"艾"的声母ŋ̊(可以看成是带鼻化成分的h的另一种标写法)正处在由ŋ向h变化的中间阶段,就是一个证明。

(5)建阳话"下"的声母h是因赣方言送气塞音失落闭塞成分的音变规律tʰ→h(如临川话"吞"₌hɛn,"头"₌hɛu)的感染,由kʰ(如厦门话"下"kʰe²)变化而成的。

以上对原始闽语声母构拟的主要特点几乎都作了否定,文章发表前不免斟酌再三。

四、目前对原始闽语构拟的看法

1986年,我在罗杰瑞《闽北方言的第三套清塞音和清塞擦音》一文中发现,原始闽语的清弱化声母减少了一个-tɕ,余下-p、-t、-ts、-k四个。这样,构拟的清弱化声母就没有了章母的来源,而且清浊弱化声母数量上也变得不一致了。这一减少应该是有原因的,但罗氏没有解释,我因此存下了一个疑问。

近几年又看到下面三种著作:

(1)罗杰瑞:《Voiced initials in Shyrbei》(石陂话的浊声母),

(2)黄金文:《方言接触与闽北方言演变》,

(3)韩哲夫(Zev Handel):《Northern Min tone values and reconstruction of "softened initials"》(从调值再论闽北方言"第三套"声母的拟测)。

其中罗文指出，石陂话有来自古清声母（所举例字均为帮端精见母）的浊音。（按：这里的清浊声母指中古音，清浊音指目前声母的音值，音标左下的"。"为"第九调"。）例如：

平：崩帮 。baiŋ　飞帮 。ɦye　担端 。daŋ　簪精 。dzaiŋ　饥见 。gye　菇见 。ɦu

上：反帮 ᶜbaiŋ　转端 ᶜdyŋ　早精 ᶜdzɔ　牯见 ᶜgu　狗见 ᶜɦu

去：沸帮 。ɦy　戴端 。duai　醉精 。dzy　繫见 。gai

入：发帮 ᶜbuai　斫端 ᶜdu　割见 ᶜɦuai　蕨见 ᶜɦye

而吴方言的古清声母字不念浊音，因此石陂话以上例字中的浊音不可能来自吴方言，认为弱化声母是受吴方言影响产生的说法需要否定。

黄氏认为，石陂话古全清声母字今读浊音是闽北话"清浊交替"（全清～全浊）这一构词音变的表现。例如：

斑　˰paiŋ 生～ ～ ˯baiŋ ～面

单　˰tuaiŋ 名～ ～ ˯duaiŋ ～身

担　˰taŋ ～子 ～ ˯daŋ ～肩

膏　˰kau 药～ ～ ˯gɔ ～油

戴　tuaiᶜ 姓,顶～ ～ ˯duai ～帽

交替中浊音字的声母不是原始闽语弱化声母演变的结果，也不是吴方言浊声母影响的结果。

韩氏同意罗氏原始闽语弱化声母的构拟，并且认为弱化的具体内容就是目前石陂话浊音中气嗓音的带有喉头特征的"摩擦声"（murmur），正是这种成分导致字调中浊音音节的调值降低，分化为"第九调"。

这些重要观点都有语言事实作为依据。我因此再度把注意力集中到弱化声母问题上，写了上述第三篇文章，讨论清弱化声母和"第九调"。

我不同意黄氏提出的词法"清浊交替"的解释。因为汉语历史上属于构词语音交替的谐声现象不限于全清声母与全浊声母，还涉及次清声母。例如：

"白"（并母）～"伯"（帮母）～"拍"（滂母）

四声别义中则很少牵涉到全清声母与全浊声母的交替。据周祖谟《四声别义释例》一文的统计，约150例字中，声母不变仅只声调交替的占到九成，声母全清与全浊交替的（如"朝"旦也（知母）～"朝"～向（澄母））还不足一成。而闽方言中这种"清浊交替"数量相对较多。看来这不是一种构词音变，它的出现应当另有原因。

我也不同意罗氏的闽方言中与古清声母对应的浊音不可能来自吴方言的说法。

在这以前，我已经注意到汉语方言中某些无法用方言间相互影响来解释的现象，可以从汉语与非汉语间相互影响的角度加以考虑，并在湖南临武土话古全浊声母塞音塞擦音清化后 p、t 不送气，其他声母送气的问题上，引用壮侗语材料尝试作过说明。这时又想到吴方言区某些方言中与古清声母对应的 ʔb、ʔd 等声母具有浊音音值（如庆元话"飞"（帮母）ɕʔbai，"猪"（端母）ɕʔdo），而这些声母也是吴方言中壮侗语底层的表现。根据目前南方壮侗语的情况，早期吴方言中这种声母应该有 ʔb、ʔd、ʔdz、ʔg 四个。这正好在音值上和石陂话来自古帮端精见四个声母的浊音字相对应（帮见母字另有声母 ɦ，应该是进一步弱化的结果），说明闽北话中与古清声母对应的弱化声母可能是吴方言中壮侗语底层影响的产物。由此也想到罗氏 1986 年的文章为什么在清弱化声母中减少一个 -tɕ，剩下 -p、-t、-ts、-k 四个，因为正好只有这四个弱化声母能在音值上和帮端精见母对应。这两个"正好"碰在一起，应该不是偶然的。另外，本来原始闽语构拟中清弱化声母 -tɕ 的例字是建瓯话章母的"指"ɕi（罗杰瑞曾说这是闽方言中唯一可用的例字）。但建瓯话"指"有文白两读：ɕtsi 文 ɕi 白，从音理上说，ɕi 应该不是读书音声母 ts，而是口语音声母 k（如厦门话 ɕki）弱化的结果。考虑到中古的章母有一部分字来自上古的见母，闽北话"指"的弱化音 ɕi 反映的可能不是中古章母的音变，而是上古见母的音变。可能是罗先生出于对语言事实的尊重，鉴别并放弃了这个章母唯一的例字，否定了清弱化声母与章母的联系，进而取消了清弱化声母 -tɕ。但这一取消从另一方面说明，壮侗语影响的假设是可以成立的。

韩氏认为我提出的"第九调"借自吴方言阳平调调值的看法是不对的。这是当时把"第九调"处理为阳平乙调的做法引起的错觉，使我局限在浊平字的范围内考虑"第九调"的来源，造成了失误。但韩氏认为"第九调"的低调值是由气嗓音造成的说法也不能成立。因为罗氏所说石陂话有气嗓音的某些调类（浊上、浊入）的字多数方言并不念成"第九调"，而没有气嗓音的某些调类（浊去）的字却有个别方言（如政和话）念成"第九调"，可见气嗓音和"第九调"没有一定的联系。以下列方言为例（调类②中是念浊音或弱化声母的字）：

	清平		清上		清去		清入		浊平		浊上		浊去		浊入	
	①	②	①	②	①	②	①	②	①	②	①	②	①	②	①	②
石陂	51	31	21	21	33	31	213	21	33	31	51	33	45	45	32	32
崇安	51	51	21	21	22	22	35	21	33	22	55	22	5	55	5	5
建阳	53	41	21	21	332	41	214	21	334	41	332	332	43	43	4	4

政和	51 31	212 21	42 21	24 21	33 21	55 31	55 31	55 31
建瓯	54 21	21 21	33 21	24 21	22 21	44 42	44 44	44 42

语言事实基本符合上述情况。这说明，气嗓音不能认为是生成"第九调"的语音条件。

汉语中吴方言的浊声母也带有气嗓音，因此我能体会罗氏和韩氏所述石陂话的有关情况。吴方言的气嗓音是和阳调的浊音相联系的，个别方言中阴调有 ʔb、ʔd 等，但这种浊音没有气嗓音（因此本地人语感上仍然认为是清音）。而罗文所述石陂话阳调的浊音中阳去调没有气嗓音（出现这种情况的可能性不大），与吴方言 ʔb、ʔd 等对应的阴调的浊音有没有气嗓音又未作说明。可见罗氏所说石陂话的气嗓音和浊音也没有一定联系。不过如果气嗓音和浊音没有一定联系，而气嗓音又不是生成"第九调"的语音条件，浊音本身却有可能是条件。汉语历史上就有声母清浊引起声调分化的事实。目前个别方言中还有能反映声调分化后初始情况的现象，即同名调的阳调与阴调调型相同，但保有古浊声母造成的低调值。这种情况与闽北话"第九调"为低调的情况相似。比如：

	阴平	阳平	阴上	阳上	阴去	阳去	阴入	阳入
广州	53,55	21	35	23	33	22	33,5	22,2
绍兴	52	231	335	113	33	11	45	23

根据以上情况，我从借自吴方言的浊音（包括阳调和阴调的浊音）引起清浊分调的角度重新解释了"第九调"的产生。

五、感　想

我对原始闽语构拟的研究坚持至今，兴趣是主要的原因。个人在这期间也加深了认识。这和整体的学术发展的背景是分不开的。学术界对方言与方言之间以及汉语与非汉语之间的相互影响在汉语历史演变中作用的探讨，使人们开阔了眼界。国外对语言层次的研究也给了我们重要的启发。另外，我觉得语感也起了有益的引导作用。

原始闽语构拟问题只是一个局部的不大的问题，讨论至今主要涉及的还只是已有构拟不合适的问题。而怎样构拟才合适，恐怕还需要联系一些新的问题来考虑，比如在相互影响频繁复杂的汉语方言中如何运用历史比较法，构拟如何与汉语上古音研究相联系，等等。希望今后的讨论能有更新的发展。

参考文献

韩哲夫(Zev Handel):《Northern Min Tone Values and Reconstruction of "Softened Initials"》(从调值再论闽北方言"第三套"声母的拟测),《语言暨语言学》第 4 卷第 1 期,中研院语言学研究所(筹备处),2003。

黄金文:《方言接触与闽北方言演变》,台湾大学出版委员会,2001。

李如龙:《闽西北方言"来"母字读 s- 的研究》,《中国语文》1983.4。

罗杰瑞(Jerry Norman):《Tonal Development in Min》(闽语声调的演变),JCL 1∶2,1973。

　　《The Initials of Proto-Min》(原始闽语的声母),JCL 2∶1,1974。

　　《闽北方言的第三套清塞音和清塞擦音》,《中国语文》1986.1。

　　《Voiced Initials in Shyrbei》(石陂话的浊声母),载丁邦新、余霭芹编《李方桂先生纪念论文集——语言变化与汉语方言》,中研院语言学研究所(筹备处),2000。

梅祖麟、罗杰瑞:《试论几个闽北方言中的来母 s 声字》,《清华学报》新 9 卷 1 期、2 期,1971。

平田昌司:《闽北方言"第九调"的性质》,《方言》1988.1。

王福堂:《闽北方言弱化声母和"第九调"之我见》,《中国语文》1994.6。

　　《原始闽语的构拟》,载《汉语方言语音的演变和层次》(第一版),语文出版社,1999。

　　《原始闽语中的清弱化声母和相关的"第九调"》,《中国语文》2004.2。

郑张尚芳:《浦城方言的南北区分》,《方言》1985.1。

(原载《语言暨语言学》6 卷 3 期,中研院语言学研究所,2005 年)

汉越语和湘南土话、粤北土话中并定母读音的关系

一

王力先生的《汉越语研究》一文从等韵的角度分析汉越语的语音系统,其中汉语古全浊声母和汉越语的对应如下所示(各声母例字平仄声各举一例):

并:婆 ₍ba 别 biet₎ | 邪:随 ₍tui 俗 tuk₎

定:驼 ₍da 夺 duat₎ | 澄:茶 ₍tṣa 柱 tṣu²

群:奇 ₍ki 近 kən² | 崇:床 ₍ṣaŋ 状 tṣaŋ²

奉:肥 ₍fʰi 父 fʰu² | 船:神 ₍tʰən 舌 tʰiet₎

从:才 ₍tai 尽 tən² | 禅:城 ₍tʰaŋ 涉 tʰiep₎

声母的音值有三类:(1)不送气浊塞音,如并定母;(2)不送气清塞音塞擦音,如群从邪澄崇母;(3)送气清塞音和清擦音,如奉船禅母。其中第三类声母的送气是借词后来进一步音变的结果。如果忽略送气,对应中全浊声母的音值实际上可以分为两类:浊音——并定母,清音——其他声母,两类音值的区别在于清和浊。

汉越语中并定母为浊音 b、d,但不能就认为它们一定是保存了古全浊声母的音值。因为汉越语中帮端母的音值也是 b、d,如"包"₍bau、"北"bak₎、"颠"₍dien、"答"dap₎。就系统自身的演变设想,汉越语声母应该是发生了清浊不同方向的变化:帮端母浊化,并定母清化后又浊化,其他全浊声母清化。但这种不同方向上的变化很难在音理上加以解释。

二

汉语中有的方言和汉越语情况类似,并定母和帮端母的音值同为浊塞音 ɓ、ɗ 或 ʔb、ʔd 或 b、d。如闽语海南文昌话"败₍并₎"ɓai²、"拜₍帮₎"ɓai²、"队₍定₎"ɗui²、"对₍端₎"ɗui²,粤语广东化州话"大₍定₎"dai²、"都₍端₎"₍dou,广西玉林、容县、岑溪、藤县、苍梧夏郢等白话

"碑帮"ᴄbi、"担端"ᴄdam,以及吴语上海金山话"饱帮"ˀbɔᴄ、"东端"ˀdoŋᴄ(上海南汇话除ˀb、ˀd外还有ˀɟ,如"锦见"ˀʝiʌŋᴄ),浙江永嘉蓬溪话"杯帮"ˀbaiᴄ、"懂端"ˀdoŋᴄ,等等。这些方言中并定母(和帮端母)和其他全浊声母音值的区别也是清和浊。造成这种情况的原因和汉越语可能有相同之处。

汉语方言中还有湘南土话、粤北土话的一些方言古全浊声母的音值也分成两类,但情况不同于汉越语和上述方言。下面湘南土话以临武、宜章方言为例:

	婆并	甜定	近群	浮奉	贱从	斜邪	沉澄	锄崇	乘船	仇禅
临武	ᴄpu	ᴄti	ᴄkʰeŋ	pauᴄ	tɕʰiᴄ	ᴄtɕʰio	tsʰeŋᴄ	ᴄtɕʰye	tsʰeŋᴄ	ᴄtɕʰiou
宜章	ᴄpəu	ᴄtie	ᴄkʰɛi	pauᴄ	tɕʰieᴄ	ᴄtɕʰye	tsʰɛiᴄ	ᴄtsʰu	tɕʰinᴄ	ᴄtɕʰiɛu

粤北土话以乐昌皈塘、连州星子、乐昌长来方言为例:

	白并	大定	骑群	饭奉	钱从	袖邪	锤澄	床崇	乘船	酬禅
皈塘	ᴄpia	taᴐ	ᴄkʰi	faᴐ	ᴄtʃʰie	tʃʰiᴐ	ᴄtʃʰy	ᴄtʃʰou	ᴄʃai	ᴄtʃʰi
星子	ᴄpa	ᴄto	ᴄkʰi	pɔŋᴄ	ᴄtsʰāi	tsʰieuᴐ	ᴄtʃʰy	ᴄtʃʰɔŋ	ᴄʃāi	ᴄtʃʰieu
长来	paᴐ	tuᴐ	ᴄkʰai	fɐŋᴐ	ᴄtsʰāi	tsʰiᴐ	ᴄto	ᴄtʃʰɐŋ	ᴄʃɐŋ	ᴄtʃʰʌu

上例中,各方言并定母(包括音值为塞音的奉澄母)为不送气清塞音,其他全浊声母为送气清塞音塞擦音等(不过乐昌长来方言中并定母上声字口语音也送气,如"棒"pʰɐŋᴄ、"淡"tʰɐŋᴐ、"丈"tʰɛŋᴐ),两类声母音值的区别在于送气和不送气。

如上所述,汉越语中并定母和其他全浊声母音值分为两类,湘南土话、粤北土话某些方言中并定母和其他全浊声母音值也分为两类。不过两者相互区别的特征并不相同,对应如下:

	并定母	其他声母
汉越语	浊	清
土话	不送气	送气

尽管声母区别的具体内容不同,但以相同声类为区分条件,即并定母为一类,其他全浊声母为另一类,是相同的。这种声类分合关系上的一致性说明,它们之间存在着某种内在的联系。只是这种联系不容易从汉语自身历时演变的角度来解释。因为并定母和其他全浊声母音值的这种分化,不像一般汉语声母演变那样以声调或韵母为条件,而是明显决定于声母自身,却又无法用某个区别性特征(如清浊、送气与否等)来控制。因此本文试图从其他途径寻求答案。下面从语言接触的角度,联系壮侗

族语言、越南语和其他汉语方言,来对这一问题进行探讨。

三

目前分布在我国南方广大地区的壮侗族语言,声母中大多有带先喉塞成分的浊塞音 ʔb、ʔd(如壮语、布依语、临高话、侎僙话、村话等),或蜕变为喉塞不明显的 b、d(如西双版纳傣语);有的还有舌根音 ʔg 和舌面音 ʔɟ(如莫话、甲姆话),或蜕变为喉塞不明显的 g(如黎语);有的另外还有一套带鼻冠音的 mb、nd(如水语)或 mb、nd、ŋg、nɟ(如毛南语)。总之,除少数外,壮侗族语言的塞音塞擦音声母大多分为两类:ʔb、ʔd 为浊音,其他都为清音。这一声类的区分,跟汉越语、湘南土话、粤北土话中并定母和其他全浊声母表现不同的情况也明显有关。

笔者以为,根据目前所见的材料,湘南土话和粤北土话应该是同一种方言,而且可以和广西的平话(特别是桂北平话)归在一起。(见拙文《平话、湘南土话和粤北土话的归属》)近年来也有学者提出,汉越语是公元十世纪时越南语以广西地区古平话的语音为依据借入的汉字读音。因此,汉越语和湘南土话、粤北土话中的古全浊声母音值实际上都和平话有关。但目前平话古全浊声母清化后塞音塞擦音一律不送气,和全清声母合流,音值只有一类。如灵川三街话(桂北平话)和南宁心墟话(桂南平话):

	盆並	淡定	穷群	浮奉	钱从	像邪	丈澄	床崇
灵川三街	ˬpən	ˬt	ˬkiŋ	ˬfu	ˬtsie	tsiaŋˎ	tiaŋˎ	ˬtɕyaŋ
南宁心墟	ˬpun	ˬtam	ˬkuŋ	ˬpou	ˬtsin	tsenˎ	tsenˎ	ˬtso 锄

按理汉越语和湘南土话、粤北土话某些方言中古全浊声母的两类音值,应该是古平话中古全浊声母的一类音值演变分化的结果。问题是怎样弄清这一演变分化的过程。

汉越语的情况需要结合越南语来观察。越南语目前一般认为属于南亚语系孟—高棉语族。但越南语音系中的一个重要特点,即浊塞音只有 b、d,其他塞音塞擦音均为清音,却和汉藏语系的壮侗族语言一致。因此,汉越语并定母为浊音,其他全浊声母为清音,应该是古平话的语音折合为越南语语音的结果。

湘南土话、粤北土话则由于当地早期存在壮侗族居民,后来还有汉族说其他方言的居民,需要联系壮侗族语言和汉语方言两方面来观察。

上面提到壮侗族语言一般都有声母 ʔb、ʔd。ʔb、ʔd 是常用的标写形式,说明辅音发音时同时有一个喉头破裂成分。这两个声母在不少壮侗族语言中发音往往带有吸气作用,标写为 ɓ、ɗ。因此 ʔb、ʔd 和吸气音 ɓ、ɗ 基本相同。但壮侗族语言目前大多只有双唇和舌尖部位的浊塞音 ʔb、ʔd,极少其他部位的同类辅音。如赵元任所说,这可能是吸气音在偏后的舌根软腭到声门间的不大空间动作有所限制,在这样的条件下,只有偏前的双唇和舌尖部位比较容易发音,因此得以保持下来。

由于大多数壮侗族语言中浊塞音只有双唇和舌尖部位,其他发音部位就成为空格。因此,如果壮侗族居民语言中借入汉语词语或学说汉语,并定母就会折合成 ɓ、ɗ,其他声母则会折合成另外的音类。如果壮侗族居民再进一步在和汉族居民的密切接触中融入汉族并换用汉语,这一特点就将作为底层遗留在换用的汉语中。而当地汉族居民所说的汉语,因为和壮侗族语言的密切接触,也有可能接受这种壮侗族居民所说汉语的影响,表现出同样的特点。

根据以上所说,汉越语中的并定母,可能是由 ɓ、ɗ(或 ʔb、ʔd)演变为 b、d 的。湘南土话、粤北土话中的并定母(包括音值为塞音的奉澄母)则可能在清化前曾受壮侗族语言的影响变为 ɓ、ɗ(或 ʔb、ʔd)。这样,在以后全浊声母清化的过程中,某些土话中的 ɓ、ɗ(或 ʔb、ʔd)因为具有吸气的特性,就不再能参与方言中送气化的音变(这估计是由客赣方言的影响引起的),而只能变为不送气音,其他全浊声母则变为送气音。(乐昌长来方言中并定母上声字口语音也送气可能还有珠江三角洲一带粤语的影响。这种粤语全浊声母清化后塞音塞擦音平上声字送气,去入声字不送气。如果送气的演变先只在上声调中发生,有可能产生这样的影响。)土话中的这一音变过程可以表示如下:

$$
\begin{array}{cccc}
 & ① & ② & ③ \\
并定母 & b、d \rightarrow & ɓ、ɗ \rightarrow & p、t \\
其他声母 & g、dz\cdots \rightarrow & g、dz\cdots \rightarrow & k^h、tɕ^h\cdots
\end{array}
$$

由此可见,汉越语中并定母为浊音,其他全浊声母为清音,湘南土话、粤北土话某些方言中并定母为不送气音,其他全浊声母为送气音,实际上都是壮侗语底层或影响的反映。这样,汉越语和某些土话中古全浊声母两种不同的语音表现,以及以声母自身为条件的特殊音变,从语言接触的角度出发考虑,就都得到了合理的解释。

语料来源

李 未:《广西灵川平话的特点》,《方言》1987.4。

李永明:《临武方言》,湖南人民出版社,1988。
沈若云:《宜章土话研究》,湖南教育出版社 1999。
王　力:《汉越语研究》,《岭南学报》9 卷 1 期,1948;又载《王力文集》第 18 卷,山东教育出版社,1991。
张均如:《记南宁心墟平话》,《方言》1987.4。
张双庆、万波:《乐昌(长来)方言古全浊声母今读音的考察》,《方言》1998.3。
郑张尚芳:《浙南和上海方言中紧喉浊塞音声母 ʔb ʔd 初探》,载《吴语论丛》,上海教育出版社,1988。
庄初升、林立芳:《粤北土话中古全浊声母今读的类型》,《语文研究》2000.2。

参考文献

鲍厚星、颜森:《湖南方言的分区》,《方言》1986.4。
梁　敏、张均如:《广西平话概论》,《方言》1999.1。
林立芳、庄初升:《粤北地区汉语方言概况》,《方言》2000.2。
倪大白:《侗台语概论》,中央民族学院出版社,1990。
杨焕典、梁振仕、李谱英、刘村汉:《广西的汉语方言》(稿),《方言》1985.3。
赵元任:《中国方言当中爆发音的种类》,《史语所集刊》5 本 4 分,1935;又载《赵元任语言学论文集》,商务印书馆,2002。

(原载《纪念王力先生百年诞辰学术论文集》,商务印书馆,2002 年)

壮侗语吸气音声母 ʔb、ʔd 对汉语方言的影响

一

我国南方某些方言的声母有特殊的浊音音值。如吴方言永嘉蓬溪话"杯帮"₌ʔbai、"懂端"₌ʔdoŋ，上海南汇话"饱帮"₌ʔbɔ、"东端"₌ʔdoŋ、"锦见"₌ʔɟiʌŋ，闽方言文昌话"拜帮"ɓai²、"牌並"₌ɓai、"对端"₌ɗui⁵、"队定"₌ɗui，浦城石陂话"崩帮"₌baiŋ（左下的"₌"为阳平乙调，下同）、"斫端"₌du、"稿见"₌gɔ、"醉精"₌dzy，粤方言玉林话"碑帮"₌bi、"担端"₌dam，化州话"都端"₌dou、"大定仄"dai²，等等。（例字中的 ʔb、ʔd 等和 ɓ、ɗ 是同一种吸气音的不同标写。）各例字的声母大多为古清声母的帮端（精见）母。文昌、化州等方言还包括古浊声母的並定母，因为其他古浊声母已经清化，並定母独具浊音音值，也成为特殊。此外，湘南粤北某些土话古浊声母都已经清化，但塞音塞擦音中並定母字不送气，其他声母字送气，並定母也显得特殊。如临武土话"婆並"₌pu、"甜定"₌ti、"近群"₌kʰeŋ、"斜从"₌tɕʰio，连州星子土话"白並"₌pa、"大定"₌tɔ⁵、"骑群"₌kʰi、"钱从"₌tsʰai。这些土话中並定母不送气，说明它们早期的音值也是 ʔb、ʔd，和上述一些方言的情况相同。以上汉语方言中具有特殊音值的声母，一般认为是壮侗语影响的结果，或壮侗语底层的表现。

我国南方的壮侗语普遍存在这种吸气音声母。比如壮语、布依语、水语、毛南语、临高话、佯僙话、黎语、村话等的 ʔb、ʔd，莫话、甲姆话的 ʔb、ʔd、ʔɖ、ʔg。某些语言的声母失落了前喉塞成分，如西双版纳傣语的 b、d，黎语的 g。瑶语和壮语关系密切，某些语言的方言也有这样的声母，如勉语中的 b、d，拉珈语中的 b。各语言中的吸气音声母以唇音和舌尖音为多，其他发音部位较后的极少。赵元任《中国方言当中爆发音的种类》一文说，这是因为其他部位与声门距离较近，发音比较困难的缘故（为简便起见，下文叙述中有时以 ʔb、ʔd 代表 ʔb、ʔd、ʔɖ、ʔg，以帮端母代表帮端精见母）。

比较壮侗语各语言，可以发现这种吸气音正在经历一个弱化的过程。例如：

	壮	布依	傣西	临高	侗	仫佬	水	毛南
薄	ʔbaːŋ¹	ʔbɛŋ¹	baːŋ¹	vian¹	maːŋ¹	ʔwaːŋ¹	ʔbaːŋ¹	baːŋ¹
鼻子	ʔdaŋ¹	ʔdaŋ¹	dəŋ¹	lɔŋ¹	naŋ¹	kə⁶ naŋ¹	naŋ¹	ʔnaŋ¹

弱化过程也见于某些语言内部的不同方言。如壮语：

	武鸣	隆安	龙胜	连山
薄	ʔbaːŋ¹	maːŋ¹	waːŋ¹	baːŋ¹
身体	ʔdaːŋ¹	naːŋ¹	raːŋ¹	laːŋ¹

ʔb、ʔd 失落前喉塞成分成为普通的 b、d，或进一步成为 m、v、w 和 n、l、r 等，符合浊塞音弱化的一般情况。

  汉语是在向南方扩展的过程中与壮侗语接触的。语言接触产生影响，音值相同相近是条件之一。因此，壮侗语的 ʔb、ʔd 声母影响汉语方言，使之也产生出特殊的 ʔb、ʔd 声母，完全是顺理成章的。但这里有一个问题，那就是壮侗语浊的（甚至已经开始弱化的）ʔb、ʔd 声母虽说可以影响到汉语方言古浊声母的并定母，为什么有时又会影响到古清声母的帮端母，或同时影响到古清声母的帮端母和古浊声母的并定母。这种不同影响的性质应该是相同的。可是单从壮侗语 ʔb、ʔd 的浊音音值来看，很难解释其中的原因。

二

  如果从历时的角度考虑，既然壮侗语的 ʔb、ʔd 能够影响汉语方言中清的帮端母，它就有可能过去曾经是清声母。这可以从这些声母和声调的配合关系看出来。李方桂曾经指出，壮侗语有和汉语一样的声母清浊和声调阴阳相配的特定关系。以武鸣壮语为例。从语言中的老汉语借词来看，1、3、5、7 调对应于汉语的阴平、阴上、阴去、阴入调，2、4、6、8 调对应于阳平、阳上、阳去、阳入调（7、8 两调还各因字音韵母长短不同而有调值差异）。例如：

    兵帮 piŋ¹ 几见 kei³ 炮滂 paːu⁵ 七清 ɕat⁷ 恶影 jaːk⁷
    浮奉 fau² 伴並 puən⁴ 命明 miŋ⁶ 熟禅 ɕuk⁸ 袜微 faːt⁸

因此，清声母与 1、3、5、7 调相配，浊声母与 2、4、6、8 调相配，也是壮侗语的规律。而 ʔb、ʔd 等声母一般只与 1、3、5、7 调相配。例如：

    ʔbeŋ¹(拉) ʔbaːn³(村寨) ʔbɯ⁵(讨厌) ʔbit⁷(拧) ʔbaːk⁷(砍)

ʔdoːi¹（山岭） ʔdaːi³（藤） ʔdum⁵（喝） ʔdit⁷（阳光） ʔdoːk⁷（骨头）

这说明,ʔb、ʔd 曾经是清声母,与目前的浊音形式不同。

奥德里古尔《历史和地理可以解释某些语音上的发展》一文也指出,东南亚一些语言（如南亚语、壮侗语和越南语）的 ʔb、ʔd 是由 p、t 浊化而来的。比如南亚语孟语的 pi（三）、pan（四）、ti（地）,高棉语读作 ʔbei、ʔbuon、ʔdei,但按高棉文的拼写应为 pi、puon、ti。这说明高棉文开始被使用时,这些词语的声母还是清的 p、t。（我国的瑶语也有这种现象,比如勉语中藻敏方言的 bjɛn¹ 搬、bu³ 烧、dai⁵ 杀、bjɛ⁷ 北,标一交方言为 pjen¹、pau³、tai⁵、pɔ⁷,说明藻敏方言这些单数调中的 b、d 也是由 p、t 浊化来的。）奥氏还认为高棉语 p、t 的浊化可以追溯到 12 世纪。

由此看来,壮侗语 ʔb、ʔd 中的 b、d 曾经是清声母。因为如此,汉语方言清的帮端母接受它的影响才成为可能。这样,共时的语言现象就从历时的角度得到了解释。早期壮侗语 p、t 前的 ʔ 也是清辅音,p、t 浊化后,ʔb、ʔd 原有的清音性质就由这个先喉塞成分来表示了。

壮侗语等非汉族语言与汉语方言接触时间很长,而且早晚不一。这期间我国境内壮侗语 p、t 的浊化都已完成,但各地汉语方言的浊音清化却是先后发生,至今还有保持浊音音值未变的。因此,壮侗语的 p、t 如果保持为清声母,汉语方言中的帮端母固然会受到影响,由于汉语历史上有一个古浊声母清化的过程（李锦芳曾经注意到这一过程）,清化了的并定母也会接受影响。而壮侗语 p、t 浊化后,ʔb、ʔd 又会使汉语方言中保持浊音音值尚未清化的并定母受到影响,这时清的帮端母却不再接受影响了。可见接触双方的不同变化会改变接触的结果。

三

如上所述,壮侗语的声母和汉语方言的声母在各自演变过程的不同阶段相接触,随着壮侗语声母的变化,汉语方言中的帮端母和并定母也会有不同表现。如果把壮侗语声母的演变过程分为①保持为清音和②浊化两个阶段,汉语方言古浊声母的演变过程分为①保持浊音音值和②清化两个阶段,壮侗语和汉语方言声母的接触将出现下面三种情况:

(1) 壮侗语①和汉语方言①接触

早期壮侗语清的 p、t 声母影响到汉语方言中清的帮端母（浊的并定母不受影响）,然后汉语方言的帮端母在与壮侗语持续接触的过程中接受影响而浊化为 ʔb、ʔd

（如前述永嘉蓬溪话和上海南汇话），或者进一步失落喉塞和吸气成分而成为普通的 b、d（如浦城石陂话和玉林话）。汉语方言帮端母的演变过程可以表示如下：

    p帮 t端 → ʔb ʔd → b d

 （2）壮侗语①和汉语方言②接触

  壮侗语清的 p、t 声母同时影响到汉语方言中清的帮端母和清化了的并定母，然后汉语方言的帮端母和并定母因持续接受壮侗语的影响而一并浊化为 ʔb、ʔd（ɓ、ɗ）（如文昌话），或者进一步失落喉塞和吸气成分而成为普通的 b、d（如化州话）。汉语方言帮端母和并定母的演变过程可以表示如下：

    p帮 t端 → p t → ʔb ʔd → b d
    b并 d定 ↗

 （3）壮侗语②和汉语方言①接触

  晚期壮侗语浊化了的 ʔb、ʔd 影响到汉语方言中保持为浊音的并定母（清的帮端母不受影响），汉语方言的并定母变化为 ʔb、ʔd（目前还没有见到这一语音形式的例子），或再因其他外来的（比如某个汉语方言的）影响清化为 p、t（比如受到客赣方言影响的临武土话和连州星子土话）。汉语方言并定母的演变过程可以表示如下：

    b并 d定 → ʔb ʔd → p t

  以上几种情况说明，壮侗语声母和汉语方言声母各自的演变以及演变过程中不同阶段的接触，使壮侗语 ʔb、ʔd 声母对汉语方言帮端母和并定母的影响产生了不同的结果，从而造成共时平面上壮侗语 ʔb、ʔd 分别或同时和汉语方言古清声母和浊声母相对应的局面。

参考文献

奥德里古尔（A. G. Haudricourt）：《历史和地理可以解释某些语音上的发展》，岑麒祥译，《语言研究》1959.4；又载岑麒祥《国外语言学论文选译》，语文出版社，1992。

李方桂：《The Hypothesis of a Pre-glottalized Series of Consonants in Primitive Tai》（原始台语中系列先喉塞音的构拟），《史语所集刊》第11本，1943。

李锦芳：《华南地区语言清塞音声母浊化现象探析》，载《汉语与少数民族语关系研究》（中央民族学院学报增刊），1990。

梁　敏、张均如：《侗台语族概论》，中国社会科学出版社，1996。

毛宗武、蒙朝吉、郑宗泽：《瑶族语言简志》，《中国少数民族语言简志丛书》，民族出版社，1982。

王福堂：《汉越语和湘南土话、粤北土话中并定母读音的关系》，载《纪念王力先生百年诞辰学术论文集》，商务印书馆，2002。

赵元任:《中国方言当中爆发音的种类》,《史语所集刊》5本4分,1935;又载《赵元任语言学论文集》,商务印书馆,2002。

(原载《语言学论丛》第33辑,商务印书馆,2006年)

广州方言韵母中长短元音和介音的问题

一

广州方言是粤方言的代表方言,在汉语方言中具有重要的地位,在海外也有很大的影响。广州方言因此一直为人们所注意,出现了许多有关的研究著作。自上世纪中期以来,在音系处理、特别是韵母处理上较具特点的,有王力《中国音韵学》(1935)、黄锡凌《粤音韵汇》(1941)、赵元任《粤语入门》(1947)、陈慧英、白宛如《广州话和北京话的比较》(1958)、袁家骅等《汉语方言概要》(1960),北大中文系《汉语方音字汇》(第二版,1989),李新魁等《广州方言研究》(1995)等。

各家记录的广州方言韵母,最早发表的影响较大的是黄氏的韵母表:

a	ai	au		am	an	aŋ	ap	at	ak
	ɐi	ɐu		ɐm	ɐn	ɐŋ	ɐp	ɐt	ɐk
ɛ	ei					ɛŋ			ɛk
œ			œy		œn	œŋ		œt	œk
ɔ	ɔi	ou			ɔn	ɔŋ		ɔt	ɔk
i		iu		im	in	iŋ	ip	it	ik
u	ui				un	uŋ		ut	uk
y					yn			yt	
m	ŋ								

上表共 53 个韵母,韵母中没有介音 i、u。黄氏的声母系统有 kw、kʰw、w、j。

赵氏和袁氏等的韵母和黄氏的数量相同,也没有介音 i、u,声母中有 kw、kʰw、w、j。(1946 年岑麒祥《广州音系概述》、1972 年余霭芹《粤方言研究》、1980 年高华年《广州方言研究》等处理大致相同。)

王氏的韵母中有介音 i、u,除上述 53 个无介音韵母外,还有有介音的齐齿韵 iɛ、

iɐi、iɐu、iøy、iɛm、iɐn、iøn、iɔeŋ、iɐŋ、iɐp、iɐt、iɔek、iuk 等 13 个，合口韵 ua、uɔ、uai、uɐi、uan、uɐn、uaŋ、uɐŋ、uɔŋ、uat、uɐt、uak、uɐk、uɔk、uɪk、等 15 个，共 81 个韵母。声母中没有 kw、kʰw、w、j。

陈、白二氏的韵母表也有介音 i、u，除 53 个无介音韵母外，还有有介音的齐齿韵 18 个，合口韵 15 个，共 86 个韵母，声母中没有 kw、kʰw、w、j。与王氏相比，陈、白二氏的齐齿韵多了 ia、iɛŋ、ieŋ、iak、iek 等 5 个，合口韵有 ueŋ 无 uɐk。（1998 年白氏的《广州方言词典》又增加了 iai、iau、iam、iaŋ、iap、ɐu 等 6 个韵母，只见于口语词。）

北大中文系的韵母表除 53 个无介音韵母外，还有与陈、白二氏相同的有介音的合口韵 15 个，共 68 个韵母。有介音 u，没有介音 i，声母中有 w、j。

李氏等的韵母表除 53 个无介音韵母外，还有 ɛu、ɛm、ɛn、ɛp、ɛt、œt（其中 5 个 ɛ 类韵母是年轻人因猎奇而从英语和郊县方言借用的，还没有进入广州方言的语音系统），共 59 个韵母。没有介音 i、u，声母中有 kw、kʰw、w、j。

上述各家所记韵母的数量不尽一致，处理中长短元音标注与否、元音音值标写、音位归纳、有无介音，以及声母中有无 kw、kʰw、w、j，也都有或大或小的分歧。

二

这里以黄氏的韵母表为基础，讨论广州方言韵母的语音问题。

1. 长短元音的标注

广州方言韵母中的元音有长短之别。这也是绝大多数粤方言都有的现象，是粤方言的重要特点。不过元音有长短之别，不等于音节也有长短之别。广州方言中，有长元音的音节韵尾较轻较短，有短元音的音节韵尾较重较长，长短元音和韵尾之间的互动，使音节保持大致相同的长度。较轻较短的韵尾容易弱化，在有的方言里还趋于失落。以东莞方言为例（为方便起见，例字有文白异读的只标出口语音。下同）：

	忽	北	塔	八	郭
广州	fɐt˨	pɐk˨	tʰap˧	pat˧	kwɔk˧
东莞	fɐt˨	pɐk˨	tʰa˧	pɛ˧	kwɔ˧

东莞方言中的古清入字，和广州方言上阴入调短元音音节相对应的"忽北"保持入声韵尾，和广州方言下阴入调长元音音节相对应的"塔八郭"失落韵尾，韵母转为阴声韵。韵尾的失落，说明前面的元音原来是长的。

汉语其他方言也有类似的现象。比如陕西清涧方言古清入字的韵尾与东莞方言有相同的表现。仍以上述字为例：

	忽	北	塔	八	郭
广州	fɐt˨	pɐk˨	tʰap˨	pat˨	kwɔk˨
清涧	xuəʔ˨	pəʔ˨	˓tʰa	˓pa	˓kuɤ

清涧方言"塔八郭"等字失落了入声韵尾，也说明前面的元音原来是长的。

另外，袁氏等《汉语方言概要》中的长沙方言也标有长元音韵母 ɤ(:)n(如"展")，和 ən(如"枕")韵母的韵腹元音音色相近，长短有别。韵母 ɤ(:)n 目前的音值严式标音为 ɤ̃ⁿ，稍早应为 ɤn。ɤn 在韵尾弱化，向鼻化韵演变的过程中，原来在韵母中只占有一个摩拉的元音 ɤ 在 ɤ̃ⁿ 中扩展到几乎整个韵母，听起来自然比 ən 中的元音 ə 要长了。但与 ən 相对，这种在音变过程中元音音长增加与韵尾消失相联系的韵母还不是一般意义的长元音韵母。（袁氏等长沙方言的 ɤ(:)n 在《汉语方音字汇》第二版中已经改写为 ɤ̃ⁿ。）

本文所说韵母元音有长短之别，不是指在演变过程中有长短之别，也不是指在不同的语音环境中有长短之别，而是指共时状态下在相同的语音环境中有长短之别，长短元音相互对立。从这个意义上说，广州方言的元音才是有长短之别的，除粤方言以外的其他汉语方言还没有这种现象。因此，元音有长短之别是广州方言韵母类型上的一个特点。

除黄氏和王氏以外，各家都提到广州方言韵母元音有长短之别。黄氏没有明确指出这一点，但描写广州方言元音音值时说，a 总是长的，ɐ"略如英文之短 ŭ 音"，"音甚短促"，u 等于英语的 ōō，但也像 book 中的那样短促，这表明实际上是认为有长短音的分别的。黄氏的韵母表有 a、ɛ、œ、ɔ、i、u、y 等 7 个长元音，ɐ、e、œ、o、i、u 等 6 个短元音。

广州方言的长短元音有音值上的差别。高华年认为，元音中"长短的区别是主要的，……音质的不同是附带的"。不过一般认为，由于长元音和短元音的音值不完全相同，而且除长 a 短 ɐ 外并不在相同的语音环境中出现，所以并不需要在长元音之后加符号来和短元音相区别，元音 a、ɐ 只要按实际音值标写即可。而且这样做，也可以在标音上和没有长短元音区别的其他汉语方言取得一致（但袁氏等的标音在长元音 a 后使用了长音符号。这是上述各家中唯一这样做的）。

2. 元音的音值

各家对广州方言元音音值的标写比较接近。总起来说，低元音或半低元音中，短元音的舌位比长元音的要高，高元音中，短元音的舌位比长元音的要低。也就是说，短元音总的趋势是舌位相对偏央偏中。各元音中，音值标写不一致的有长元音 a 和短元音 ɐ、œ、i、u。a、ɐ、œ 的实际音值为 ɑ、ɐ、ɵ，其中 ɑ 和 ɵ 一般按习惯写作 a 和 ø。而短元音 i 和 u，黄氏以为 i 与英语 pick、sing 中的短元音相当，u 倾向于 o，与英语 book、德语 jung 中的短元音相当，即严式标音应为 ɪ、ʊ。赵氏则认为 i 与法语 été 的短元音相当，u 与英语 cook、obey 中的短元音相当，标作 e、o。以后各家基本上分别沿用了黄、赵二氏的标音。

黄、赵二氏短元音 i、u 取例部分相同，标音不一。这恐怕是因为英语 book、cook 中的元音开口度本来就念得不完全相同的缘故。实际上这种情况也见于广州方言。比如李氏等主张 ɪ、ʊ 改写为 e、o，但李氏本人在另一著作《广东的方言》中又认为 o、e "近于 ʊ 和 ɪ"，李著的另一作者在《广州话音档》中的发音也多作 ɪ、ʊ。通过语音实验确定广州方言元音音值也可能结果不一。比如李行德利用 Kay 语图仪，根据元音的 $F_1 F_2$ 值制成广州方言的声学元音图，发现图中的 ɪ、ʊ 距 i、u 远，距 ɛ、ɔ 近，《方言》编者因此认为 ɪ、ʊ 应该标写为 e、o。而刘叔新对比北京方言和广州方言的"公""都""波"等字，发现彼此的音波图相同，因此认为"公"字等的韵母元音北京方言为 ʊ，广州方言也应该标写为 ʊ。此外，还有人认为广州方言 a 和 ɐ 的区别还不能完全以音长和音质来概括，可能需要考虑使用"紧张性"这一语音特征，等等。这种判断上的分歧，不免会影响到元音音位的归纳。

以上是韵母中韵腹元音的情况。韵尾 i、u、y 也都是短元音，舌位与韵腹元音没有明显区别。另外，声母 j、w 如果处理为介音 i、u，也有确定音值的问题。介音 i、u 也是短元音，舌位也不降低，i 略带摩擦，u 并唇齿化，接近 ʋ。（不过介音 i 可以在韵母 ɪŋ、ɪk 前出现，u 不在韵母 ʊŋ、ʊk 前出现。）

3. 音位的归纳

根据以上元音长短和音值的讨论，广州方言 53 韵母表中的元音可以标写如下：

a:	a:i	a:u	a:m	a:n	a:ŋ	a:p	a:t	a:k
	ɐi	ɐu	ɐm	ɐn	ɐŋ	ɐp	ɐt	ɐk
ɛ:	ei				ɛ:ŋ			ɛ:k
œ:		øy		øn	œ:ŋ		øt	œ:k

ɔː	iː	uo		nːc	tːc	ɔːk
iː	iːu	iːm	iːn	ɪŋ	iːp	iːt	ɪk
uː	uːi		uːn	ʊŋ		uːt	ʊk
yː			yːn			yːt	

元音中有长元音 aː、ɛː、œː、ɔː、iː、uː、yː，短元音 ɐ、e、ø、o、ɪ、ʊ（韵尾 i、u、y 和介音 i、u 的音值没有包括在内）。

有两种著作对元音做了音位归纳，一是袁氏等的八音位，一是李氏等的十一音位。

袁氏等的八音位如下：

/a/ — aː　/ɛ/ — ɛː e　/i/ — iː ɪ

/ɐ/ — ɐ　/œ/ — œː ø　/u/ — uː ʊ

　　　　/ɔ/ — ɔː o　/y/ — yː

袁氏等使用的音标基本上依据了黄氏《粤音韵汇》的审音。（上述音标中，袁氏等原来的音位代表 aː a 和变体 œ₊（ɵ）已据《汉语方音字汇》第二版改写为 a ɐ ø。）八音位中，3 个音位各有一个变体，5 个音位各有不同的长短元音变体。音位中长 a 和短 ɐ 对立。

李氏等的十一音位如下：

/a/ — aː　/i/ — iː　/ɐ/ — ɐ

/ɛ/ — ɛː　/u/ — uː　/e/ — ɪ

/œ/ — œː　/y/ — yː　/ɵ/ — ɵ

/ɔ/ — ɔː　　　　　/o/ — ʊ

李氏等的标音以赵氏《粤语入门》为依据。音位的归纳和袁氏等不同的是，把袁氏/ɛ//œ//ɔ/音位中的短元音变体 e、ø(ɵ)、o 移出来，成为 3 个新的音位，又把/i//u/音位中的短元音变体 ɪ、ʊ 归入/e//o/。这样，李氏等的音位分长短元音，有 7 个长元音音位，4 个短元音音位。除/e//o/外，每个音位都只有一个变体。十一音位中，除长 a 和短 ɐ 对立外，ɛ 和 e，ɔ 和 o，œ 和 ɵ，i 和 ɪ，u 和 ʊ 也分别对立。

李氏等认为，八音位的变体中"长的和短的，如 iː 和 ɪ，uː 和 ʊ，ɛː 和 e，ɔː 和 o，œː 和 ɵ，在说广州话的人的音感上距离太大，标成一个符号会掩盖其间的重要差距"，应该分成不同的音位。不过通常对归纳音位的考虑首先是对立和互补，其次才是音值的是否接近。而且李氏等的语感也有与一般人是否都一致的问题。黄氏的韵母表 œː

和ø都作œ,i:和ɪ都作i,u:和ʊ都作u,说明彼此在听感上不仅不是"距离太大",而且还是近似的。至于ɛ:和e,ɔ:和o各属一个音位,此前还没有人提出过异议。

由此可见,就广州方言来说,韵母元音归纳为以上八音位或十一音位,都是可行的。比较起来,八音位注意对立互补的处理,比较简洁。十一音位注意长短元音的区别,音位代表接近实际音值,但绝大多数音位只有一个变体,可以说还没有做到充分的归纳。或许十一音位的主张参考了某些非汉语的音位归纳。但广州方言的元音音位与两广地区非汉语如壮侗语的情况不同。壮侗语中大多数长短元音对立,因此需要分别设立长短元音的音位。而广州方言只有长a和短ɐ对立,其他不对立的长短元音就没有必要也加以区别了。不过,李氏等还注意到广州郊区方言的情况。比如广州方言韵母in、it、un、ut的韵尾-n、-t在郊区夏园方言中为-ŋ、-k,因此夏园方言"电"tiŋ² ≠ "定"tɪŋ²,"必"pik₂ ≠ "碧"pɪk₂,"欢"꜀fuŋ ≠ "风"꜀fʊŋ,"末"muk₂ ≠ "木"mʊk₂,如果按八音位的/i/包括变体i:和ɪ、/u/包括变体u:和ʊ的设置来标写,宽式标音就无法区分这些不同的读音了。不过大城市面积大,有的郊区方言和市区方言有很大的差别,以致实际上可以看成是不同的方言。城区方言韵母元音的音位系统如果要兼顾不同的郊区方言,音位处理中自然就只好减少互补,增加对立,即增加音位的数量了。而其实这种兼顾并非都是必要的。

三

广州方言有没有长a和短ɐ的对立,各家意见一致,有没有介音i、u,各家意见不一。王力是最早设置介音i、u的。但高华年在《粤方言研究中的几个理论问题》中就介音i、u的音值提出:"它们都是半元音j、w,发音时略带摩擦。它们是声母,不是介音。"(也有人以零声母介音i在某些粤方言中转化为浊擦音z,如台山方言"友"꜀ziu,反证介音i的音值应为半元音。)岑麒祥在《广州音系概述》中着眼于介音与声母韵母的关系,也认为广州方言"没有表示等呼的介母存在",kw、kʰw"只能视为结合子音而不是真正的介母,因为这w和k的关系比和韵母的关系密切得多"。李荣则在《关于方言研究的几点意见》中主张广州方言有介音,认为"在语音上,北京跟广州的u介音没有差别",而且两个方言在u介音前的k、kʰ"声母圆唇化上完全一致"。李荣认为广州方言介音的处理所以有不同意见,是因为介音和声母韵母的组合与北京方言有差别,所以分析方法可以不同。而广州方言介音问题处理的好坏,"标准是'简单',声母跟韵母的总数越少越好"。

按照上面的讨论，广州方言有没有介音 i、u，不在音值上有什么特点，也不在和声母韵母哪一方面关系更密切。有没有介音 i、u，要和是否设立声母 kw、kʰw、w、j 及韵母系统是否"简单"的问题联系起来。有介音 i、u，就不需要声母 kw、kʰw、w、j，没有介音 i、u，就需要有上述声母。有介音 i、u，韵母系统就可以像其他汉语方言一样具有开齐合撮四呼的众多韵母，没有介音 i、u，韵母系统就可以减少大量齐齿韵和合口韵的韵母。目前大多数人同意广州方言实际上有介音 i、u 的意见，认为不设介音而增设声母只是一种处理方法，目的是在增加少量声母的条件下减少大量的韵母，得到一个"简单"的韵母系统，而这对广州方言是合适的。

看来广州方言是否设立介音 i、u，主要是一种处理方法。不过是不是设立介音 i、u，和前述元音有没有长短之别一样，也会牵涉到方言中韵母类型的问题。有介音 i、u，韵母就是有介音韵母，没有介音 i、u，韵母就是无介音韵母。前者是汉语一般的韵母类型，后者则显得特殊。这一问题应该比减少韵母数量、简化韵母系统的考虑更为重要。而且介音 i、u 和声母 kw、kʰw、w、j 的关系也不只是广州方言才有的问题，对这一问题的处理，与粤语区其他方言也有关。

由于牵涉到韵母的类型，对广州方言可以不设 i 介音和 u 介音的原因就需要有一个具体的了解。是否可以不设 i、u 介音的问题中也许还有人们未曾设想过的情况，需要进行探讨。

首先，广州方言可以不设介音 u，一般认为是因为只有 k、kʰ、ø 三个声母和介音 u 配合，把这三个声母改做 kw、kʰw、w，介音 u 就可以省略。

声母和介音 u 配合较少的情况见于许多汉语方言。例如：

	对	罪	桂	威	顿	寸	困	温
武汉	tei⁼	tsei⁼	kuei⁼	ˬuei	tən⁼	tsʰən⁼	kʰuən⁼	ˬuən
合肥	te⁼	tse⁼	kue⁼	ˬue	tən⁼	tsʰən⁼	kʰuən⁼	ˬuən
苏州	tE⁼	zE⁼	kuE⁼	ˬuE	tən⁼	tsʰən⁼	kʰuən⁼	ˬuən
长沙	tei⁼	tsei⁼	kuei⁼	ˬuei	tən⁼	tsʰən⁼	kʰuən⁼	ˬuən
广州	tøy⁼	tʃøy⁼	kuɐi⁼	ˬuɐi	tøn⁼	tʃʰyn⁼	kʰuɐn⁼	ˬuɐn

官话部分地区和吴湘两方言跟广州方言一样，介音 u 在舌尖音的声母和韵尾之间容易失落，在舌根音声母和零声母后较能保持。这种现象在汉语方言中比较常见，符合音理，也符合汉语语音变化的规律。只是这些方言有完整的四呼，如果也像广州方言那样把介音 u 处理为声母，就会破坏介音系统，而且增加的声母并不少（吴湘两方言

还有浊声母），减少的韵母却不多，得不偿失。而广州方言的介音系统本来四呼就不很均衡，因为不设介音 u 而增加的声母不多，减少大量合口韵韵母的好处却是明显的。

其次，认为可以不设介音 i，是因为它在广州方言中只和零声母配合，不在其他辅音声母后出现，或者说在其他辅音声母后都已消失，如果把零声母条件下的介音 i 改成声母 j，就可以不再需要 i 介音了。

这要分三种情况来说。

第一，广州方言有一部分齐齿韵可以跟零声母和其他辅音声母配合，因为韵母中的韵腹元音本身就是 i，不需要再有 i 介音。例如：

挑	廉	天	劫	别
₍tʰiu	₍lim	₍tʰin	kip₎	pit₌

妖	炎	烟	叶	热
₍iu	₍im	₍in	ip₎	it₌

这些字的韵母 i 不是介音而是韵腹，情况与其他汉语方言有同有异。例如：

	挑	廉	天	接	别
北京	₍tʰiau	₍liɛn	₍tʰiɛn	₍tɕie	₍pie
苏州	₍tʰiæ	₍liɪ	₍tʰiɪ	tsiɪʔ₎	biɪʔ₌
长沙	₍tʰiau	₍liē	₍tʰiē	tɕie₎	pʰie₎
南昌	₍tʰiɛu	₍liɛn	₍tʰiɛn	tɕiɛt₎	pʰiɛt₌
梅县	₍tʰiau	₍liam	₍tʰien	tsiap	pʰiɛt₌
厦门	₍tʰio	₍liam	₍tʰĩ	tsiʔ₎	piɛt₌
广州	₍tʰiu	₍lim	₍tʰin	tʃip₎	pit₌

其他方言的例字普遍带有 i 介音。有些字的韵腹元音存在高化现象。韵腹元音高化的程度不同，在有的方言中高化成高元音，与介音合一（如厦门方言"天""接"），就成了广州方言这样没有 i 介音的齐齿韵。这里所说的合一，是指两个相同的音（i）的合音。就汉语的韵母结构来说，合一后的音是韵腹，不是介音。韵腹在韵尾-i、-u、-m、-n、-ŋ、-p、-t、-k 前高化并与 i 介音合一的过程可以假设如下：

$$ia \rightarrow iɛ \rightarrow ie \rightarrow iı \rightarrow ii \rightarrow i$$

与其他方言的比较说明，广州方言上述齐齿韵原来也是有 i 介音的，是和韵腹元音的合一才使韵母中的 i 介音消失。（其实广州方言"捐"₍kyn、"雪"ʃyt₎ 一类撮口韵韵母的字音也是 y 介音和韵腹合一的结果，音变规律相似。）这种情况也符合汉语的语音变化规律，只是在广州方言中比较多见。不过这种失去 i 介音的韵母仍然是齐齿韵，因此对广州方言是否设立介音 i 的问题没有直接的影响。

粤语区个别方言还残留有上述带 i 介音的韵母，如阳江方言"吊"tieu³，"片"pʰienˀ，"猎"liɛp₂，台山方言"挑"₋hiau，"廉"₋liam，"接"tiap₋。广州郊区的某些方言也有这样的韵母。例如：

	烧	占	摺
人和	₋ʃiæu	₋tʃiæn	tʃiæp₋
龙归	₋ʃieu	₋tʃien	tʃiep₋

人和离广州市区较远，龙归略近，两个方言韵腹元音舌位高低的不同，说明市郊方言中韵腹元音越靠近市区越趋于高化，到市区方言就和介音合一了。这种残留现象也说明，广州方言韵母中韵腹元音和介音的合一可能还是不太久远的事。

第二，广州方言还有一部分齐齿韵只和零声母配合，不和其他辅音声母配合，是因为辅音声母后原来的齐齿韵失落了 i 介音，韵母转成了开口韵。例如：

	际	柳	心	巾	凶	立	七	局
	tʃeiˀ	₋lɐu	₋ʃɐm	₋kɐn	₋hʊŋ	lɐp₂	tʃʰɐt₋	kʊk₂
	曳	尤	音	因	用	入	日	肉
	iɐiˀ	₋iɐu	₋iɐm	₋iɐn	iʊŋˀ	iɐp₂	iɐt₂	iʊk₂

上方的例字和正下方的例字在《切韵》中同韵，可见原来也是有 i 介音的，后来才告失落。不过，i 介音在不同发音部位的辅音声母后失落，还缺乏语音条件的说明。这种情况不符合汉语语音的变化规律，也不见于其他汉语方言。例如：

	际	柳	心	斤	凶	立	七	局
北京	tɕiˀ	₋liou	₋ɕin	₋tɕin	₋ɕiuŋ	liˀ	₋tɕʰi	₋tɕy
苏州	tsiˀ	₋ly	₋sin	₋tɕin	₋ɕioŋ	liɪʔ₂	tsʰiɪʔ₂	dzioʔ₂
长沙	tɕiˀ	₋liou	₋ɕin	₋tɕin	₋ɕin	li	tɕʰi	₋tɕy
南昌	tɕiˀ	₋liu	₋ɕin	₋tɕin	₋ɕiuŋ	lit	tɕʰit	tɕʰiuk
梅县	tsiˀ	₋liu	₋sim	₋kin	₋hiuŋ	lip	tsʰit	kʰiuk
厦门	tseˀ	₋liu	₋sim	₋kun	₋hioŋ	liap	tsʰit	kɪk
广州	tʃeiˀ	₋lɐu	₋ʃɐm	₋kɐn	₋hʊŋ	lɐp₂	tʃʰɐt₋	kʊk₂

上述例字中，其他方言除苏州方言"柳"流摄三等舌尖音声母字归一等（舌根音声母字

仍保持介音,如"丘"₍tɕʰiy₎),厦门方言"际"三等韵归入四等 e,"斤"殷韵开口归合口,北京和长沙方言"局"合口三等合音为 y,情况比较特殊外,辅音声母后的齐齿韵均未失落 i 介音。而广州方言中的 i 介音全部归于消失。

第三,广州方言还有一部分齐齿韵只与零声母配合,不与其他辅音声母配合,是因为辅音声母后原来的 i 介音与韵腹元音合音,韵母也转成了开口韵。例如:

爹	命	脊	靴	娘	略
₍tɛ	mɛŋ²	tʃɛk₍	₍hœ	₍nœŋ	lœk₎
夜	影	镱哈喇		羊	约
iɛ²	₍iɛŋ	iɛk₎		₍iœŋ	iœk₍

根据《切韵》及其他汉语方言的情况,可以推测上例第一行"爹"、"靴"等字的韵母是如下合音的结果:

ia→ɛ   iaŋ→ɛŋ   iak→ɛk
iɔ→œ   iɔŋ→œŋ   iɔk→œk

合音后的元音,舌位的高低及唇形和原韵腹元音相同或相近,舌位的前后和原介音相同,这种合音符合音理。不过介音和韵腹二者合音的情况相当特殊。因为在汉语的韵母结构中,韵腹和韵尾紧密不可分离,介音和韵腹却比较松散,韵母中的介音是可有可无的。就韵母各成分之间的关系来说,韵腹和韵尾远比韵腹和介音来得密切,如果有合音,应该只会在韵腹和韵尾之间,而不会在介音和韵腹之间发生。比如:

	爹	茅	定	娘	脊	略
北京	₍tie	₍mau	tiŋ²	₍niaŋ	ˈtɕi	lye²
苏州	₍tiɒ	₍mæ	din²	₍niaŋ	tsiɪʔ₍	liɒʔ₎
长沙	₍tia	₍mau	tin²	₍nian	tɕi	lio
南昌	₍tia	mau²	tʰiaŋ²	₍ɲiɔŋ	tɕiak₍	liɔk
梅县	₍tia	₍mau	tʰin²	₍ɲiɔŋ	tsit₍	liɔk₎
厦门	₍tia	₍hm	tiā²	₍niū	tsiaʔ₍	lioʔ₎
广州	₍tɛ	₍mau	tɛŋ²	₍nœŋ	tʃɛk₍	lœk₎

例字中有韵腹元音与韵尾的合音,如苏州方言"茅"₍mæ 合音为单元音,厦门方言"定"tʰiā²、"娘"₍niū 合音为鼻化元音。除广州方言外,没有一个方言有介音与韵腹的合音。可见这也是一种不符合汉语语音规律的变化。(粤语区个别方言也还有部分字没有像广州方言这样的合音,如台山方言"娘"₍ⁿdiaŋ"略"liak₎。)

从以上的情况来看，广州方言可以不设 u 介音的原因与其他某些汉语方言没有区别，i 介音消失的第一种情况，即介音和韵腹的合一，就汉语来说也不难解释。但 i 介音消失的后两种情况，即辅音声母后的齐齿韵，或是因 i 介音失落而转为开口韵，或是因 i 介音与韵腹合音而转为开口韵，却是广州方言特有的现象，就汉语来说很难理解。

四

上面提到，广州方言 u 介音消失的情况和其他汉语方言相似，i 介音的消失则大多显得特殊，不易解释。

i 介音消失的三种情况中，后两种有失落和合音的不同方式。采取不同方式也许和韵母中韵腹元音的长短有关，可以尝试加以解释。比如失落 i 介音的都是短元音韵母，介音在韵腹短元音前也短些，因此容易失落。i 介音和韵腹合音的都是长元音韵母，介音在韵腹长元音前相对也要长些，因此与在短元音韵母中的失落不同，采取了合音的方式。

但是广州方言辅音声母后 i 介音全部消失的问题却很难解释。不仅如此，辅音声母后的 i 介音消失，零声母后的 i 介音却保持下来，或是不失落，或是发生了合音而仍有 i 介音，这也是一个问题。因为一项音变如果没有不同语音条件的制约，其表现应该是一致的，不应当出现不同的变化结果。广州方言既然辅音声母后的齐齿韵会发生 i 介音失落或合音的变化，零声母后的齐齿韵按理也应当会发生同样的变化。比如深摄心母字的"心"介音失落变为 ₋ʃɐm，零声母的影母字如"音"也应当失落介音变为 ₋ɐm，宕摄开口三等泥母字的"娘"介音和韵腹合音变为 ₋nœŋ，零声母喻母字如"羊"也应当介音和韵腹合音变为 ₋œŋ。但这样的情况并没有发生。

据目前所知，粤方言中，只有阳江、廉州等个别方言有上述 i 介音消失的三种情况中的第二种，即零声母齐齿韵字因 i 介音失落而转为开口韵，与在辅音声母后的情况相同。如阳江方言中的臻摄字：

   因姻殷印 ɐn

又如廉州方言：

   因姻洇殷印 ɐn
   一 ɐt

这些臻摄零声母字的韵母与辅音声母如心母字"新"ɬɐn、"膝"ɬɐt 相同，i 介音失落，韵母 ien、iet 转成了开口韵 ɐn、ɐt。

不过阳江、廉州方言中失落 i 介音的字只是极少数，绝大多数零声母字仍然和广州方言一样保持了 i 介音。也就是说，同是零声母字也有不同的变化，i 介音或是失落或是保持。这种情况也许和早期的声母不同有关。上述臻摄的零声母字"因姻洇殷印一"等为影母字。目前粤方言中影喻母虽然已经合流，影母字的 ʔ 声母已经失落，但在阳江、廉州方言发生上述 i 介音失落的音变时，影喻母的合流也许还没有最终完成，因此这些臻摄影母字的 ʔ 声母也像其他辅音声母一样使 i 介音归于失落，同摄的喻母字"寅"ien 和"逸"ien 则保持住了 i 介音。由此看来，阳江、廉州方言的这种影母字失落 i 介音的现象和其他辅音声母后的失落 i 介音，性质上应该是相同的，并不就是例外。（粤方言还同时存在个别影母一等字衍生 i 介音转为齐齿韵的特殊现象。如广州方言"恩"˛ien、"翁"˛iʊŋ、"沃"iʊk˛，有 i 介音，廉江方言"恩"˛ɐn～˛ien，有无 i 介音两读。这可能是在影母个别齐齿韵字失落 i 介音的同时，个别开口韵字发生了反向的衍生 i 介音的音变，从而造成了少量的混乱。）

既然上述阳江、廉州方言个别臻摄影母字"因姻洇殷印一"失落 i 介音不属例外，那就又回到了原来的问题，即辅音声母后的 i 介音全部消失，零声母后齐齿韵仍然保持 i 介音，原因是什么。也许可以假设，绝大多数零声母字所谓的保持 i 介音而不失落，是由于 i 介音不在其他辅音声母后出现的事实，使人们在语感中发生了介音向声母的转化，即介音 i 变成了声母 j。音类由介音向声母的变化，导致在音变中表现的变化，阳江、廉州方言中的臻摄喻母字"寅引逸"（也有个别影母字如"隐"）的原 i 介音就作为声母保留了下来。而阳江方言中零声母齐齿韵字在原 i 介音与韵腹合音后仍然保有 i 介音，也有可能是为使字音不致有太大的变化而仍然需要有一个 i 介音，然后再转化为声母 j 的缘故。

介音转化为声母，韵母的类型就发生了变化，即有介音的韵母变成了无介音的韵母。和阳江、廉州方言相同，广州方言中，零声母后 i 介音的保存，也是 i 介音转化为声母 j，即韵母类型变化的结果。如"寅"˛ien→˛jen，"羊"˛iœŋ→˛jœŋ。

另外，阳江方言目前辅音声母后的 i 介音一般都已经失落，但深摄字还有个别保持 i 介音的残余形式（如"琴"˛kʰiem，"及"kiep˛）。i 介音与韵腹的合音已经发生，但宕摄字还没有这样的合音现象（如"娘"˛niɛŋ，"略"liɛk˛）。这样，辅音声母后的 i 介音有失落有保留，零声母后的 i 介音也有失落有保留。这说明，阳江方言中 i 介音消失的进程表现参差。而这也正好能让人看到语音变化过程各个阶段的细节。而且阳江方言目前还有一种相对于其他粤方言来说是超前的语音变化，即 j、w 声母和零声母相对立。例如：

$$\text{以}\ ^{\text{c}}\text{ji} \neq \text{卩}\ ^{\text{c}}\text{i}(\text{"卩 刁"}:\ ^{\text{c}}\text{i i}\ ^{\text{c}}\text{二胡})$$

$$\text{回}\ _{\text{c}}\text{wui} \neq \square_{\text{猪哼声}\ \text{c}}\text{ui}$$

和 j、w 对立的零声母并非来源于影喻母，目前也还只见于拟声词和由拟声词转化的名词。但对立本身说明，阳江方言中无疑已经有了声母 j、w。因此 i 介音转化为 j 声母的推测就是有根据的了。看来粤方言目前即使还可以考虑没有声母 kw、kʰw，但已经是需要有声母 j、w 了。(《汉语方音字汇》第二版中的广州方言为了和同属粤方言的阳江方言取得一致，也设置了声母 j、w。)

根据上面的讨论，可见广州方言的介音 i 和 u 应以不设为宜。也就是说，广州方言的韵母类型应该是没有介音的。作为一种处理，这不是两可，而是必要的。不设 u 介音的理由是其他汉语方言也有的音变规律，不设 i 介音则主要是因为粤方言的 i 介音或是失落或是转化为声母 j 的特殊性。

五

如上所述，广州方言的韵母元音有长短之别，介音 i、u 应该去除，是两个明显的特点。问题是这两个不同于一般汉语方言的特点是怎样形成的。韵母元音有长短之别曾是上古汉语研究的一个课题，但不见于中古以后的汉语，现代方言中除粤方言之外也并不存在。上文也提到，造成介音 i、u 应该去除的原因，其中 u 介音因舌尖音的声母和韵尾共同影响而弱化消失的现象和 i 介音与韵腹合一而消失的现象固然可以有音理上的说明，但 i 介音在不同发音部位的辅音声母后失落，却是一种缺乏语音条件的变化，而 i 介音与韵腹元音的合音，又与韵母各成分之间的一般关系不相一致，因而都显得特殊，不符合汉语的音变规律。至于零声母后 i 介音的保持，上文也是以广州、阳江等方言中介音 i 转化为声母 j 的特殊性来解释的。也许可以推测，这种不符合汉语音变规律的特殊性，实际上可能是某种非汉语影响的结果。这一问题因此超出了广州方言的范围，需要从整个粤方言的角度来考虑。

粤方言受到非汉语的影响是可以设想的。这首先可以从粤方言的历史和所处环境来看。两粤地区的汉族居民原是由中原地区迁来的。中原居民从秦汉时开始就不断有人南下，唐张九龄开辟大庾岭新路以后，南下的更是众多，到宋时为躲避元军便成为滚滚洪流。因此粤方言的形成，目前一般的估计是在唐宋时期，特别是在宋代。宋朱熹在《朱子语类》中说："却是广中人说得声音尚好"，所说"声音尚好"，是指当时粤方言语音与中原方言相近。不过两粤与中原毕竟山川阻隔，交通不便，人员联系困难。因此袁家骅指出，粤方言"和北方汉语虽然同出一源，……彼此的距离难免越来越大"。而且由于汉族居民与当地非汉族居民长期共处，"还不能不注意另外一个对方言的形成有着重大影响的因素，那就是因民族杂居而产生的语言相互影响"。两粤地区原是"百越"居住的地方。所说"百越"，在当地即"俚僚"等族，也就是今天壮侗族的壮、黎等民族的祖先。因此粤方言虽然延续了下来，其间还影响了周围这些非汉族的语言，并使许多非汉族居民改用了粤方言。但在长期的发展中，这些非汉语也影响了粤方言，某些特点可能在粤方言中保存了下来，成为粤方言中的底层（所以徐松石在《东南亚民族中的中国血缘》一文中说："古粤语较富僚壮音"）。因此，如果说今天粤方言韵母中与一般汉语方言不同的某些特点与历史上壮侗语的影响有关，那是非常可能的。

其次，从语言特点考虑，粤方言韵母元音分长短和齐齿韵通过 i 介音失落或与韵腹合音转化为开口韵，也可以发现其中有壮侗语的影响。

下面分两个方面来谈。

第一，壮侗语对粤方言元音分长短的影响

先列出广西武鸣壮语的韵母表：

aː	aːi	aːu		aːm	aːn	aːŋ	aːp	aːt	aːk
	ai	au	aɯ	am	an	aŋ	ap	at	ak
eː	ei	eːu		eːm	eːn	eːŋ	eːp	eːt	eːk
oː	oːi			oːm	oːn	oːŋ	oːp	oːt	oːk
		ou		om	on	oŋ	op	ot	ok
iː		iːu		iːm	iːn	iːŋ	iːp	iːt	iːk
				im	in	iŋ	ip	it	ik
uː	uːi			uːm	uːn	uːŋ	uːp	uːt	uːk
				um	un	uŋ	up	ut	uk
ɯː	ɯːi				ɯːn			ɯːt	
					ɯn	ɯŋ		ɯt	ɯk

武鸣壮语有 kv、v、j 等声母。

武鸣壮语的韵母中有 a、e、o、i、u、ɯ 6 个单元音，还有 -i、-u、-ɯ、-m、-n、-ŋ、-p、-t、-k 等韵尾与韵腹元音结合而成的元音尾韵、阳声韵、入声韵，没有介音。韵母中 a、o、 i、u、ɯ等元音分长短（如果区分长短音,武鸣壮语就有11个单元音）,生成大量对立的长元音韵母和短元音韵母。壮语的这种韵母类型和一般汉语显然不同。

武鸣壮语韵母元音的音位系统也和汉语有很大差别。例如：

/a:/ — a:　　　/a/ — ɐ　　　/e/ — ɛ e
/o:/ — o:　　　/o/ — o
/i:/ — i:　　　/i/ — ɪ
/u:/ — u:　　　/u/ — ʊ
/ɯ:/ — ɯ:　　　/ɯ/ — ɤ

11个音位中,由于音值相近的长短元音相互对立,因此有长元音音位5个,短元音音位5个,各有一个变体,仅只/e/音位兼有长短元音的变体。

再以贵州榕江章鲁侗语的韵母为例：

　　　　a:　a:i　a:u　a:m　a:n　a:ŋ　a:p　a:t　a:k
　　　　　　　　　　　am　an　aŋ　ap　at　ak
　　　　e:　　　e:u　e:m　e:n　e:ŋ　e:p　e:t　e:k
　　　　　　əi　　əu　əm　ən　əŋ　əp　ət　ək
　　　　o:　o:i　　　o:m　o:n　o:ŋ　o:p　o:t　o:k
　　　　i:　　　i:u　i:m　i:n　i:ŋ　i:p　i:t　i:k
　　　　u:　u:i　　　u:m　u:n　u:ŋ　u:p　u:t　u:k
　　　　ɿ:

榕江章鲁侗语也有kw、kʰw、w、j声母。

侗语的韵母系统比壮语简单,有a、e、ə、o、i、u、ɿ等7个单元音,其中只有元音a分长短,ɿ只用于拼写新的汉语借词。

榕江章鲁侗语韵母元音的音位系统也比壮语简单。例如：

/a:/ — a:　　/a/ — ɐ
/e/ — e:　　/ə/ — ə
/o/ — o:
/i/ — i:
/u/ — u:

7个音位中,有5个长元音音位,2个短元音音位,各有一个变体,长a:和短a对立。（元音ɿ是新近从汉语借入的,没有做音位归纳。）

粤方言和壮侗语都有长短元音的对立，似乎也可以认为是各自演变产生或各自保持远古特点的结果，不一定存在相互影响的问题。但上古汉语是否有长短元音的对立并无定论，目前所有其他汉语方言也都没有长短元音对立的特点。而粤方言和壮侗语不存在相互影响只是一种可能性，有相互影响却是明显的事实。壮侗语中，壮语中 6 个元音有 5 个有长短的对立，说明元音分长短是壮语韵母类型的特点。只是这一特点正在逐渐消磨。比如侗语目前就只有 a 元音分长短，较之壮语极大的简化了。而粤方言也只有 a、ɐ 元音分长短，情况与简化的侗语相近。如果认为简化式的粤方言不可能影响壮语生成一套完整的长短元音的判断是合理的，那么反过来假设粤方言是在壮侗语影响下生成对立的长短元音，而由于粤方言本身的情况只能简化如侗语，这样的判断应该也是合理的。

上文所说粤方言本身的情况，是指粤方言的韵母系统只能接受一对 a、ɐ 元音的长短对立。因为汉语方言中只有普遍存在的低元音 a（来自假蟹效咸山梗摄的一二等韵）和中元音 ə（来自流深臻曾摄的一三等韵和蟹止梗摄的三四等韵），由于可以在许多相同的语音环境中出现，构成音值音位的对立，有可能在粤方言中转化为长短对立。（这一情况其实也和内外转的区别有关。广州方言的外转各摄除江臻二摄外，均有长元音 a:。）而其他与广州方言 i: 和 ɪ，u: 和 ʊ，ɛ: 和 e，ɔ: 和 o，œ: 和 ø 相对应字音中的元音，都是互补的，不构成对立。（这也说明，李氏等把广州方言上述 5 个音位的长短元音变体对立起来处理成相互独立的音位，还缺乏事实的支持。）方言中与低元音 a 和中元音 ə 有关的字音举例如下：

	爬	买	饱	三	山	答	杀	鸡	走	深	真	湿	侄
北京	₋pʰa	ꞌmai	ꞌpau	₋san	₋ʂan	ta	ʂa	₋tɕi	ꞌtsou	₋sən	₋tʂən	ʂʅ	tʂʅ
苏州	₋bo	mɒ²	ꞌpæ	₋sE	₋sE	taʔ	saʔ	₋tɕi	ꞌtsɤ	₋sən	₋tsən	sɤʔ	zɤʔ
长沙	₋pa	ꞌmai	ꞌpau	₋san	₋san	ta	sa	₋tɕi	ꞌtsəu	₋sən	₋tsən	sʅ	tsʅ
南昌	₋pʰa	ꞌmai	ꞌpau	₋san	₋san	tat	sat	₋tɕi	ꞌtsɛu	₋sən	₋tsən	sət	₋tɕʰət
梅县	₋pʰa	ꞌmai	ꞌpau	₋sam	₋san	tap	sat	₋kɛ	ꞌtseu	₋tsʰəm	₋tsən	səp	₋tɕʰət
厦门	₋pe	ꞌbue	ꞌpa	₋sā	₋suā	taʔ	suaʔ	₋kue	ꞌtsau	₋tsʰim	₋tsin	sip	tit
广州	₋pʰa	ꞌmai	ꞌpau	₋ʃam	₋ʃan	tap	ʃat	₋kɐi	ꞌtsɐu	₋maʃ	₋tʃɐn	ʃɐp	tʃɐt

例字中"爬买饱三山答杀"等为一二等字，韵母元音除苏州方言"爬饱三"和厦门方言"买"等因韵母合音或元音高化而致舌位升高外，均为低元音。"鸡走深真湿侄"等字中除"走"以外为三四等字，除厦门方言"走"字韵腹元音低化、"深真湿侄"等字韵腹

元音高化外，韵母元音均为中元音。这两类字在汉语方言中通常构成低元音 a 和中元音 ə 两个音位。而中元音在粤方言中舌位大多低化为 ɐ。

粤方言中元音舌位低化为 ɐ 的现象很早就出现了，宋明时已有相关的文献记载（如《通俗篇》所引"宋嘉定中，有厉布衣者，……广人口音称赖布衣云"，明袁子让《字学元元》所记外地人语感中"粤人读谋如茅，读楼如劳，读头如逃，读愁如曹"等）。但从目前还有个别粤方言读作中元音（如台山方言"森"$_c$ʃem，开平方言"信"ɬen²，新会方言"澄"$_c$tʰəŋ 等）的情况来看，中元音舌位低化有一个过程，而且至今还没有全部完成。在已经低化为 ɐ 的方言中，ɐ 与 a 相近，于是在壮侗语的影响下转化为一对长短元音。

第二，壮侗语对粤方言 i、u 介音消失的影响

从粤方言和壮侗语韵母的比较中还可以发现，绝大部分壮侗族语言的韵母都是没有介音的。壮侗语和汉语都有大量的韵母。如果说不同的语言有自己孳生韵母的方法，那么壮侗语中借助元音的长短对立就是一种方法，汉语中借助四呼的不同介音也是一种方法。而不同的孳生方法会造成不同的韵母类型：壮侗语有大量长短元音对立的韵母，没有介音，韵母为无介音韵母，汉语有开齐合撮四呼的韵母，韵母为有介音韵母，（除粤方言外）没有长短元音的对立。不过目前也有个别壮侗族语言有介音。例如布依语龙里羊场话有以 i、u 为介音的韵母 iau、iam、ian、iaŋ、iap、iat、iaʔ 和 ua、ue、uai、uam、uan、uaŋ、uap、uat、uaʔ 等 16 个。但在与布依语黔南土话比较后发现，这些韵母中的 ia 和 ua 实际上是由长元音 e: 和 o: 复化而成的，而韵母 ue 则只用来拼写近期的汉语借词，说明是由汉语借入的。所以早期的龙里羊场话应该是没有介音的。另外，邻近某些非壮侗语如越南语的韵母系统与壮侗语相同，也不存在介音，但广西防城山心京语似乎有介音。例如下列韵母：

	iə	ieu	iəm	nei	mei	ŋei	tei dei	kei	əi
uə	ien		uəm	uən	uəŋ		uət	uək	en
ɯə	iəm		ɯəm	ɯən	ɯəŋ		dəm	tɯət	kɯək	em

但这其实并不是 ə 类韵母前有介音 i、u、ɯ，而是长元音 i、u、ɯ 后出现了过渡音 ə。这个过渡音还是短的，实际音值在 i 后为 ĕ，u 后为 ŏ，ɯ 后为 ə̆。这样的元音还不能认为是韵腹。

由此看来，粤方言中 i 介音的失落或与韵腹的合音，由于不符合汉语本身的语音变化规律，还不是前文所说的粤方言演变的特殊性，而应该是在没有介音的壮侗语的

影响下发生的变化。也就是说,所说粤方言演变的特殊性,其实就是壮侗语影响的表现。因为壮侗语的韵母系统不允许介音存在,所以粤方言中齐齿韵的介音 i 就在除零声母以外的其他声母后失落或通过与韵腹的合音而消失,介音采取失落或合音的不同方式则取决于韵母元音的长短。合音的目的是要消除 i 介音,所以参与合音的不是通常的韵尾和韵腹,而是 i 介音和韵腹。又因为壮侗语只允许声母和开口韵的配合,所以唯一的零声母后的 i 介音就转化成了声母 j。这种转化实际上是一种身份的改变,介音改变成声母,自然就保存了下来。而且即使零声母后的 i 介音已经和韵腹合音,也不影响仍有声母 j 不变。粤方言这种牵涉到韵母类型的音变和转化,本来从汉语的角度来看是不符合音理,不可理解的,从壮侗语的角度加以解释,就变得完全合理了。另外,粤方言 u 介音的消失和 i 介音与韵腹的合一虽然符合汉语的语音变化规律,但也符合壮侗语的声韵配合规律。从音变的一致性出发,也可以认为是在壮侗语韵母结构的影响下,u 介音转化成了声母 w,i 介音与韵腹合一使韵母转为无介音韵母,而且零声母条件下仍有声母 j。

总起来说,长短元音对立,没有介音,是壮侗语韵母类型的重要特点。正是壮侗语的这种特点影响了粤方言。粤语区不同方言所受影响有深浅之别,但包括广州方言在内的整个粤方言都在向 a 元音分长短和介音 i、u 消失的方向变化发展。

六

粤方言受到壮侗语的影响,早已有人指出。很多人注意到粤方言中的壮侗语借词。语音方面也有人注意到诸如 ʔb、ʔd 对帮端母和并定母字的影响(如玉林方言"碑帮"ᶜbi、"担端"ᶜdam,化州方言"都端"ᶜdou、"大並"dai²)以及精组声母塞音化(如鹤山雅瑶方言"井精"ᶜtiŋ,"请清"ᶜtʰiŋ,"晴从"ᶜtʰiŋ,"静从"ᶜteŋ)等现象。前述韵母类型的影响也是明显的。这种影响在其他汉语方言中还很少见到。目前只在客家话中发现也有个别字的 i 介音在辅音声母后失落。如梅县方言"听"ᶜtʰaŋ,"笛"tʰak₂,也失落了 i 介音。客家话的这种情况可能与壮侗语的影响有关,但也不排除可能有邻近粤方言的影响。

粤方言无疑仍然是汉语方言。近年来在这方面曾经出现过某种否定性的说法,已经得到纠正。但粤方言韵母类型的特殊是一个事实,而只有以壮侗语的影响来说明才是有说服力的。这种影响是通过逐渐的变化表现出来的,既有明显的字音改变,也有不明显的音类转化,一定程度上已经改变了粤方言韵母系统的面貌。广州方言如果不设 i、u 介音，而设声母 kw、kʰw、w、j，则 53 韵母表的排列显得简洁自然。但这种不按四呼排列的韵母表与壮侗语的太过相似，显得另类。而如果按一般汉语方言的做法设置介音按四呼排列，又显然不够简洁整齐。处理上的得失是明显的，强调汉语方言共性的做法又是可以理解的。考虑到目前全国政治经济联系紧密，人员往来频繁，民族共同语具有巨大的向心力，方言中语言运用的情况已经完全不同于各地区相对封闭的往昔。粤方言虽然曾经长期接受壮侗语的影响，但在今后的演变中，有可能会出现某些与以往不同的情况。

参考文献

白宛如：《广州方言词典》，江苏教育出版社，1998。
北京大学中文系语言学教研室：《汉语方音字汇》（第二版重排本），语文出版社，2003。
蔡　权：《广西廉州方言音系》，《方言》1987.1。
岑麒祥：《广州音系概述》，《广东建设研究专刊》第 1 卷第 2 期，1946。
陈慧英、白宛如：《广州话和北京话的比较》，《方言和普通话丛刊》（第 1 本），中华书局，1958。
高华年：《粤方言研究中的几个理论问题》，载《第二届国际粤方言研讨会论文集》，暨南大学出版社，1990。
广西壮族自治区地方志编纂委员会：《广西通志·汉语方言志》，广西人民出版社，1998。
黄家教：《广州话无介音说》，载《语言论集》，广东人民出版社，1996。
黄锡凌：《粤音韵汇》，中华书局，1941。
李　荣：《关于方言研究的几点意见》，载《语文论衡》，商务印书馆，1985。
李新魁：《广东的方言》，广东人民出版社，1994。
李新魁、黄家教、施其生、麦耘、陈定方：《广州方言研究》，广东人民出版社，1995。
李行德：《广州话元音的音值及长短对立》，《方言》1985.1。
梁　敏：《侗语简志》，民族出版社，1980。
刘叔新：《粤语壮傣语问题》，商务印书馆，2006。
刘勋宁：《古入声在清涧话中的分化与广州话的长短入》，《语言学论丛》第 10 辑，商务印书馆，1983。
麦　耘：《粤语是汉语的一支方言》，载《音韵与方言研究》，广东人民出版社，1995。
　　　　《广州话介音问题商榷》，《中山大学学报》（社会科学版）1999.4。
欧阳觉亚、程方、喻翠容：《京语简志》，民族出版社，1984。
施其生：《广州方言的介音》，《方言》1991.2。
石　锋、麦耘：《广州话长 a 和短 ɐ 元音的听辨实验》，《中国语文研究》2003.2。
王　力：《中国音韵学》，商务印书馆，1935；《汉语音韵学》，中华书局，1981。
韦庆稳、覃国生：《壮语简志》，民族出版社，1980。
喻翠容：《布依语简志》，民族出版社，1980。
袁家骅等：《汉语方言概要》，文字改革出版社，1960。
詹伯慧等：《广东粤方言概要》，暨南大学出版社，2002。

赵元任:《粤语入门》(Cantonese Primer),Harvard University Press,1947。

(原载《汉藏语学报》第 2 期,商务印书馆,2008 年)

古全浊声母清化后塞音塞擦音送气不送气的问题

一

汉语各方言古全浊声母清化与否情况不一，清化后并定群从澄崇船母等塞音塞擦音以及由禅邪母等擦音转成的塞擦音送气与否也不尽一致。例如：

	棚平	近上	钝去	独入
北京	₋pʰəŋ	tɕin²	tuən²	₋tu
苏州	₋bən 文 ₋baŋ 白	dzin²	dən²	doʔ₌
长沙	₋pən	tɕin² 文 tɕin² 白	tən² 文 tən² 白	təu₋
双峰	₋ban	dziɛn²	duan²	tʰəu₋
南昌	₋pʰuŋ 文 ₋pʰaŋ 白	tɕʰin²	tʰən²	tʰuk₌
梅县	₋pʰaŋ	kʰiun² 文 kʰiun² 白	tʰun²	tʰuk₌
广州	₋pʰaŋ	kɐn² ₋kʰɐn² 白	tɵn²	tʊk₌
厦门	₋piŋ 文 ₋pi 白	kun²	tun² 文 ₋tun 白	tɔk₌ 文 tak₌ 白

就以上各方言代表点的情况来看，古浊声母除吴方言和老湘语保持为浊音外，其他方言都已经清化。清化后，古全浊声母并定群从澄崇船等塞音塞擦音以及由禅邪等转成的塞擦音（下文简称全浊声母或浊声母），大致是官话方言平声送气、仄声不送气，新湘语不送气，客、赣方言送气，粤方言平上声送气、去入声不送气，闽方言多数字不送气、少数字送气。清化后送气或不送气，官话、粤方言以声调调类为条件，新湘语和客、赣方言没有条件，闽方言应为不送气，少数字送气大约是早期客赣方言影响的结果。

不过在有的方言内部，古浊声母是否清化以及清化后是否送气，还有与代表点方言不尽一致的情况。除湘方言古入声有一部分字送气（如上表双峰方言）外，官话、吴、湘、赣、客、粤等方言都有一些各具特点的方言。例如：

古全浊声母清化后塞音塞擦音送气不送气的问题

	棚平	近上	钝去	独入
松阳	₋boŋ	ˬtɕiŋ	dɤŋ²	doʔ₂
庆元	₋pɛ̃	ˬtɕieŋ 文 ˬkɛ̃ 白	tɛ̃²	touʔ₂
溆浦	₋bʌŋ	tɕi²	tuɛ³ 缀	₋tɤɯ 文 tʰɤɯ 白
文水	₋pʰəŋ 文 ₋pia 白	tɕiŋ²	tuəŋ²	tuəʔ²
闻喜	₋pʰʌŋ 文 ₋pʰiɛ 白	ˬtɕʰiēi	₋tʰuʌŋ 洞	₋tʰu
安仁	₋peŋ	tʃʰi²	tʰien² 定	tu² 文 ₋tʰu 白
通山	₋pɐŋ	tɕin²	tɐn²	tɑu²
四会	₋paŋ	kɐn²	tɐn²	tʊk₂

以上吴方言浙南地区松阳小槎话上声清化不送气，庆元话全部清化不送气，其他还有如龙泉话和松阳小槎话相同，景宁标溪、上饶、江山长台等方言平声清化不送气，泰顺罗阳话平去声清化不送气。（但浙西地区有个别吴方言清化送气，应该是相邻赣方言影响的结果。）湘方言溆浦等方言仄声清化后上去声不送气，入声大部送气。官话中山西文水话清化后不送气，闻喜话清化后送气。客、赣方言除通山城关话清化不送气，安仁话清化后平声不送气、仄声送气（和官话正好相反）外，还有通山杨芳、三界方言、南雄百顺话和安仁话相同。粤方言勾漏片众多方言如四会话清化后不送气（这种情况也许和历史上平话的影响有关）。

另外，目前尚未确定方言归属的土话中古浊声母清化后还有与上述方言都不相同的情况。如湘南临武土话：

婆并	甜定	近群	贱从	沉澄	锄崇	乘船
₋pu	₋ti	ˬkʰeŋ	₋tɕʰi	₋tsʰeŋ	₋tɕʰye	tsʰeŋ

古浊声母中，并定母清化后不送气，其他声母清化后送气。这种清化后分别送气不送气不与声调调类相联系而与声母有关的情况非常特殊。据目前所知，这并非古浊声母演变的结果，而与非汉语的壮侗语的影响有关。除土话外，粤方言区个别方言也有这种现象。

二

各汉语方言古全浊声母清化后送气不送气的情况都不单纯，其中官话方言分布面大，情况复杂，人们的了解更觉不够。

官话方言古全浊声母清化后平声送气、仄声不送气,是一个几乎覆盖整个方言区的规律。像文水话全部不送气、闻喜话全部送气的现象,只见于西北地区的一些方言。不过这些方言的数量并非绝少,而且成片分布,与东南诸方言中大多数特殊方言的孤立零星不同。

古全浊声母清化后全部不送气的方言分布在山西晋中地区,除上述文水话以外,还有太原郊区、清徐、榆次、太谷、交城、祁县、平遥、孝义、介休等共 10 个方言。在这些方言中,不送气的仄声字与官话主要规律影响下的不送气仄声字无法区分,但不送气的平声字(一部分以口语音的形式出现)可以和官话主要规律影响下送气的平声字区别开来。《方言调查字表》收入古浊声母塞音塞擦音平声字近 250 个,用这些字来调查,可以发现上述方言中不送气的平声字一般在 60 至 90 个之间,数量不少。例如清徐话(本文官话方言字音材料除闻喜、离石、清涧、固原、西安、白河、成都、武汉、乐都等方言外,均据《普通话基础方言基本词汇集》):

瓷糍慈磁迟程提蹄骑脐晴脯屠厨除渠瞿槌锤爬耙旁肠场长常搽墙强婆陀沱盘弹谭覃蚕缠棚甜填田茄钱前掮团橼癞泉拳赔排台才桃淘萄槽条茗桥乔荞头投稠盆疼腾沉勤芹同铜童虫重~复群穷(80)

古全浊声母清化后全部送气的方言分布地区要大得多,大致以山西晋南、晋中西部以及陕北这一片地区最为集中。计有晋南的运城、芮城、永济、平陆、临猗、万荣、河津、乡宁、吉县、侯马、夏县、闻喜、垣曲、稷山、新绛、绛县、襄汾、临汾、翼城、浮山、古县、洪洞、霍山及河南的灵宝等 24 个方言,晋中西部的离石、中阳、柳林、临县、方山、岚县、兴县、石楼、隰县、大宁、永和、蒲县、汾西等 13 个方言,陕北的绥德、榆林、神木、府谷、横山、靖边、米脂、佳县、吴堡、子洲、清涧、延安、甘泉、延长、延川、子长、安塞、志丹、吴旗等 19 个方言。在这 50 多个方言中,送气的平声字和官话主要规律影响下的送气平声字也无法区分,送气的仄声字(一部分以口语音形式出现)则可以和官话主要规律影响下不送气的仄声字相区别。《方言调查字表》收入古浊声母塞音塞擦音的仄声字约 320 个,上述方言中送气的仄声字大约在 30 至 150 个之间,多少不等。下面以晋南闻喜、晋中西部离石、陕北清涧、绥德等方言为例(古浊声母上去入声调以④⑥⑧表示,"鼻"字归入声,因共同语影响而送气的"强勉~艇佩悴溃叛撞特突仆~人瀑曝"及与反切合并有关的"造"等字不计在内。下同):

闻喜:④舵惰坐弟技妓部簿杜肚柱聚怠殆在倍被~子罪跪稻皂赵舅白拌伴淡辫件撰篆圈猪~笨妗尽近丈锭动重 ⑥大薄~荷座驮自字侍避敝递第地剂忌步捕助住败焙背被~动柜盗调噍豆逗旧枢弹蛋暂绽垫贱缎郡傍匠郑病净洞

仲 ⑧拔踏沓杂铡蝶勃薄钹夺铎跿凿嚼白帛择泽宅贼截掘侄掷蛰佺秩直
值植殖鼻笛狄疾集独读牍犊毒族轴局（129）

离石：④婢倚跪稻 ⑥慎宕 ⑧拔踏沓杂煤铡钹薄昨着镯白宅叠碟截掘侄笛集藉
牍毒族轴局（32）

清涧：④罢舵垛坐陛婢弟部薄杜肚苎柱在倍被～子跪抱鲍道稻皂赵鳔舅拌伴淡
辨辫践件断篆圈猪～笨妗尽近囤棒并～且动重 ⑥大座裤字自稚豉避篦第递
地步箸败代袋寨拽焙背坠柜暴葩盗棹掉调嗾就旧办瓣但蛋弹鏊绽垫贱健
赚阵仅匠状邓病净洞仲 ⑧拔踏沓杂煤铡勃钹薄霪夺铎跿凿昨镯着嚼白
择宅贼别叠蝶碟谍牒截掘倔佺直值掷鼻弼笛籴疾集独牍犊毒族轴局
（144）

绥德：④部薄跪稻 ⑥避败嗾绽健慎 ⑧踏沓勃钹霪镯着宅犊族（20）

以上晋南方言保留的古浊声母仄声送气字音较多，字数在120至160之间，而且上去
入各调类分布均匀。晋中西部保留的数量较少，大约在20至40之间，其中上去声字
很少，较多的是入声字。陕北则兼有上述两种情况。

送气字音除上述集中分布地区外，在附近的关中、陕南、甘肃、宁夏、青海等地也
有多少不等的分布。下面列出部分方言中送气的仄声字（每个地区列出两个方言
点）：

西安：④舵倍稻 ⑥薄～荷避步助绽 ⑧踏沓着族（12）

宝鸡：④坐弟倍跪稻鳔淡件断圈猪～笨妗近 ⑥座藉裤字避地焙柜轿旧瓣垫 ⑧拔
踏沓铡泊薄凿着嚼白择泽叠碟截佺直植殖秩鼻笛独读牍毒族逐轴局（55）

汉中：④倍跪 ⑥避柜 ⑧踏沓泊（7）

白河：④跪像 ⑥薄～荷饲避绽 ⑧踏沓秩蝶族（11）

兰州：④薄苎鳔窨 ⑥裤嗣豉避捕嗾绽 ⑧踏沓族（14）

天水：④罢坐部薄杜肚柱在倍跪稻赵伴淡篆件断圈猪～笨近窨 ⑥座藉裤自避步
稗败寨坠轿豆旧绽垫慎钝遁匠郑病净洞 ⑧拔铡薄泊脖夺凿着白帛择贼
叠截捷佺笛籴读牍毒轴（66）

银川：④鳔 ⑥豉避绽 ⑧踏族（6）

固原：④部薄倍跪鳔拌睾 ⑥步柜鏊 ⑧踏沓泊秩（14）

西宁：④薄倍鳔 ⑥饲恃避袋售 ⑧踏着（10）

乐都：④倍 ⑥豉侍避捕 ⑧踏沓（7）

从上述情况看，在官话方言的西北地区，古全浊声母清化送气的字音集中分布在

晋南、晋中西部、陕北等相连地区,而以晋南为中心。西北地区的西部也有一定数量的分布,各方言中字数大约在 10 至 70 之间不等。其中天水、宝鸡等方言数量颇多,说明早期的古浊声母清化送气集中分布地区比目前要大得多。总的来说,方言离中心地区越近,送气字音保留得越多,离中心地区越远,保留得越少。不过西安地区虽然与中心地区相邻,这种特有的送气字音反而保留较少,这可能是大城市容易受到共同语影响的缘故。

三

官话区古全浊声母清化后全部送气或全部不送气的情况基本上不见于东部地区,即河北太行山和河南河洛地区以东,以及东南角的下江官话区。(只胶东有荣成等个别方言清化后不送气,江苏泰州地区有泰兴等个别方言清化后送气,与西北地区官话没有直接的关系。)但也不限于西北地区。西南部的西南官话中也能发现有仄声的送气字音,说明原来是古浊声母清化后全部送气的。下面以湖北天门和四川成都等方言为例:

天门:④技妓跪导稻皂淡辫簟断圈_猪~蚌棒荡像 ⑥薄_{~荷}治笪袋焙鐾柜骤鳌垫钝净 ⑧拔踏沓勃铎昨浊择泽叠蝶谍秩直植鼻族轴(45)

成都:④导白像 ⑥滞掉骤慎 ⑧拔跋踏勃渤泊舶铎凿浊泽宅捷截掘秩弼族(25)

西南官话古全浊声母仄声字送气的现象分布很广,遍及区内的湖北、湖南、四川、贵州、云南、广西等地。再举下列方言为例(每一省区列出两个方言点):

武汉:④鳔像 ⑥嗣滞稚助 ⑧踏帛舶勃渤荸铎择泽宅秩弼族(19)

红安:④恃陛并_{~且}棒 ⑥藉嗣饲滞稚埠调 ⑧拔踏杂勃泊薄夺铎凿着择别直值秩鼻弼毒独族轴(32)

重庆:④像 ⑥调骤慎 ⑧拔踏薄凿择浊族(11)

南充:④跪鳔白像 ⑥滞骤 ⑧拔踏泊勃夺铎凿浊择宅捷秩弼术(20)

常德:④鳔 ⑥避 ⑧踏勃泊帛電铎昨择泽宅秩弼族逐轴(17)

吉首:⑥避 ⑧跋踏勃脖電凿着嚼择泽宅捷掘倔秩独族(18)

贵阳:④像 ⑥滞调骤慎 ⑧踏勃荸泊凿昨浊濯择泽宅蝶截捷掘倔秩弼族(24)

遵义:⑥捕调骤羡慎 ⑧拔踏沓择泽(10)

昆明:⑥调骤 ⑧踏泊择宅掘倔族(9)

大理:⑥骤 ⑧踏沓泊择掘秩(7)

桂林：⑧踏截（2）

柳州：⑧踏蝶掘族（4）

与西北地区相比，西南官话古全浊声母仄声字送气的数量较少，一般在10个至30个之间，其中上去声字更少，入声字几乎占了总数的一半多（这和山西晋中西部地区的情况相似）。而且字音的数量与地域远近有关，北部的湖北、四川、湖南、贵州稍多，南边的云南、广西基本上就只保有极少数入声字了。

官话方言西南地区古全浊声母清化后全部送气的现象，可能和早期西北地区方言的影响有关。西北地区早在先秦时期就已经开始有汉族移民南下进入四川和湖北了。东汉末年中原战乱，关中及河南的居民更是因避乱而纷纷南迁。他们先是进入汉水上游的汉中地区，然后或是经栈道再向南到成都平原，或是顺汉水向东南到达湖北荆襄地区。以后西晋末年"五胡乱华"、唐中叶"安史之乱"以及唐末五代时的动乱期间，关中地区和河南的难民都曾循几乎相同的路线南下，或是迁入巴蜀，或是进入荆襄地区。

宋"靖康之乱"以后，湖北、汉中地区成为宋金交战的前线。南宋末年，蒙古军攻入四川。元末明末时湖北、四川又都受到战争的严重破坏。长期不断的战乱造成当地居民的大量死亡或逃离。明初清初时官府都曾不得不从人口富余的长江中下游地区安排移民迁入湖北、四川以至陕南地区，历史上先后称为江西填湖广和湖广填四川。

历史记载说明，自汉代至五代的千余年间，目前的西南官话区一直是北方关中河南一带居民躲避战乱的地方，迁徙的方向是自北而南。宋以后则主要由长江中下游地区迁入移民，迁徙的方向是自东而西。西南官话古全浊声母清化后全部送气的特点很可能是唐五代之前西北地区居民不断大量的迁入带来的。只是以后北来移民的数量减少，两个地区的方言联系减弱，这种情况自宋至今也已近千年，西南官话区能够保存下来的仄声送气字音不免要变得很少了。

四

汉语方言中的古全浊声母清化后，或为送气音，或为不送气音，或因声调调类的不同而分别送气或不送气，情况多样。但早期汉语的声母系统中，清声母的塞音塞擦音有送气不送气两套，浊声母的只有一套。因此，汉语早期的全浊声母到底是送气的还是不送气的，或者同一种送气或不送气的浊声母又是怎样分化成目前方言中兼有送气与不送气的多种情况,就成为人们思考的问题。有可能是早期的同一种浊声母在清化时因某种机制而分化为送气音和不送气音,也可能是不同方言中的浊声母本来就有送气和不送气的差别,清化后送气与否只是原有特点的保留。这两种可能性都曾经有人提出过。也有人认为古全浊声母是否送气的"这种争论是多余的",因为"从音位观点看,浊音送气不送气在汉语里是互换音位"。但了解某个古声母的确切音值是汉语历史研究的需要,而且全浊声母清化后牵涉到与全清次清声母的关系,从演变的角度看,原本的送气或不送气就成为无法回避的问题。

认为古全浊声母送气的,最早有江永、陈澧等,后来有高本汉。高本汉在《中国音韵学研究》中参考方言中有关字音声母送气与否的情况,讨论了《切韵》浊声母的音值。他以群母为例说,群母不可能有从浊不送气直接到清送气的 g→k^h 的变化,因为这样的变化是不合理的(因为要同时清化和送气化)。而另一种假设 g→k→k^h 的演变也不可能,因为 g 变为 k 时已经与见母合流,没有条件再分出来单独往前变成 k^h。而如果承认群母是送气的,由送气浊音到送气清音的 g^h→k^h 的变化就是很自然的了。高氏还说,目前方言中这类字的声母送气,是保留了古浊声母的送气成分,这类字的声母不送气,是失落了送气成分。

稍后罗常培在《唐五代西北方音》中根据汉藏对音和藏文译音的文献材料提出了较为完整的看法。他说:

> 在《大乘中宗见解》里,全浊声母的字除去奉母的"凡梵"、定母的"怠道第大地盗定达"、澄母的"着"等十一字以外,其余的都变成次清。我们……可以不再犹豫就决定其他三种藏音(按指《千字文》、《阿弥陀经》、《金刚经》)里的全浊声母应该读作送气音,并且全浊声母在现代西北方音跟大部分"官话"里所以平声变次清、仄声变全清的现象,也可以得到解释了。因为《大乘中宗见解》里保持浊声本读的一共才有十一个字,其中倒有两个上声,六个去声,上去两声所以不完全变成次清,一定是送气的成素受声调的影响渐渐变弱的缘故。……可以承认全浊声母本来是送气音,……像福州话那样都变全清的只能算是方音特殊现象,《开蒙要训》里的全清全浊互注例也是跟这种现象相近的。

罗氏认为,八至十世纪时,陇右地区汉语方言的古全浊声母在绝大多数方言里是送气的,只有个别方言不送气,而有的方言则存在未来清化后平声送气、仄声不送气的迹象。

陆志韦则在《古音说略》中从谐声和《切韵》中异读通转的角度观察浊音和清音的

关系，认为"浊音近乎不送气的清音，最不近乎送气的清音"，因此虽然不能肯定当时的少数方言里一定就没有送气的浊音，但《切韵》的浊音肯定是不送气的。陆氏还以佛经翻译的用字作为例证说明不送气浊音的存在。后来李荣在《切韵音系》中还就此作了补充，指出西晋至隋时的佛经翻译在与梵文的浊送气音和浊不送气音对译时用不同的方法来表示。例如：

	ga	gha	da	dha	ba	bha
西晋竺法护(286)	迦	迦何	陀	陀呵		
东晋法显(417)	伽	重音伽	陀	重音陀	婆	重音婆
隋阇那崛多(591)	伽	哩	陀	咃	婆	嚩

比如不送气的 ga 写作"迦"或"伽"，送气的 gha 以"迦"（或"伽"）后加表送气的"何"（或"呵"）字，或注明"重音"，或另造加"口"旁的新字表示，说明当时佛经翻译所根据的长安话的浊音是不送气的，因此送气音需要有特别的标注。李氏还认为虽然高氏所说 g→k^h 的直接变化不可能，但 g→k→k^h 的演变在印欧语中也有存在。因此，《切韵》浊音中的塞音塞擦音是不送气的。

五

上述几位学者的研究对方言中古全浊声母清化后全部送气和全部不送气的现象给了解释，高氏、陆氏还各自做出了《切韵》的全浊声母送气或不送气的相反的判断。但他们对同一方言中全浊声母按调类分别送气和不送气的现象还缺乏论述，没有能解释产生这种现象的原因。清劳乃宣和章太炎提出过浊声母同时与全清次清声母相配的主张。如劳氏在《等韵一得》中说，"浊母可读戛，又可读透，故古母以一浊对两清"。后来李荣根据宋邵雍《皇极经世》中声母两浊对两清，即两个全浊声母分别与全清次清声母相配，认为"十一世纪中叶时，邵雍所根据的方言，浊塞音有两种不同读法，平声送气，仄声不送气"，他的意思是说，所以能"一浊对两清"，实际上是因为浊音声母本来就分为送气不送气两套。有的学者因此把古全浊声母分为送气型、不送气型和平仄分音型三种类型，第三种类型即据上述李氏所说。

浊声母的送气型和不送气型可以用来解释本文前述方言中全部送气和全部不送气的清化音。平仄分音型看起来也可以解释官话方言古浊声母平声送气仄声不送气的现象，但实际上难以做到。首先，邵雍是连次浊声母也分清浊两类的（次浊声母的清浊是上声和非上声的差别),所以他所说的清浊与传统的含义不同,很难认为他的两浊一定就真的是送气和不送气的两个浊音。而且根据文献,北宋时官话中的浊声母可能已经清化,李氏所说两种不同读法的浊声母,实际上可能不是浊音,而是已经清化了的送气音和不送气音。其次,目前汉语方言中的古全浊声母并没有按不同调类分为送气不送气的浊音形式,而只有送气和不送气的清化音,因此李氏所说的浊音的分音型还缺乏事实的支持。事实倒是说明,分化是和清化联系在一起的,方言中的古全浊声母要在清化以后才有送气和不送气的分别。第三,浊音的平仄分音型似乎可以用来否定古全浊声母按调类分音是浊音分化的结果或浊音清化后再分化的结果这一事实,似乎因此就可以避免面对解释分化原因的难题,但实际上也不可能。因为浊声母按平仄分音本身就应该是有原因的,不在分化中寻找条件就很难说明为什么要这样分。而且按目前汉藏语研究的一般看法,声调是在语言发展的过程中才产生的,并非一开始就存在,因此声调产生之前应该只有单一音值的送气的或不送气的浊声母,如果存在浊音的平仄分音型,也应该是声调产生以后由单一音值的浊声母分化的结果,那么解释分化原因的问题仍然无法回避。而且目前汉语方言中的古全浊声母清化后按调类分别送气不送气的类型,除官话的平声送气、仄声不送气的平仄分音型以外,还有本文前面提到的安仁话等平声不送气、仄声送气这种和官话相反的平仄分音型,以及粤方言的平上声送气、去入声不送气的分音型。不管浊音清化后的各种分音型是不是来自浊音本身的分音型,形成多种分音型的原因应该也有多种。而要为不同的甚至相互矛盾的分音型解释各自的形成原因,不从分化的角度着眼也必将更为困难。因此,浊音分音型不能否定古浊声母分别送气不送气是分化结果的事实,也不能回避对分化原因作出解释。

　　方言中古全浊声母清化后分别送气和不送气的这一音变,高、罗二氏都曾约略提到。高氏说官话中"有些调如平声保留着送气,别的调如仄声就把它失去了",但没有说明声调对仄声字声母"失去"送气的具体作用。罗氏在前面说"上去两声所以不完全变成次清,一定是送气的成素受声调的影响渐渐变弱的缘故",但也没有说明这一使声母送气成分变弱的"声调的影响"是什么。近年来徐云扬《关于汉语古浊塞音塞擦音声母清化时分化为送气和不送气的问题》一文,提出以声调调值的高低作为古全浊声母在清化过程中分化为送气和不送气的语音条件。他根据低调中念浊不送气塞音塞擦音存在生理困难的情况,提出在低调中较易保存浊送气音,而不易保存浊不送气音的看法。因此,他假设浊声母原本不送气,但后来衍生出送气成分,再后来在低调域的低调中保持送气,而在低调域稍高的调中变为不送气音,然后二者一并清化。

分化过程可以表示如下：

$$b \rightarrow p\text{ɦ} \rightarrow p'\text{ɦ} \rightarrow p\text{ɦ}$$
$$\searrow p\text{ɦ} \rightarrow p$$

这一音变机制可以解释某些文献中所记载的语言现象。比如根据日释安然《悉昙藏》对唐代汉语声调平声"低直"、上声"直昂"、去声"稍引"、入声"径止"等描写，可以把当时四声的调值构拟成 22、45、53、34。平声低，所以能够保持送气，仄声三调稍高，所以变为不送气。这正好可以说明官话方言古全浊声母清化后平声送气、仄声不送气的音变。其他某些现代方言中的现象也可以用这一音变机制来说明。比如徐氏认为广州话阳调平上去入声的调值分别是 21、24、33、33，而广州话的古全浊声母清化后正是较低的平上声送气，稍高的去入声不送气。

徐说提出调值高低对声母送气与否的影响，第一次从音理上说明浊声母分化为送气不送气的原因，并解释了文献和方言中的一些现象。但这一说法也还存在某些局限。下面以上文所引近年来发现的几个古浊声母清化后平声不送气、仄声送气的方言为例来说明：

	浊平	浊上	浊去	浊入
安仁	35	31	31	35
杨芳	21	33	33	33
百顺	52	33	34	323

就目前的调值看，通山杨芳话平声低仄声高，南雄百顺话平声高仄声低，安仁话平声入声相同。各方言相对应调类的调值高低不同，造成平声不送气仄声送气的结果却是相同的，徐氏音变机制的解释在这里碰到了困难。当然，由于方言中声调的调型调值可能在历史上发生过变化，也可以认为上述方言古全浊声母清化时声调的高低曾经是符合上述音理的要求的，但这毕竟只是一种猜测。看来声调调值的高低还不一定是古浊声母分化为送气和不送气的原因。

六

一般来说，根据文献记载中汉语的某些现象，以及语言学的某些反映语言共性的规律，可以对汉语古全浊声母清化后送气不送气的历史演变进行推测。为此需要构拟某个历史上的音变过程。但由于对这一过程的实际情况缺乏了解，构拟中总会存在假设的成分,而假设如果缺乏足够的根据,就会影响到解释力。这时如果能参考当前语言变化的实际情况,观察汉语方言中正在清化的浊声母的动向,分析浊声母的音值与其清化后送气不送气的关系,认识其中的音变机制,也许就可以提出某种比较接近真实的看法,弥补历史推测的不足。当然,能这样做,也是因为音变规律具有同一性,古今音变可能相同。而目前,吴方言和湘方言都保有浊音系统,其中部分方言又都已经有一些浊音清化,这就可以通过对它们的观察,来探索汉语浊声母的音值和浊声母清化后分化为送气不送气的相关原因。

吴方言的浊声母在不同的条件下有不同的音值:单念或没有前字时,浊声母带有明显的浊气流ɦ,如温州话"棚"$_⊂$bɦie,苏南一带方言的浊声母本身还在相当程度上清化,如上海话"棚"$_⊂$b̥ɦaŋ(浙江中部方言的浊声母清化与否两可,如宁波话"棚"$_⊂$bɦaŋ~$_⊂$b̥ɦaŋ);语流中有关系紧密的前字时,则是真正的浊音,浊气流也大为减弱,如温州话"晒棚"sa²$_⊂$bie。赵元任称前一种读音是"浊音送气"(上海话则是"清音浊送气"),后一种读音是"浊音不送气"。吴方言浊声母前一种读音中的送气成分与一般清声母的送气成分也有不同。清声母的送气成分很强,并且有自己的时长,音节中后续的元音要在送气结束以后才出现。浊声母的浊气流则没有那么强烈,而且融入到了元音之中。赵氏曾说,上海话的"浊[ɦ]跟元音同时开始,同时终止"(吴方言中声母ɦ和浊送气ɦ性质相同)。吴方言这样的浊送气音,现代语音学称为气嗓音。

我国的佤语(岩帅话)也有这样的浊送气音(气嗓音),性质上和吴方言的浊送气音相同。佤语也有浊不送气音,浊送气音和浊不送气音对立:bɦ≠b。而吴方言只有一个浊送气音,虽然如上所述也可以有不送气的音值,二者却并不对立:bɦ~b。可能正是由于没有送气和不送气的对立,吴方言的浊送气在语流中发生了弱化,造成了送气音向不送气音的变化:bɦ→b。因此浙南吴语个别方言浊声母全部或部分清化后,就成为不送气清音。这显然是上文所述浊声母的后一种读音"浊音不送气"的清化音:b→p。也就是说,吴方言浊声母的两种读音中,前一种读音"浊音送气"转变成了后一种读音"浊音不送气",然后清化。以松阳小樵方言的古浊声母上声字为例:"棒並"$^⊂$pɒŋ,"弟定"$^⊂$ti,"近群"$^⊂$tɕiŋ,"赵澄"$^⊂$tɕiɤ。吴方言浊塞音塞擦音在语流中由送气转向不送气是一种相当普遍的现象。这可能会使未来的吴方言在古全浊声母清化后不送气这点上与闽方言相似。

湘方言中,老湘语的浊声母一般不送气,仅祁阳、祁东、新化等少数方言送气。(祁阳县城内也有因人因字而致送气不送气有异的情况,郊区虽然送气稳定,但白水镇、肖家村、大忠桥等地不送气。)少数方言(如祁阳话)的古浊声母全部保持为浊音。

老湘语送气浊音的发音特点还不清楚是否和吴方言的相同。有人认为,祁阳、祁东方言的浊声母是一种"有浊感的"、"带浊流的"送气音,新化话的浊声母有"低沉粗糙的浊感",与吴方言的"清音浊流"(即"清音浊送气")相似。

湘方言因古浊声母舒声字清化或保持为浊音而分为新湘语和老湘语,入声字则绝大多数方言全部或部分清化,但清化后送气不送气情况不一。其中新湘语如长沙话舒声字清化不送气,入声字清化后部分送气部分不送气。例如古全浊入字:

送气:拔勃泊铎着浊特泽择宅辙别叠捷碟牒蝶谍杰截秩弼籴寂屐仆瀑曝突族逐
      轴(入声)
      择贼凿嚼霪(阴去)
不送气:拔达杂铡闸贼薄白帛夺跋昨着镯叠截绝掘倔嚼佚直值植殖笛敌狄疾集
      及极藉籍缚独读犊牍毒蜀剧局(入声)
      蛰(阴去)

长沙话古浊入字送气不送气数量大致相当。个别字有文白异读,如"嚼"tɕio⁼文 tɕʰio⁼白,"择"tsʰɤ⁼文 tsʰɤ⁼白 tsʰa⁼白。其中送气和归入阴去调的属白读层,不送气和入声调的属文读层。(看来以往所说的新湘语古浊声母清化不送气,其中入声字是就文读层来说的。)

老湘语一般舒声字保持为浊音,入声字清化,但清化情况不同于新湘语。下面是老湘语中心地区双峰话的古全浊入字:

送气:拔踏沓煠铡钹薄霪浊嚼白帛择贼叠蝶碟谍牒捷绝佚直值植殖狄籴集及杰
      疾极籍藉席寂独读犊牍毒族(阴去)
      勃别竭截泊铎择泽宅倔秩笛敌逐轴(阳平)
不送气:达杂闸白夺着镯掘佚剧局(阳平)

双峰话古浊入字清化后以送气和归入阴去调为多,送气或不送气和归入阳平调的较少。少数字也有文白异读,如"白"pe文 pia白 pʰo⁼白,"择"tsʰe文 tsʰo⁼白。其中送气和归入阴去调的属白读层,不送气和归入阳平调的属文读层。

老湘语区南缘的一些方言另有特点。如邵阳话的古浊声母一般保持为浊音,不送气,但入声字大部分清化,清化后兼有送气和不送气:

浊:读昨贼择(阳去)
清送气:拔踏钹勃泊濯浊特泽宅辙别牒蝶谍杰截捷秩植殖擗及仆瀑突族轴(入
      声)
      沓择凿嚼弼极(阳去)

直值(阴去)

清不送气：达铡闸杂煤夺铎跋着嚼别叠掘倔侄敌笛狄籴集疾藉籍寂缚独毒牍逐局(入声)

薄饽白帛碟剧(阴去)

邵阳话古浊入字只有个别字保持为浊音，大多数字清化，送气不送气的数量相当，另有个别字由入声归入阴去和阳去。也有个别字有文白异读，如"嚼"tɕio₅文 tɕʰio²白。其中清送气和归入阳去调的属白读层，清不送气和入声调的属文读层。

从以上情况来看，古浊入字在老湘语中心地区(如双峰话)清化后归入阴去并送气，是湘方言演变的主流；外围地区如老湘语南缘的一些方言(如邵阳话)部分字清化送气但保留入声调，少数字或保持浊音或归入去声，北部的新湘语(如长沙话)全部清化送气或不送气而保留入声调(但据《训诂谐音》和《湘音检字》，早期长沙话曾有不少古清浊入声字归入阴去调)。

上面说到吴方言浊声母的送气成分存在弱化的现象，因此浊声母清化后不送气。湘方言的浊声母看来也发生过类似的送气成分失落的音变过程。以下列方言为例来说明：

	棚平	近上	钝去	独入
祁阳	₋bʱuŋ	dzʱin⁼	dʱen⁼	dʱu²
邵阳	₋buŋ	dziŋ⁼	dən⁼	dzɤ²文 tsʰɛ²白,择
双峰	₋ban	dzien⁼	duan⁼	tʰəu²
溆浦	₋bʌŋ	tɕi⁼	tuẽ⁼缎	₋tɤɯ文 tʰɤɯ²寂
长沙	₋pən	tɕin⁼文 tɕin⁼白	tən⁼文 tən²白	tɕʰi²寂

就口语音来看，各方言中的古全浊声母，祁阳话全部保持为浊音，送气；邵阳话舒声字保持为浊音，不送气，入声字大部分清化，送气；双峰话舒声字保持为浊音，不送气，入声字全部清化，送气；溆浦话平声字保持为浊音，不送气，仄声字清化，其中上去声字不送气，入声字送气；长沙话则全部清化，其中舒声字不送气，入声字送气。由于保持浊音的现象要早于浊音清化的现象，全部保持浊音的现象要早于部分保持浊音部分清化的现象。因此，比较各方言的情况，可以发现湘方言全部保持为浊音的方言浊音声母送气，部分保持为浊音的方言浊音声母不送气，即较早的浊音声母送气，较晚的浊音声母不送气。而且湘方言古全浊声母的清化还有一个渐进的过程，入声字的清化要早于舒声字，舒声字中上去声字的清化又要早于平声字。与浊声母清化过程中

的时间先后相对应,可以看到,较早清化的入声字送气,较晚清化的舒声字不送气。这样,总起来说就是,湘方言古全浊声母较早的浊音或清化音送气,较晚的浊音或清化音不送气,也就是说,绝大部分湘方言中的浊声母也发生了由较早送气到较晚不送气的变化。至于湘方言中心地区古浊入字清化后大部分送气,则可能是因为中心地区这一音变的发生早于南北边缘地区的缘故。

另外,老湘语娄底(老街)话目前有古浊声母清化情况两种不同的记录。一种是古浊声母入声字清化送气、舒声字保持浊音不送气,与双峰话的情况相同。另一种是古浊声母舒声字也清化送气,也就是古浊声母全部清化送气,如"棚"ₑpʰaŋ,"近"tʰen²,"钝"tʰuen²,"读"tʰəuˀ。其次,新化方言古浊声母老年口音保持为送气浊音,中年口音开始清化,青年口音则变为送气清音。(另外,赵元任还曾记录了新化龙源和绥宁阳武两个清化后送气的方言。)这样,在老湘语的中心地区就出现了一个古浊声母全部清化送气的类型。这其中多数方言可能都是由祁阳一类方言的送气浊音清化而成的(如果可以确定其中没有异方言影响这一因素的话)。新化方言则正在完成这一清化过程。这种特殊的浊音清化类型和上述其他湘方言浊音清化与声调有关的情况不同,但在反映湘方言古全浊声母较早的浊音或清化音送气这点上是一致的。

因此可以说,吴方言和湘方言这两个不同的方言出现了浊声母从送气到不送气的同样的音变。吴方言浙南个别方言的"浊音不送气"正在变为不送气的清音。湘方言早期曾有送气的浊音(即"浊音送气")变为送气的清音,而目前又有不送气的浊音(即"浊音不送气")变为不送气的清音。

从吴湘两个方言的情况来看,首先,汉语方言中的浊声母没有送气型和不送气型的分别,而分音型方言中某调类的清化音是否送气,与李氏所说该调类原先的浊声母是否送气也没有直接关系。比如吴方言的浊声母单念时有较强的浊气流,但在语流中不送气,清化后也不送气。而湘方言目前的浊声母一般都不送气(个别全部保持浊音的方言送气,但其中有的方言有不送气的变体),清化后一般舒声字也不送气,入声字却送气。其次,浊声母清化后分化为送气音和不送气音,与徐氏所说声调调值的高低也没有必然的联系。吴方言的浊声母清化后不送气可以见于所有不同的调类和调值,可见调类调值不构成音变条件。湘方言中心区入声字清化后送气归入阴去调,反映早期的浊入调与阴去调调值相近。而湘方言的阴去调一般都是高调(高平或高升),这说明原本入声也是高调,而高调也可以保持送气成分的存在,不一定非得是低调。相反,湘方言的阳去调是个低调,但浊去字清化后却不送气,说明低调也不排斥不送气。因此湘方言中调值的高低也不构成音变条件。吴湘两个方言的情况还说明,全浊声母缺乏送气不送气的对立(而不是调类调值的影响)会导致送气成分的弱化和失落,从而产生一个由送气向不送气变化的过程。而正是浊声母在这一变化过程中所处的阶段,决定了它在清化后是送气还是不送气:在保持为送气浊音的早期阶段清化,就成为送气清音,在变为不送气浊音以后的晚期阶段清化,就成为不送气清音。比方可以说,吴方言是晚期阶段的不送气浊音清化。因此成为不送气清音。湘方言则是早期和晚期各有部分送气不送气的浊音清化,因此兼有送气不送气的清化音。

此外,浊声母由送气向不送气转变的现象不只见于当前的语言现实,也见于文献记载。罗常培在指出《大乘中宗见解》对后来官话方言中浊声母清化后平声送气、仄声不送气的趋势有所反映时,所举例证透露出了浊声母在变化过程中的所处阶段与清化后送气不送气的某种关系。罗氏曾说,《大乘中宗见解》中的全浊声母"保持浊声本读的一共才有十一个字","其余的都变成次清"。保持浊音的 11 字是奉母的"凡梵"、定母的"怠道第大地盗定达"和澄母的"着",其中除"凡"是平声字,其他都是仄声字。而据罗文所引,变成次清的有 36 字,即奉母的"夫烦佛",並母的"菩鼻盘平拔别帛",定母的"同檀独毒",澄母的"持值治住尘",床母的"状乂",从母的"财在慈自造前净情曾集绝寂",群母的"其具共及",其中平声字有 15 个。罗氏认为,《大乘中宗见解》中的浊音是不送气的,其证明是有一部分全清字声母在某种声调条件下用浊音声母来注音。这是因为在这种声调条件下清浊声母易于混淆,而这也说明清浊声母都有不送气的特点。这样,平声字已经清化送气,仄声字还有保持为浊音但不送气的,后来就发展为平声送气仄声不送气。《大乘中宗见解》所反映的较早的清化音送气,较晚的浊音变为不送气的语言事实,正和目前吴湘两方言的情况相同。一种语言现象同时见于历史和现实,说明具有客观的同一性,不是偶然的。

七

综上所述,可以归纳如下。汉语古代的全浊声母只有送气一种音值。根据目前吴湘两个方言浊声母的音值和清化的情况,推测汉语的全浊声母在古代是一种类似于现代吴方言的浊送气音——气嗓音,而且普遍发生过吴湘两个方言的送气成分弱化以至失落、由送气音转为不送气音的音变。如果是这样,那么汉语方言古全浊声母清化后分别送气不送气的多种现象,就可以得到一个统一的解释了。比如客、赣方言的送气音是方言中古全浊声母较早保持为送气时清化形成的,闽方言的不送气音是因为古全浊声母清化前已经变为不送气,而另外某些方言古全浊声母按调类分别送气和不送气则是因为该方言不同调类的全浊声母失落送气成分和清化的时间有早晚的不同。由于历史上各方言古全浊声母这一音变过程的发生时间和持续时间并不相同,汉语方言因此出现了送气不送气的多种情况。

当然,上述解释恐怕也不是没有局限的。由于方言间的相互影响或干扰,某些方言演变的具体情况可能不都清楚。历史上已经完成的音变,也不一定都能有确切的说明。而老湘语个别方言的浊音未来清化时的表现还将检验本文的判断。但本文这一联系时间因素和音变过程的解释方法,总体上应该是有效的。

语料来源

北京大学中文系语言学教研室:《汉语方音字汇》(第二版重排本),语文出版社,2003。
曹志耘、邵朝阳:《青海乐都方言音系》,《方言》2001.4。
陈满华:《安仁方言》,北京语言学院出版社,1995。
陈章太、李行健:《普通话基础方言基本词汇集》,语文出版社,1996。
储泽祥:《邵阳方言研究》,湖南教育出版社,1998。
广西壮族自治区地方志编纂委员会:《广西通志·汉语方言志》,广西人民出版社,1998。
何科根、李健:《化州话及其声韵调特点》,载《第二届国际粤方言研讨会论文集》,暨南大学出版社,1990。
侯精一、温端政:《山西方言调查研究报告》,山西高校联合出版社,1993。
黄群建:《通山方言志》,武汉大学出版社,1994。
柯西钢:《陕西白河城关方言同音字汇》,2006。(未刊)
李维琦:《祁阳方言研究》,湖南教育出版社,1998。
李永明:《临武方言》,湖南人民出版社,1988。
刘勋宁:《清涧方言调查字表》,1980。(未刊)
刘育林:《陕西省志·方言志》(陕北部分),陕西人民出版社,1990。
罗昕如:《新化方言研究》,湖南教育出版社,1998。
王福堂:《离石方言调查字表》,1987。(未刊)
　　　《西安方言调查字表》,1986。(未刊)
　　　《武汉方言调查字表》,1990。(未刊)
　　　《成都方言调查字表》,1990。(未刊)
徐通锵、王洪君:《闻喜方言调查字表》,1985。(未刊)
杨时逢:《湖南方言调查报告》,《史语所专刊》之六十六,1974。
杨子仪、马学恭:《固原县方言志》,宁夏人民出版社,1990。
詹伯慧、张日昇:《粤西十县市粤方言调查报告》,暨南大学出版社,1998。
周植志、颜其香:《佤语简志》,民族出版社,1984。
庄初升:《粤北土话音韵研究》,中国社会科学出版社,2004。

参考文献

鲍怀翘、周植志:《佤语浊送气音声学特征分析》,《民族语文》1990.2。
陈　晖:《湘方言语音研究》,湖南师范大学出版社,2006。
高本汉(B. Karlgren):《中国音韵学研究》,商务印书馆,1940。
孔江平:《论语言发声》,中央民族大学出版社,2001。
李济源、刘丽华、颜清徽:《湖南娄底方言的同音字汇》,《方言》1987.4。
李　荣:《切韵音系》,科学出版社,1956。
　　　《温岭话"咸淡"倒过来听还是"咸淡"》,《方言》1986.2。
陆志韦:《古音说略》,哈佛燕京学社出版社,1937,又载《陆志韦语言学著作集》(1),中华书局,1985。
罗常培:《唐五代西北方音》,《史语所单刊》甲种之十二,1933。
彭逢澍:《关于湖南娄底方言声母系统的意见》,2006。(未刊)
王　力:《汉语语音史》,中国社会科学出版社,1985。
徐通锵:《山西方言古浊塞音、浊塞擦音今音的三种类型和语言史的研究》,《语文研究》1990.1。
徐云扬(E. Zee):《A Theory of the Bifurcation of the Middle Chinese Voiced Syllabic-initial Stops and Affricates into Aspirates and Unaspirates after Devoicing》(关于汉语古浊塞音塞擦音声母清化时分化为送气和不送气的问题),载《中国境内语言暨语言学》(2),1994。
赵元任:《现代吴语的研究》,清华学校研究院,1928,科学出版社,1956。
　　　《中国方言当中爆发音的种类》,《史语所集刊》五本四分,1935,又载《赵元任语言学论文集》,商务印书馆,2002。
周祖谟:《宋代汴洛语音考》,载《问学集》,中华书局,1981。

(原载《语言学论丛》第 36 辑,商务印书馆,2008 年)

方言本字考证说略

一、方言本字考证问题

  汉语中,词是语音和意义的结合体,并有特定的字形,音义形三者存在一定的关系。但语言在经历长期的演变,特别是在分化为不同方言的过程中,词的音义可能发生变化,字形也可能改变,从而使词和字形失去联系。于是有的词变得不知道该用什么字形来书写,或者即使有一个字形,也不知道是否正确。

  因此方言中存在本字的问题。词语因自身音义变化失去字形无法书写而产生本字问题,是因为字音如果变得和古代音韵地位相同的其他字有所不同,或者意义有了变化,人们就可能会以为它不再是原来的那个字。而因字形改变无法与字音对应而产生的本字问题,则往往和词汇历史演变中新陈代谢的现象有关。人们可能口语中仍然使用该词,但书面上已经不再使用该字,因此无法书写出来。也可能虽然口语中使用此词,但书面上已用彼字,二者语音上不能对应,因而成为训读字。

  本字问题应该是方言经历长期发展变化以后才出现的。因此这一问题在早期的文献中很少提及,到近代才多有讨论。很多清代的学者注意到这一问题,并试图通过考证来解决。翟灏《通俗编》、钱大昕《恒言录》中都有这方面的内容。例如:

  銲:……此字本音翰,今转呼若汉,俗人不考,遂借熯字用之。……(《通俗编》)

  赛:赛本祭名,今世乡社赛神,以丰俭较胜负,因以赛为争胜之义。……(《恒言录》)

  稍晚章太炎、黄侃还有本字考证的专书。章太炎并提出了考证的原则和方法,如"察其声音条贯","推见本始",以见"今之殊言不违姬汉",即根据语音变化的规律在文献中寻找本字。如章太炎《新方言》:

  我,施身自谓也。义从我声,故我音转如仪。我转为吾。吾亦音牙。……又转为卬。今徽州及江浙间言吾如牙,亦卬字也,俗用俺字为之。……(二)

《释名》:"长妇少妇,或曰先后。"今山西太原以南兄弟妇称先后。(三)

又如黄侃《蕲春语》:

《说文》:"固,四塞也","梱,铸塞也"。俗字为"箍"。《广韵》"箍","以篾束物",古胡切。今世通语有此,但多读苦胡切。

《说文》:"袠,草雨衣也。"由衰而转,后出字作繖(伞)。

同类的著作,稍后还有杨树达《长沙方言考》、刘颐《楚语拾遗》等。这些著作材料丰富,征引广博,但考证还不能都称谨严。而且以"一声之转"解释方言词语和本字的语音差别,也时有过宽之处。

以后音韵历史研究的深入使人们对汉语语音的共时系统和历时演变有了科学而直观的认识,方言调查研究工作又让人们看到汉语语音变化的规律性和多样性。因此本字考证的视野趋于开阔,方法趋于严密。学者们还提出了不少新原则和新方法,比如考求本字要根据语音的古今对应关系(施文涛),要注意借助方言之间的比较研究(黄典诚),要区别方言语音系统中的文白异读(李荣)和时间层次(梅祖麟)等。发表了不少有影响的文章。比如施文涛《宁波方言本字考》,李荣《吴语本字举例》、《考本字甘苦》及"飓风"、"捐"、"尔"等词的考证,罗杰瑞《闽语里的"治"字》,黄典诚《闽语"人"字的本字》,张惠英《吴语札记》,等等。这些文章以分析说明和材料引证见长,显示出本字考证工作较前一阶段取得的巨大进展。

下面就根据已有的认识,结合实例,介绍方言本字考证问题的各个方面。

二、方言本字考证的一般方法

既然本字问题的产生主要是词语因音义变化而导致与字形脱离的结果,同时也有因字形改变而产生的问题,本字考证就要从词的音义形三个方面进行探索,也就是要设法恢复词语和字形的联系,找回本字。考证工作一般要结合音义两个方面来考虑,即要求音义两个方面的符合,同时还要尽可能利用文献材料作为证明。下面以"伏"、"倒"、"藻"等词为例来说明。

[伏]

苏州话"孵~小鸡"说[bu^2]。就字音看,苏州话韵母 u 主要来自遇摄模韵帮组(如"布普蒲")、虞韵非组(如"夫赴附")和流摄尤韵非组(如"副妇"),声母[b]主要来自并母(如"婆盆薄")。但"孵",《广韵》芳无切,敷母虞韵平声,与[bu^2]韵母相符,声母声调不合。因此"孵"不可能是[bu^2]的本字。结合音义两方面来看,《广韵》中的

"伏"却有可能是本字。"伏","鸟菢子",扶富切,奉母宥韵去声。[bu²]与"伏"词义相合,与"扶富切"的韵母和声调相合,只有声母似乎不合。不过苏州话声母[b]也有来自个别保持重唇读音的奉母字(如"肥"₌bi ₌,"防"₌bɒŋ)的。因此[bu²]与"伏"的反切实际上相符。

"伏"很早见于文献。如《庄子》"庚桑楚":"越鸡不能伏鹄卵";《汉书》"五行志":"雌鸡伏子",都为孵卵义。而《淮南子》"说林":"乳狗之噬虎也,伏鸡之搏狸也,恩之所加,不量其力";《颜氏家训》所载古乐府"百里奚词":"百里奚,五羊皮。忆别时,烹伏雌,炊扊扅。今日富贵忘我为!"其中"伏"用作定语,也与目前苏州话"老bu²鸡"相同。由此判断,苏州话[bu²]的本字确实就是"伏"。

[倒]

成都话"铸"有[tsu²,tau²]二音,第二音用于"铸铜圆"等词。按"铸",《广韵》之成切,章母遇韵去声。这一反切与上述第一音相符,而与第二音声韵母均不合。有人用上古音来解释,认为"铸"为照三字,声旁为"寿",有[tau²]这样的读音是可能的。不过这一假设还缺乏具体的论证。

其实[tau²]的本字应该是"倒"字。因为我国传统的铸造法多为浇铸,即把金属熔化后倒入模具做成铸件。所谓"倒铜圆",就是把熔化了的铜水倒入模子铸成铜圆。由于"倒"是浇铸过程中的关键动作,所以就用来代表整个铸造过程,词义也逐渐变得和"铸"相同,成都话连字形也写成了"铸"。但目前官话区西南西北有的方言还仍然写作"倒",如西安话"倒锅",乌鲁木齐话"倒铁铲子",武汉话"这像是铜倒的"等。广东东莞、雷州等方言浇铸叫"倒模"。这些都是极有力的证明。

[薸]

厦门话浮萍叫"萍"[₌pʰio]。但"萍",《广韵》薄经切,这一反切与[₌pʰio]声母声调虽然相符,韵母却不合。因此"萍"可能只是训读字,[₌pʰio]音应另有来源。据《尔雅》"释草第十三":"萍",郭注:"水中浮萍,江东谓之薸,音瓢。""瓢"和"薸"《广韵》都是符宵切,反切都与厦门音[₌pʰio]相符。由此可见,厦门话[₌pʰio]的本字应该就是"薸"。

按上文《尔雅》郭注,"薸"早在东晋时就已经见于江东地区,目前仍然见于闽语区及浙江南部吴语,应该是一脉相承下来的。不过在汉语书面语的词汇中,"薸"已经为"萍"所取代。"薸"目前虽然仍然普遍用于闽方言口语,但在官话和其他方言的影响下,书面上已经改写为"萍","薸"的字形已经为人们所遗忘。音"薸"而字"萍",语音上不能对应,"萍"因此成为训读字。

三、方言本字考证中的字音问题

方言词语的音义变化也可能较为复杂,不都像上述"伏"、"倒"、"藻"那样简单。即如与本字语音是否相符的问题,就不一定都能轻易确定。因此,在本字考证的语音方面,除了依据古今对应的一般原则以外,还需要借助以下一些原则和方法来处理。

1. 通过方言间的语音比较寻找本字

考证本字,通常是在方言本身的范围内寻求答案的。但有时方言本身并不一定能提供所需答案,倒是在其他方言中有可能找到线索。这是因为在汉语分化为多个方言以后,分化前的某个语言现象在这个方言中也许已经消失,在另一方言中却可能仍然存在。而且不同地区的方言即使原来不存在相同的或类似的某个语言现象,也有可能按同一规律平行发展,分头产生出来。因此,与不同方言的比较是考证本字的有效手段。下面以"赚"、"左手"二词为例来说明。

[赚]

福州话错误叫[taŋ²],本字不明,在同音字"淡"、"弹"、"郑"中,一般选用"郑*"来书写。由于[taŋ²]音来源不一,方言本身并不能确定该词应该属于下面哪个同音字的音韵地位:

  淡(定敢上,定阚去) 弹(定翰去) 郑(澄劲去)

厦门话也有该词,读音为[ta²]。有人认为[ta²]的本字应该是"诞"(也许是认为错误与荒诞有关)。但"诞",《广韵》徒旱切,定母旱韵上声,山摄字,厦门话中韵母应为合口韵 ũã,读音与开口韵的[ta²]不合。

厦门话[ta²]有同音字"淡"。但"弹"音[tũã²],"郑"音[ti²],与该词不同音。把厦门话和福州话相互比较,排除不一致的读音"弹"和"郑"后,两方言就剩下一个共同的同音字:咸摄敢阚韵字"淡"。但问题是"淡"字与错误义无关。

与福州相近,浙南吴语温州话也有一个错误义的[dza²],语音似乎与此有关。温州话[dza²]的同音字有下列不同的音韵地位:

  寨(崇夬去) 暂(从阚去) 赚(澄陷去)

"寨"是蟹摄字,"暂"、"赚"是咸摄字。再以温州话和福州话、厦门话相比较。温州话的"寨"、"暂"在福州话音[tsai²]、[tsaŋ²],厦门话音[tse²]、[tsiam²],读音均与"淡"不合,可以排除。而"赚"和福州话[taŋ²]、厦门话[ta²]的音韵地位有关。因为福州话、厦门话咸摄一二等韵母相同,"淡"和"赚"同韵。这样,三个方言仍然可能有一个共同的同音字:赚(澄陷去)。

按"赚",《广韵》"重卖",伫陷切,澄母陷韵去声,咸摄二等。"赚"在《广韵》中无错误义。不过《玉篇》:"徒陷切,错也,重卖也",《说文》"徐铉新附字":"重卖也,错也,伫陷切","赚"除获利义外,都还有错误义。这与福州话[taŋ²]、厦门话[tā²]、温州话[dza²]相同。文献中也有"赚"为错误义的用例。如徐铉《稽神录》"拾遗":"讶!赚矣!此辟谷药也!"从语音看,"赚"作为咸摄二等字,韵母和福州话[taŋ²]、厦门话[tā²]、温州话[dza²]相符;反切上字澄母的"伫"符合温州话的声母dz,定母澄母的"徒"和"伫"则一并符合保持"古无舌上音"特点的闽方言福州和厦门方言的声母t。结合音义两方面来看,福州话[taŋ²]、厦门话[tā²]和温州话[dza²]的本字就是错误义的"赚"。

表示错误义的"赚"不但普遍见于闽语各方言,也见于浙江南部吴语的一些方言,除温州话[dza²]外,还有如金华话"站*"[dza²],义乌话"站*"[dzɤ²],宁波话"绽*"[dzɛ²],绍兴话"错绽*"[tsʰo² dzæ²]等。共同的特殊词语反映了吴闽两方言历史上存在的密切关系。

[左手]

苏州话左手叫"济*手"[tsi² ˬsʏ],"济*"本字不明。"左手"中前字这一读音的记载最早见于明代。冯梦龙《山歌》中说:"左,俗音际"(按,苏州话"济""际"同音)。但所说"俗音际",有可能是指"左"字在口语中音同"际","际"与本字同音,也有可能是指义同"左"的某个词音同"际","际"与"左"的某个同义词同音。而且吴语区目前还有不少方言"左手"中的前字也有特殊读音,如嘉兴话"济*"[tɕi²],温州话"济*"或"借*"[tsei²],宁波、绍兴方言"借*"[tɕia²]。这些读音彼此间似乎存在某种联系,有可能都是"左"字本身在口语中的读音。但这些读音和各方言中"左"的读音——如苏州话[ˬtsəu],嘉兴、温州方言[ˬtsəu],宁波话[ˬtsou],绍兴话[ˬtso]——相去甚远,因此可能是一种特殊音变的结果。不过这种音变的具体过程并不清楚。

令人意外的是,和吴方言相去遥远的官话区的山西方言也有类似的现象。如晋中地区一些方言"左手"中前字大多也有特殊的读音,似乎和吴方言有某种联系。这对探索上述音变过程很有帮助。"左手"中的前字在这些方言中读作"借*",如平遥、介休、孝义方言[tɕiɛ²],太谷、灵石方言[tɕie²],娄烦话[tɕiɪ²],文水话[tɕi²]。不过这些方言中"左"的读音,如介休、平遥、灵石方言[ˬtsuə],太谷话[ˬtsuo],娄烦话[ˬtsəu],文水话[ˬtsu],与上述特殊读音也相去很远,表明这些特殊读音也是一种特殊音变的结果,只有孝义话"左"[ˬtsɛ]和"借*"[tɕiɛ²]音相近。孝义话这两个读音的主要元音相同，有可能其实是"左"的两读。按"左"，《广韵》臧可、则箇二切，精母哿韵上声、箇韵去声。上声一切指方位，去声一切并有辅助义。《说文》："左，手相左助也"，大徐音则箇切。段注："以手助手是曰左。"也就是说，左手是帮助右手的手。孝义话"左~右"为上声，"左~手"为去声，与《广韵》《说文》所说正相符。吴方言和晋中其他方言的情况和以上孝义话也相同。

所有这些方言中"左~手"的特殊读音应该都是则箇一切历史音变的结果。看来主要的音变原因是元音的高化。这是吴方言和山西方言的共同特点。即使像"左~手"这样在音类中不属主流的读音，也与这一特点有关。在音变过程中，晋中方言"左~手"的韵母由中古歌韵的 ɑ* 演变至今，以精母（舌尖前音声母）为条件，发生过元音的前化、腭化和高化。首先是 ɑ* 前化并腭化再高化为 iɛ（如孝义话），然后继续高化并最后成为 i（如其他方言）。音变过程可以假设如下：

$$\alpha^* \rightarrow ia \rightarrow i\varepsilon \rightarrow ie \rightarrow iI \rightarrow i$$

吴方言"左~手"读音的音变过程和晋中方言相近，即 ɑ* 首先前化并腭化为 ia（如宁波、绍兴方言），然后高化为 i（如苏州、嘉兴方言），进一步再复化为 ei（如温州话）。音变过程可以假设为：

$$\alpha^* \rightarrow ia \rightarrow i\varepsilon \rightarrow i \rightarrow ei$$

以上"左~手"韵母语音变化过程在吴方言和晋中方言里的相似，说明这是一种平行发展的现象，二者可以相互说明，相互补充。晋中方言音变过程所保存的环节比吴方言更为完整。通过这种比较，既揭示了不同方言中"左~手"特殊音值的联系，又保证了苏州话"济*手"中"济*"的本字就是"左"的可靠性。

2. 在白读音中考证本字

一个方言在接受其他方言的影响时，可能借入一种和本方言原有的字音不同的读音。借入的读音由于开始时多用于比较正式的场合而被称为读书音，与此相对，方言原有的能用在口语中的读音就叫做口语音。一般情况下，读书音是外来的，口语音是方言本有的。通过读书音借入的词语，因大多属晚近，情况清楚，无须考证。方言原有的口语音中，则多有因经历长期的音义变化而需要考证的本字。所以考证本字时要特别注意与读书音相对的口语音。（不过有的方言——如闽南话——字音关系复杂，还存在由读书音转化而来的口语音，所以还需要鉴别文白层次。）下面以"惜"、"众牲"二词为例。

[惜]

建瓯话疼爱说"婼"[tsʰiɔ]。"婼"，方言字，本字不明。在建瓯话中，入声韵母 iɔ

主要来自宕摄开口三等(如"掠雀脚"),声母 tsʰ 主要来自清彻穿诸母(如"草撑策充"),但相应音韵地位的同音字都没有疼爱义。不过如果从区别文白读音着眼,可以发现建瓯话入声韵母 iɔ 还有个别字来自梗摄开口三等的白读音(如"席尺石"),声母 tsʰ 也有个别字来自心审母的白读音(如"醒数烧")。在上述相应的音韵地位中考求,可以认为"婞"的本字是"惜"。"惜",《说文》"痛也",《广韵》思积切,心母昔韵入声。这一反切和"婞"的读音相符,而《说文》所说的痛正就是疼爱的意思。

"惜"作爱或疼爱解文献中多见。如明刘基《晚至草平驿》:"但惜景物佳,不觉道路长。"成语"惜墨如金"、"怜香惜玉"中的"惜"也是爱惜的意思。"惜"作疼爱解还见于目前的粤、客方言,如广州话"惜细路*哥",梅县话"惜细妹 ɛ"等,是说老年人疼爱孙辈。建瓯所在的闽北地区历史上曾受到客赣方言的影响,这从另一方面说明"婞"本字为"惜"应属可信。

[众牲]

厦门话牲口叫"精*牲"[₋tsɪŋ ₋si],"精*"本字不明。有人认为本字就是"牲",把该词写作"牲牲"。所以这样主张,可能是因为厦门话有一种用字音的文白异读造成重叠形式的构词法,如"单单"[₋tan 文 ₋tūā 白](字条、收据),"车车"[₋tsʰia 文 ₋ku 白](翻腾),"反反"[ʿhuan 文 ʿpiŋ 白](颠倒)等。不过"精*牲"[₋tsɪŋ ₋si]并不是这种性质的词语,一般认为前后字是两个不同的语素。而如果从一般词语中构词的文白层次来考虑,[₋si]是白读音,通常情况下,[₋tsɪŋ]应当也是白读音。但厦门话中来自梗摄的韵母[ɪŋ]都是文读音(如"更争正星"),来自通摄三等的韵母[ɪŋ]才是白读音(如"穷宠用")。所以[₋tsɪŋ]的本字不会是梗摄的"精"或"牲",而可能是一个通摄三等字。而恰好吴方言苏州话牲口叫"众牲"[₋tsoŋ ₋saŋ],"众"就是一个通摄三等字。结合声母的情况来考虑,厦门话"精*"的本字应该就是"众"。

"众牲"一词多见于文献,原作"众生"。如《礼记》"祭义":"众生必死,死必归土",《百喻经》"序":"佛言,我今问汝,天下众生为苦为乐?"其中"众生"都指生灵,即兼指人和动物。但清乾隆《苏州府志》:"六畜总曰众牲,众作平声",则说明"众生"已转义指家畜,"生"也已经改写为表畜类的"牲"。"众",《广韵》之仲、职容二切,章母送韵去声、东韵平声。目前苏州话"众"一般音[tsoŋ²],去声,"众牲"中则用平声一切,与《苏州府志》所说相同。厦门话"众"[tsiɔŋ² 文, tsɪŋ² 白]两读,文白都是去声,而"精*"[₋tsɪŋ]为平声,声调不合。不过也可以认为,厦门话"众"也有平去声两读,"众牲"一词所用为平声,和苏州话相同。

3. 在早期时间层次中寻求本字

方言音类在历史演变过程中的变化，或采取同步的方式，即音类中各个体同时完成变化；或采取离散的方式，即音类各个体分批变化，甚至有的音类还可以不加入变化行列，保持原有语音形式不变。这后一种变化方式会造成方言字音中不同的时间层次，其中保持原有语音形式的常常被看成口语音，相对的语音形式则被处理为读书音。(不过这种文白异读并不是由于外方言的影响，而是因本方言音类中各成员变化速度不等造成的。)保持原有语音形式的时间层次相对较早，一般领字也少，容易被忽略而错误地归入其他音类。因此考证时也要特别注意本字中属于这种字数不多的早期时间层次的口语音。下面以"霍闪"、"何谁"二词为例来说明。

[霍闪]

苏州话闪电叫"霍险*"[hoʔ₅ ˬɕiɪ]，"险*"本字不明。苏州话"险*"的同音字只有一个"显"字，词义和闪电无关。但从语音历史演变的角度考虑，"险*"的本字有可能就是"闪"。

按"闪"，《广韵》失冉切，书母琰韵上声，苏州音[ˬsø]。但从时间层次来看，推测它早期照三字的声母是舌面音，韵母是齐齿韵，读音应该和[ˬɕiɪ]相近。浙江许多吴方言照三字的声韵母就还保有这种早期的音值。如宁波"招章"[ˬtɕiɔ]，"厂昌"[ˬtɕʰiā]，"舌船"[ziɪʔ₅]，"扇书"[ˬɕi]，"成禅"[ˬdziŋ]，"热日"[ɲiɪʔ₅]。宁波话闪电叫"龙光闪"[ˬloŋ ˬkuɔ ˬɕi]，"闪"字就是舌面音声母齐齿韵。所以可以认为，苏州话"闪"字目前虽然一般已经读作[ˬsø]，但早期的读音[ˬɕiɪ]还保留在"霍闪"一词中。也就是说，"险*"的本字就是"闪"。

[何谁]

绍兴话指人疑问代词为"鞋*时*"[ˬɦa ˬzɿ]，本字不明。绍兴话韵母 a 主要来自蟹摄开口一二等(如"太乃排债")，韵母 ɿ 主要来自止摄开口精知照组(如"紫迟师市")和蟹摄开口三等知照组(如"滞逝")，其中众多的同音字都没有能够提供该词本字的消息。但绍兴话韵母 a 还有个别字来自果摄一等的早期时间层次(如"拖破")，韵母 ɿ 还有个别字来自止摄合口精知照组口语音(如"嘴吹水")。在这些字的音韵地位中考求，推测"鞋*时*"[ˬɦa ˬzɿ]的本字有可能是"何谁"。"何"，《广韵》胡歌切，绍兴话音[ˬɦo]，但可能有口语音[ˬɦa]；"谁"，《广韵》视佳切，绍兴话音[ˬdzɛ, ˬzɛ]，也可能有口语音[ˬzɿ]。其中"何"的读书音韵母 o 并非因外方言影响而产生，口语音的韵母 a 则是早期时间层次的读音。a 明显接近中古歌韵 ɑ* 的语音形式。

文献中有不少"何谁"作为指人疑问代词的例证。如《史记》"吴王濞传"："我已为东帝,尚何谁拜?"郭璞"游仙诗":"借问此何谁?云是鬼谷子。"叶适诗"吴江华严塔院赠了洪讲师":"飞者自无极,游者自无涯,造物不谆谆,亦莫分何谁。"以上刘濞汉初封吴王;郭璞,晋河东人,移居江南;叶适,宋永嘉人。几位作者的出生地或活动场所都在吴地,都使用"何谁"一词,说明这可能是一个自古以来一直在这一地区通行的词语。

4. 通过对音变规律的探求考证本字

方言中有的词语发生了特殊的语音变化,因此与原有的字形无法相联系。如果能找到音变的原因和规律,则有可能推断原来的语音形式,找到本字。下面以"女猫"、"细佬"二词为例来说明。

[女猫]

西安话母猫叫"咪猫"[ˉmi ˌmau, ˌmi ˌmau],"咪"被认为是拟声。但为什么猫儿只有母猫咪咪叫唤,令人费解。

"咪"的本字可能是"女"。因为官话区母猫多有叫"女猫"的,其中的"女"在北部官话中还多有音变,或仍写"女",或改写成同音字。如银川话"女"[ˉmi],长治话"米*"[ˉmi],大同话"眯*"[ˌmi],滦县话"伲*"[ˉni]等,其中长治、大同方言的情况和西安话类似,滦县话的情况则似是较早时的音变。

推测上述"咪"的不同读音,可能是下列音变过程不同阶段的表现:

$$ny \rightarrow ni \rightarrow mi$$

即鼻音声母 n 在韵母 i、y 前发生了发音部位的变化,但发音方法不变,仍为鼻音,n 因此就成了 m。这种音变,在有的方言里还扩及所有[ni][ny]音节的字,如西宁方言"泥尼"[ˌmi],"女"[ˉmi],"腻逆"[mi²]。可见这是一个发生在广大地区的音变,虽然显得特殊,却是有规律的。西安话"女"音[ˉɲy]。但"咪猫"中的"咪"[ˉmi, ˌmi]看来就是"女"[ˉɲy]音变的结果,因此"咪"的本字就是"女"。

[细佬]

广州话小孩叫"细路*"[ʃei² lou²],"路*"显然不是本字。从音义两方面看,"路*"很可能是"佬(老)"[ˉlou]的音变。"老",《广韵》卢晧切,音变为"路*",是次浊上字变读成了阳去调。

实际上个别次浊上字归去声(阳去)的情况也见于其他一些方言。如阳江话"路*鸦"[lou² ˌa],绍兴话"老鹰"[lɒ² ˌiŋ]等。不过阳江、绍兴方言中"老"在一般情况下都读上声(阳上),如阳江话"老师"[ˉlou ˌʃi],绍兴话"老鼠"[ˉlɒ ˌtsʮ],只在上述个别词语中才读去声(阳去)。

这种音变和浊上字的分派有关。汉语方言浊上字的分派大致是次浊上归上声（阴上），全浊上归去声（阳去）。但分派中也可能有个别次浊上字进入全浊上字的行列随着变为去声（阳去），并保存在个别词语中。这是一种感染作用的结果，即字音在变化中本应遵循甲规律，但因其他字的影响改而遵循乙规律。这种作用涉及的字数不多，但同样也是一种规律性的现象。可以肯定，广州话"细路*"中的"路*"就是"佬（老）"的音变，"路*"的本字就是"佬"。

四、方言本字考证中的词义问题

考证本字时，除上述与字音有关的各种情况外，也要考虑方言词义变化可能会比较复杂，与原意看起来不相符合。这就需要根据下列不同情况加以处理。

1. 根据词义转化的踪迹寻求本字

[箬]

厦门话树叶叫[hioʔ₂]，一般就写作"叶"。但厦门"叶"音[iap₂文，i?₂白]。而且据《广韵》，"叶"，与涉切，以母葉韵入声，咸摄开口三等，与[hioʔ₂]的韵母也不合。实际上[hioʔ₂]本字应为"箬"。"箬"，《广韵》"竹箬"，而灼切，日母药韵入声，反切与[hioʔ₂]韵母声调相合，而日母在厦门话中有个别字读为h（如"耳燃肉"），因此实际上声母也相合。

"箬"原指一种枝细叶大的竹子，叶子可以用来填充斗笠或包裹粽子等。后来一般方言中"箬"的词义缩小了，专指这种竹子的叶子。而在厦门话中，"箬"的词义范围缩小后又再扩大，由原指这种竹子的叶子转而泛指大小不等、种类不同的各种树叶。这种词义的变化有迹可循，变化的幅度也能为人们的语感所接受，比较容易判断。

[锯]

成都话"割"有[₄ko, keˀ]二音，第二音义为切割、截断。"割"，《广韵》古达切，见母曷韵入声。这一反切与上述第一音相合，而与第二音韵母声调不合。因此第二音有可能是另一个词，但本字不明。

按，成都话韵母 e 主要来自假摄麻韵三等章组（如"遮社"）和曾梗摄一二等入声（如"北黑百革"），但所领各字与[keˀ]音比较，前者声类不合，后者调类不合。不过成都话还有个别遇摄御韵字如"去"的口语音[tɕʰieˀ]，和[keˀ]主要元音相同，声类调类也相符。"去"，《广韵》丘倨切，溪母御韵去声。结合词义来看，[keˀ]的本字有可能是与"去"字同韵的"锯"。"锯"，《广韵》居御切，见母御韵去声，读书音[tɕyˀ]，按规律口语音应即为[ke²]。

"割"和"锯"词义本不相同,但"割"的动作常常具有往复性,这也许是导致和"锯"相混的原因。比如切割韧性的东西如肉类,就常常用一种锯的动作。可能就是因为动作的相似,口语音的"锯"字慢慢混同于"割",并写成了"割"字,成都话的"割"字因此就有了两个读音。

"锯"口语音有切割义的现象也见于西南官话、湘语、赣语的不少方言,如武汉话[kɤ²],贵阳话[ke²],长沙话[kɤ²],萍乡话[kɛ²],说明这也是一个分布地区很广的词语。

2. 根据词类转化的线索考证本字

方言中某些本字的词义变化有迹可循,但词类却可能变得完全不同。词义相似而词类不同的词,有时不易判断是训读字还是本字,需要结合音义两方面来考证。下面以"荫"、"占"二词为例来说明。

[荫]

苏州话"荫"[in²]是凉的意思。据《说文》,"荫,草阴地",於禁切,解作遮蔽,应是动词。但《荀子》"劝学":"树成荫而众鸟息焉",《庄子》"山木":"一蝉方得美荫而忘其身",说明"荫"早已转作名词。目前苏州话"荫"作凉解,则应该是后来又转成了形容词。这可能是因为有草木遮蔽的地方总是比较凉的缘故。

吴方言也普遍使用作凉解的"荫"。不过很早就有人不认同"荫"字了。明冯梦龙《山歌》已经改用同音字"窨"来书写。目前也有人主张[in²]的本字是"瀴"。按"瀴",《广韵》"瀴溟,冷也",於孟切,影母映韵去声,所说词义虽然可以与"荫"相通,读音却需要斟酌。因为"瀴"作为梗摄开口二等字,就韵母看,[in²]应是读书音。而作为方言口语中的常用词,很难解释它的韵母为什么是读书音[in²],而不是口语音[aŋ²](比如同韵的"樱~桃"即音 ₌aŋ)。在文白异读反映语音层次已成共识的今天,考证本字是不能不考虑字音的文白差异的。由此看来,"瀴"不可能是本字。而如果认同转作形容词的"荫"为本字,作为深摄三等字,读音[in²]就不存在文白的问题了。作凉解的"荫"也一直见于吴语区的许多方言,而且可以与其他语素组成复合词,如崇明话"荫凉"[in² ₌liaŋ]。这说明,吴语区多数方言还是认同转作形容词的"荫"为本字的。

[占]

北京话动词黏叫"粘"[₌tʂan]。该词也见于众多方言,却并非古已有之。据考证,"粘"原见于"占城稻"一词。这是宋代由占城国(在今越南境内)引入的一种粳稻。

据《宋史》"真宗纪":(大中祥符五年)"五月,江淮两浙旱,给占城稻种,教民种之。""占城稻"后来简称为"占稻",谷米就叫"占米"。所以"占"起初是一个表音字。"占",《广韵》职廉切,章母盐韵平声,反切与目前北京话"粘"[ˌtṣan] 音相符。

但"占"的词义存在黏或不黏的矛盾,需要说明。本来"占米"与中国原有的籼米相比,释文莹《湘山野录》说是"耐旱",李时珍《本草纲目》说是"先熟而鲜明",都没有明确提到它黏或不黏。实际上它作为粳米,只比中国一般的籼米黏软些。但人们在使用"占米"一词的过程中,逐渐忘了"占"原是外国国名的简称,字形因此也改写成了"米"旁的"粘",这就恰好与"黏"的异体字"粘"变得相同(《广韵》"黏",女廉切,下接"粘",注"俗")。"粘"本来已经是"黏"的异体字,后来又成为"黏"的俗字,因此就与"黏"字相混,有了词义黏或不黏的矛盾。比如"粘"在"粘(占)米"一词中为形容词,义为不黏。目前各地方言中"粘(占)米"都指籼米类,即不黏的米。而"粘"单用作为动词时,又义为黏,如"粘住"。"粘"作为形容词而义为黏的情况目前只见于极个别的方言,如雷州话"粘仔米"[ˌtsiam ˈkia ˈbi],指一种糯米,即黏的米;又成都话"满手的稀饭,粘[ˌtsan]瓦*瓦*的",也指黏。

综上所述,"粘"应当是一个由非汉语借词的国名变化而来的动词和形容词,因为与"黏"的异体字相混而在词义上部分混同,从而产生黏与不黏的矛盾。这一变化虽然略显曲折,过程还是清楚的。

3. 结合词语在史实或传说中的意义变化考证本字

方言中词语的意义,有可能因为某个事件而发生较大的变化,甚至超出基本意义的范围,变得与本字完全无关。这种情况会增加本字考证的困难,需要作出较大的努力,才有可能找到本字。下面以"生花"、"燕子"二词为例来说明。

[生花]

西安话把毛笔叫做"生活"[ˌsəŋ xuo˙],令人费解。其实该词与唐代的一个传说有关。五代后周王仁裕《开元天宝遗事》中说:"李太白少时,梦所用之笔头上生花。后天才瞻逸,名闻天下"。根据这一传说,"生活"的本字应该就是"生花"。目前西安附近有的方言就还是这样写的。

"生花"在传说中是用来比喻诗人文才神奇地提高的,后来转而用作毛笔的代称,就逐渐和传说失去了联系。人们慢慢忘了它的本字,忘了它的原义,原来的述宾词组也被理解为复合名词,因而有的方言中后字[ˌxua]音变成为轻声[xuo˙](还有的方言如永济话进一步轻化为[xu˙])。西安话就根据目前的读音把它写成了与原义毫不相干的"生活"[ˌsəŋ xuo˙]。这说明,考证本字不仅要着眼于词义和字音相联系的一般情况,还要考虑由于传说的流传变化,本字的意义是否有较大变化的可能,然后通过对文献材料的查证,找到本字。

[燕子]

绍兴话把缺乏生活经验,容易上当受骗的人叫做"傄子"[ˈiē tseʔ]。"傄",表音字,本字不明。清范寅《越谚》中也收有该词,前字写作"傄"或"赝",也都是表音字。

实际上"傄"是通过一个历史故事由"燕"字变化来的。据《战国策》记载,战国时燕王子哙因受他人的撺掇,仿效帝尧禅让事,把王位让给了宰相子之,而且在权力上一再退让,以致太子平因忧惧而起兵,引起社会动乱,燕王自身也被杀害。后人因为这一事件把"燕人"比作蠢人。《太平御览》引《东观汉记》说,汉光武攻占渔阳后,诸将要拥戴他称帝,为他所拒绝。曹掾张祉当场就把光武比作燕王,说:"俗以为燕人愚。方定大事,反与愚人相守,非计也。"所说"燕人"即为愚人的同义词。按"燕",《广韵》乌前切,"国名",影母先韵平声。绍兴话转为上声,阴上调。所以"傄子"就是"燕子",也就是上文被称为愚人的"燕人"。而当绍兴话"燕子"一词用来指称蠢人以后,人们就慢慢忘了它的本字,"燕"字就由原来的国名转为愚蠢义,由名词转成了形容词,后人就用"傄"、"赝"等表音字来书写了。另外,绍兴话还有"傄绷*"[ˈiē³³⁵ paŋ₅₂]一词,与"傄子"同义。词中"绷*"[paŋ₅₂]是"伯儿"的儿化音,是绍兴话中少数几个儿化韵的残存形式之一。"燕"而称"伯",与燕召公为周室尊为"二伯"之一的史实相符,增加了"傄"本字为"燕"的可信度。"燕伯"而称"儿",则是蠢人不被尊重的缘故。

由此可见,来自某个史实的词语,本字意义的变化可能超出基本意义的范围,变得与原义毫不相干。只有从考察这些史实或传说的流传情况入手,才能追本溯源发现词语原来的意义,找到本字。这说明,考证本字时除考虑词义变化的一般情况外,还需要放宽范围,注意那些意义看来无关,而读音可能有关的词语,把它们和本字联系起来。因为目前的意义看来无关,有可能是变化太大造成的结果。

五、考证中文献材料的局限性

文献是考证本字的重要依据。有了文献材料的证明,考证的本字就能释然无疑。可以说,一直以来方言本字考证工作取得的成绩,与文献材料的作用是分不开的。不过本字考证工作虽然进展迅速,但至今为止,能够得到证实的本字仍然较少,作为问题留下来的还是多数。这不仅是因为考证工作本身难度大,文献材料本身存在局限性也是一个重要的原因。

文献材料的局限性主要表现在以下两个方面：

1. 文献没有收入某音切

文献并非一定完备。有些本字的某一音读有可能不见于文献材料（当然也可能有这种文献材料，但人们没有看到）。对于这些本字来说，就需要通过其他方法来支持考证。下面以"沿"、"则*恶"二词为例来说明。

[沿]

北京话"沿"[ɕiɛn₂,iɛn⁼]两读，第一音阳平为动词，如"沿街"，第二音去声为名词，义为边缘，如地名"南河沿"。据《广韵》，"沿"，"从流而下"，与专切，以母仙韵平声，音义与北京话第一读音相符。北京话去声一读则不见于《广韵》等文献。在没有文献证明的情况下，单从北京话来看，很难判断"沿"字的去声一读究竟是阳平一读的变音，还是另有来源。幸好这一读音也见于其他一些方言，如太原话[ie⁼]，丹阳话[ɿ⁼]，绍兴话[ɦie⁼]，金华话[ie⁼]等，而且都作边缘解。"沿"字去声一读既然见于多个方言，可见不是某个方言中的音变，而是古已有之的音读，只不过是文献没有收入而已。这种音读虽然缺乏文献材料的证明，但有众多方言的支持，应该是可信的。

[则*恶]

潮州话"则*恶"[tsek₂ ak₂]，或写作"积恶"，有做坏事和可怜二义。这两个义项的意义相去甚远，不属一般的词义引申，可能不是一般的生活用词。从文白层次来看，"则*"[tsek₂]，《广韵》子德切，精母德韵字，但同韵字"贼"口语音为[tsʰak₂]，则"则*"[tsek₂]应为读书音。"恶"，乌各切，影母铎韵字，音[akᐳ 文，oʔᐳ 白]，[akᐳ]也是读书音。"则*恶"的读音都不是口语音，因此可能不是本方言原有的词语，而是借自外方言的词语。

推测"则*"的本字可能是"作"，"则*恶"就是"作恶"。首先从词义方面考虑。考虑到其他方言中也有兼具这样两个义项的词语，如武汉话"造孽"，苏州话"作孽"等。该词与释家轮回报应之说有关，原指人如果做坏事，下辈子就要受到报应。该词第一义项即为做坏事。而受报应的表现是受苦，受苦一般又会使人怜悯，因此第二义项即为可怜。潮州话"积恶"中的"积"很难有妥帖的解释，大概只是一个同音字，而"作恶"则词义及构词方式都与"造孽"、"作孽"相同，所以"作"应该就是本字。

再从语音方面考虑。"则*"在不少方言中是"作"的弱化音。如"做什么"山西长子话"则*甚"[tsəʔᐳ sənᐤ]，杭州话"则*啥"[tsəʔᐳ saᐤ]，苏州话"作啥"[tso₂ sɒᐤ，tsɤʔᐳ sɒᐤ]，其中苏州话"作"的第二读音[tsɤʔᐳ]与"则"同音，证明"则*"正就是"作"的音变。这种音变的记载也见于元明时的一些文献，如杂剧《张协状元》："君来则甚?"冯梦龙《古今小说》卷四:"莫要则声!"由此看来,"则*恶"的本字为"作恶"应属无疑。不过潮州本方言中"则*"[tsek˨]和"作"[tsak˨]的语音差异难以用弱化解释,而应该认为是文白异读。也就是说,"则*恶"一词可能并非由"作恶"借入潮州话后语音弱化而成,而是由外方言借入前已经弱化音变为"则*恶"。"则*"作为"作"的弱化音虽然没有文献的说明,但其存在不止一时一地,是多个方言都有的音变现象,应该是可信的。

2. 文献没有收入某本字

方言在长期的演变中,不仅原有的字音词义会有变化,而且某些语言成分会消失,同时又有新的语言成分产生出来。此外,汉语方言还有可能从其他非汉语借入语言成分。这些汉语方言新产生出来的语言成分和从非汉语借入的语言成分自然不可能在古文献中找到。所以章太炎所说"今之殊言不违姬汉",并不是绝对的。文献失收的这种情况也会造成本字考证的困难。下面以"吼*""樸子"二词为例。

[吼*]

苏州话把虹叫做"吼*"[hɣɔ],本字不明。这是一个大多数吴语区的方言都使用的词,音韵地位均为晓母候韵去声。据宋戴侗《六书故》:"越人谓虹为鲎"(按,"鲎""吼"同音),说明该词早在宋代就已经出现了。虹为什么叫"吼*"无可考证。不过某些方言还有义为吸饮的"吼*",可能和义为虹的"吼*"有关。清茹敦和《越言释》有"龙吼*水"、"蚂蟥吼*血"等用例,目前仍见于绍兴一带的口语中。根据当地的传说,虹是龙在海空中吸水时的水柱造成的。(《六书故》提到鲎"下饮涧谷",也是说虹是在"涧谷"上吸水造成的。)所以义为虹的"吼*"可能是由义为吸饮的"吼*"转来的。也就是说,动词"吼*"的存在要早于名词的"吼*"。不过动词"吼*"的来历仍然不明,难以肯定它是方言中产生的,还是从非汉语中借入的,目前只能作为一个问题保留下来。

[樸子]

阳江话柚子叫"樸子"[puk˨ ˈtʃi]。"樸",方言字,读音和"仆"相同,本字不明。不过壮语如广西武鸣话把柚子叫做[puk³³],和"樸"音相同。可见"樸"很可能是一个由壮语借入的词语。壮族目前主要分布在广西,但历史上广东也曾是壮族的居住地区,壮语借词见于粤方言广东地区,应该是很平常的现象。这样,"樸"的本字虽然无法在汉语文献中找到,但由非汉语的壮语得到了证明。

如上所述,缺乏文献材料的证明是本字考证工作中的一个弱点。这会造成某些结论的不确定性。不过方言本字考证并不只是一个文献的利用问题,而应该是一个牵涉到多方面的语言学的问题。相信随着考证工作的进步，新的观点和方法会不断得到运用，再加上文献材料的不断发现，考证中的困难将会逐渐减少。

参考文献

黄　侃：《蕲春语》，载《湖北方言文献疏证》，湖北教育出版社，1999。
李　荣：《吴语本字举例》，《方言》1980.2。
　　　《考本字甘苦》，《方言》1997.1。
李如龙：《考求方言词本字的音韵论证》，《语言研究》1988.1。
梅祖麟：《方言本字研究的两种方法》，载《吴语和闽语的比较研究》，上海教育出版社，1995。
施文涛：《宁波方言本字考》，《方言》1979.3。
张惠英：《吴语札记》，《中国语文》1980.6。
章太炎：《新方言》，载《章氏丛书》，浙江图书馆，1919。

(原载《方言》2003 年第 4 期)

绍兴话记音[①]

一、绍兴话的声韵调

(一) 声母

1. 绍兴话有 29 个声母,包括一个零声母在内。列表如下:

p pʰ b m f v
t tʰ d n l
ts tsʰ dz s z
tɕ tɕʰ dʑ ɲ ɕ ʑ
k kʰ g ŋ h ɦ
∅

2. 绍兴话的声母有如下特点:

(1) 声母发音时具有喉头作用。阴调字零声母和边鼻音声母前带有一个相当明显的喉头闭塞ʔ。例如"鸭"ʔæ˥,"衣"ʔi˥,"乌"ʔu˥,"捞"ʔlɒ˥。阳调字的声母带有相当重的喉头声带摩擦ɦ。例如"淡"ᴄdɦæ,"仲"dʑɦoŋ˨,"袖"ʑɦiɤ˨,"马"ᴄmɦo。

(2) 绍兴话保存了古浊声母的浊音音值。浊辅音 b、d、g、dz、dʑ、v、z、ʑ、ɦ 的发音方法和一般吴方言一样,成阻时声带不颤动,除阻时带有一个明显的浊气流,实际上是清音浊流,赵元任引述刘半农的意见标写为 bɦ、dɦ、gɦ、dzɦ、dʑɦ、vɦ、zɦ、ʑɦ、ɦɦ。不过,这是指浊声母字单念时说的。要是处在口语不断的音流之中,它们还是地道的浊音,是浊音浊流,如 bɦ、dɦ、gɦ 等。(见赵元任《现代吴语的研究》)

(3) 各辅音发音时肌肉紧张程度和破裂性不等。清塞音 p、pʰ、t、tʰ、k、kʰ 最强,浊塞音 b、d、g 和清塞擦音 ts、tsʰ、tɕ、tɕʰ 次之,鼻音边音 m、n、ɲ、ŋ、l 又次之,浊塞擦音 dz、dʑ 更弱,听感上和浊擦音 z、ʑ 相去不远。绍兴话的 p、pʰ、t、tʰ、k、kʰ 比北京话的发

[①] 本文发音人即笔者本人,说的是绍兴"东头埭话"(会稽音)。

音要硬得多，但比上海话的要软一些。

3. 下面对各辅音的发音部位略作描写，并与北京话的同类辅音相比较：

双唇音 p、pʰ、b、m，发音时双唇自然地接触，下唇较上唇略为靠前，不像北京话的要抿起嘴唇来。

唇齿音 f、v，发音时下唇稍微后退，与上齿靠近，而北京话的是下唇后退到上齿下面，好像上齿微微咬住下唇一样。

舌尖音，其中 t、tʰ、d、n 舌尖抵着上齿背或下齿背，是舌尖前音，而北京话的是舌尖抵着上齿龈，是舌尖中音。l 是舌尖抵着上齿龈，和北京话的一样，是舌尖中音。ts、tsʰ、dz、s、z 是舌尖抵着下齿背，也和北京话的一样，是舌尖前音。

舌面音 tɕ、tɕʰ、dʑ、ȵ、ɕ、ʑ 比北京话的要后一些，发音也松一些，特别在韵母的主要元音是后元音时更要靠后，例如"九"ᶜtɕiɤ，"牛"ᶜȵiɤ（或ᶜɲiɤ）。

舌根音 k、kʰ、g、ŋ 比北京话的稍后，如"解"ᶜka，"壳"kʰoʔ。在与前元音 æ、ɛ、e 配合时，舌根和软腭的接触部位往往前移并扩大，成为腭化辅音，同时辅音和元音之间出现一个过渡音，听起来像是一个很松的介音 i。例如"间"ᶜkæ～ᶜkjæ，"甲"kæʔ～kjæʔ，"开"ᶜkʰɛ～ᶜkjʰɛ，"唧"ᶜgæ～ᶜgjæ，"岸"ŋē²～ŋjē²。跟其他元音配合时没有这种腭化现象。

喉门音 h、ɦ 是深喉音，不同于北京话的浅喉音 x。h 在合口韵前，发音部位因舌根作用而稍稍上移，为 ħ。ɦ 的发音在齐合撮口韵前比在开口韵前的摩擦要轻，听起来像是带喉头摩擦的半元音 j、w、ɥ。例如"蟹"ᶜha，"火"ᶜhu(→ᶜħu)，"鞋"ᶜɦa，"移"ᶜɦi(→ᶜjɦi)，"湖"ᶜɦu(→ᶜwɦu)，"雨"ᶜɦy(→ᶜɥɦy)。

（二）韵母

1. 绍兴话有 57 个韵母，其中阴声韵 17 个，鼻化韵 9 个，鼻尾韵 11 个，入声韵 15 个，声化韵 5 个。列表如下：

ɿ	a	ɛ	ɤ	ɒ	o	æ̃	ẽ	ø̃	aŋ	əŋ	oŋ	oŋ	aʔ	æʔ	eʔ	əʔ	øʔ	oʔ
i	ia	iɛ	iɤ	iɒ	io	iæ̃	iẽ	iø̃	iaŋ	iŋ	ioŋ		iaʔ		ieʔ		iøʔ	ioʔ
u	ua	uɛ		uo		uæ̃	uē	uø̃	uaŋ		uoŋ	uoŋ	uaʔ	uæʔ	ueʔ		uøʔ	uoʔ
y																		
m̩	n̩	ȵ̩	ŋ̍	l̩														

2. 绍兴话的韵母有如下特点：

（1）没有复合元音。阴声韵有 9 个单元音。例如"泰"tʰaˀ，"美"ᶜmɛ，"仇"ᶜdzɤ，"毛"ᶜmɒ，"多"ᶜto，"被"ᶜbi，"火"ᶜhu，"椅"ᶜy，"紫"ᶜtsɿ。

(2) 保留入声韵。韵尾是一个喉塞音 ʔ。

(3) 有 3 个鼻化韵：æ̃ ẽ ø̃。

(4) 声母 m、n、ȵ、ŋ、l 可以单独发音，自成音节，构成声化韵。ŋ、l 可以单独成字，例如"鱼₁"₌ŋ，"五₁午₁"⁼ŋ，"儿₂"₌l，"耳₂"⁼l，"二₂"l²。m ṇ ṇ 只在口语个别双音词中作为语素出现。例如"姆妈"m² mo²，"姨娘"ṇ² ȵiaŋ²，"唔有"ṇ² niɤ²，"唔得"₌n teʔ₂。

(5) 入声韵的韵尾只有一个 -ʔ。如"合"ɦeʔ₂，"一"ieʔ₂，"北"poʔ₂。韵尾 -ʔ 不强，在连读时消失，入声只是一个促调。鼻尾韵的韵尾只有一个 -ŋ。韵尾 -ŋ 前的低元音多少有些鼻化，本身也呈弱化。例如"忙"₌mɒŋ，"阳"₌ɦiaŋ 实际上是 ₌mɒ̃ŋ，₌ɦiã ŋ。

(6) 韵母中共有 13 个元音：i、y、e、ø、ɛ、æ、a、ɒ、o、ɤ、u、ə、ɿ。元音发音时肌肉不很紧张，舌位略略偏央，因此音色比较模糊。高元音 i、u、y 发音时带有双唇或舌面的摩擦。唇形接近自然状态，圆唇元音不很圆，开唇元音不很展。下面对各元音的发音部位用严式音标描写，各举数例（例字用宽式音标标音）。

 i [i̞]"基"₌tɕi，"皮"₌bi，"英"₌iŋ。

 y [y̞]"雨"⁼jy，"居"₌tɕy，"书"₌ɕy。

 e [e̞]"门"₌mẽ，"捆"kʰuẽ，"褐"eʔ₂，"骨"kueʔ₂。

 ø [ø̞]"满"⁼mø̃，"掇"tøʔ₂；[θ̞]——在 u 后："碗"⁼uø，"瘟"₌uøʔ₂。

 ɛ [ɛ̞]"坯"₌pʰɛ，"推"₌tʰɛ，"海"⁼ɦɛ。

 æ [æ̞]"慢"mæ̃²，"关"₌kuæ，"塔"tʰæʔ₂，"刮"kuæʔ₂。

 a [a̞]——单用或在 i 后："拜"pa²，"夜"ɦia²，"麦"maʔ₂；[ᴀ]——在 u 后："怪"⁼kuᴀ，"划"⁼ɦuᴀʔ₂。

 ɒ [ɒ̞]"帽"mɒ²，"岛"⁼tɒ，"高"₌kɒ；[ɒ̞]——在 i 后："小"⁼ɕiɒ。

 o [o̞]——阴声韵中："波"₌po，"多"₌to，"鹅"₌ŋo；[o̞]——入声韵中："木"moʔ₂，"独"doʔ₂；[ʊ̞]——鼻尾韵中："东"₌toŋ，"公"₌kuoŋ。

 ɤ [ɤ̞]"某"⁼mɤ，"藕"⁼ŋɤ，"羞"₌ɕiɤ。

 u [u̞]"古"⁼ku，"乌"₌u。

 ə [ə̞]"能"₌nəŋ，"得"təʔ₂。

 ɿ [ɿ̞]"资"₌tsɿ，"史"⁼sɿ。

此外，声化韵中，l 的部位较声母 l 为后，而且有些卷舌，接近顶音。m̩、n̩、ȵ̩、ŋ̍ 跟声母 m、n、ȵ、ŋ 相同。

(三) 声调

绍兴话有 8 个声调：平上去入，各分阴阳。列表如下：

① 阴平 ˏ□ 52　　③ 阴上 ˈ□ 335　　⑤ 阴去 □ʾ 33　　⑦ 阴入 □ʾ 45

② 阳平 ˏ□ 231　　④ 阳上 ˈ□ 113　　⑥ 阳去 □ʾ 11　　⑧ 阳入 □ʾ 23

绍兴话的声调中低调较多。而且绍兴话的声调比北京话的整个音域也都要低一些。比如绍兴话的阴平就没有北京话的去声高，北京人听起来只是个 41。

综上所述，绍兴话有浊声母，阳调字声母带有喉头 ɦ 摩擦，元音音色比较模糊，有鼻化韵和声化韵，声调中有一半是低调，——这些就构成了绍兴话语音重浊低沉的特色。

二、绍兴话的音韵

(一) 声韵调的关系

1. 绍兴话声韵母的配合取决于声母的发音部位和韵母的开齐合撮，也跟方言本身的特点有关。下面是声母韵母配合表。（表里的空缺表示声母韵母不能配合。）

声　　母	开	齐	合	撮
p pʰ b m f v	+	+	+	
t tʰ d n	+	+	+	
l	+	+	+	+
ts tsʰ dz s z	+		+	
tɕ tɕʰ dʑ ȵ ɕ ʑ		+		+
k kʰ g h	+		+	
ŋ	+			
ɦ ø	+	+	+	+

2. 绍兴话声母韵母的配合有一定的规律。说明如下：

(1) 唇音 p、pʰ、b、m、f、v，合口韵只限于 u 韵母，如"布"buʾ，"富"fuʾ。f、v 齐齿韵限于 i 韵母，如"飞"ˏfi，"维"ˏvi，合音字"覅"音 fiɒʾ 和 viɒ₁₅₅ 是唯一的例外。

(2) t、tʰ、d、n、l 合口韵只限于 u 韵母。如"肚"ˈdu，"奴"ˏnu。n 除了书面才用的"你"ˈni 一字以外，不跟其他齐齿韵配合。只有 l 声母有撮口韵，如"旅"ˈly 文 ˈli 白。

(3) ts、tsʰ、dz、s、z 合口韵也只限于 u 韵母。如"粗"ˏtsʰu，"苏"ˏsu。跟齐撮韵的

配合有分歧。满清末年,绍兴一带有一些社会地位低下的人,称为堕民(讹音为堕贫),受到社会上的歧视。他们有一种特殊的口音,即 ts 组(中古精组)声母与 i、y 相配合。比如一般绍兴人把"酒"、"须"念成 ˬtɕiɤ、ˬɕy,他们却念成 ˬtsiɤ、ˬsy(这实际上是保存了较古的"尖音")。这种特殊的口音("堕贫口音")也受到歧视。民国以后提倡社会平等,他们的子弟开始上学,这种口音就越来越少了。

(4) tɕ、tɕʰ、dʑ、ɲ、ɕ、ʑ,只与齐撮韵配合,不与开合韵配合。例如"鸡"ˬtɕi,"树"ʑyʔ。ɲ 与 n 两个声母,n 大多数情况下在开合韵前出现,ɲ 只在齐撮韵前出现。如"难"ˬnæ,"怒"nuʔ,"泥"ˬɲi,"女"ˬɲy。但前述"你"字 n 声母有齐齿韵,"你"ˬni≠"耳"ˬɲi,因此 ɲ 与 n 不能归入一个音位。

(5) k、kʰ、g、h 有开合韵,没有齐撮韵,ŋ 有开口韵,没有齐合撮韵。例如"掐"kʰæʔ,"夏"ɦoʔ,"烘"ˬhuoŋ,"岳"ŋoʔ。

(6) 零声母阴调四呼俱全。例如"压"æʔ,"幽"ˬiɤ,"乌"ˬu,"迂"ˬy。

(7) 阳调字没有零声母。ɦ 声母四呼俱全,但与齐合撮口韵配合时,摩擦减弱成为半元音 j、w、ɥ,如"有"ˬɦiɤ→ˬjɦiɤ,"湖"ˬɦu→ˬwɦu,"预"ɦyʔ→ɥɦyʔ。齐合撮口韵的 ɦ 声母按实际音值也可以分别处理为声母 j、w、ɥ(宽式标音 ɥ 也可以写作 j),只开口韵有 ɦ 声母。

(8) 声化韵 m̩、n̩、ɲ̍、ŋ̍、l̩ 不能以等呼论。考察来源,ŋ̍ 是由古疑母遇摄合口字变来的。例如"五"ˬɦu文ˬŋ̍白。l̩ 是几个古止摄日母字的读书音。例如"耳"ˬl̩文ˬɲi白。m̩、n̩、ɲ̍ 则是同化作用等的结果。

3. 绍兴话保存了古浊声母的浊音音值,完整地保存了古调类,古调类按声母清浊各个分化为二,同名调调型相近。这就有了声调阴阳按声母清浊(全浊)区分的关系:清声母字读阴调,全浊声母字读阳调。如"天"ˬtʰiɛ,"地"diʔ,"哥"ˬko,"河"ˬɦo。次浊声母 m、n、ɲ、ŋ、l 绝大部分字读阳调,如"猫"ˬmɒ,"奶"ˬna,"二"ɲiʔ,"鹅"ˬŋo,"落"loʔ;个别字读阴调,如"搣"mieʔ,"挠"ˬnɒ,"扭"ˬɲiɤ,"麗~鼻头"ŋ̍,"捞"ˬlɒ。

4. 由上所述,可见绍兴话声韵调的配合有以下三个比较显著的特点:

(1) 介音只有 i、u 两个。撮口韵只有一个 y 本韵。

(2) 合口韵不丰富。除 k、kʰ、g、h、ɦ 及零声母有较多的合口韵以外,ŋ 声母没有合口韵,其他声母的合口韵只限与 u 韵母配合。

(3) 声调的阴阳可以按声母的清浊来区分。

(二) 声韵的变化

1. 绍兴话声母和韵母的变化,一部分与文白异读有关。下面分条叙述。

(1) 部分 ȵ 声母(日母)字,读书音声母大部分念成 z,同时韵母由齐齿转为开口。例如"人"ˬzē 文 ˬȵiŋ 白,"让"zaŋ² 文 ȵiaŋ² 白,"日"zeʔ₂ 文 ȵieʔ₂ 白。小部分字(止摄开口韵)念成声化韵 l̩,如"二"l̩² 文 ȵi² 白。

(2) 个别 m 声母字读书音声母为 v。例如"蚊"ˬvē 文 ˬmē 白,"忘"vɒŋ² 文 mɒŋ² 白。这些字的声母读书音是微母的念法,口语音是分化出微母来的明母的念法。

(3) 部分 k、kʰ、g、ŋ、h、ɦ 声母和零声母的字(见组开口二等),读书音声母是 tɕ、tɕʰ、dʑ、ȵ、ɕ、ɦ(j),韵母也由开口转为齐齿。例如"解"(佳韵部分)ˬtɕia 文 ˬka 白,"敲"(肴韵部分)ˬtɕʰiɔ 文 ˬkʰɔ 白,"茄"(戈韵)ˬdʑia 文 ˬga 白,"岩"(衔韵)ˬȵiē 文 ˬŋæ 白,"眼"(山韵)ˬɦiē 文 ˬŋæ 白,"孝"ɕiɔ 文 hɔ 白,"杏"(梗韵)ˬɦiŋ 文 ˬɦaŋ 白,"莺"(耕韵)ˬiŋ 文 ˬaŋ 白。

(4) 个别 tɕ、tɕʰ、dʑ 声母字(见组止摄合口三等一部分),读书音声母为 k、kʰ、g。例如"鬼"ˬkuE 文 ˬtɕy 白,"亏"ˬkʰuE 文 ˬtɕʰy 白,"跪"ˬguE 文 ˬdʑy 白。

(5) 许多声母念塞擦音 dz、dʑ 的字(从澄床母),在口语中丢掉了闭塞成分,念成单纯的擦音 z、ʑ。例如:

从 "才""财"ˬdzE~ˬzE,"辞""词"ˬdzl̩~ˬzl̩,"凿"ˬdzoʔ₂~ˬzoʔ₂。

澄 "槌"ˬdzE~ˬzl̩,"尘"ˬdzē~ˬzē。

床 "锄"ˬdzu~ˬzl̩,"常"ˬdzɒŋ~ˬzɒŋ。

另外有些原来应该是擦音 z、ʑ 的字(邪禅母),口语中有时反而有一个闭塞成分,念成塞擦音 dz、dʑ。例如:

邪 "随"ˬdzE~ˬzE,"穗"dzE²~dzl̩²~zl̩²。

禅 "嚐"ˬdzɒŋ~ˬzɒŋ,"属"dzoʔ₂~zoʔ₂。

2. 口语中 h、ɦ 合口韵字,部分人声母念成 f、v。例如"火"ˬhu~ˬfu,"花"ˬhuo~ˬfo,"糊"ˬɦu~ˬvu,"话"ɦuo²~vo²。

3. 来自咸山臻摄的几个鼻化韵和入声韵的字,韵母可以有两个至三四个又读,但并不表示文白之分。例如咸摄开口一等,山臻摄合口一二三等,舒声字两读:

ē~õ "南"ˬnē~ˬnõ,"村"ˬtsʰē~ˬtsʰõ

uē~uõ "宽"ˬkʰuē~ˬkʰuõ,"欢"ˬhuē~ˬhuõ

促声字两读至四读:

eʔ~øʔ "突"deʔ₂~døʔ₂

eʔ~øʔ~oʔ "说"seʔ₂~søʔ₂~soʔ₂

eʔ~øʔ~oʔ~əʔ "掇"leʔ₂~løʔ₂~loʔ₂~ləʔ₂

ueʔ~uøʔ "骨"kueʔ₂~kuøʔ₂

ueʔ～uøʔ～uoʔ　"扩"kʰueʔ˨～kʰuøʔ˨～kʰuoʔ˨

绍兴是由原会稽山阴两县合并而成的,会稽居东,山阴居西。现在绍兴"东头埭"和"西头埭"——东西两部分的话有些不大的差别,是原会稽话和山阴话方音差异的遗留。上述诸韵母的又读正是这种方音混合的结果。

4. 口语中语流迅速,一些常用而非语句意义重点的词(如系词,语助词和个别副词量词),声母韵母往往发生变化。大致有下列几种情况:

(1) 声母清浊自由转换。原是清声母的可以念成浊声母,原是浊声母的可以念成清声母。有三种情况:

① 相对的清浊声母的变换:

	个	咯	得	哉	东*	带*	及*	嚼*	介	都
清	koʔ	koʔ	təʔ	tsE	toŋ	ta	tɕieʔ	tɕiaʔ	ka	tu
	|	|	|	|	|	|	|	|	|	|
浊	goʔ	goʔ	dəʔ	dzE	doŋ	da	dʑieʔ	dʑiaʔ	ga	du

② 零声母喉头闭塞作用和喉头摩擦音 ɦ 的变换:

	咦	啊	噢	哎	喔
清	ʔi	ʔa	ʔɒ	ʔE	ʔo
	|	|	|	|	|
浊	ɦi	ɦa	ɦɒ	ɦE	ɦo

③ 次浊声母的喉头闭塞作用和喉头摩擦作用的变换:

	叻	呐	唻	末*	脑*
清	ʔlaʔ	ʔneʔ	ʔlE	ʔmeʔ	ʔnɒ
	|	|	|	|	|
浊	lɦaʔ	nɦeʔ	lɦE	mɦeʔ	nɦɒ

(2) 韵母舒声和入声的自由转换:

	还	是	个	歇
舒	ˤɦuæ̃	ˤzE	ˤko	ˍɕi
	|	|	|	|
入	ɦuæʔ˨	zeʔ˨	koʔ˨	ɕieʔ˨

(3) 入声韵母元音的自由转换:

	得	特	咯
	təʔ	dəʔ	goʔ
	|	|	|
	teʔ	deʔ	geʔ

213

其中"个"在语流中声韵的变化最多，如 ko² —～，ko?₂～go?₂ 拨我～，ke?₂～ge?₂ 一～人，gə?₂ 九～人。

    5. 口语中，个别入声字的韵母可以丢掉介音。例如：

        鼻 bie?₂ —— 鼻头 be?₂ ˛dɤ

        别 bie?₂ —— 别人家 be?₂ ˛niŋ ˛ko

        粒 lie?₂ —— 颗粒 ˛kʰo ˛le?₂

        劣 lie?₂ —— 恶劣 o?₂ ˛lə?₂

    6. 口语中，副词"勿"、"只"，语助词"个的"（入声变读写作"咯"），可以跟后面经常连用的字合音，由两个音节合并成一个音节，写成合音字。例如"勿"、"只"的合音字：

        勿要 ve?₂ iɒ² → 覅 fiɒ² 或 viɒ₁₅₅

        勿用 ve?₂ ɦioŋ² → 甮 foŋ²，˛foŋ

        勿会 ve?₂ ɦuE² → 尣 fE²，˛fE

        只要 tse?₂ iɒ² → 晏 tɕiɒ²

        只有 tse?₂ ˊɦiɤ → 脌 tɕiɤ

绍兴话的否定词在《越谚》中写作"弗"，读音为清声母的 fe?₂，后来声母浊化为 ve?₂，才写作"勿"。上面 f 声母的合音是在清声母的早期产生的。声母浊化后的"勿"和"要"也已有合音"覅"viɒ₁₅₅，但只有合音调，还没有固定的单字调。

    "咯"go?₂ 可以分别跟"啊"a、"噢"ɒ、"嗬"ɦo、"咳"ɦE 合成一个音节。例如：

        去勿得咯啊（或噢）！tɕʰi² ve?₂ tə?₂ ga（或 gɒ）——可不能去啊！

        勿见得咯嗬！ve?₂ tɕiē² tə?₂ go——不见得吧！

        卖菜咯咳！挑过来！ma² tsʰE² gE，˛tʰiɒ kuˊ ˛lE——卖菜的！挑过来！

三、绍兴话的连读变调

    绍兴话连读变调的情况很复杂。字的声调在单念时和跟别的字连念时固然不同，连字成词和不成词也不一样，个别同形词还有依靠不同变调来区别词汇意义的。

    绍兴话的 8 个声调，在连读中产生出 7 个变调。这样，口语中实际出现的声调就多达 15 个。7 个变调如下：

    ①超平 55 ②变上 115 ③升入 25 ④降入 54 ⑤上入 5 ⑥中入 3 ⑦下入 1

    下面分别叙述各项变调。

(一) 不成词两字变调

不成词两字计有述宾、主谓、述补、偏正、并列五种结构。述补、偏正、并列三种结构的变调和成词两字变调相同，述宾、主谓两种结构各有特殊的变调。

1. 述宾结构两字变调表(左面表头为前字声调，上面表头为后字声调。标写的调值为变调值，为方便起见，略去入声调值下的横线。下同)：

	阴平	阳平	阴上	阳上	阴去	阳去	阴入	阳入
阴平	抽签	耕田	浇水	舂米	挑担	生病	烧粥	煎药
	33 52	55 231	55 335	55 113	33 55	55 11	55 45	55 23
阳平	磨刀	摇船	寻死	骑马	查账	抬轿	留级	磨墨
	11 52	55 231	55 335	55 113	11 55	55 11	55 45	55 23
阴上	扭痧	掸尘	解手	闯祸	讨债	写字	打铁	补袜
	33 52	55 231	55 335	55 113	33 55	55 11	55 45	55 23
阳上	坐车	养牛	舀水	犯罪	上当	坐轿	犯法	上学
	11 52	55 231	55 335	55 113	11 55	55 11	55 45	55 23
阴去	戒烟	搿茶	救火	送礼	唱戏	做寿	过节	庢浴
	33 52	55 231	55 335	55 113	33 55	55 11	55 45	55 23
阳去	背书	骂人	磨粉	认罪	射箭	认字	炼铁	念佛
	11 52	55 231	55 335	55 113	11 55	55 11	55 45	55 23
阴入	吃烟	杀头	握手	发痒	织布	触电	出血	脱袜
	3 52	5 231	5 335	5 113	3 55	5 11	5 45	5 23
阳入	读书	掘潭	拔草	落雨	立志	入味	落雪	服毒
	1 52	5 231	5 335	5 113	1 55	5 11	5 45	5 23

2. 述宾结构两字变调规律如下：

(1) 后字为阴平、阴去的：

后字——阴平不变，阴去变超平。

前字——舒声去声不变，阴平阴上变同阴去，阳平阳上变同阳去；促声阴入变中入，阳入变下入。

(2) 后字为阴上、阴入、阳调的：

后字——不变。

前字——舒声变超平，促声变上入。

3. 主谓结构两字变调表：

	阴平	阳平	阴上	阳上	阴去	阳去	阴入	阳入
阴平	山高 55 52	花红 55 231	天好 55 335	书重 55 113	心细 55 33	刀钝 55 11	肩阔 55 45	天落 55 23
阳平	人凶 115 52	毛长 115 231	茶苦 115 335	皮厚 115 113	头痛 115 33	鞋大 115 11	柴湿 115 45	皮薄 115 23
阴上	水清 335 52	水浑 335 231	胆小 335 335	水冷 335 113	狗叫 335 33	火旺 335 11	手湿 335 45	纸薄 335 23
阳上	眼花 115 52	卤咸 115 231	雨小 115 335	罪重 115 113	马快 115 33	米糯 115 11	眼瞎 115 45	稻熟 115 23
阴去	醋酸 55 52	筷长 55 231	炮响 55 335	税重 55 113	屁臭 55 33	菜烂 55 11	气急 55 45	酱辣 55 23
阳去	病多 55 52	夜长 55 231	夜短 55 335	路远 55 113	雾散 55 33	雾大 55 11	路阔 55 45	树直 55 23
阴入	笔粗 5 52	国强 5 231	脚小 5 335	壳厚 5 113	竹细 5 33	屋漏 5 11	脚阔 5 45	壳薄 5 23
阳入	鹤飞 25 52	蜜甜 25 231	药苦 25 335	墨淡 25 113	袜臭 25 33	月大 25 11	墨黑 25 45	麦熟 25 23

4. 主谓结构两字变调规律如下：

后字—— 不变调。

前字—— 阴上不变调，阳平阳上变为变上，去声阴平变超平，阴入变上入，阳入变升入。

(二) 成词两字变调

1. 成词两字变调表：

	阴平	阳平	阴上	阳上	阴去	阳去	阴入	阳入
阴平	花生 33 52	青年 33 52	辛苦 33 55	修养 33 55	天性 33 55	鸡蛋 33 55	方法 33 5	科学 33 5
阳平	梅花 11 52	人民 11 52	桃子 11 55	朋友 11 55	同志 11 55	文字 11 55	人客 11 5	明白 11 5
阴上	普通 335 52	本能 335 52	欣赏 335 52	海马 335 52	考试 335 52	指示 335 52	改革 335 54	枕木 335 54
阳上	尾巴 115 52	苎麻 115 52	老酒 115 52	父母 115 52	武器 115 52	友谊 115 52	道德 115 54	老实 115 54

阴去	战争	太阳	懊悔	供养	记忆	志愿	宪法	数目
	33 33	33 33	33 33	33 33	33 33	33 33	33 3	33 3
阳去	地方	问题	代表	运动	忘记	电话	未必	练习
	11 11	11 11	11 11	11 11	11 11	11 11	11 1	11 1
阴入	作家	铁桥	色彩	给养	客气	速度	法则	克服
	3 52	3 52	3 55	3 55	3 55	3 55	3 5	3 5
阳入	蜜蜂	石榴	翼膀	活动	白菜	实现	密切	学习
	1 52	1 52	1 55	1 55	1 55	1 55	1 5	1 5

2. 成词两字变调规律如下：

(1) 前字平声入声的：

前字—— 阴平变同阴去，阳平变同阳去；阴入变中入，阳入变下入。

后字—— 平声变同阴平，上声去声变超平，入声变上入。

(2) 前字上声的：

前字—— 阴上不变，阳上变为变上。

后字—— 舒声变同阴平，促声变为降入。

(3) 前字去声的：

前字—— 不变。

后字—— 前字阴去后舒声变同阴去，促声变中入；前字阳去后舒声变同阳去，促声变下入。又舒声变超平，促声变上入。

3. 上面规律(3)中后字的两种不同变调，条件还不清楚。第二种变调的情况较少。个别词可以兼有两种变调。举例如下：

灶头 zɒ² ˖dɤ —— 33 55   夜头 ɦia² ˖dɤ —— 11 55

汽水 tɕʰi² ˖sɿ —— 33 55   字典 zɿ² ˖tiē —— 11 55

灶下 tsɒ² ˖ɦo —— 33 55   大雨 do² ˖ɦy —— 11 55

晏昼 æ̃² tsɤ² —— 33 55   上昼 zɒŋ² tsɤ² —— 11 55

　　　　　　　　　　　　　地洞 di² doŋ² —— 11 11~11 55

背脊 pɛ² tɕieʔ₂ —— 33 5   料作 liɒ² tsoʔ₂ —— 11 5

快活 kʰɒ² ɦueʔ₂ —— 33 5   忌日 dzi² ȵieʔ₂ —— 11 5

4. 述宾结构和主谓结构按不成词两字变调规律变调，由它们转化而成的词按成词两字变调规律变调。这里略举数例，以见不成词和成词变调规律的区别。下面是述宾结构和词的差别：

		短语	词
封口	₋foŋ ⁺kʰɤ	55 335	33 55
打手	⁺taŋ ⁺sɤ	55 335	335 52
炒饭	tsʰɒ⁺ væ̃²	55 11	335 52
爱人	ᴇ² ₋n̻iŋ	55 231	33 33
看相	kʰē² ɕiaŋ²	33 55	33 33（眼热）
说话	soʔ₂ ɦuo²	5 11	3 55（话）
踏步	dæʔ₂ bu²	5 11	1 55（台阶）

下面是主谓结构和词的差别：

		短语	词
花红	₋huo ₋ɦuoŋ	55 231	33 52（沙果）
头大	₋dɤ do²	115 11	11 55（伤脑筋）
马快	⁺mo kʰua²	115 33	115 52（衙役）
醋酸	tsʰu² ₋sø	55 52	33 33
墨黑	moʔ₂ hɐʔ₂	25 45	1 5（很黑）

5. 个别双音词以不同变调来区别词汇意义。如：

孙子 ₋sē ⁺tsʅ　33 55（儿的子）　335 52（古人名）

奶奶 ⁺na ⁺na　115 52（夫人）　33 33（乳房，乳汁）

6. 亲属称呼中的叠音词按规律(2)变调。如：

公公 ₋kuoŋ ₋kuoŋ，爹爹 ₋tia ₋tia，哥哥 ₋ko ₋ko —— 335 52

婆婆 ₋bo ₋bo，爷爷 ₋ɦia ₋ɦia，娘娘 ₋n̻iaŋ ₋n̻iaŋ —— 115 52～33 33

姐姐 ⁺tɕi ⁺tɕi，婶婶 ⁺sē ⁺sē —— 335 52

舅舅 ₋dziɤ ₋dziɤ，弟弟 ⁺di ⁺di —— 115 52

妹妹 mᴇ² mᴇ² —— 115 52

7. 少数表时间的词语也按规律(2)变调。如：

今朝 ₋tɕiŋ ₋tsɒ，今年 ₋tɕiŋ ₋n̻iē —— 335 52

明朝 ₋mē ₋tsɒ，明年 ₋mē ₋n̻iē，前日 ziē n̻iʔ₂，前年 ziē ₋n̻iē —— 115 52

8. 双音词中带词头的词按不成词两字（述宾结构）变调规律变调，例如：

阿哥 æʔ₂ ₋ko —— 3 52　　阿妹 æʔ₂ mᴇ² —— 5 11

老三 ⁺lɒ ₋sē —— 11 52　　老王 ⁺lɒ ₋ɦuaŋ —— 11 231

带词尾的词按成词两字变调规律变调，例如：

钉头 ₍tiŋ ₍dɤ —— 33 52　　筷头 kʰuaᶜ ₍dɤ —— 33 33

瞎子 hæʔ₎ ᶜtsɿ —— 3 55　　橘子 tɕioʔ₎ tseʔ₎ —— 3 5

(三) 成词三字变调

1. 前字阴平变调表（左面表头为中字声调，上面表头为后字声调。下同）：

	阴平	阳平	阴上	阳上	阴去	阳去	阴入	阳入
阴平	收音机 33 55 52	天安门 33 55 52	天花板 33 55 52	花生米 33 55 52	交通线 33 55 52	先锋队 33 55 52	婚姻法 33 55 54	花岗石 33 55 54
阳平	敲门砖 33 55 52	天鹅绒 33 55 52	参谋长 33 55 52	宣传部 33 55 52	空城计 33 55 52	消防队 33 55 52	方程式 33 55 54	天文学 33 55 54
阴上	思想家 33 55 52	秋海棠 33 55 52	新产品 33 55 52	分水岭 33 55 52	天主教 33 55 52	资本论 33 55 52	宗主国 33 55 54	生产力 33 55 54
阳上	千里驹 33 55 52	经纬仪 33 55 52	休养所 33 55 52	千里马 33 55 52	私有制 33 55 52	修道院 33 55 52	端午节 33 55 54	心理学 33 55 54
阴去	新四军 33 55 52	公证人 33 55 52	消费品 33 55 52	通讯社 33 55 52	推进器 33 55 52	相对论 33 55 52	交战国 33 55 54	经济学 33 55 54
阳去	司令官 33 55 52	司令员 33 55 52	工艺品 33 55 52	司令部 33 55 52	高射炮 33 55 52	烟幕弹 33 55 52	金字塔 33 55 54	音韵学 33 55 54
阴入	装甲车 33 5 52	观察员 33 5 52	丝织品 33 5 52	三角眼 33 5 52	工作证 33 5 52	礓蹋步 33 5 52	三角尺 33 5 54	风格学 33 5 54
阳入	生力军 33 5 52	军乐团 33 5 52	三合土 33 5 52	工业社 33 5 52	抛物线 33 5 52	科学院 33 5 52	中立国 33 5 54	生物学 33 5 54

2. 前字阳平变调表：

	阴平	阳平	阴上	阳上	阴去	阳去	阴入	阳入
阴平	蒲公英 11 55 52	鱼肝油 11 55 52	无花果 11 55 52	传声筒 11 55 52	航空信 11 55 52	唯心论 11 55 52	填充法 11 55 54	微生物 11 55 54
阳平	猫头鹰 11 55 52	形容词 11 55 52	无名指 11 55 52	黄梅雨 11 55 52	黄芽菜 11 55 52	梧桐树 11 55 52	和平鸽 11 55 54	遗传学 11 55 54
阴上	扬子江 11 55 52	原子能 11 55 52	寒暑表 11 55 52	蒙古马 11 55 52	男子汉 11 55 52	原子弹 11 55 52	泥水作 11 55 54	长颈鹿 11 55 54
阳上	人造丝 11 55 52	虞美人 11 55 52	劳动者 11 55 52	刘姥姥 11 55 52	形象化 11 55 52	疗养院 11 55 52	劳动节 11 55 54	鹅卵石 11 55 54
阴去	行政区	行政权	弹性体	红线女	明信片	无线电	头盖骨	邮政局

	阴平	阳平	阴上	阳上	阴去	阳去	阴入	阳入
阳去	常备军	同义词	图画纸	刑事犯	门外汉	常用字	瞭望塔	文艺学
	11 55 52	11 55 52	11 55 52	11 55 52	11 55 52	11 55 52	11 55 54	11 55 54
阴入	徽积分	亡国奴	棉织品	违法户	原则性	文法论	银押发	摩擦力
	11 5 52	11 5 52	11 5 52	11 5 52	11 5 52	11 5 52	11 5 54	11 5 54
阳入	留学生	龙舌兰	蓝墨水	农业社	垂直线	唯物论	农业国	民俗学
	11 5 52	11 5 52	11 5 52	11 5 52	11 5 52	11 5 52	11 5 54	11 5 54

3. 前字阴上变调表：

	阴平	阳平	阴上	阳上	阴去	阳去	阴入	阳入
阴平	水晶宫	手风琴	感光纸	总经理	卷心菜	普通话	总编辑	手工业
	335 55 52	335 55 52	335 55 52	335 55 52	335 55 52	335 55 52	335 55 54	335 55 54
阳平	指南针	紫罗兰	海南岛	小朋友	扁桃腺	委员会	小人国	管弦乐
	335 55 52	335 55 52	335 55 52	335 55 52	335 55 52	335 55 52	335 55 54	335 55 54
阴上	保险箱	小品文	总统府	总管理	保管员	敢死队	党组织	考古学
	335 55 52	335 55 52	335 55 52	335 55 52	335 55 52	335 55 52	335 55 54	335 55 54
阳上	走马灯	指导员	展览馆	普鲁士	所有制	展览会	小米粥	想象力
	335 55 52	335 55 52	335 55 52	335 55 52	335 55 52	335 55 52	335 55 54	335 55 54
阴去	解放军	感叹词	统计表	古汉语	火箭炮	反映论	反证法	止痛药
	335 55 52	335 55 52	335 55 52	335 55 52	335 55 52	335 55 52	335 55 54	335 55 54
阳去	打字机	写字台	打字纸	水电站	海岸线	委任状	保护色	古韵学
	335 55 52	335 55 52	335 55 52	335 55 52	335 55 52	335 55 52	335 55 54	335 55 54
阴入	纺织机	纺织娘	派出所	补足语	所得税	简笔字	胆汁质	胆结石
	335 5 52	335 5 52	335 5 52	335 5 52	335 5 52	335 5 52	335 5 54	335 5 54
阳入	小学生	比目鱼	土特产	比翼鸟	火药库	水墨画	手术室	火药局
	335 5 52	335 5 52	335 5 52	335 5 52	335 5 52	335 5 52	335 5 54	335 5 54

4. 前字阳上变调表：

	阴平	阳平	阴上	阳上	阴去	阳去	阴入	阳入
阴平	牡丹花	雨花台	美洲虎	老花眼	五金店	五香豆	脑充血	重工业
	115 55 52	115 55 52	115 55 52	115 55 52	115 55 52	115 55 52	115 55 54	115 55 54
阳平	五言诗	五弦琴	旅行者	老朋友	老前辈	有神论	网球拍	语言学
	115 55 52	115 55 52	115 55 52	115 55 52	115 55 52	115 55 52	115 55 54	115 55 54
阴上	理想家	语体文	有产者	户口簿	导火线	市委会	马口铁	理解力
	115 55 52	115 55 52	115 55 52	115 55 52	115 55 52	115 55 52	115 55 54	115 55 54

阳上	养老金	丈母娘	领导者	武士道	马后炮	养老院	晚米粥	忍受力
	115 55 52	115 55 52	115 55 52	115 55 52	115 55 52	115 55 52	115 55 54	115 55 54
阴去	老太公	老太婆	五线谱	马致远	重要性	有线电	下意识	李太白
	115 55 52	115 55 52	115 55 52	115 55 52	115 55 52	115 55 52	115 55 54	115 55 54
阳去	近卫军	语助词	互助组	近视眼	宇宙线	理事会	老办法	社会学
	115 55 52	115 55 52	115 55 52	115 55 52	115 55 52	115 55 52	115 55 54	115 55 54
阴入	蚌壳精	软骨头	染色体	暴发户	染色剂	软骨病	五一节	语法学
	115 5 52	115 5 52	115 5 52	115 5 52	115 5 52	115 5 52	115 5 54	115 5 54
阳入	美术家	脑膜炎	眼药水	女学士	免疫性	静物画	演绎法	动物学
	115 5 52	115 5 52	115 5 52	115 5 52	115 5 52	115 5 52	115 5 54	115 5 54

5. 前字阴去变调表：

	阴平	阳平	阴上	阳上	阴去	阳去	阴入	阳入
阴平	教科书	寄生虫	秘书长	汽车站	印花布	少先队	四方桌	试金石
	33 33 33	33 33 33	33 33 33	33 33 33	33 33 33	33 33 33	33 33 3	33 33 3
阳平	证明书	幼儿园	透明体	印尼语	太阳系	太和殿	进行曲	太阳历
	33 33 33	33 33 33	33 33 33	33 33 33	33 33 33	33 33 33	33 33 3	33 33 3
阴上	探险家	驾驶员	刽子手	个体户	系统性	探险队	蘸水笔	副主席
	33 33 33	33 33 33	33 33 33	33 33 33	33 33 33	33 33 33	33 33 3	33 33 3
阳上	吊眼疤	气象台	半导体	向导社	镇静剂	教养院	快动作	气象学
	33 33 33	33 33 33	33 33 33	33 33 33	33 33 33	33 33 33	33 33 3	33 33 3
阴去	探照灯	战斗员	照相馆	世界语	教务处	进化论	计算尺	战斗力
	33 33 33	33 33 33	33 33 33	33 33 33	33 33 33	33 33 33	33 33 3	33 33 3
阳去	志愿军	印度洋	战利品	见面礼	放大镜	纪念会	试验室	税务局
	33 33 33	33 33 33	33 33 33	33 33 33	33 33 33	33 33 33	33 33 3	33 33 3
阴入	战略家	著作权	印刷品	布谷鸟	变压器	副作用	战国策	建筑物
	33 3 33	33 3 33	33 3 33	33 3 33	33 3 33	33 3 33	33 3 3	33 3 3
阳入	教育家	太极拳	副食品	注目礼	计划性	数目字	矿物质	汉白玉
	33 3 33	33 3 33	33 3 33	33 3 33	33 3 33	33 3 33	33 3 3	33 3 3

6. 前字阳去变调表：

	阴平	阳平	阴上	阳上	阴去	阳去	阴入	阳入
阴平	自尊心	共青团	败家子	万花筒	地方戏	外交部	办公桌	奠基石
	11 11 11	11 11 11	11 11 11	11 11 11	11 11 11	11 11 11	11 11 1	11 11 1

阳平	害人精	代名词	炼油厂	外来语	地平线	二元论	共和国	自然物
	11 11 11	11 11 11	11 11 11	11 11 11	11 11 11	11 11 11	11 11 11	11 11 1
阴上	夜点心	代表团	电子管	大小篆	豆瓣酱	电影院	代表作	电子学
	11 11 11	11 11 11	11 11 11	11 11 11	11 11 11	11 11 11	11 11 11	11 11 11
阳上	电动机	运动员	凤尾草	大道理	望远镜	糯米饭	凤尾竹	大理石
	11 11 11	11 11 11	11 11 11	11 11 11	11 11 11	11 11 11	11 11 11	11 11 11
阴去	电唱机	地震仪	县政府	盐菜卤	电气化	慢性病	辩证法	电报局
	11 11 11	11 11 11	11 11 11	11 11 11	11 11 11	11 11 11	11 11 11	11 11 11
阳去	自治区	大自然	代用品	自治领	办事处	自卫队	调度室	备忘录
	11 11 11	11 11 11	11 11 11	11 11 11	11 11 11	11 11 11	11 11 11	11 11 11
阴入	大脚疯	箸夹头	大腹贾	二百五	败血症	坏血病	会客室	地质学
	11 1 11	11 1 11	11 1 11	11 1 11	11 1 11	11 1 11	11 1 1	11 1 1
阳入	大学生	技术员	艺术品	大力士	弹药库	大佛寺	蛋白质	附着力
	11 11 11	11 11 11	11 11 11	11 11 11	11 11 11	11 11 11	11 1 11	11 1 1

7. 前字阴入变调表：

	阴平	阳平	阴上	阳上	阴去	阳去	阴入	阳入
阴平	扩音机	北冰洋	百分比	结蛛网	百家姓	北京话	八仙桌	发音学
	3 55 52	3 55 52	3 55 52	3 55 52	3 55 52	3 55 52	3 55 54	3 55 54
阳平	说明书	七弦琴	托儿所	百灵鸟	必然性	国防部	霍元甲	鸭头绿
	3 55 52	3 55 52	3 55 52	3 55 52	3 55 52	3 55 52	3 55 54	3 55 54
阴上	摄影机	蓄水池	复写纸	出版社	黑板报	急口令	不等式	出版物
	3 55 52	3 55 52	3 55 52	3 55 52	3 55 52	3 55 52	3 55 54	3 55 54
阳上	织女星	接待员	不动产	歇后语	铁道线	黑社会	接待室	吸引力
	3 55 52	3 55 52	3 55 52	3 55 52	3 55 52	3 55 52	3 55 54	3 55 54
阴去	织布机	八股文	笔套管	笔记簿	必要性	设计院	国际法	国庆日
	3 55 52	3 55 52	3 55 52	3 55 52	3 55 52	3 55 52	3 55 54	3 55 54
阳去	发电机	赤练蛇	发电厂	发电站	不定数	宿命论	八字脚	铁路局
	3 55 52	3 55 52	3 55 52	3 55 52	3 55 52	3 55 52	3 55 54	3 55 54
阴入	赤膊鸡	甲骨文	压迫者	踢踏舞	迫击炮	压发帽	八一节	吸铁石
	3 5 52	3 5 52	3 5 52	3 5 52	3 5 52	3 5 52	3 5 54	3 5 54
阳入	吃勿消	出纳员	博物馆	啄木鸟	接力赛	博物院	百日咳	畜牧业
	3 5 52	3 5 52	3 5 52	3 5 52	3 5 52	3 5 52	3 5 54	3 5 54

8. 前字阳入变调表：

	阴平	阳平	阴上	阳上	阴去	阳去	阴入	阳入
阴平	录音机 1 55 52	拉丁文 1 55 52	列车长 1 55 52	石膏像 1 55 52	录音带 1 55 52	协商会 1 55 52	值班室 1 55 54	石英石 1 55 54
阳平	白皮松 1 55 52	骆驼绒 1 55 52	绝缘体 1 55 52	白毛女 1 55 52	入场券 1 55 52	殖民地 1 55 52	六和塔 1 55 54	白云石 1 55 54
阴上	灭火机 1 55 52	热水瓶 1 55 52	日本海 1 55 52	木子李 1 55 52	盒子炮 1 55 52	热水袋 1 55 52	墨水笔 1 55 54	绿宝石 1 55 54
阳上	白牡丹 1 55 52	杂技团 1 55 52	独养子 1 55 52	独养女 1 55 52	侄女婿 1 55 52	烈女传 1 55 52	白米粥 1 55 54	物理学 1 55 54
阴去	月季花 1 55 52	热带鱼 1 55 52	白报纸 1 55 52	日记簿 1 55 52	杂货店 1 55 52	十进位 1 55 52	合众国 1 55 54	活报剧 1 55 54
阳去	十字街 1 55 52	白话文 1 55 52	日用品 1 55 52	日内瓦 1 55 52	十字架 1 55 52	十字路 1 55 52	实验室 1 55 54	特效药 1 55 54
阴入	剧作家 1 5 52	邋遢人 1 5 52	立足点 1 5 52	合作社 1 5 52	列国志 1 5 52	目的地 1 5 52	腊八粥 1 5 54	目的物 1 5 54
阳入	芍药花 1 5 52	植物园 1 5 52	滑石粉 1 5 52	白木耳 1 5 52	叶绿素 1 5 52	勿入调 1 5 52	六月雪 1 5 54	植物学 1 5 54

9. 成词三字变调规律：

（1）前字平、上、入声的：

前字——阴平变同阴去，阳平变同阳去，阴上不变，阳上变为变上；阴入变中入，阳入变下入。

中字——舒声变超平，促声变上入。

后字——舒声变同阴平，促声变降入。

（2）前字阴去的：

前字——不变。

中字——舒声变同阴去，促声变中入。

后字——舒声变同阴去，促声变中入。又舒声变超平，促声变上入。

（3）前字阳去的：

前字——不变。

中字——舒声变同阳去，促声变下入。

后字——舒声变同阳去，促声变下入。又舒声变超平，促声变上入。

10. 以上(2)(3)两种变调规律中,后字两种不同变调的条件还不清楚。后字第二种变调并不少见。个别词可以兼有两种变调。举例如下:

告化子 ka² ₌huoʔ ⁼tsɿ —— 33 33 55　　地搁板 di² koʔ₌ ⁼pæ —— 11 1 55

汽车站 tɕʰi² ₌tsʰo ⁼dzæ —— 33 33 55　　大花脸 do² ₌huo ⁼liɛ —— 11 11 55

破花絮 pʰa² ₌huo ɕi² —— 33 33 55　　大头菜 da² ₌dɤ tsʰɛ —— 11 11 55

汽车路 tɕʰi² ₌tsʰo lu² —— 33 33 55　　盐鸭蛋 ɦiɛ² æʔ₌ dæ² —— 11 1 55

四仙桌 sɿ² ₌ɕiɛ tsoʔ₌ —— 33 33 5　　办公室 bæ² ₌kuoŋ səʔ₌ —— 11 11 11～11 11 5

太湖石 tʰa² ₌ɦu zaʔ₌ —— 33 33 5　　大后日 do² ⁼ɦɤ nieʔ₌ —— 11 11 5

11. 成词三字组也有前两字变调而后字保持原调不变的。这往往是把前两字作为一个单位来看待的结果。例如:

教科书 tɕiɣ² ₌kʰo ₌ɕy —— 33 33 33～33 33 52

豆腐皮 dɤ² ɦu² ₌bi —— 11 11 231

肥皂粉 ₌bi ⁼zɒ ⁼fẽ —— 11 11 11～11 11 335

阵头雨 dzẽ² ₌dɤ ⁼ɦy —— 11 11 11～11 11 113

计算尺 tɕi² sẽ² tsʰaʔ₌ —— 33 33 3～33 33 45

附着力 vu² dzaʔ₌ lieʔ₌ —— 11 1 1～11 1 23

这种情况也见于人名。例如:

闻一多 ₌vẽ ieʔ₌ ₌to —— 11 5 52～11 5 52

王国维 ₌ɦuoŋ kuoʔ₌ ₌vi —— 11 5 52～11 5 231

梁山伯 ₌liaŋ ₌sæ paʔ₌ —— 11 55 54～11 55 45

例词"闻一多"中阴平后字"多"在两种情况下的调值相同,但节律有别,不变调的字音念得略重,两种念法仍然是不同的。

(四) 数量词的变调

1. 数词

数词变调表如下:(表中①②③表示数字的前后顺序,横线"—"表示不变调。)

	阴平	阳平	阴上	阳上	阴去	阳去	阴入	阳入
①	33	11	55	115	55	11	3	1
②	52	52	55	55	55	55	5	5
③乘	55	55	55	55	55	55	5	5
③加	—	—	—	—	—	—	—	—

数词变调规律可以归纳如下：

第一字——阴平变同阴去，阳平变同阳去，阴上阴去变超平，阳上变为变上，阳去不变调；阴入变中入，阳入变下入。

第二字——阴平不变调，阳平变同阴平，上声去声变超平，入声变上入。

第三字——与第一二字为相乘关系时舒声变超平，促声变上入，为相加关系时不变调。

下面分别举例说明。

(1) 双音节

按第一二字变调规律变调。例如：

　　十三 zeʔ₂ ₍sæ ── 1 52　　三五三十五 ₍sæ ⁽ŋ ── 33 55

但是"三"在"十百千万亿"前不按上表变同阴去，而变为超平，例如：

　　三十 ₍sæ zeʔ₂ ── 55 55

"千"作第二字不按上表保持为阴平，也变为超平，例如：

　　七千 tɕʰieʔ₂ ₍tɕʰiē ── 3 55

(2) 三音节

前两字按第一二字变调规律变调。第三字如果与前两字为相乘关系，则舒声变超平，促声变上入，例如：

　　四十万 sʅ² zeʔ₂ væ² ── 55 5 55

如果与前两字为相加关系，则保持本调不变，例如：

　　四十五 sʅ² zeʔ₂ ⁽ŋ ── 55 5 113

(3) 三音节以上，四音节分为两个双音节变调，五音节分为一个双音节和一个三音节变调。其余照此类推。例如：

　　一百十五 ieʔ₂ paʔ₂ zeʔ₂ ŋ ── 3 5 1 55
　　一万三千二 ieʔ₂ væ² sæ ₍tɕʰiē ni² ── 3 5 33 55 11

(4) 插在数字中间的"零"一律念超平调。有"零"无"零"不影响前后数字的变调规律。例如：

　　一百三 一百三十 ieʔ₂ paʔ₂ ₍sæ ── 3 5 52
　　一百零三 ieʔ₂ paʔ₂ ₍liŋ sæ ── 3 5 55 52

2. 数量词

数词与量词结合时，变调互有影响。情况如下：

(1) 量词：舒声变超平，促声变上入。但在多音节数词最后一个音节为平声时，也有变同阴平和降入的。例如：

　　十张 zeʔ˨ ₌tsaŋ —— 1 55　　十三张 zeʔ˨ ₌sɛ̃ ₌tsaŋ —— 1 55 55～1 55 52

　　十只 zeʔ˨ tsəʔ˨ —— 1 5　　十三只 zeʔ˨ ₌sɛ̃ tsəʔ˨ —— 1 5 5～1 5 54

（2）数词：

只有最末一个音节可能受影响。有两种情况：一是双音节，或三音节的末一字与前面数字为相乘关系的，仍按数词变调规律变调。例如：

　　十五斤 zeʔ˨ ŋ⁵ ₌tɕiŋ —— 1 55 55

　　一百万斤 ieʔ˨ paʔ˨ vɛ̃² ₌tɕiŋ —— 3 5 55 55

二是单音节，或三音节的末一字与前面数字为相加关系的，该音节按第一字变调规律变调。例如：

　　五斤 ŋ⁵ ₌tɕiŋ —— 115 55　　三十五斤 ₌sɛ̃ zeʔ˨ ŋ⁵ ₌tɕiŋ —— 33 5 115 55

（五）具有语法意义的叠音的变调

1. 量词

量词重叠后表示逐一、周遍。量词变调表如下：

阴平	阳平	阴上	阳上	阴去	阳去	阴入	阳入
①②	①②	①②	①②	①②	①②	①②	①②
33 55	11 55	33 55	11 55	33 33	11 11	3 5	1 5

量词重叠的变调规律如下：

前字——去声不变，阴平阴上变同阴去，阳平阳上变同阳去，阴入变中入，阳入变下入。

后字——去声不变，平声上声变超平，入声变上入。

例如：

　　瓶瓶 ₌biŋ ₌biŋ ——11 55　　只只 tsəʔ˨ tsəʔ˨ —— 3 5

　　块块 kʰuE² kʰuE² —— 33 33　　样样 ɦiaŋ² ɦiaŋ² —— 11 11

2. 动词

（1）表疑问的动词重叠变调表如下：

阴平	阳平	阴上	阳上	阴去	阳去	阴入	阳入
①②	①②	①②	①②	①②	①②	①②	①②
55 52	115 52	335 52	115 52	33 33	11 11	45 54	25 54

表疑问的动词重叠变调规律如下：

前字——去声阴上阴入不变调,阴平变超平,阳平阳上变为变上,阳入变升入。

后字——去声阴平不变调,上声阳平变同阴平,入声变为降人。

(2) 表尝试的动词重叠变调表如下:

阴平	阳平	阴上	阳上	阴去	阳去	阴入	阳入
①②	①②	①②	①②	①②	①②	①②	①②
55 52	115 52	33 55	11 55	33 33	11 11	3 5	1 5

表尝试的动词重叠变调规律如下:

前字——去声不变调,阴平变超平,阳平变为变上,阴上变同阴去,阳上变同阳去,阴入变中入,阳入变下入。

后字——去声阴平不变调,阳平变同阴平,上声变超平,入声变上入。

(3) 以上两种不同语法功能的重叠,平声去声字的变调相同,上声入声字的变调不同。例如:

穿穿 $_c$tsʰē $_c$tsʰē	55 52 穿不穿	= 55 52 穿一下
来来 $_c$lᴇ $_c$lᴇ	115 52 来不来	= 115 52 来一下
走走 ^{c}tsɤ ^{c}tsɤ	335 52 走不走	≠ 33 55 走一下
坐坐 $_\subset$zo $_\subset$zo	115 52 坐不坐	≠ 11 55 坐一下
看看 kʰē² kʰē²	33 33 看不看	= 33 33 看一下
话话 ɦuo² ɦuo²	11 11 说不说	= 11 11 说一下
吃吃 tɕʰieʔ₅ tɕʰieʔ₅	45 54 吃不吃	≠ 3 5 吃一下
读读 doʔ₂ doʔ₂	25 54 读不读	≠ 1 5 读一下

(六) 轻重音

绍兴话中,不但是动宾结构、介宾结构和主谓结构,而且一般的多音词和词组,重音也都落在最后一个音节上。例如(标写调值时,本调在上,变调在下。下同):

学堂 ɦoʔ$_1^{23}$ doŋ$_{52}^{231}$　　梅子 mᴇ$_{11}^{231}$ ts$_{55}^{335}$

石头 zaʔ$_1^{23}$ dɤ$_{52}^{231}$　　三角形 sæ$_{33}^{52}$ koʔ$_5^{45}$ ɦiŋ$_{}^{231}$

词中的语素没有念轻声的。语句内非意义重点的一些词(大多是虚词),口语中往往念得比较轻,但是调值仍然清楚,并不自成一调。如下例中的"咯":

慢慢咯走! mæ$_{11}$ mæ$_{55}^{11}$ geʔ$_5^{23}$ tsɤ^{335} —— 慢慢地走!

四、绍兴话的词汇

绍兴话的词汇和北京话的相近,独特的地方举例分述如下:

1. 有不少用"子"、"头"作词尾的词

北京话里带"子"、"儿"、"头"尾的词,绍兴话里一部分有"子"、"头"尾,一部分没有词尾。从这一点来说,绍兴话单音词较为丰富。例如:

桃子 $dɒ_{11}^{231}tsŋ_{55}^{335}$ —— 桃儿　　　箱子 $ɕiaŋ_{33}^{52}tsŋ_{55}^{335}$ —— 箱子

环头 $guæ_{11}^{11}dɤ_{11}^{231}$ —— 环儿　　　钉头 $tiŋ_{33}^{52}dɤ_{52}^{231}$ —— 钉子

木头 $moʔ_1^{23}dɤ_{52}^{231}$ —— 木头

绳 $zəŋ^{231}$ —— 绳儿　　　　花 huo^{52} —— 花儿

鸭 $æʔ^{45}$ —— 鸭子　　　　　筷 $kʰua^{33}$ —— 筷子

2. 少数复音词中语素的顺序和北京话的相反。例如:

人客 $ȵiŋ_{11}^{231}kʰaʔ_5^{45}$ —— 客人　　闹热 $nɒ_{11}^{11}ȵieʔ_5^{23}$ —— 热闹

欢喜 $huɒ_{33}^{52}ɕi_{55}^{335}$ —— 喜欢　　和暖 $ɦo_{11}^{231}nɒ̃_{55}^{113}$ —— 暖和

齐整 $zi_{11}^{231}tsəŋ_{55}^{335}$ —— 整齐　　历日 $lieʔ_1^{23}zeʔ_5^{23}$ —— 日历

踏脚车 $dæʔ_1^{23}tɕiaʔ_5^{45}tsʰo^{52}$ —— 脚踏车

3. 有个别词和北京话的意义不尽相同,词义有的范围广狭不同,有的相反,有的无关。例如:

(1) 词义范围广狭不同的:

吃 $tɕʰieʔ^{45}$ —— 北京话"吃"、"喝"、"吸"有区别,绍兴话都是"吃"。如"吃糕","吃茶","吃烟"。

壮 $tsɒŋ^{33}$ —— 北京话人称"胖",动物称"肥",绍兴话都称"壮"。

茶 dzo^{231} —— 北京话只指茶叶冲泡的饮料,绍兴话泛指饮料。如"茶叶茶","菊花茶","莲子茶","桂圆茶","糖茶","热茶","冷茶"。

面 $miẽ^{11}$ —— 北京话兼指面条、面粉和粉状物,绍兴话只指面条。

(2) 词义相反的:

屋 $uoʔ^{45}$ —— 相当于北京话的"房子"。

房子 $vɒŋ_{11}^{231}tsŋ_{55}^{335}$ —— 相当于北京话的"屋子"(房间)。

说话 $soʔ_3^{45}ɦuo_{52}^{11}$ —— 相当于北京话的"话"。

话 $ɦuo^{11}$ —— 相当于北京话的"说"。如北京话说"说句话",绍兴话说"话句说话"。

(3) 词义无关的:

家事 $ko_{33}^{52}zŋ_{55}^{11}$ —— 北京话中被理解为家务事,绍兴话指家产。

巴掌 $po_{33}^{52}tsɒŋ_{55}^{335}$ —— 北京话指手掌或脚掌,绍兴话指面颊。

4. 口语中有不少古老的词，是北京话没有的。例如：

小官人 ɕiŋ³³⁵ kuɒ̃⁵²₅₅ ȵiŋ²³¹₅₅ —— 男孩儿。

斯文 sɿ⁵²₃₃ vẽ²³¹₅₂ —— 讲究礼貌，不粗俗。

割舍 keʔ⁴⁵₃ so³³⁵₅₅ —— 舍得。

归去 tɕy⁵²₃₃ tɕʰi³³₅₅ —— 回去。

嬉 ɕi⁵² —— 游玩。

嗅 ɕioŋ³³ —— 闻。

缀 tsa³³ —— 缝，补。

5. 口语中有大量反映旧时社会情况的词语。例如：

(1) 反映封建迷信的。如对自然的称呼有：

太阳菩萨 tʰa³³ ɦiaŋ²³¹₃₃ bu²³¹₃₃ sæʔ⁴⁵₅ —— 太阳

月亮婆婆 ȵio²³₁ liaŋ¹¹₅₅ bo²³¹₅₅ bo⁵²₅₂ —— 月亮

大雷公公 do¹¹ lɛ²³¹₁₁ kuoŋ⁵²₅₂ kuoŋ⁵² —— 雷

霍闪娘娘 huoʔ⁴⁵₃ sẽ³³⁵₅₅ ȵiaŋ²³¹₅₅ ȵiaŋ²³¹₅₂ —— 闪电

鬼魅一类的词语很多，经常用来比喻人的心情和行为。如：

吊杀鬼 tiŋ³³ sæʔ⁴⁵₃ tɕy³³⁵₅₅ —— 乖戾

饿杀鬼 ŋo¹¹ sæʔ⁴⁵₁ tɕy³³⁵₅₅ —— 贪馋

跌杀鬼 tieʔ⁴⁵₃ sæʔ⁴⁵₅ tɕy³³⁵₅₂ —— 走路磕绊

狐狸精 ɦu²³¹₁₁ li²³¹₅₅ tɕiŋ⁵² —— 女性妖媚

猢狲精 ɦueʔ²³₁ sẽ⁵²₅₂ tɕiŋ⁵² —— 小孩或青年活泼调皮

(2) 有些词语反映了旧社会半殖民地经济面貌。物品名词带"洋"字的特别多，个别还有指人的。如："洋布"，"洋纱"，"洋线轴线"，"洋巾（或洋绢）手帕"，"洋袜机织袜"，"洋车缝纫机"，"洋油"，"洋蜜搽用甘油"，"洋肥皂"，"洋米进口米"，"洋铁白铁"，"洋刀折叠刀"，"洋纸道林纸、白报纸"，"洋蜡烛"，"洋枪"，"洋炮"，"洋操兵现代化装备的士兵"。

五、绍兴话的语法

(一) 词法的特点

1. 名词

(1) 常用的词头词尾：

① "阿" æʔ⁴⁵ —— 放在亲属称呼和名字前面。例如：

阿婆 æʔ$_5^{45}$ bo^{231}　　　　阿妹 æʔ$_5^{45}$ mɛ^{11}

阿毛 æʔ$_5^{45}$ mɒ^{231}　　　　阿贵 æʔ$_3^{45}$ kuɛ$_{55}^{33}$

"阿"还可以放在数字前,用来称呼亲属排行中的晚辈。例如:

阿大 æʔ$_5^{45}$ do^{11}　　　　阿二 æʔ$_5^{45}$ ɲi^{11}

在这种场合,前面词头也可以用"老"lɒ^{113}。如"老三"lɒ$_{11}^{113}$ sæ^{52}。

② "子" tsʅ^{335}——放在名词后。例如:

梅子 mɛ$_{11}^{231}$ tsʅ$_{55}^{335}$　　　　瞎子 hæʔ$_3^{45}$ tsʅ$_{55}^{335}$

"子"还有一个变音 tseʔ^{45}。例如:

橘子 tɕiøʔ$_3^{45}$ tsʅ$_{55}^{335}$ ～tɕiøʔ$_3^{45}$ tseʔ$_5^{45}$

③ "头" dɤ^{231}——放在名词后。例如:

纸头 tsʅ^{335} dɤ^{231}　　　　舌头 zeʔ$_1^{23}$ dɤ$_{52}^{231}$

"头"尾加在动词和部分形容词、数量词后可以构成名词,表示具有某种性质的事物。例如:

拖头 tʰo$_{33}^{52}$ dɤ$_{52}^{231}$　　添头 tʰiẽ$_{33}^{52}$ dɤ$_{52}^{231}$　　找头 tsɒ^{335} dɤ$_{52}^{231}$

多头 to$_{33}^{52}$ dɤ$_{52}^{231}$　　甜头 diẽ$_{11}^{231}$ dɤ$_{52}^{231}$　　咸头 ɦæ$_{11}^{231}$ dɤ$_{52}^{231}$　　苦头 kʰu^{335} dɤ$_{52}^{231}$

块头 kʰuɛ$_{55}^{33}$ dɤ$_{33}^{231}$　　八件头 pæʔ^{45} dʑiẽ$_{11}^{113}$ dɤ$_{52}^{231}$　　十碗头 zeʔ$_1^{23}$ uõ$_{55}^{335}$ dɤ$_{52}^{231}$

"头"尾可以跟所有的动词自由结合成名词。这类词比北京话的远为丰富。例如:

看头 kʰẽ^{33} dɤ$_{33}^{231}$　　听头 tʰiŋ^{33} dɤ$_{33}^{231}$　　嬉头 ɕi$_{33}^{52}$ dɤ$_{52}^{231}$　　吃头 tɕʰie$_3^{45}$ dɤ$_{52}^{231}$

话头 ɦuo$_{11}^{11}$ dɤ$_{11}^{231}$　　哭头 kʰo$_3^{45}$ dɤ$_{52}^{231}$　　笑头 ɕiɒ^{33} dɤ$_{33}^{231}$　　活头 ɦue$_1^{23}$ dɤ$_{52}^{231}$

④ "家" ko^{52}——放在表亲属称呼的集合名词后,强调相互间的关系。不过这种词尾使用的机会不多。例如:

兄弟家 ɕioŋ$_{33}^{52}$ di^{113} ko^{52}　　姐妹家 tɕi^{335} mɛ$_{55}^{11}$ ko^{52}

夫妻家 fu$_{33}^{52}$ tɕʰi$_{55}^{52}$ ko^{52}　　邻舍家 liŋ$_{11}^{231}$ so$_{55}^{33}$ ko^{52}

(2) 动物性别以前加"雌"tsʰʅ^{52} 和"雄"ɦioŋ^{231} 来表示,与北京话相同。但"母鸡"一词特殊。虽然可以说"雌鸡"tsʰʅ$_{33}^{52}$ tɕi^{52},通常却总是在"鸡"后加一个表雌性的"婆"bo^{231} 或"娘"ɲiaŋ^{231},说成"鸡婆"tɕi$_{33}^{52}$ bo^{231} 或"鸡娘"tɕi$_{33}^{52}$ ɲiaŋ^{231},或"雌鸡婆"tsʰʅ$_{33}^{52}$ tɕi$_{55}^{52}$ bo^{231},"孵鸡娘"buʔ^{11} tɕi$_{33}^{52}$ ɲiaŋ^{231}。

(3) 名词领有的表示方式是后加一个词尾"咯"goʔ^{23}。"咯"goʔ^{23} 如果不在停顿前,看它跟前后音节的元音是否和谐,还可以有 geʔ^{23} 和 gəʔ^{23} 两种读音。不过又读的规律并不是很严格。例如:

书是爹咯。ɕy$_{55}^{52}$ zeʔ$_{54}^{23}$ tia$_{55}^{52}$ goʔ$_{54}^{23}$——书是父亲的。

爹咯书。tia$_{55}^{52}$ ge?$_5^{23}$ ɕy^{52} ——父亲的书。

狗咯尾巴。kɤ$_{33}^{335}$ gə?$_5^{23}$ mi$_{115}^{113}$ po^{52} ——狗的尾巴。

2. 代词

(1) 人称代词依靠韵母的语音变化来表示单数和复数，并有特殊的词尾。例如：

	单数	复数
第一身	我洛* ŋo$_{11}^{113}$ lo?$_5^{23}$	㑇赖* ŋa$_{11}^{113}$ la$_{55}$
第二身	偌洛* no?$_1^{23}$ lo?$_5^{23}$	倷赖* na$_{11}^{113}$ la$_{55}$
第三身	伊洛* ɦi$_{11}^{113}$ lo?$_5^{23}$	伊赖* ɦi$_{11}^{113}$ la$_{55}$，佹赖* ɦia$_{11}^{113}$ la$_{55}$

复数的词尾"赖*"也读作 la?$_5^{23}$。

词尾"洛*"和"赖*"没有独立意义，不能单独运用，除了少数需要特别强调的场合，一般也都省略不用(但"伊赖*"不能省略"赖*")。例如：

嫑伊去！fiŋ$_{335}^{33}$ ɦi$_{55}^{113}$ tɕʰi$_{52}^{33}$ ——不要他去！

嫑拕去！(葛*)个是㑇(赖*)咯！fiŋ$_{55}^{33}$ do$_{55}^{231}$ tɕʰi^{33}，(ke?$_3^{45}$) ke?$_5^{45}$ ze?$_{54}^{23}$ ŋa$_{11}^{113}$ (la$_{55}$) go?$_5^{23}$ ——别拿去！这个是我们的！

"赖*"尾还可以放在表人名词的后面，表示这是一个既是第三者，又是多数的特定的集合体。例如"学生子赖*"ɦo?$_1^{23}$ saŋ$_{55}^{52}$ tsɿ$_5^{335}$ la$_{55}$，其中"赖*"是"伊赖*"("佹赖*")的省略，相当于北京话"学生他们"中的"他们"(并列同位语)。可是绍兴话不能相应地把"学生子赖*"还原说成"学生子伊赖*"("佹赖*")。

(2) 人称代词多数第一身没有排除式和包括式的分别。例如：

偌嫑来惹㑇！no?$_{25}^{23}$ fiŋ$_{55}^{33}$ lɛ^{231} ȵia$_{11}^{113}$ ŋa$_{52}^{113}$ ——你别来招惹我们！

㑇一道生去好好？ŋa$_{115}^{113}$ ie?$_5^{45}$ dɒ$_{55}^{113}$ saŋ$_{55}^{52}$ tɕʰi^{33} hɒ$_{55}^{335}$ hɒ$_{52}^{335}$ ——咱们一起去好不好？

(3) 人称代词领有的方式和名词相同。例如：

我咯哥哥。ŋo$_{11}^{113}$ go?$_5^{23}$ ko$_{335}^{52}$ ko^{52} ——我的哥哥。

表领有时，有时复数人称代词实际上表示单数。例如：

伊是㑇(咯)哥哥。ɦi$_{115}^{113}$ ze?$_5^{23}$ ŋa$_{11}^{113}$ (go?$_5^{23}$) ko$_{335}^{52}$ ko^{52} ——他是我的哥哥。

这时领有的一般限于家庭、家族、学校、工作单位等集体中的成员。

(4) 指示代词表示人和事物时有近指远指之分。近指用"葛*"ke?^{45}，相当于北京话的"这"；远指用"亨*"haŋ$_{55}$(只标变调，是不明本调。下同)，相当于北京话的"那"。例如：

葛*个 ke?$_3^{45}$ go?$_5^{23}$ 亨*个 haŋ$_{55}$ go?$_5^{23}$

葛*些 $ke?_3^{45}$ $sø?_5^{45}$ 亨*些 $haŋ_{55}$ $sø?_5^{45}$

葛*里 $ke?^{45}$ li_{52}^{113} 亨*里 $haŋ_{335}$ li_{52}^{113}

葛*时光 $ke?^{45}$ $z\imath_{55}^{231}$ $kuɒŋ^{52}$ 亨*时光 $haŋ_{335}$ $z\imath_{55}^{231}$ $kuɒŋ^{52}$

但表示事物性质、状态和方式时，指示代词没有近指远指之分。例如：

是个 $ze?_1^{23}$ $ge?_5^{23}$ —— 这么，那么

是个些 $ze?_1^{23}$ $ge?_5^{23}$ $sø?_5^{45}$ —— 这么些，那么些

是介 $ze?_1^{23}$ ga_{55} —— 这样，那样

（5）疑问代词表示人或事物的用"鞋*"$ɦa^{231}$和"啥"so^{33}，相当于北京话的"什么"；表示动作方式的用"纳*"$næ?^{23}$，相当于北京话的"怎么"。例如：

鞋*时* $ɦa_{11}^{231}$ $z\imath_{52}^{231}$ —— 谁

鞋*里 $ɦa_{11}^{231}$ li_{55}^{113} —— 哪，哪儿

啥人 so_{335}^{33} $ȵiŋ_{52}^{231}$ —— 谁

啥（东）西 so^{33}（$toŋ_{33}^{52}$）$ɕi^{52}$ —— 什么（东西）

则*啥 $tse?_3^{45}$ so_{55}^{33} —— 干什么

纳*个 $næ?_1^{23}$ $ge?_5^{23}$ —— 怎么

纳*介 $næ?_1^{23}$ ga_{55} —— 怎样

3. 形容词

（1）形容词表示程度不同时，双音词跟北京话一样采用重叠方式。例如：

端端正正 $tø_{33}^{52}$ $tø_{55}^{52}$ $tsəŋ_{55}^{33}$ $tsəŋ_{52}^{33}$ —— 很整齐，很漂亮

红红绿绿 $ɦuoŋ_{11}^{231}$ $ɦuoŋ_{55}^{231}$ $lo?_5^{23}$ $lo?_{54}^{23}$ —— 很花哨

单音词不能重叠。单音节形容词表示程度的不同时，可以在前面或后面加一些重叠的附加成分（前面即使是程度副词也常常重叠，如"蛮蛮好"）。例如：

石石硬 $za?_1^{23}$ $za?_5^{23}$ $ŋaŋ^{11}$ —— 硬得像石头一样

潮忸忸 $dzɒ_{11}^{231}$ $niɤ_{55}^{113}$ $niɤ_{52}^{113}$ —— 有点潮湿

但形容词作谓语时，不论是单音节或是双音节的，都可以重叠（见下节"动词"）。

（2）附加的重叠成分，在形容词前的表示"如同"，"很"，形容程度强，在形容词后的表示"近似"，"略为"，形容程度弱。这种差别在同一形容词的附加成分可前可后的情况下表现得很清楚。例如：

黄焦焦 $ɦuɒŋ_{11}^{231}$ $tɕiɒ_{55}^{52}$ $tɕiɒ^{52}$ —— 略黄似焦

焦焦黄 $tɕiɒ_{33}^{52}$ $tɕiɒ_{55}^{52}$ $ɦuɒŋ^{231}$ —— 焦黄，很黄

滑跌*跌* $ɦuæ?_1^{23}$ $tie?_5^{45}$ $tie?_{54}^{45}$ —— 比较滑润

跌*跌*滑 tieʔ$_3^{45}$ tieʔ$_5^{45}$ ɦuæ^{23} —— 很光滑，很滑

亮烁烁 liaŋ^{11} saʔ$_1^{45}$ saʔ$_5^{45}$ —— 微有亮光

烁烁亮 saʔ$_3^{45}$ saʔ$_5^{45}$ liaŋ^{11} —— 很亮

（3）"好"hɒ^{335}可以修饰谓语，用作助动词或副词，表示是非问。两者有时形式相同而意义全非。例如：

好好吃（咯）？hɒ^{335} hɒ$_{55}^{335}$ tɕʰieʔ$_{54}^{45}$（goʔ$_3^{23}$）—— 可以吃吗？

好好吃？hɒ^{335} hɒ$_{55}^{335}$ tɕʰieʔ$_{54}^{45}$ —— 好吃吗？

4．动词

动词和形容词用作谓语时可以重叠。这是"□一□"、"□勿□"这两种结构省略了"一"和"勿"的结果。这两种形式相同而意义全非的重叠式，一部分变调相同，（见"连读变调"一节）但由于语言环境或说话时语气的不同，绝少相混。它们在任何情况下也都可以还原而说成原来有"一"或"勿"的形式。

（1）由"□一□"省略而成的谓语重叠，表示一个动程很短，稍行即止的动作。例如：

让我看看！ȵiaŋ$_{55}^{11}$ ŋo^{113} kʰẽ^{33} kʰẽ^{33} —— 让我看一下！

如果前面加上副词"多"或"少"，就表示动量的增减。例如：

好话多听听！hɒ^{335} ɦuo$_{52}^{11}$ to$_{33}^{52}$ tʰiŋ$_{55}^{33}$ tʰiŋ$_{55}^{33}$ —— 正确的话多听点儿！

零食少吃吃！liŋ$_{11}^{231}$ zə$_5^{23}$ sɒ^{335} tɕʰieʔ$_5^{45}$ tɕʰieʔ$_5^{45}$ —— 零嘴儿少吃点儿！

如果这种重叠的谓语是连动式中的前一个谓语，就表示这一动作的将要完成。例如：

让我看看再说。ȵiaŋ$_{55}^{11}$ ŋo$_{55}^{113}$ kʰẽ$_{55}^{33}$ kʰẽ$_{55}^{33}$ tsɛ^{33} ɦuo^{11} —— 让我看了再说。

如果后面再加一个语助词"看"，就表示"试行"。例如：

让我看看看。ȵiaŋ$_{55}^{11}$ ŋo$_{55}^{113}$ kʰẽ^{33} kʰẽ^{33} kʰẽ^{33} —— 让我来看一下。

（2）由"□勿□"省略成的谓语重叠，表示是非问。例如：

（葛*）个书㑚看看（嘞）？（keʔ$_3^{45}$）keʔ$_5^{45}$ ɕy^{52} no$_{25}^{23}$ kʰẽ^{33} kʰẽ^{33}（laʔ$_3^{23}$）—— 这本书你看不看？

如果谓语是双音节的，就由前一音节重叠。例如：

㑚欢欢喜？no$_{25}^{23}$ huɛ̃$_{33}^{52}$ huɛ̃$_{55}^{52}$ ɕi^{335} —— 你喜欢不喜欢？

如果谓语前有助动词，则由助动词重叠。例如：

㑚要要去？no$_{25}^{23}$ iɒ$_{55}^{33}$ iɒ$_{55}^{33}$ tɕʰi^{52} —— 你要不要去？

伊有有话啥西？ɦi$_{115}^{113}$ ɦiɤ$_{115}^{113}$ ɦiɤ$_{55}^{113}$ ɦuo^{11} so^{33} ɕi^{52} —— 他有没有说什么？

5. 数量词

(1) 数词

"二十"ȵi¹¹ze?₅²³ 只在十位数连说（如"一十"、"二十"、"三十"等）时用，一般都说成"念"ȵiæ¹¹。例如：

一百念五。ie?₃⁴⁵pa?₅⁴⁵ȵiæ¹¹ŋ₅₅¹¹³ —— 一百二十五。

"十"在"五"前面有变音zɒŋ。例如：

十五 zɒŋ₁₁⁵²ŋ₅₅¹¹³　　三十五 sæ₃₃⁵²zɒŋ₅₅¹¹³ŋ¹¹³

(2) 下面是几个常用的与北京话不同的量词：

部 bu¹¹ 辆 —— 一部车 ie?₃⁴⁵bu₅₅¹¹tsʰo⁵²

株 tɕy⁵² 棵 —— 一株树 ie?₃⁴⁵tɕy₅₅⁵²ʑy¹¹

班 pæ⁵² 群 —— 一班人 ie?₃⁴⁵pæ₅₅⁵²ȵiŋ²³¹

透* tʰɤ³³ 栋 —— 一透*屋 ie?₃⁴⁵tʰɤ₅₅³³uo?⁴⁵

埭 da¹¹ 条,趟 —— 一埭路 ie?₃⁴⁵da₅₅¹¹lu¹¹，走一埭 tsɤ₅³³⁵ie?₅⁴⁵da₅₅¹¹

梗 kuaŋ³³⁵ 根,条 —— 一梗棒 ie?₃⁴⁵kuaŋ₅₅³³⁵bɒŋ¹¹³，一梗鱼 ie?₃⁴⁵kuaŋ₅₅³³⁵ŋ²³¹

卯 mɒ¹¹³ 次,回 —— 看一卯 kʰẽ₅₅³³ie?₅⁴⁵mɒ⁵⁵¹¹³

记 tɕi² 下 —— 打一记 taŋ₅₅³³⁵ie?₅⁴⁵tɕi³³

(3) 量词前的近指指示代词"葛*"ke?⁴⁵和数词"一"ie?⁴⁵，在语言环境不致引起误解的条件下，可以省略不出现。例如：

（葛*）只狗介大咯！(ke?₃⁴⁵)tsə?₅⁴⁵kɤ³³⁵ka₅₅³³dɒ¹¹go?₁²³ —— 这只狗这么大！

伊（葛*）支笔还勿如我（葛*）支好。ɦi₁₁₅¹¹³(ke?₃⁴⁵)tsï₅₅⁵²pie?⁴⁵ɦuæ₁₁₅²³¹ve?₁²³ʑy₅₅²³¹ŋo₁₁¹¹³(ke?₅⁴⁵)tsï₅₅⁵²hɒ³³⁵ —— 他这支笔还不如我这支好。

（一）只鸟飞过来哉。(ie?₃⁴⁵)tsə?₅⁴⁵tiɒ³³⁵fi₃₃⁵²ku₅₅³³lE₅₅²³¹tsE⁵² —— 一只鸟飞过来了。

6. 副词

(1) "暴时"bɒ¹¹zï₅₅²³¹ —— 相当于北京话的"当初"，"起初"；与之相对的"难*"næ²³¹，相当于北京话的"现在"，"如今"。例如：

伊暴时还唞介长哎，难*已经做得娘哉嘞。ɦi₁₁₅¹¹³bɒ¹¹zï₅₅²³¹ɦuæ₁₁₅²³¹tɕiɤ₅₅³³ka₅₅³³dzaŋ₂₃¹²³¹lE⁵²，næ₁₁₅²³¹i³³⁵tɕiŋ₅₅³³tso⁵⁵³³te?⁴⁵ȵiaŋ₁₁²³¹tsE⁵²la?₅₄²³ —— 她当初还只那么高呢，现在已经当妈妈了。

(2) "呆歇"ŋE₃₇₅¹¹³ɕie?₅⁴⁵，ɦE₁₁₅¹¹³ɕie?₅⁴⁵，ɦE₁₁₅¹¹³ɕie⁵² —— 相当于北京话的"过一会儿"；"葛*歇"ke?₃⁴⁵ɕie?₅⁴⁵ ——相当于北京话的"这会儿"。例如：

葛*歇嬡去,呆歇去！ke?$_3^{45}$ɕie?$_5^{45}$fiɒ$_{335}^{33}$tɕhi$_{52}^{33}$,ɦɛ$_{115}^{113}$ɕi$_{52}$tɕhi^{33}——这会儿别去,待会儿去！

(3)"蛮"mæ^{52}——相当于北京话的"很"。放在谓语前。可以重叠："蛮蛮"mæ$_{33}^{52}$mæ$_{55}^{52}$,表示的程度更强。重叠式有变音 mæ?$_3^{45}$mæ?^{45},多出现于快读的场合。例如：

蛮好咯桩事体,拨伊捻带*是个套。mæ$_{33}^{52}$hɒ$_{335}^{33}$ge$_5^{23}$tsɒŋ$_{55}^{33}$zɿ^{11}thi$_{55}^{335}$,pe?$_5^{45}$ɦi$_{55}^{113}$ȵie$_1^{113}$ta$_{55}^{33}$ze$_5^{23}$ge?$_5^{23}$th$_{55}^{33}$——挺好的一件事,让他弄成这样。

(葛*)个人本事蛮蛮大咯。(ke?$_3^{45}$)ke?$_5^{45}$ȵiŋ^{231}pē^{335}zɿ$_{52}^{11}$mæ?$_3^{45}$mæ?$_5^{45}$do^{11}go?$_1^{23}$——这个人挺有能耐的。

(4)"綦"dzi^{231}——相当于北京话的"极"。例如：

(葛*)个人綦坏咯。(ke?$_3^{45}$)ke?$_5^{45}$ȵiŋ^{231}dzi$_{11}^{231}$ɦua^{11}go?$_5^{23}$——这个人坏极了的。

(5)"顶"tiŋ^{335}——相当于北京话的"最"。可以重叠。例如：

顶好是偌自去。tiŋ^{335}hɒ^{335}ze$_5^{23}$no?^{23}ȥi^{11}tɕhi$_{55}^{33}$——最好是你自己去。

偌自去是顶顶好哉。no?$_{25}^{23}$ȥi^{11}tɕhi$_{55}^{33}$ze$_5^{23}$tiŋ^{335}tiŋ$_{55}^{335}$hɒ$_{55}^{335}$tsɛ^{52}——你自己去是最好了。

(6)"忒"thæ?^{45},thie?^{45}——相当于北京话的"太"。后面总跟有一个词尾"个"ge?^{23},组成"忒个"thæ?$_3^{45}$ge?$_5^{23}$,thie?$_5^{45}$ge?$_5^{23}$。例如：

(葛*)个埭户忒个闹热哉。(ke?$_3^{45}$)ke?$_5^{45}$da^{11}ɦu$_{55}^{113}$thæ?$_3^{45}$ge?$_5^{23}$nɒ^{11}ȵie$_5^{23}$tsɛ^{52}——这个地方太热闹了。

(7)"一塌刮子"ie?$_3^{45}$thæ?$_5^{45}$kuæ?$_5^{45}$tsɿ$_{52}^{335}$——相当于北京话的"一共","总共"。例如：

我一塌刮子随得两角洋钱。ŋo$_{115}^{113}$ie?$_3^{45}$thæ?$_5^{45}$kuæ?$_5^{45}$tsɿ$_{52}^{335}$tɕy$_{55}^{33}$te?$_5^{45}$liaŋ^{113}ko?$_5^{45}$ɦiaŋ$_{11}^{231}$diē$_{52}^{231}$——我总共才有两毛钱。

(8)"意*"i^{33}——相当于北京话的"又"。例如：

意*要好,意*要巧。i$_{33}^{33}$iɒ$_{55}^{33}$hɒ^{335},i$_{33}^{33}$iɒ$_{55}^{33}$tɕhiɒ^{355}——又要好,又要巧。

(9)"偏生"phiē$_{33}^{52}$saŋ$_{55}^{52}$——相当于北京话的"偏偏"。例如：

要伊东,伊偏生西。iɒ^{33}ɦi$_{33}^{113}$toŋ^{52},ɦi$_{115}^{113}$phiē$_{33}^{52}$saŋ$_{55}^{52}$ɕi^{52}——要他这样,他偏就那样。

(10)"特为"de?$_1^{23}$ɦuɛ^{11},die?$_1^{23}$ɦuɛ^{11}——相当于北京话的"特地","故意"。例如：

话道偌归来哉,我特为来看看偌。ɦuo^{11}dɒ^{113}no?$_{25}^{23}$tɕy$_{33}^{52}$lɛ^{231}tsɛ^{52},ŋo$_{115}^{113}$de?$_1^{23}$ɦuɛ$_{55}^{11}$lɛ$_{52}^{231}$khē$_{55}^{33}$khē$_{55}^{33}$no?$_{54}^{23}$——说是你回来了,我特地来看看你。

对勿住,我勿是特为咯。tE$_{55}^{33}$ ve?$_5^{23}$ dzy$_{11}^{11}$, ŋo$_{115}^{113}$ ve?$_1^{23}$ zE?$_5^{23}$ die?$_1^{23}$ ɦuE$_{55}^{11}$ go?$_{54}^{23}$ —— 对不起,我不是故意的。

(11)"勿"ve?^{23} —— 相当于北京话的"不"。例如:

勿可是介! ve?$_1^{23}$ kʰo$_{55}^{335}$ zE?$_1^{23}$ ga$_{55}$ —— 不要这样!

(12)"唔有"n̩$_{55}^{33}$ɲiɤ$_{55}^{113}$ —— 相当于北京话的"没有",可同时用于否定存在和否定时间。例如:

伊还唔有来。ɦi$_{115}^{113}$ ɦuæ̃$_{55}^{231}$ n̩$_{55}^{33}$ ɲiɤ$_{55}^{113}$ lE^{231} —— 他还没来。

票我唔有。pʰiŋ$_{55}^{33}$ ŋo$_{115}^{113}$ n̩$_{55}^{33}$ ɲiɤ$_{55}^{113}$ —— 我没票。

(13)"未"mi^{11} 或"勿寻*"ve?$_1^{23}$ziŋ$_{52}^{231}$ —— 相当于北京话的时间问否定"还没有",而"未"表示的程度还更晚些。例如:

水滚滚唻? 勿寻*唻! sl̩^{335} kuẽ^{335} kuẽ$_{52}^{335}$ lE$_{52}^{231}$? ve?$_1^{23}$ ziŋ$_{55}^{231}$ lE$_{52}^{231}$! —— 水开没开? 没呢。

水滚滚唻? 未唻。sl̩^{335} kuẽ^{335} kuẽ$_{52}^{335}$ lE$_{52}^{231}$? mi^{11} lE$_{11}^{231}$ —— 水开没开? 还早呢。

(14)"奥*冒*"ɒ^{33}mɒ$_{33}$ —— 表推测,相当于北京话的"大概","可能","恐怕"。例如:

伊奥*冒*要来快东*哉。ɦi$_{115}^{113}$ ɒ$_{55}^{33}$ mɒ$_{55}^{33}$ iɒ$_{55}^{33}$ lE$_{11}^{231}$ kʰua$_{55}^{33}$ toŋ$_{55}^{52}$ tsE^{52} —— 他恐怕快要来了。

(15)少数名词,形容词,副词,甚至一个结构,后面加上一个特殊的词尾,可以构成副词语。例如:

倭子葛*搭* o$_{33}^{52}$ tsl̩$_{55}^{335}$ ke?$_5^{45}$ tæ?$_{54}^{45}$ —— 纠缠不清的

陌生的*搭* ma?$_1^{23}$ saŋ$_{52}^{52}$ tie?$_5^{45}$ tæ?$_{54}^{45}$ —— 挺陌生的

墨黑铁*塌* mo?$_1^{23}$ hə?$_5^{45}$ tʰie?$_5^{45}$ tʰæ?$_{54}^{45}$ —— 乌黑黑的

暴时铁*塌* bɒ^{11} zl̩$_{55}^{231}$ tʰie?$_5^{45}$ tʰæ?$_{54}^{45}$ —— 生疏不熟的

头晕星*烘* dɤ$_{11}^{231}$ ɦiõ$_{11}^{11}$ ɕiŋ$_{52}^{52}$ huoŋ^{52} —— 悠悠忽忽的

7. 介词

(1)"来*"lE^{231} —— 表处所,相当于北京话的"在"。例如:

倷屋里来*东*鞋*里? no?$_{25}^{23}$ u?$_5^{33}$ li$_{11}^{113}$ lE$_{55}^{231}$ doŋ$_{55}$ ɦia$_{11}^{231}$ li$_{55}^{113}$ —— 你家在哪儿?

(2)"则*"tse?^{45} —— 表示对象,相当于北京话的"跟","同"。例如:

则*葛*种人有啥话头。tse?$_5^{45}$ ke?$_3^{45}$ tsoŋ$_{55}^{335}$ ɲiŋ^{231} ɦiɤ^{113} so$_{55}^{33}$ ɦuo^{11} dɤ$_{11}^{231}$ —— 跟这样的人有什么可说的。

8. 连词

(1) "则*" tse?$_5^{45}$ —— 表示并列,相当于北京话的"和","同"。例如:

我则*侬一道生去。ŋo$_{115}^{113}$ tse?$_5^{45}$ no?$_3^{23}$ ie?$_5^{45}$ dɒ$_{11}^{113}$ saŋ$_3^{52}$ tɕʰi^{33} —— 我跟你一起去。

(2) "是话" zɛ$_{115}^{113}$ ɦuo$_{55}^{11}$ —— 相当于北京话的"如果","要是说"。例如:

侬是话勿去咯说话,我也勿去哉。no?$_{25}^{23}$ zɛ$_{115}^{113}$ ɦuo$_{55}^{11}$ ve?$_1^{23}$ tɕʰi$_{55}^{33}$ ge?$_5^{23}$ so?$_3^{45}$ ɦuo$_{55}^{11}$, ŋo$_{115}^{113}$ ɦia$_5^{113}$ ve?$_1^{23}$ tɕʰi$_{55}^{33}$ tsɛ^{52} —— 你要是不去的话,我也不去了。

(3) "隔*以" kæ?^{45} ji$_{52}^{113}$ —— 表结果,相当于北京话的"所以"。例如:

天家勿好,隔*以我唔有去。tʰiẽ$_{33}^{52}$ ko$_{55}^{52}$ ve?$_1^{23}$ hɒ$_{55}^{335}$, kæ?^{45} ɦi$_{52}^{113}$ ŋo$_{115}^{113}$ ŋ$_{55}^{33}$ niɤ$_{55}^{113}$ tɕʰi^{33} —— 天气不好,所以我没去。

(4) "靠*末" kʰɒ$_{55}^{33}$ me?$_5^{23}$ —— 表示另起下文,相当于北京话的"那么"。例如:

年纪轻咯都走得去哉。靠*末老年人呐? niẽ$_{11}^{231}$ tɕi$_{55}^{33}$ tɕʰiŋ$_{52}^{52}$ ge?$_{54}^{23}$ tu$_{55}^{33}$ tsɤ$_{33}^{335}$ te?$_5^{45}$ tɕʰi$_{55}^{33}$ tsɛ^{52}。kʰɒ$_{55}^{33}$ me?$_5^{23}$ lɒ$_{115}^{113}$ niẽ$_{11}^{231}$ niŋ^{231} ne?$_1^{23}$ —— 年轻人都离开了。那么老年人呢?

9. 语助词

(1) "咯" go?^{23} —— 表示肯定,并用作词尾,相当于北京话的"的"。例如:

(葛*)个事体勿是介做咯。(ke?$_3^{45}$) ke?$_5^{45}$ zɿ^{11} tʰi$_{55}^{335}$ ve?$_1^{23}$ zɛ?$_5^{23}$ ka$_{55}^{33}$ tso$_{55}^{33}$ go?$_5^{23}$ —— 这事儿不是这么做的。

慢慢咯走! mæ$_{11}^{11}$ mæ$_{11}^{11}$ ge?$_5^{23}$ tsɤ^{335} —— 慢慢儿的走!

(2) "得" te?^{45} —— 表示动作的结果或可能时,相当于北京话的"得"。例如:

鞋*时*跑得快? ɦa$_{11}^{231}$ zɿ$_{55}^{231}$ bɒ$_{11}^{231}$ de?$_5^{23}$ kʰua^{33} —— 谁跑得快?

表示动词的完成态时,相当于北京话的"了"。例如:

伊是吃得饭走咯。ɦi$_{115}^{113}$ zɛ?$_5^{23}$ tɕʰie?$_5^{45}$ de?$_5^{23}$ væ^{11} tsɤ$_{33}^{335}$ go?$_5^{23}$ —— 他是吃了饭走的。

表示动作的进行时,又相当于北京话的"着"。例如:

骑得马寻马。dzi$_{11}^{231}$ de?$_1^{23}$ mo$_{115}^{113}$ ziŋ$_{52}^{231}$ mo^{113} —— 骑着马找马。

(3) "哉" tsɛ^{52} —— 表示事件的完成,相当于北京话句末的"了"。例如:

西北风进城哉。ɕi$_{33}^{52}$ po?$_5^{45}$ foŋ$_{55}^{52}$ tɕiŋ$_{33}^{33}$ dzəŋ$_{11}^{231}$ tsɛ^{52} —— 西北风进城了。(天冷了)

(4) "添" tʰiẽ^{52} —— 放在动宾结构后面表示再次的意思。有时动词前面已经有"再",动宾结构后面仍然可以加"添"来加强再次的意思。不过这个语助词用得不很经常。例如:

媛客气,再吃碗添! ɦiŋ$_{55}^{33}$ kʰa$_3^{45}$ tɕʰi$_{55}^{33}$, tsɛ$_3^{33}$ tɕʰie?$_5^{45}$ uɵ$_{55}^{335}$ tʰiẽ^{52} —— 别客气,再

237

吃一碗！

(5)"带*"ta³³——用来表示命令时,相当于北京话的"了"。例如：

走带*好！tsɤ³³⁵ da₅₅ hɒ³³⁵——走好了！

有时作用又相当于介词"在",表示对存在于近处的某事物的指明。例如：

书来*带*(葛*里)。ɕy⁵²₅₅ lɛ²³¹₁₁ ta³³₅₅(keʔ⁴⁵ li¹¹³₅₂)——书在这儿。

(6)"东*"toŋ₅₅——表示动作方式,相当于北京话的"着"。例如：

立东*勿如坐东*。lieʔ²³₁ doŋ₅₂ veʔ²³₁ ʑy²³¹₅₅ zo¹¹³₁₁ doŋ₅₂——站着不如坐着。

有时作用又相当于介词"在",指明存在某事物。例如：

安东*(葛里)。ẽ⁵²₅₅ doŋ₅₂(keʔ⁴⁵ li¹¹³₅₂)——放在这儿。

(7)"啊"ɦa²³¹——相当于北京话的"啊"。在疑问句中又相当于"吗"。例如：

㑚是个勿作兴咯啊！no²³₂₅ zeʔ²³₁ geʔ²³₅ veʔ²³₁ tsoʔ⁴⁵₅ ɕiŋ⁵²₅₅ ga₅₂——你这样是不行的啊！

勿肯啊？veʔ²³₁ kʰəŋ³³⁵₅₅ ɦa²³¹₅₅——不愿意吗？

(8)"嘞"laʔ²³——表示问事,表示肯定,否定,语气比"啊"要重。例如：

鞋*时*嘞？ɦa²³¹₁₁ zl²³¹₅₅ laʔ²³₅₄——谁啊？

我嫑(伊)嘞！ŋo¹¹³₁₁₅ fiŋ³³₅₅(ɦi¹¹³₅₅)laʔ²³₅——我不要(它)！

(9)"唻"lɛ²³¹——表示赞美,相当于北京话的"啊"。例如：

(葛*)个大姑娘齐整唻！(keʔ⁴⁵₃)keʔ⁴⁵₅ do¹¹ ku⁵²₁₁ ȵiaŋ²³¹₅₂ ʑi²³¹₁₁ tsəŋ³³⁵₅₅ lɛ²³¹₅₂——这女孩儿真漂亮啊！

有时用来表示问话的语气,相当于北京话的"呢"。例如：

伊来来唻？ji¹¹³ lɛ²³¹₁₁₅ lɛ²³¹₅₅ lɛ²³¹₅₂——他来没来呢？

有时又用来表示未然,与前面的"还"呼应,相当于北京话的"呢"。例如：

伊还唔有来唻！ɦi¹¹³₁₁₅ ɦuæ²³¹₁₁₅ n̩³³₅₅ niɤ²³¹₅₅ lɛ²³¹₁₁₅ lɛ²³¹₅₂——他还没来呢！

(10)"呐"neʔ²³——相当于北京话的"呢"。例如：

万一伊勿肯呐？væ¹¹ ieʔ⁴⁵₅ ɦi¹¹³₅₅ veʔ²³₁ kʰəŋ³³⁵₅₅ neʔ²³₅——万一他不愿意呢？

(11)"末"meʔ²³——表示语气的暂时停顿,相当于北京话的"嘛"。例如：

去末,伊还唔有来;勿去末,要迟哉:纳*个伊呐？tɕʰi³³₅₅ meʔ²³₅,ɦi¹¹³₁₁₅ ɦuæ²³¹₁₁₅ n̩⁵²₅₅ niɤ¹¹³₅₅ lɛ²³¹₅₅;veʔ²³₁ tɕʰi³³₅₅ meʔ²³₅,iɒ³³ dzl²³¹₁₁ tsɛ⁵²:næ²³₅ geʔ²³₅ ɦi¹¹³₁₁ neʔ²³₅——去嘛,他还没来;不去嘛,要晚了:怎么办呢？

有时用来提醒对方早该知道。例如：

(葛*)个人本来就是介咯末。(keʔ⁴⁵₃)keʔ⁴⁵₅ ȵiŋ²³¹ pẽ³³⁵ lɛ²³¹₅₂ ʑiɤ¹¹₅₅ zeʔ²³₅ ka³³ geʔ$_3^{23}$ meʔ$_3^{23}$ —— 这个人本来就是那样的嘛。

(12)"恼*"nɒ^{113} —— 表示赞叹,表示严重的假设语气,相当于北京话的"啊"。有变音 nɒʔ^{23}。例如:

亏伊咯脑*! tɕʰy$_{33}^{52}$ ɦi$_{55}^{113}$ geʔ$_5^{23}$ nɒʔ$_{52}^{113}$ —— 亏他的呀!

是话勿肯脑*,小心些! zE$_{115}^{113}$ ɦuoʔ$_{55}^{11}$ veʔ$_1^{23}$ kʰəŋ$_{55}^{335}$ nɒʔ$_{54}^{23}$,ɕiɒ^{335} ɕiŋ$_{54}^{52}$ sø^{45} —— 要是不愿意啊,小心点儿!

单独使用时表示指示,同时有指点或其他动作的配合。北京话还没有合适的对应的词。例如:

脑*! 报名咯有两个带*哉! nɒ^{113}! pɒ$_{55}^{33}$ miŋ^{231} geʔ$_1^{23}$ ɦiɤ^{113} liaŋ^{115} gəʔ$_5^{23}$ ta^{33} tsE^{52} —— 瞧! 这儿有几个报了名的了!

有变音 nɒ^{52},指示时兼表给予。例如:

脑*! 葛*个拨偌! nɒ^{52},ke^{45} geʔ$_5^{23}$ peʔ^{45} noʔ^{23} —— 瞧! 这个给你!

(13)"嚼*"dziaʔ^{23},dzia$_{55}$ —— 表示劝令,带有鼓励的语气,相当于北京话的"啊"。例如:

毫*骚*吃嚼*! ɦiɒ$_{11}^{231}$ sɒ$_3^{33}$ tɕʰieʔ$_3^{45}$ dzia$_{55}$ —— 快点儿吃啊!

(14)"噙"dziŋ^{231} —— 表示对方早应知道,相当于北京话的"吧"。例如:

我是话伊盇咯噙! ŋo$_{55}^{113}$ zE$_{55}^{113}$ ɦuoʔ$_{55}^{11}$ ɦi$_{55}^{113}$ fE$_{55}^{52}$ geʔ$_5^{23}$ dziŋ$_{52}^{231}$ —— 我是说他不会的吧!

(15)"及*"dzieʔ^{23} —— 带有讽嘲,不同意,不耐烦的感情,相当于北京话中的"啊"、"吧"。例如:

一加一是三。是及*。ieʔ$_{33}^{45}$ ko$_{33}^{52}$ ieʔ^{45} zeʔ$_5^{23}$ sæ^{52}。zE$_{11}^{113}$ dzieʔ^{23} —— 一加一是三。是啊。

嫑话哉及*! ɦiɒ$_{335}^{33}$ ɦuoʔ$_{55}^{11}$ tsE^{52} dzieʔ$_1^{23}$ —— 别说了吧!

(16)"噢"ɒ^{52} —— 表示请求或劝告的语气,相当于北京话的"啊"。可以单用。例如:

去勿得咯噢! tɕʰi^{33} veʔ$_3^{23}$ təʔ^{45} gɒ$_{52}$ —— 可不能去啊!

嫑去,噢! ɦiɒ$_{335}^{33}$ tɕʰi$_{52}^{33}$,ɒ^{52} —— 别去,啊!

(17)"啃"ɦo^{231} —— 表示感叹,劝令,相当于北京话的"啊"。例如:

诺*个人啃! noʔ$_5^{23}$ geʔ$_5^{23}$ ɲiŋ$_{115}^{231}$ ɦo^{231} —— 你这个人哪!

去勿得咯啃! tɕʰi^{33} veʔ$_3^{23}$ təʔ^{45} go$_{52}$ —— 可不能去啊!

用来表示试探问时,相当于北京话的"吧"。例如:

勿见得咯啼！ve?$_1^{23}$ tɕiẽ$_{55}^{33}$ tə?$_5^{45}$ go$_{52}$——不见得吧！

(18) "咳"ɦE^{231}——表示称呼，相当于北京话的"啊"。例如：

姆妈咳！我归来哉！m$_1^{33}$ mo$_{55}^{33}$ ɦE$_{52}^{231}$，ŋo$_{115}^{113}$ tɕy$_{33}^{52}$ lE$_{55}^{231}$ tsE$_{52}$——妈（呀）！我回来啦！

(19) "咳哉"ɦE$_{11}^{231}$ tsE$_{55}^{52}$——表示妥协或无所谓的语气，相当于北京话的"算了"，"罢了"。例如：

依得伊咳哉！i$_{33}^{55}$ de?$_5$ ɦi$_{52}^{113}$ ɦE$_{11}^{231}$ tsE$_{55}^{52}$——听了他算了！

（二）句法的特点

1. 双宾语的位置

句子中有两个宾语时，直接宾语在前，间接宾语在后。例如：

拨本书我。pe?$_3^{45}$ pẽ$_{55}^{335}$ ɕy$_{55}^{52}$ ŋo$_{52}^{113}$——给我一本书。

但也有跟北京话相同的说法，间接宾语在前，直接宾语在后，说成"拨我本书"的。

2. 动词后附状语时，宾语往往提到动词或主语前。例如北京话"我看过这书了"，绍兴话有两种说法：

我书看过哉。ŋo$_{115}^{113}$ ɕy$_{55}^{52}$ kʰẽ^{33} ku^{33} tsE^{52}。

书我看过哉。ɕy$_{55}^{52}$ ŋo$_{115}^{113}$ kʰẽ^{33} ku^{33} tsE^{52}。

3. 表示动量的补语，可以放在宾语后，跟北京话一样。也可以放在宾语前。例如北京话"我喊过他一次了"，绍兴话也有两种说法：

我呕得伊卯过哉。ŋo$_{115}^{113}$ ɤ$_{55}^{52}$ de?$_5$ ɦi$_{55}^{113}$ mɒ$_{55}^{113}$ ku$_{55}^{33}$ tsE^{52}

我呕得卯伊过哉。ŋo$_{115}^{113}$ ɤ$_{55}^{52}$ de?$_5$ mɒ$_{55}^{113}$ ɦi$_{52}^{113}$ ku$_{55}^{33}$ tsE$_{33}^{52}$

4. 表示动作结果的补语，如果是一个多音节的词组，就和北京话一样，由动词后面加一个"得"te?^{45}引出。例如：

捻得伊神魂颠倒。ȵiẽ$_{55}^{113}$ de?$_5$ ɦi$_{55}^{113}$ zẽ$_{11}^{231}$ ɦuẽ$_{55}^{231}$ tiẽ$_{55}^{52}$ tɒ$_{52}^{33}$——弄得他神魂颠倒。

如果是个单音词，往往就放在宾语后面。例如：

打伊败。taŋ$_{55}^{335}$ ɦi$_{52}^{113}$ ba$_{52}^{11}$——打败他。

5. 被动句

被动式句子有时用一个介词"拨"pe?^{45}放在使动者名词前来表示。例如：

书拨我看过哉。ɕy$_{55}^{52}$ pe?$_5^{45}$ ŋo$_{55}^{113}$ kʰẽ$_{55}^{33}$ ku^{33} tsE^{52}——这本书我看过了。

多数情况下不用介词，比如说"书我看过哉"，这时主语"书"仍有被动的意思。

6. 处置式

一般用提前宾语的方式表示。在原来宾语的位置上有时也可以放上一个代词作后行词。例如：

亨*本书扲拨我！haŋ₅₅ pẽ₅₅³³⁵ ɕy⁵² do₁₁²³¹ peʔ₅⁴⁵ ŋo₅₂¹¹³ ── 把那本书拿给我。

（葛*）只鸡杀伊患*！(keʔ₃⁴⁵)tsəʔ₅⁴⁵ tɕi⁵² sæʔ₃⁴⁵ ɦii₅₅¹¹³ ɦuæ₅₅ ── 把这只鸡宰了。

有时处置式也用和北京话同样的方式表示，在被处置者名词前加一个和北京话的"把"相当的介词"则*"tseʔ。但绍兴话的这种表示方式不能用于命令句，（比如说"则*亨*本书扲拨我"）而且一般只能用于被处置者的命运不佳的场合。例如：

（葛*）只鸡我则*伊杀患*哉嘞。(keʔ₃⁴⁵)tsəʔ₅⁴⁵ tɕi⁵² ŋo₁₁₅¹¹³ tse₅⁴⁵ ɦii₅₅¹¹³ sæʔ₃⁴⁵ ɦuæ₅₅ tsE₅₅⁵² laʔ₅₄²³ ── 这只鸡我把它宰了。

参考文献

范　寅：《越谚》，谷应山房刊本，1882；上海文艺出版社，1987。
赵元任：《现代吴语的研究》，清华学校研究院，1928；科学出版社，1956。

（原载《语言学论丛》第 3 辑，上海教育出版社，1959 年）

绍兴方言同音字汇

绍兴方言分布在浙江省绍兴市城区（现越城区）和周围县郊。城区的语音和四郊不完全一致。大致说来，东郊、北郊东浦至斗门一带和南郊平水以北地区与城区语音基本相同，西郊柯桥、安昌一带接近萧山，南郊深山区稽东、王坛一带接近嵊县，与城区语音有不同。城区及东北南近郊的语音与笔者在《绍兴话记音》（1959）中所说东头埭话（会稽音）相当。

东头埭口音的声母(29)、韵母(57)、声调(8)如下：

声母：p pʰ b m f v, t tʰ d n l, ts tsʰ dz s z, tɕ tɕʰ dʑ ȵ ɕ z, k kʰ g ŋ h ɦ, ø。

韵母：ɿ a E ɤ ɔ o æ ẽ ø̃ aŋ əŋ oŋ oŋ aʔ æʔ eʔ əʔ øʔ oʔ
　　　i ia iE iɤ iɔ io iæ iẽ iø̃ iaŋ iŋ ioŋ iaʔ　　ieʔ　　iøʔ ioʔ
　　　u ua uE　　uo uæ uẽ uø̃ uaŋ　　uəŋ uoŋ uaʔ uæʔ ueʔ　　uøʔ uoʔ
　　　y
　　　m n ŋ l̩

声调：①阴平˰52　　③阴上˰335　　⑤阴去˰³³　　⑦阴入˰₂45
　　　②阳平˰231　　④阳上˰113　　⑥阳去˰¹¹　　⑧阳入˰₂23

东头埭口音的声韵调有如下重要特点：(1) 有一整套浊辅音声母 b、d、g、dz、dʑ、v、z、ʑ、ɦ。发音时成阻阶段声带不颤动，除阻阶段带有明显的浊气流，是清音浊流，赵元任据刘半农标作 bɦ、dɦ、gɦ、dzɦ、dʑɦ、vɦ、zɦ、ʑɦ、ɦɦ。不过在前面有语义关系紧密的音节时，成阻阶段声带颤动，是地道的浊音，浊音浊流，为 bɦ、dɦ、gɦ 等。(2) 声母发音时大多具有喉头作用。阴调类字零声母前有一个喉头闭塞成分 ʔ，如"鸭"ʔæʔ₂，"烟"ˊʔiẽ，"划"ˊʔuo，"迂"ˊʔy。阳调类字浊声母带有明显的喉头浊擦成分 ɦ，如"淡"ˊdɦæ，"共"ˊgɦuoŋ²，浊擦音 ɦ 本身在 i、u、y 前也弱化为带浊擦成分的 j、w、ɥ，如"杨"ˊjɦiaŋ，"完"ˊwɦuõ，"雨"ˊɥɦy。次浊声母前在阴调时带有喉头闭塞成分 ʔ，阳调时带有喉头浊擦成分 ɦ，如"拎"ˊʔliŋ—"零"ˊlɦiŋ，"蛮很"ˊʔmæ—"蛮～"ˊmɦæ，"挠口抓"ˊʔnɒ—"挠阻～"ˊnɦɒ，"黏"ˊʔȵiẽ—"年"ˊȵɦiẽ，"唔～结煞"ˊʔŋ—"岸"ŋɦẽ²。(3) 除单元音 y 外，没有其他撮口韵韵母。(4) 平上去入调各分阴阳，同名调的调型基本相同，只阴调调值较高,阳调调值略低。

笔者的母语习得受家庭影响,口音实际上要比本人高一个年龄层次,大约相当于目前90多岁的老人了。所记东头埭话有如下内部分歧:(1)部分人声母 h ɦ 在合口韵前又读 f v,如"呼"ₒhu、"湖"ₒɦu 常常读同"夫"ₒfu、"符"ₒvu。(2) iøʔ ioʔ 两韵母字相互混同,如"掘"dʑiøʔ 又音 dʑioʔ,"局"dʑioʔ 又音 dʑiøʔ。(3)部分 eʔ ueʔ 韵母字又读 ø uøʔ 韵母,如"率~领"seʔ 又音 søʔ,"骨"kueʔ 又音 kuøʔ。

笔者在1998年调查时发现,目前城区的老年口音又有下列变化:(1) iøʔ 韵母字归入 ioʔ 韵母,"掘"dʑioʔ 与"局"同音。(2) uøʔ 韵母趋于消失,原与 uøʔ 相混的 ueʔ 韵母字又读 uoʔ 韵母,如"骨"kueʔ 又音 kuoʔ,与"国"相同。(3)部分 ts 组声母 ē 韵母字又读 ō 韵母,如"战"tsē 又音 tsō,与"钻"相同,"参人~"ₒsē 又音 ₒsō,与"酸"相同;部分 k 组声母 uē 韵母字又读 uō 韵母,如"昆"ₒkʰuē 又音 ₒkʰuō,与"宽"相同。(4)部分 ē 韵母字有新读音 əŋ 韵母,如"斟"ₒtsē 新读ₒtsəŋ,与"蒸"相同,"痕"ₒɦē 新读 ₒɦəŋ,与"衡"相同。(5)部分 eʔ 韵母字有新读音 əʔ 韵母,如"涩室适"seʔ 新读 səʔ,与"色"相同。(6)文白异读 io o 有新文读 ia,如"家"ₒtɕia文 ₒtɕio文 ₒko白。以上 iøʔ uøʔ 的消失牵涉到韵母系统,是最重要的语音变化。

下面的同音字汇据东头埭口音标写字音。收入韵母的内部分歧作为又读。取城区老年口音除(1)以外的各项变化以反映目前情况。以①②③④⑤⑥⑦⑧表示调类的阴平、阳平、阴上、阳上、阴去、阳去、阴入、阳入。

读书音和口语音分别以下加双线和单线表示,又读、新读、旧读、口语、俗读(误读和训读)分别以右上小字"又"、"新"、"旧"、"口"、"俗"表示。字音的某些又读与组词有关,必要时加注用例,以浪线代表该字。如"怪奇~"阴上,"怪责~"阴去;"老~鹰"阳去。有的字(词)加注释,注文中以冒号分隔举例和释义。如"掼摔","錾~头:提梁","暴刚刚:~时"。

酌收习用的方言字、惯用字。如"僼能干"(本字为"会"),"孵"(本字为"伏"),"抑"(本字不明),"覅"("勿用"的合音)。方言中没有书写形式的字以方框"□"表示,如"□~线:缝衣针"。少数已作考证的写出本字,如"痧伤寒症复发","勼箍"。

[1]

ts ①资姿咨兹滋孳孜辎缁淄鲻螬脚~:鸡眼 知蜘智~慧支枝肢栀眵眼~屎脂之芝猪诸褚株柴~:树根 ③紫姊秭子仔籽梓滓纸只~有 旨指止趾址煮渚涇:地名 嘴 ⑤恣渍迹~制~度制~造智致兴~致~命致细~挚刺至挚贽置志~向志~标帜著注做~意拄朵*~:支撑

	扁担用的木棍 㘉盛：~饭 脂黏，又
tsʰ	①雌疵差参~，新 魑鸱痴发~ 答蚩嗤媸吹炊热~热络 ③此紫鲤~次~要佽耻齿鼠 ⑤刺莿~蓬次厕脺~门粢~米饭翅痣
dz	②茨辞词祠池驰迟持槌棒~ ④豸虫~，牛~ 雉痔苎 ⑥滞稚治箸~笼穗坠秤~头
s	①斯厮撕私司丝鸶思施螆米中小黑虫师狮筛纱~蛳尸诗矢史贳~衣店饲~养员疏布~ ③死豕使驶始水 ⑤赐四泗驷肆世势试弑
z	②瓷兹又糍麻~慈磁鹚辞又词又祠又匙时莳鲥锄锤槌又，棒~谁何~ ④似祀巳自~己氏是士仕柿市恃侍~女墅竖横~ ⑥自字牸寺嗣饲~饭侍~候豉誓逝示视嗜事穗又

[i]

p	①屄 ③鄙比匕 ⑤蔽闭算臂秘泌
pʰ	①批砒埤矮墙：灶~劅片，削披丕庇 ③譬 ⑤屁
b	②皮疲鲏鳑~脾婢毗琵痹币毙枪~肥薇蔷~ ④敝~人陛髀~缝被~单坒层，列 ⑥蔽又弊毙敝鐾~来火；火柴避篦被~动味入~
m	①箅~刀渳略饮微~~一些眯小睡 ②迷谜~语糜縻靡麿弥猕眉 ④米尾蚁白~ ⑥愢思考未味雅
f	①飞非霏菲妃 ③匪诽绯翡 ⑤废篚芦~席肺吠沸痱榧费□发~：轻浮
v	②肥微薇维惟唯 ④尾 ⑥未味
t	①低 ③底~下底什么；~个子抵砥牴邸帝缔谛 ⑤蒂渧揥切割；~菜头
tʰ	①梯 ③体 ⑤替涕剃绨线~屉嚏□细腻
d	②题堤提醒褆~缠：衣服的饰边啼蹄梯 ④弟 ⑥第递隶棣地
n	④你
l	①□拎 ②犁黎藜离~开篱漓璃丽高~骊梨蜊厘狸狐~蠡驴 ④礼澧醴鳢劙割破李里邻~里~外理鲤浬狸~猫吕侣柤榈旅履屡 ⑥黎~明例厉疠励砺丽~人俪戾唳离~宫荔□滴水利痢莉俐吏虑滤泪
tɕ	①䪞咸~~鸡济~公笄稽秷羁饥~饿饥荒肌几茶~几~乎鹿基箕簸~姬□篦机叽矶虮叽哗 ③挤几~个姊 ⑤祭际稯济剂霁计继系~鞋带髻朝前~寄冀骥纪记既暨季悸
tɕʰ	①妻凄萋栖溪蹊~跷欺蛆 ③启企起提~起种，类；两~生杞岂 ⑤砌契~约器弃气汽去瞭矇~眼祛~风
dz	②齐脐蛴崎奇骑畸歧岐蚑~螋蚰蜒祇神~芪黄~祁耆鳍其棋期旗其綦极；~好麒淇琪蕲

	姓 祈 徐 及 来勿~ ④技 妓 伎 ⑥忌 技又 妓又 伎又
n.	②泥 倪 霓 尼 呢 腻~腥 宜 仪 疑 嶷 沂 蚁 拟 儿 ④耳 毅~然口~线:缝衣针 ⑥泥黏住 腻油~ 艺诣 谊 义 议 毅 二 贰 日前~
ɕ	①西 粞米~,麦~饭 犀 徙 羲 牺 曦 嬉 嘻 熹 熙 希 稀 胥 尿~胱臭 ③洗 玺 喜 蟢 禧 死 ⑤细 戏 系~统,新系是,新 婿 絮 髓
z	②齐又 脐又 荠蒲~ 异口~,各~ ④荠~菜 鲚 ⑥自
ɦ	②移 夷 姨 痍 胰 肄 彝 怡 饴 诒 贻 颐 遗 异奇~ 矣 以 奚 兮 携 ④已 伊俗 ⑥易容~ 异勘磨损肄 懿 咦又系~,统系是
∅	①伊 黟 医 翳 衣 依 裔 倚 以又 宜便~ ③椅又 已又 ⑤意 亿 忆 臆 薏 癔 咦又 又口连属:柄头~~牢

[u]

p	③补 谱 ⑤布 绒~布 公~怖 哺~食
pʰ	①铺~设 潽 沸溢 ③普 浦 埔 甫皇~姓 ⑤铺店~
b	②蒲菖~蒲 根~头 菩 脯胸~,嘴 葡 篰 篓 扶~梯 ④部 簿 ⑥步 痞 伤寒症复发 埠 部又 捕 哺吐~孵 俗,蹲伏:~小鸡,~太阳 鲋土~鱼
m	②模~子 摹 膜新 ④母 拇 姆 某又 ⑥暮 慕 墓 募 幕
f	①夫 肤 麸 敷 孚 俘 ③府 俯 腑 斧 甫台~ 脯明~;墨鱼干 辅 抚~恤 釜 ⑤付 赋 傅 赴 讣 仆倒下 富 副
v	②符 扶 芙 抚~养 ④甫神~ 父 妇 ⑥附 驸 腐~化
t	①都~城 ③堵 塞 赌 睹 肚鱼~ 妒 嫉 ⑤蠹 妒 嘟~嘴脯:接吻 都国~
tʰ	③土 吐 ⑤兔 堍桥~头
d	②徒 屠 涂滩~涂~改 图 茶 ④杜 肚~皮 堵一~墙 ⑥度 渡 镀 途
n	②奴 ④努 ⑥怒
l	①撸抚摸 ②卢 炉 芦 鲈 泸 颅 鸬 舻 庐 驴 扶~口,~梯 髻口,~须 ④鲁 橹 卤 ⑥路 赂 潞 露 鹭
ts	①租 ③祖 组 阻
tsʰ	①粗 初 ③楚 础 ⑤醋 措 厝 痦~子:麻疹
dz	②锄 雏 ⑥助
s	①苏 酥 稣 甦 须胡~ 梳 疏 蔬 ③数~一~ ⑤素 嗉 诉 塑泥~木雕 疏注~ 数~目
k	①姑 沽 蛄蟪~ 蜈蚣 菇 鸪步~:斑鸠 辜 孤 锅 娲 蜗~牛 ③古 估 牯 股 鼓 臌 贾商~ 蛊 故~乡 固 果 裹 馃 ⑤故 固又 锢 痼病~,~毒:指久病易怒 雇 顾 过
kʰ	①枯 骷 箍 ③苦 筈~竹 ⑤库 裤 故自之~:自我的

g	④跍 蹲
h	①呼 蚝~蚁;蚂蚁 ③虎琥浒火伙~食伙队~ ⑤戽洗货
ɦ	②无芜妩鹉舞跳~ 巫侮欺 吴蜈吾梧胡~琴胡~须湖糊~涂 葫蝴瑚酬狐弧瓠壶乎荷~包蛋和麻将用语 ④武舞侮~辱伍队~ 五午仵户护~士□全部;~身 ⑥务雾婺鹜误戊腐又,豆~ 误悟互护糊~头糊 神志不清;话~话 沪和 搅和 贺~家池;地名
∅	①乌呜坞邬焐熄灭 窝被~头 ⑤恶~数 污屎俗焐务又,屋口,~里;家□陷入

[y]

l	④吕侣稆榈旅履屡缕 ⑥虑滤
tɕ	①居裾车~马炮 拘驹诸褚株蛛诛朱硃荣珠铢龟归 ③举矩主注~意 鬼 ⑤据锯倨踞句著注~射注~解 驻蛀炷铸拄疰~夏 贵
tɕʰ	①蛆趋区躯驱枢亏 ③取娶处~理 鼠 ⑤趣去觑~眼近~处 所蛐~~
dz	②渠佢瞿衢除躇厨橱殊馗钟 ④巨拒距炬苣俱具飓聚序叙绪柱储竖署跽 ⑥惧住驻又柜
ɲ	②愚隅虞□~刊* 耳环 ④女语~言蕊~头 ⑥御~用御防~驭遇寓芋娱语
ɕ	①墟虚嘘须必~须胡~需吁长~短叹 梳疏书舒抒输靴 ③许暑黍数~~ ⑤絮庶恕戍诉又,告~
z	②薯殊又如茹儒孺□自得貌 ④序又叙又绪竖又汝乳 ⑥序又树
ɦ	②鱼渔余姓余多~ 昇俞榆愉瑜渝瑜臾萸腴与围 ④屿予雨宇禹羽瓯不稳 ⑥誉预豫愈喻裕纬~绩头;纺锭御~用,新御防~,新
∅	①於淤瘀迂于 ③椅哕反胃 ⑤盂

[a]

p	①爸包又,黄~车,小~车 ③摆 ⑤拜叭喇~
pʰ	③派 ⑤破
b	②排牌簰木~徘~徊 ④罢 ⑥败
m	①妈马~虎□慢慢挪动 ②埋霾阴~ ④买 ⑥卖迈帽又,坷落~风;剧名
t	⑤戴带到又,撖~一世八界
tʰ	①拖他 ③泰~悠悠 ⑤态太汰泰傣~族
d	②□顺流而下 ④筻一种扁筐道又,缝~□手垂下 ⑥大汏洗妌~~;姐姐埭~户;地方埭行,列;一~字埭次;来一~

246

绍兴方言同音字汇

n	①那哪拿 ②□慢性子 ④乃奶艿㑚你们 ⑤奶~~:乳房;乳汁 ⑥奈
l	①拉 ②喇~叭 ④攋割,划 ⑥赖癞籁濑
ts	①灾栽哉斋抓遭又,~眼 ③宰者孙行~咱□斜视 ⑤载债缵灶又,~□(ha²):灶后坐炊处
tsʰ	①差~别叉钗 ③差派遣扯 ⑤蔡镲咣咣:钹
dz	⑥寨□遗下,□排泄
s	①洒筛~茶衰 ③傻耍 ⑤赛塞边~晒帅
z	②豸~狗柴槽又,~鸡 ④□垂下 ⑥寨又,兆又,积货~:旧指初见外孙时所赠鸡或羊等作为发家象征物
k	①阶街 ③解~决 ⑤介界戒芥疥尬尴~解~送庎~橱告又,~化子斠又,斗~教又,劝饭~:像劝人信教似的尽力劝诱
kʰ	①揩 ③凯慨慷~楷卡 ⑤忾
g	②茄 ④懈澥由稠变稀:粥~患*哉
ŋ	④俚我们 ⑥砑~纸捱外
h	①哈~~笑哈③喇 ③蟹 ⑤□灶~:灶后坐炊处
ɦ	②鞋何~谁□转移,蔓延:~开 ④也□捉摸 ⑥号又,洋~头,目莲~头
Ø	①埃挨 ③矮□~搭搭:傻气 ⑤嗳阴~天

[ia]

t	①爹
tɕ	①家加嘉嗟阶皆 ③贾姓假~设佳解~决姐 ⑤假~日稼架价驾介界戒届解姓借左~手缐麻丝:绩~
tɕʰ	⑤且笡斜:倒~
dz	②茄荞又,~麦□抱持 ④藉~口懈
ȵ	④惹~风骚惹传染
ɕ	①虾鱼~ ③写 ⑤泻卸
z	②邪斜 ⑥谢榭
ɦ	②衙霞爷耶冶涯崖谐械窑又,瓦~头:地名 ④也野耶椰俰他们 ⑥夜
Ø	①鸦丫 ③雅亚

[ua]

k	①乖瘒~迹*;痒 ③拐枴怪奇~ ⑤怪责~
kʰ	⑤蒯快筷哙

247

g	②怀~里
h	③□敞开
ɦ	②怀槐淮徊徘~ ⑥坏外
∅	①娃歪 ⑤倴能干

[E]

p	①杯碑卑悲蓖~麻背~勿着:不划算 ③彼~处:隐指某人某物 ⑤贝狈辈背~脊,~书包褙粘贴:~锡箔悲~旦
pʰ	①丕胚坯邳䢼 ⑤配沛霈佩~挂
b	②培陪赔裴 ④倍蓓佩又 ⑥背~书背~瓶,~时焙备惫倍~数帔凤冠霞~佩珮□只,个:一~针,一~凳
m	②梅枚媒煤莓酶玫霉眉嵋楣媚谜猜~ ④每美 ⑤妹~~ ⑥袂妹昧寐魅焖暗火焖烧
f	①㑒又,"弗会"的合音 ⑤㑒"弗会"的合音
t	①獃歹堆 ③助拉扯 ⑤戴对勿~对~走~话:边走边说碓水~
tʰ	①胎台天~苔舌~推煺~毛梯 ③胎贱~腿 ⑤退蜕~化
d	②台阳~苔青~抬颓 ④待怠殆 ⑥贷代袋玳岱黛逮给松弛队兑
n	②男~人 ⑥耐内馁
l	②来莱雷 ④蕾瘰磊累积~ 全儡□在 ⑥累劳~,连~擂礌滚动类泪
ts	①灾栽哉追锥椎 ③宰者嘴 ⑤再载最醉赘缀
tsʰ	①猜崔催摧炊吹 ③采神~采~纳彩睬踩璀翠啐~~:压惊时说 ⑤菜脆
dz	②才材财豺随垂锤槌谁 ④在罪 ⑥粹悴遂隧穗坠睡芮姓锐瑞蕊
s	①腮鳃摔绥虽奢 ④水捨 ⑤碎岁髓崇作~税说游~舍
z	②裁材又财又随又谁又 ④在又罪又社惹招~是 ⑥睡又射蕊又
k	①该垓赅言简意~裾衩~:开衩儿宫拥有~家事 ③改 ⑤溉概慨气~盖丐锯
kʰ	①开铠 ③凯慨~然 ⑤忾
g	④懈~胖饺打~:打饱嗝儿徛站立:单~人戤~士林 ⑥陔靠
ŋ	②呆 ⑥碍艾
h	①哈挣~兜:一种捞鱼虾的网兜,有柄 ③海□放松,休息
ɦ	②孩 ④亥 ⑥害
∅	①哀埃唉 ⑤爱瑷暖暧蔼霭

[iE]

ɦ ②冶 ④也

[uE]

k ①规龟归皈轨暑葵向日~子 ③诡癸鬼 ⑤瑰刽会~计桧侩鳜圭闺桂贵
kʰ ①盔恢旧魁奎傀亏窥 ⑤块哙
g ②逵夔馗葵溃崩~桅~杆□不结实 ④跪 ⑥愧柜溃~脓箦
h ①灰诙恢麾挥辉晖徽 ③悔毁 ⑤贿晦海毁~牙子;换牙喙讳卉烩
ɦ ②危桅帷巍韦苇违围回来~回转卖,转买回迁~茴蛔 ④伪伟纬卫~生汇~丰银行 ⑥卫为位魏胃渭猬谓汇~款汇~总会~议绘彗惠蕙慧
Ø ①偎煨喂威萎痿畏又 ③委诿慰蔚尉 ⑤畏秽

[ɤ]

p ②裒
pʰ ③剖
m ②谋牟眸矛~盾 ④某亩牡 ⑥茂贸懋
f ③否
v ②浮 ④负□不正经 ⑥阜浮~面:表面,表层
t ①兜篼 ③斗畚~抖蚪陡 ⑤斗~争
tʰ ①偷 ③敨打开 ⑤透趗跳□幢:一~屋
d ②头投骰 ④窦又 ⑥豆逗痘荳窦酘掺□~出:错出□~牢:缠住
l ①瞜注意看刞抠挖眍俗 ②楼娄姓楼蝼偻趋~:蜷缩 ④篓溇河浜 ⑥漏陋镂瘘
ts ①邹周姓周~围舟州洲 ③走肘帚 ⑤奏昼皱绉咒
tsʰ ①抽粙滤吸水分 ③丑子~寅卯丑~陋 ⑤凑臭
dz ②绸稠紬抽拉:~渡筹踌畴仇~人雠酬~水:皮肤破损处渗出的黄水柔揉 ④骤 ⑥纣莤捆,束宙售
s ①搜飕馊溲艘收 ③叟手首守兽 ⑤嗽瘦兽又
z ②愁柔又揉又 ④受穇积聚 ⑥寿授纣又售又□~记:记恨□~傻:背时
k ①勾钩沟构购媾 ③狗苟枸 ⑤垢够
kʰ ③口 ⑤叩扣寇蔻筘

g	②趣收缩
ŋ	④藕偶耦
h	⑤吼鲎鲎俗,虹佝探身□大口吸饮:~水
ɦ	②侯喉猴由口,~自话 ④厚后~头后~妃 ⑥候等~候估量:~大小后~日
ø	①欧区姓讴呼唤鸥瓯殴 ③呕 ⑤怄伛又,人~倒讴语助:表答允

[iɤ]

m	⑥谬~误
t	①丢
l	①溜偷走遛 ②流硫琉刘浏留榴瘤骝馏柳姓 ④柳抑作圆周形搅拌:~豆腐绺 ⑥雷瓦~溜~冰
tɕ	①鸠阄纠赳鬏发髻 ③酒九久玖韭 ⑤救究疚灸随"只有"的合音
tɕh	①秋鞦鳅楸脚~弯揪绻~股结:活结 丘邱蚯恘差勾籀尻~骨
dz	②囚泅求球裘逑仇姓虬 ④臼柏舅咎 ⑥就旧柩
nʑ	②牛 ③扭口 ④扭纽钮妞潮~~:半干半湿 ⑥□金龟子
ɕ	①修羞休 ⑤秀绣琇锈莠又宿星~蝌~蝌蚪嗅~觉朽
z	⑥就又袖
ɦ	②尤邮疣鱿由油麻~蚰蜒~螺游犹酋 ④有友尤~其诱~惑右佑 ⑥柚釉油涂油鼬莠诱
ø	①优忧悠幽 ⑤又幼伛头~落:低下头

[ɒ]

p	①包胞苞褒新 ③宝保堡葆褓鸨饱 ⑤报豹爆~开,眼睛~出趵弹跳暴俗,风~
ph	①抛泡~~:水泡跑~马脬卵~ ⑤炮枪~炮烫泡浸~泡一个~奅大:大~花生□次,称一~
b	②袍跑咆庖 ④抱鲍姓暴~露 ⑥爆~炸暴~力暴刚刚:~时曝瀑刨雹
m	①毛~~头:婴儿 ②毛牦猫锚茅矛长~埋口,~怨 ④卯子五寅~卯次,回铆□呕吐 ⑥冒帽眊看不清貌
t	①刀叨唠~ ③岛捣祷倒~下,~水 ⑤倒~退到捯拌匀
th	①叨~光滔韬縚 ③讨 ⑤套讨~饭,乞丐
d	②桃逃咷号~淘陶萄掏涛焘 ④道稻导悼 ⑥盗蹈淘~旧货
n	①挠口,抓□语助,表给予 ②挠铙蛲 ④脑恼瑙玛~□语助,表指示 ⑥闹□踩
l	①捞唠 ②劳痨涝牢醪 ④老姥佬 ⑥老~鹰
ts	①遭糟搔朝~气昭招钊沼诏又 ③早蚤枣澡藻爪找 ⑤灶罩笊照诏

tsʰ	①操早~抄超 ③草炒吵钞 ⑤糙躁噪操曹~秒
dz	②曹~操嘈漕槽嘲朝~代潮晁 ④赵曹姓 ⑥兆
s	①骚臊梢捎稍潲筲~箕 烧艄睄斜视 肖生~,又 ③扫~除 嫂少~数 ⑤扫~帚星燥悄快~豪*~少~年
z	②槽又嘈又韶臑 饥饿 □不大不小:~~头人饶 ④造扰 ⑥撒批,打皂兆又肇召绍邵垗 —~板壁
k	①高镐膏篙皋羔糕交~代胶茭酵 ③稿绞铰搅搞 ⑤告诰教校~~~窖较觉晒~玫圣 ~斠铰~链□~浆;浪费
kʰ	①敲拷~边;锁边 ③考 ⑤靠犒铐烤鲓小鱼干快□~活
g	②□完结 绞又 缠结 搅又,~七念三 搞又□~捨勿去:不捨得 ⑥交又,~形:"×"或"+" 峧~里:山口
ŋ	②敖熬鳌螯獒翱 ④咬 ⑥傲鏊~盘 □期盼□仰头
h	①蒿薅耗咸~气 ③好~坏好奇心 ⑤耗孝哮~猫
ɦ	②豪毫壕嚎撩计量:~饭吃浩昊 ⑥号
∅	①燠懊~恼凹~凸 ③拗~断袄夭~寿奥又 ⑤懊~悔澳奥燠~糟头热燠灌注:~水坳山~拗~声扷抓取:~粉吃凹□仰头~起

[iɒ]

p	①标膘脂~镖飙彪淲细流激射 ③表~面表钟~裱婊
pʰ	①飘漂~流漂~白僄~薄 ③瞟漂~亮 ⑤票
b	②瓢藻浮嫖鳔剽 ④瞟又□培育
m	②苗描瞄秒渺 ④藐眇斜视 ⑥庙妙缪姓
f	⑤嫑"弗要"的合音
t	①刁叼刐剡,割貂雕凋碉屌八~条枝~ ③鸟 ⑤钓吊
tʰ	①挑~担佻轻~ ③挑~选 ⑤跳~高眺粜
d	②条鲦调~和跳~人阵铫鳎迢苕 ④朓层叠 ⑥掉调~动
l	①捞又撩撅,又 ②聊燎僚嘹辽撩撅缭潦~獠瞭~望寮疗撩打捞又 ④了~结了明~蓼辣~ ⑥料撩~勿着 蹽走~路;抄近道 廖姓
tɕ	①焦蕉鹪礁椒骄娇浇交~通郊蛟胶缴狡茭姣皎~致晴天 ③矫绞铰校~对饺 ⑤教校~官较窖觉醮叫覅"只要"的合音
tɕʰ	①锹缲悄橾饭瓢 敲跷~脚跷踏高 橇雪~ ③巧 ⑤俏翘~尾巴窍
dz	②樵憔瞧乔桥荞侨拚挽住翘不平整巢剿 ④撬俏 ⑥轿
nʲ	②饶尧 ③鸟又 ④鸟嬲纠缠 ⑥绕尿泌~科

ɕ	①消宵霄硝销逍魈山~鞘肖不~,生~鸮枵薄~~嚣萧箫潇筱姓枭撨揭酵 ③小筱竹~晓 ⑤啸笑孝哮
ɦ	②肴淆摇谣窑遥瑶徭姚 ④咬舀 ⑥鹞耀摇~皮:铰链效校学~
∅	①妖夭~折邀腰要~求幺二三吆 ③杳闄摺叠 ⑤要重~

[o]

p	①波菠玻播跛簸~一~巴~掌:脸颊笆芭疤 ③把靶 ⑤簸~箕霸坝蚆癍剌蛤~
pʰ	①坡颇偏~ ③颇剖 ⑤破怕帕罗~
b	②婆爬耙钉~杷枇琶扒巴下~ ④罢 ⑥薄~荷缚紧束处:腰稗~草耙~草耙~牙齿
m	①妈姆~ 魔磨~刀摩麽幺~小丑馍蘑模~范摹旧膜麻~子麻苎~麻~木蟆虾:蝌蚪蟆俗,老~:妻子婆汤~子 ④马码玛~瑙蚂蝗 ⑥磨石~,~粉暮旧慕墓募旧幕骂
t	①多 ③朵躲□编:~辫子□拄:支撑扁担用的木棍 ⑤刴痄口,~腮
tʰ	①拖他 ③妥椭唾~液 ⑤唾~弃
d	②陀驼鸵驮驼拿 ④舵惰堕 ⑥大惰~贫
n	①拿 ②挪娜捼揉拿又奴旧 ④懦努旧女~孙:孙女 ⑥糯怒旧
l	①啰~唆 ②罗锣箩萝藤~萝卜逻螺骡胴 ③擦口 ④擦裸卵虫~虏掳
ts	①遮渣抓 ③左佐 ⑤做蔗鹧蚱~蟑诈榨炸柞痄窄俗
tsʰ	①搓磋车火~叉杈抓钗扠汊~港差参~差勿多 ⑤锉挫错~误措旧岔~路
dz	②茶搽查 ⑥乍~浦:地名
s	①娑蓑梭唆赊莎奢沙砂纱痧鲨 ③锁琐唢所捨耍□做~姆:坐月子 ⑤赦舍啥
z	②矬蛇佘 ④坐社 ⑥座射麝
k	①歌哥戈柯家加嘉 ③假~冒贾姓 ⑤个~人个的假~期嫁稼架价驾
kʰ	①軻苛柯新,姓科窠棵颗蝌髁脚~头跨 ③可□估量 ⑤课骒~马抲捉□身~:胸围腰围
g	②瘸□一~:一乍宽 ⑥哿搁住,卡住
ŋ	②蛾鹅俄峨娥牙芽蚜衙 ④我瓦 ⑥饿讹卧
h	①呵诃责备虾鱼~敔弯下~:背煆略蒸 ⑤荷~薄~
ɦ	②河何荷~花禾和~睦杯~头棺材头霞凤冠~皴虾~蟆:蝌蚪 ④祸下~冷水下~等 ⑥贺和应~和拌荷~兰下~饭夏厦塝~沟
∅	①阿~胶婀窝涡莴倭~子:口齿不清的人蜗新鸦丫桠娅~娃:婴儿□~哉:坏事了 ③雅~味哑□归拢 ⑤挜硬给

绍兴方言同音字汇

[io]

tɕ ①家加嘉 ③贾姓佳 ⑤驾
dʑ ②瘕□泄气
ɲ ⑥肉口,~猪
ɕ ①唆又,~使
ɦ ②衔霞遐瑕暇 ⑥厦
ø ①鸦丫 ③雅亚

[uo]

k ①瓜 ③寡剐 ⑤挂卦褂
kʰ ①夸 ⑤挎
h ①花 ⑤化华~开,剖裂成两半
ɦ ②华中~华~山铧骅桦哗划~水,鳝 ⑥画话华裂开
ø ①娲女~洼蛙娃划~船搲扒

[æ]

p ①班斑颁扳般新 ③板版坂 ⑤扮绊贩~马记,剧名畈田~
pʰ ①攀 ⑤盼襻纽~鋬~头,提梁瓣又
b ②爿遄爬 ⑥办瓣
m ①蛮口,~好 ②蛮蔓~瓜 ④晚 ⑥曼慢漫散~幔帐~谩蔓~延万迈俗
f ①藩~王番翻幡 ③反返 ⑤泛贩畈疲心~
v ②凡帆烦繁藩~篱矾樊~哙梵饭加~:酒家 犯范姓樊姓 ⑥饭万范~例
t ①眈~身耽~搁眈担~任旦元~丹单独郸箪 ③胆疸掸 ⑤担挑~旦~角诞圣~节
tʰ ①坍滩摊瘫 ③毯坦袒 ⑤炭碳叹
d ②谭姓,新谈痰檀坛花~,坛~畈弹~琴燂烧馋口,~吐 ④淡惔~竹啖聊口,零嘴儿诞~生 ⑥但
    惮怕~弹子~蛋蜑~船揽涂抹
n ②难~易□如今 ⑥难逃~□用东西按住:~牢
l ①拦口 ②岚蓝篮褴兰拦栏襕裙~布~阑澜波~ 览揽榄缆 ④懒 ⑥滥烂澜~~湿
ts ①□用刀砍 ③嬜好斩白~鸡崭盏撍簸动:~伊~匀 ⑤赞瓒溅蘸
tsʰ ①餐鏒白~掺搀 ③灿餐~伙铲产 ⑤忏

dz	②惭残馋谗镡_犁~潺 ④站赚~铜钱栈□_{育肥,饱满} ⑥暂劗_{用刀切}~肉赚错;错~绽撰践_{俗,实}~
s	①三杉衫珊删姍山舢汕讪疝 ③散_松~伞徹_油~_子 ⑤散_分~
z	②馋_{又,拦}~袋
k	①尴~_尬监_牢~监_太~艰间姦奸 ③橄减碱裥_打~栋□_{擦拭:}~屁股 ⑤涧□_{片:一}~橘子
kʰ	①刊铅坎~_坷舰_兵~~_{板;肯定} ③砍刊~_物 ⑤嵌舰~_队槛
g	②唧~_牢
ŋ	②街~_头岩癌颜 ④眼 ⑥雁
h	⑤喊苋
ɦ	②咸~_阳咸~_菜闲唧衔□~_{板;肯定,又} ④馅限 ⑥陷
ø	⑤晏_晚

[iæ]

ȵ	②鲇穰_{又,}~_糠 ④捻_{捞;}~河泥 ⑥念廿验

[uæ]

k	①鳏关 ⑤惯贯_籍~
g	②环~_绕寰鬟 ⑥环~_头掼摔
h	①儇_乖 ⑤甩
ɦ	②玩顽还环~_绕幻~_灯 ⑥幻~_想患宦豢□_{掼:扔掉}
ø	①弯湾 ③挽

[ẽ]

p	①奔锛畚搬_又 ③本
pʰ	①喷烹_又 ⑤喷~~_香
b	②盆盟_同~_{会,又} ⑥笨垄_{掘土}
m	①闷_{口,}~_{声勿响} ②门们蚊萌又盟_{又,}~_堂眠~_床 ⑥闷焖问
f	①分吩芬纷 ③粉 ⑤粪奋
v	②坟汾焚氛文纹蚊雯闻 ④愤忿 ⑥份问紊璺_{裂纹}吻刎
t	①蹲 ⑤扽_{猛拉}
tʰ	①贪 ⑤探

d	②潭谭₍姓₎ ⑥盾潭₍淹没₎
n	②南楠喃男₍大~大女₎ ③揇₍撮,抓₎
l	②论~语 仑崙轮伦惀₍想,考虑₎沦纶囵₍圆₎ ⑥论议~
ts	①砧针斟箴殷₍蔽₎,椷 珍榛臻真甄尊樽遵簪谆肫沾占~卜 粘詹瞻毡专砖贞拯又 ③怎枕 准~备准标~展辗转~交转~动 ⑤镇振震赈疹诊占~领战颤侦又
tsʰ	①参~差郴村皴~破 春椿参~加川钏穿串~通窜撑~摄佥~筒 ③搋挠,抻 蠢偆发~;撒娇惨 ⑤趁衬寸忖篡串~铃喘
dz	②岑沉浮~忱陈尘臣存攒缠纠~传~达橼丞又呈又程又 ④篆缠~牢 □拾捡 □半饱的:~谷 ⑥沉使沉:只老鼠~伊杀阵传称道郑又
s	①森参~人深身申伸呻绅砷娠孙狲₍猢₎逊苦~栓拴冂 ③审婶沈损笋~鸡糁陕闪 ⑤渗逊舜瞬扇油纸~扇风炉骗胜又圣又
z	②尘又辰宸晨神人仁唇纯莼鹑蚕蟾禅蝉然燃船 ④鋬~花肾忍吮善蟮膳擅单姓髯染冉 ⑥甚葚慎蜃顺任~务衽饪妊纫刃韧认润盛茂~,又
k	①甘泔柑坩疳干~涉干~裂肝竿 ③感敢杆秆擀赶干~劲竿~竹 ⑤赣氆镘~
kʰ	①堪戡龛 ③侃 ⑤勘磡河~头瞰看
g	②钳
ŋ	④俨 ⑥岸
h	①憨蚶 ⑤罕酣汉熯蒸鼾捍新胹~核:肿胀的淋巴结
ɦ	②痕恒又衡又涵函含邯寒韩 ④旱 ⑥恨撼憾汗捍焊悍翰瀚
ø	①恩庵鹌安鞍 ③揞~药粉 ⑤暗黯按案

[iẽ]

p	①鞭编边蝙鳊 ③贬砭扁匾煸 ⑤变遍
pʰ	①篇偏翩 ③偏~口:一种海生蛤蜊 ⑤骗片
b	②便~宜缏提~:衣服的饰边 ④辫辨辩骈楄斜编:竹~ ⑥卞汴便~利
m	②棉绵眠 ④免勉娩冕缅面~子 ⑥面~顶头面~粉
t	①掂颠巅癫 ③点玷典蝏蠮~蛇,壁虎 ⑤店踮惦
tʰ	①添天 ③忝舔捵~笔桥火~:通火棍
d	②甜恬田填佃钱口,洋~ ④簟填~房 ⑥殿滇垫电奠甸淀靛
l	②廉鎌濂簾帘䒼连涟鲢裢褡~联怜莲钱口,铜~ ④脸敛~起 ⑥敛殓健大~头鸡练炼楝 瓤瓜瓢链恋

tɕ	①监~狱监国子~尖兼搛~下饭菅艰间姦奸煎肩坚 ③减碱检捡简柬剪蕑姓茧趼毽菤一~;一小捆 ⑤鑑鉴剑谏涧锏箭溅建荐推~荐稿~见笕竿斜撑;~牢占~地方
tɕʰ	①签~名签求~谦榘削迁千阡扦移栽牵纤~绳歼奸轻浮笺□好坏和匀 ③浅遣谴且俗 ⑤堑欠芡歉倩纤背~
dʑ	②潜钳箝黔钤钱前乾虔掮全痊泉 ④渐件俭圈猪~犟不驯服 ⑥践贱饯键健腱羡旋漩
ȵ	①黏研拈 ②年阎严言 ④碾撵撚做,弄,~勿好俨染 ⑥谚彦酽砚
ɕ	①暹纤~维锨妗轻狂;发~仙籼鲜掀先宣轩 ③险藓选筅跣冼姓抏~蚰蚰显宪宣~传 ⑤苋线腺鏾~鸡宪~兵献
z	②前又钱~清;地名 ⑥贱又羡又旋又漩又
ɦ	②炎盐檐颜延筵蜒~蚰螺言新沿~海充咸~阳闲贤弦舷船栏~ ④演衍限 ⑥艳滟焰盐腌沿~里雁陷馅现县又
∅	①淹阉腌焉蔫嫣烟胭咽~喉 ③掩魇着~庋痦厣甲,鳞燕又俗,~子;傻子匽藏匿蝘蜓蛇;壁虎厴又 ⑤厌餍~酸;泛酸晏堰偃赝比量燕咽吞宴嫌~憎

[uẽ]

k	①滚翻~斗 ③滚衮棍绳~边
kʰ	①昆崑坤髡 ③捆困~难 ⑤困~苦睏
g	④□化脓
h	①昏婚荤
ɦ	②魂馄浑水~ ④混浑~筒脸浑~身浑~水鲩~鱼
∅	①温瘟蕰~草 ③稳㥲小涡 ⑤搵蘸

[õ]

p	①搬般一~ ⑤半
pʰ	①潘拚旧,~命 ⑤判
b	②盘磐澷水流回旋蟠 ④伴拌瓪绊羁~ ⑥伴又畔
m	②瞒鳗馒䅰~裆裤鞔蒙,盖;~鞋 ④满 ⑥漫水~金山幔布~
t	①端敦墩碫重击地;~实顿点头蹲又 ③短断拦截;~路强盗𨁵~注 ⑤断决~簖鱼~锻煅顿停~炖吨扽猛拉,又□深潭;笨,固执;~胚
tʰ	①贪又吞□~~;无馅小汤圆 ③余 ⑤探又褪~皮奤俗,面部浮肿
d	②潭又谭姓,又坛酒~团圆团汤~抟拢簹屯囤~积饨沌魨河~鱼豚臀 ④断~绝段~落

绍兴方言同音字汇

	囤~囊 ⑥段缎椴盾又钝遁潭淹没,又
n	②南又楠又喃又男又,大~大У女囡女儿 ③揾又撮,抓 ④腩暖 ⑥嫩
l	②鸾峦孪挛娈銮栾滦论~语,又仑崙又轮又伦又愉想又沦又纶又囡囵~,又 ④卵~脬 ⑥乱论议~,又
ts	①钻~进专又砖又尊又樽又遵又谆又肫又沾又占~卜,又瞻又簪又 ③转~交,又转~动,又准~备,又准标~,又展又辗又 ⑤钻~头占~领,又战又颤又
tsʰ	①川又钏又穿又串~通,又窜又掸~掇又佥筒又参~加村又皴~破,又参~差,又 ③蠢又惨又 ⑤篡又串~铃,又喘又寸又衬又忖又
dz	②攒又缠纠~,又传~达又橼又存又 ④缠~牢,又篆又□捡拾,又□半饱的:~谷,又 ⑥传称道,又
s	①酸苦~草,又闩又栓又拴孙又狲猢~,又参又人~ ③损又糁又陕又闪又 ⑤算蒜渗又逊又舜又瞬又扇油纸~,又又扇~风炉,又骟又
z	②蚕又蟾禅又蝉又然又燃船又 ④善又鳝又膳又擅又单姓,又髯染又冉又 ⑥润又

[iø]

tɕ	①娟捐涓鹃均钧君军 ③捲 ⑤眷卷绢
tɕʰ	①圈圆~菌 ③犬 ⑤劝券
dʑ	②权颧拳髯蜷裙 ⑥倦郡群猭猪鼻拱
ɲ	②原~来原~个头:整个的源元~旦沅鼋阮又 ④软阮 ⑥愿
ɕ	①萱喧暄熏薰醺掀又 ⑤楦蚬训勋
ɦ	②员圆缘元一~袁园猿辕援垣玄悬筠匀云说云~乌~芸耘 ④远允 ⑥院员~工韵运晕陨孕眩县闰
∅	①冤鸳渊苑 ③蕴酝 ⑤冤~屈怨熨~贴

[uø]

k	①官倌棺观~察冠衣~滚翻~斗,又 ③管馆滚又衮又棍又绲~边,又 ⑤贯~彻灌罐鹳观寺~冠~军盥
kʰ	①宽款~待昆又崑又坤又髡又 ③款~子捆又困~难,又 ⑤困~苦,又睏又
g	④□化脓,又
h	①欢昏又婚又荤又 ③焕~然 ⑤唤焕涣痪獾~猪
ɦ	②完丸纨桓浣魂又馄又浑水~,又 ④皖缓援俗混~浑~筒脸,又浑~身,又浑~水,又鲩鱼,又 ⑥换

257

∅	①温又瘟又蕰~草,又 ③碗豌剜蜿腕惋宛婉皖又稳又潫小涡,又 ⑤揾蘸,又

[aŋ]

p	①浜绷绑~架 ⑤迸~破
pʰ	①乓乒~球 ⑤碰又;~杯
b	②庞又,~公盲又,摸青~朋鹏棚彭膨澎蟛~蜞螯声~ ④蚌 ⑥甏碰
m	②盲又,摸青~虻又,瞎~忙又,~裁*哉莽又,王~蟒又,~蛇 ④莽又,撞猛蜢 ⑤□~~;饭,儿童语 ⑥望又,~何里去孟
t	③打
tʰ	③淌 ⑤铴又,~锣淌又,船~过去
d	⑥荡又,~秋千宕又,~户趤又,~马路
l	④冷
ts	①张樟争桳木节 ③长~生~涨物价~掌障 ⑤帐账胀涨~大仗打~挣用力屏住气挣~家事□挽手
tsʰ	①撑~船 ③厂敞氅 ⑤畅撑~牢,~头怅枨楔子
dz	②长肠场噇又,肚痛冷饭~撑~雨伞 ④丈杖仗依~ ⑥脏又,五~六腑盛姓铛精光~亮碜塞
s	①商生牲甥 ③省瘖瘦~
z	④上又,~夜;昨天 ⑥让又
k	①更五~头庚赓羹梗耕□钻进 ③哽鲠埂田~
kʰ	①坑
g	②□用力挤 ④杠又,肿痕 ⑥吭又,~鹅□堵塞;~牢
ŋ	⑥硬
h	①夯亨 ⑤□那
ɦ	②行~事;行为桁 ④杏
∅	①莺鹦樱惶小牛鸯~~;星光明亮□推挤

[iaŋ]

l	②良凉量~米粮梁樑杨□~黄 ④两俩辆谅~解 ⑥亮谅量度~杨□,~柳树
tɕ	①将~来浆鳉白眼~疆僵殭薑缰礓姜 ③奖蒋桨 ⑤酱将~帅
tɕʰ	①枪锵羌腔镪硝~水艡~蟹 ③抢夺抢跑抢镪~强勉~顷来得一~哉 ⑤呛咳嗽
dz	②墙蔷嫱樯强详祥翔 ④匠犟像象橡蟓~虫;一种蛀虫□任由:~心~意 ⑥弶设圈套捕捉动物□凑合

ȵ	②娘穰稻麦芒 欀厌~法 ④仰攘又,推来~去 ⑥酿让
ɕ	①相~关 箱厢湘缃襄镶骧香乡 ③想鲞享响晌蚃~丝 ⑤相~貌向饷
z	④像又 匠又
ɦ	②羊洋伴烊融化 蛘阳杨扬疡炀 ④养痒 ⑥恙样漾烊打~杨~柳树
∅	①央秧殃泱鞅鸯阳~沟 ③映 俗 ⑤怏

[uaŋ]

k	①光又,~火 ③梗潽~~清□~进~出
ɦ	②横~竖 ⑥横~~生生潢~里:小河
∅	①横~坏

[əŋ]

p	①崩 ⑤蹦
pʰ	①烹抨
b	②朋彭盟同~会,又
m	②盟萌
t	①登灯膯嗓子 ③等戥顶~楼 ⑤凳瞪□掂分量 膯积食 澄又,沉淀:~一~
tʰ	①澄倾倒碗盆中物
d	②滕藤腾誊疼澄倾倒碗盆中物,又□固执:~头 ⑥邓□挖苦 盾新
n	②能 ④宁~使
l	②棱 ④冷
ts	①增曾姓罾扔缯徵症~结蒸争挣~扎筝睁正~月初一征拯斟 ③颤发霉整 ⑤憎证症~候正公~政侦
tsʰ	①称~份量 牚揼提拉,抓起 撑~持 摚挠,按 ⑤称相~秤撑支~瞠逞
dz	②曾~经层澄惩乘塍承丞橙呈程成城诚盛~满 仍 ⑥赠郑剩嵊乘顶一~轿 盛茂~扔
s	①僧升生牲笙甥声 ③省 ⑤胜圣
z	②绳塍又盛~满,又 ⑥盛茂~,又
k	①根跟更~漏,~衣庚赓羹耕耿 ③艮哽鲠埂梗 ⑤亘更~加
kʰ	①坑铿 ③恳垦啃肯
g	④艮偏
h	①亨哼 ③很擤~鼻头涕

259

ɦ	②恒衡痕_新 ⑥恨_新
∅	①恩_新 ⑤荫_{口,～心头冷}

[iŋ]

p	①彬斌宾滨槟傧缤殡冰兵 ③禀秉丙炳饼併 ⑤鬓柄屏_{～气迸～裂}
pʰ	①拼_{～命}乒_{～球} ③品 ⑤聘簧_{晒：晒物的竹匾}姘拼_{～凑}
b	②贫频蘋颦濒凭平坪评苹萍瓶屏_{～风} ④并评_又 ⑥病并_又
m	②民岷珉泯明鸣名铭茗□_{～蚣：蜈蚣} ④闽悯敏皿脍_{闭合：～缝}冥暝螟 ⑥命
t	①丁钉_{铁～}叮疔盯仃 ③顶鼎 ⑤钉_{～牢}订□_{投掷}潒沉淀
tʰ	①厅汀艇桯_{床～} ③挺 ⑤听_{～见}听_从
d	②亭停廷庭霆蜓 ⑥定锭
l	①拎零□_{～碎} ②林淋琳霖啉_{治鱼}蔺_姓临邻鳞磷嶙麟瞵_眭轮□_{～流}陵凌菱绫灵令_{～郎}铃玲伶泠苓聆零龄羚蛉瓴翎 ④檩凛廪崟领岭 ⑥令_{～箭}另
tɕ	①津今金襟禁_{不～}锦巾斤筋茎京荆惊精菁睛_{～猪肉}晶旌经针_{金～菜} ③禁_{～止}锦_又尽_{～够}紧谨槿_{杞柳}浚景警井颈境 ⑤浸进晋缙俊骏竣峻敬镜竟泾径
tɕʰ	①亲青清鲭蜻卿轻倾 ③侵请顷 ⑤沁衾寝钦揿庆磬罄
dz	②琴禽擒噙秦勤懃芹寻句循巡殉情晴擎鲸饧_{糖～}仍_{～旧} ④噤_{打寒～}妗_{～姆}仅尽_{～量}近 竞静靖净 ⑥劲
ȵ	②吟银垠龈鄞壬任_姓人仁杏_{～凝}宁_{～安}泞咛柠迎_{欢～}仍 ④忍宁_{～可} ⑥佞堃_{瀔结物:膏药～} 妊_病～认韧迎_{饭吃：指幼儿边吃饭边游玩}
ɕ	①心鑫辛新薪欣忻身～_{跟头}榔_{～：木槌}兴_{～高}～星腥猩馨蜻_又 ③榫笋荀询迅_又省_{反～}醒 ⑤信衅迅讯汛兴_{～旺}性姓
z	②寻_又旬_又殉_又嬴_又曾_{勿～}型_{～堂：地名} ④荨
ɦ	②淫寅盈楹嬴瀛营莹荧萤行_{～为}形刑型邢 ④引蚓瘾尹颖颍杏幸
∅	①音阴荫_{背～}因姻茵殷应_该鹰膺蝇莺樱鹦罂_粟英瑛婴缨 ③饮隐𦅈_绐影□_{硌脚} ⑤荫_{～凉}窨印洇摁_{比量}熨_{～斗}应_{～答}映_{～山红}

[uŋ]

p	①帮邦梆 ③榜磅_{～秤}膀_{肩～}绑 ⑤谤泵_{浦：抽水机}
pʰ	①脬_肿捞_{～花絮} ③髈手～ ⑤胖
b	②旁滂螃膀_{～胱}磅_礴傍鰟_{鲅～}徬_徨防庞 ④棒

绍兴方言同音字汇

m　②忙芒茫虻氓盲莽又蟒　④莽盲~目芒~果网罔　⑥忘望妄痴心~想

f　①方坊肪枋~门框芳　③仿纺彷~佛妨舫访　⑤放

v　②房亡　⑥忘望妄

t　①当~心　③党挡档~案口~出;漾出　⑤当上~裆档~次

tʰ　①汤　③倘淌躺　⑤烫趟铴~锣铴平田的农具;~秧田　汤~婆子

d　②唐糖塘搪溏未凝固的;~黄棠堂螳膛　④荡湖~荡心里发~澢涮　⑥荡飘~宕石~趤凼小坑;窪~镋钟声

n　②囊　③囗胶凝物抖动　④曩

l　②郎廊榔螂狼稂莨筤~康;大而无当的　④朗明~朗稀疏,雨~哉琅　⑥浪趤~眼晾晒

ts　①臧赃脏肮　章樟漳璋獐蟑彰瘴庄装妆桩　③掌障　⑤葬壮

tsʰ　①仓苍舱沧昌猖娼菖鲳~鳊鱼疮窗怆创~伤　③倡又创~造闯　⑤唱倡戤~杆;泊船撑杆

dz　②藏收~常嫦尝何~尝味道偿噇　④僮~族(壮族)撞活跌~叠置　⑥藏掘~脏内~状撞幢一~房子

s　①丧桑磉嗓颡操砸,搴商伤殇起~艄双霜孀春俗　③赏爽　⑤操塞~食屎囗讽刺

z　②裳常又尝何~,又尝味道,又偿又床　④上~来上~夜昨天尚又嚷壤攘　⑥上~将尚让

k　①冈岗刚纲钢缸肛扛杠双~江豇　③讲港降~落　⑤杠门~

kʰ　①康糠　③慷　⑤抗伉亢炕囥藏

g　④戆眃畦间小道吭~溜溜,鹅鸣声杠肿痕　⑥眃畦;隔~康戤~大而无当的;囗搁起,垫起

ŋ　②昂轩~　④昂~首,~然

ɦ　②行银~绗航杭降投~　④项降~服　⑥巷

Ø　①肮益缺~颡鱼狭~颡公;黄鼠狼　③囗乖戾;~三

[iɒŋ]

tɕ　③降~落

ȵ　④攘推来~去

[uɒŋ]

k　①光胱膀~　③广

kʰ　①匡筐框眶　⑤旷矿

g　②狂　⑥逛

h　①荒慌肓胱俗;尿~臭黄蛋黄　③谎恍晃幌　⑤况

ɦ	②王黄簧磺潢蟥璜甄砖~ 皇蝗煌隍徨彷~惶凰 ⑥旺
∅	①汪尪~ ③枉~然往 ⑤窊小窝,小坑

[oŋ]

pʰ	③捧 ⑤碰麻将用语
b	②篷蓬芃 ④埲~尘
m	②蒙檬朦濛 ③懵又 ④懵蒙又 ⑤朦~~亮矇~矇眼 ⑥梦
f	①风疯枫讽酆封丰峰蜂锋烽胕"弗用"的合音,又 ③□轿子上下颠动 ⑤俸薪~ □脏胕"弗用"的合音
v	②冯缝~衣裳 ④奉 ⑥凤缝一道~逢
t	①东冬 ③董懂□耳语 ⑤冻栋
tʰ	①通 ③捅统 ⑤痛
d	②同铜桐彤炯热~~童瞳潼彤佟姓 ④动筒侗~族桶 ⑥洞恫胴~疝:肛门
n	②农侬脓浓
l	②笼砻聋隆窿癃龙栊栳珑胧陇垅拢阿~:杂和菜 ③拢~总 ④拢收~笼~裤弄~坏 ⑥弄~堂
ts	①宗棕鬃综踪纵~横中~心忠衷终钟~表钟~情盅 ③总种~类肿终~于 ⑤粽纵放~纵跳纵皱中~意众种~树
tsʰ	①聪匆葱囱牗~杠尖头扁担熜火~鏦打洞:~树从~容充冲~锋春 ③宠 ⑤冲突出铳脘瞳~蹱跌跌~~熵烘烤
dz	②丛从服~虫崇重~复戎尿精液 ④重轻~ ⑥仲诵颂讼
s	①鬆嵩淞松 ③耸悚怂㧐推 ⑤送宋□告~
z	②茸冗戎又尿精液,又

[ioŋ]

tɕ	③炯迥拱~开 ⑤供~养拱~手
dʑ	②琼穷邛穹
ȵ	②脓浓齈~鼻头戎绒 ⑥毧~毛
ɕ	①兄凶兇汹胸 ⑤嗅~~
ɦ	②庸雄熊荣融容蓉溶熔榕 ④容纵~ ⑥用佣
∅	③永咏泳邕拥雍痈臃甬勇涌蛹踊俑 ⑤壅

[uoŋ]

k ①肱公蚣工疘肕~;肛门 功攻夹~ 弓躬宫恭 ③拱~起巩 ⑤贡攻~人供~给拱~手汞

kʰ ①空~虚 ③孔恐控 ⑤空~闲

g ⑥共

h ①轰烘 ③哄鬨 ⑤蕻

ɦ ②弘泓宏红洪鸿虹 ⑥虹又

ø ①翁嗡~~响嗡聚拢 ⑤瓮齆鼻塞膌臭

[aʔ]

p ⑦百柏伯迫旧襞布~檗黄~

pʰ ⑦拍迫粕泊梁山~擘~开魄气~帕手~

b ⑧白

m ⑧陌拍轻打趋慢慢移动麦脉

ts ⑦摘窄着~棋镨铁~酌灼匝又咂又

tsʰ ⑦绰拆圻开~庛皱~策册尺挜搀扶

dz ⑧着~力宅翟姓泽中~:地名檡~木掷□摘,扯

s ⑦栅烁~~亮□浸泡衣物猳家畜发情,又

z ⑧石䂽突然闪出,又□突出;~出□斜视;~眼

k ⑦格骼隔膈

kʰ ⑦客搭项颈~牢

ŋ ⑧额名~齾缺口,又□摇动,不稳,又

h ⑦吓赫

[iaʔ]

tʰ ⑦帖一~药贴

d ⑧蝶

l ⑧猎笠略掠

tɕ ⑦爵~位脚甲□~~;一捆

tɕʰ ⑦嵌皮~起雀鹊却怯恰洽融~;皺~,又隙

dz ⑧爵新,~士乐

ȵ	⑧捏虐疟箬匿又
ɕ	⑦削辖
z	⑧嚼
ɦ	⑧药钥跃协侠峡洽接~
∅	⑦约

[uaʔ]

k	⑦括又,~弧捆□开~;裂开,又
h	⑦霍~闪,又掝~开□瞥一下豁又,~绳
ɦ	⑧划计~

[æʔ]

p	⑦八
b	⑧拔跋钹
m	⑦蛮口,~~好 ⑧袜
f	⑦法发出~,发头~
v	⑧乏伐阀筏垡罚泛俗,泡沫:~~
t	⑦答搭褡背~瘩嗒尝:~味道溚湿:澜~~𩚁皮肤松弛:宽~~奲堆处所,何里~块妲~己醓湿附
tʰ	⑦塌榻溻遢踢踢~鳎箬~鱼搨~本搨涂抹塔□脱失:车~出黩黑,墨黑铁~獭汏又,打滑~忒
d	⑧达达滑砝石~沓一~纸踏榻又,竹~
n	⑧㧱~扣呐~喊
l	⑧拉~丁文腊~月蜡邋镴锡猎又辣瘌蝲毛虫,柏~捋研磨喇斜视:~眼佬垃划界,拦隔垃~圾
ts	⑦匝咂扎札劄□撒开
tsʰ	⑦插锸小铲子㘉~头;边角地擦察嚓檫拺搀扶,又
dz	⑧宅又翟姓,又
s	⑦卅靸萨杀刹煞霎睉眨栅又圾垃~械遗穗;稻~犍家畜发情搔塞,垫
z	⑧闸煠油~铡䤋突然闪出唼鹅鸭进食声
k	⑦甲胛夹~皮袷~袄睑偷看扴刮,夹格~外膈又隔又,~壁垳生土层□~以:所以
kʰ	⑦揢
g	⑧夹~子轧
ŋ	⑧额又,~角𪘧缺口□摇动,不稳

绍兴方言同音字汇

h ⑦瞎呷喝凹俗,瘪

ɦ ⑧狭硖匣

ø ⑦阿~哥鸭押压轭又,犁~

[uæʔ]

k ⑦刮括包~,□开~:裂开

h ⑦豁~拳豁~裂霍~闪,又腥~头:面食上的浇头睅怒视

ɦ ⑧滑猾还口,~有

ø ⑦挖踠醒后睁眼

[eʔ]

p ⑦拨钵不

pʰ ⑦泼魄又,~力

b ⑧悖浡泡沫挬拨转:~糊泥勃又脖又渤又鼻口,~头别口,~人别转动,又坡团块:一~沙泥

m ⑦末口,~屡:最后 ⑧抹末沫茉没殁默

f ⑦弗拂绋佛彷~

v ⑧佛物勿弗

t ⑦得又

tʰ ⑦脱又

d ⑧特又夺又突~然,又

n ⑧纳衲捺用手指按呐语助

l ⑧肋勒鳓粒口捋又

ts ⑦摺褶哲蜇折~扣浙则侧仄责汁执质窒炙职织帜俗拙~嘴:大舌头□带走:吃得*还要~嘬又
　　卒啐嘈酒,又腈黏作口,和:我~偖子口,儿~只,~好淬口,渣~渍俗,盐腌

tsʰ ⑦辄撮又啜又猝又侧又彻撤澈赤斥出龊

dz ⑧蛰泽择侄秩殖植

s ⑦涩瑟虱摄慑设啬稿湿失室识饰式适释刷说又蟀又率~领,又

z ⑧蛰又涉舌折~脚十什拾实蚀硕日入术述是口,勿~介个

k ⑦鸽蛤合三~板割葛胳革圪~𰽭吃~嘴:结巴口这

kʰ ⑦磕瞌渴刻克咳

g ⑧𧊾𧊾又,~螂:螳螂口细:爱挑毛病口牢:卡住

ŋ	⑧兀杌~头凳扤动摇:~头船
h	⑦喝□吸;酒~熻略蒸
ɦ	⑧合~作盒阖核~心核~对核~桃
∅	⑦扼厄轭呃遏堨覆盖餲颤~头气;霉味

[ieʔ]

p	⑦鳖癟憋蟞水~虫别读:;念白字别~牢笔滗毕哔叽必逼碧璧壁臂俗不□,~过
pʰ	⑦撇瞥胸女阴匹癖僻辟开~劈霹
b	⑧别~离别~针别转动蹩焙烘烤弼愊趪追赶鼻枇~杷
m	⑦搣捻转末□,~屑:最后,又 ⑧灭篾蔑密蜜宓觅汨
t	⑦跌的滴嫡摘用手指掐
tʰ	⑦贴帖铁踢剔惕忒□
d	⑧叠蝶碟牒谍堞迭特□,~为笛迪敌狄荻籴涤翟墨~
l	⑧列烈裂冽立粒笠栗溧慄捩理;~胡须律□滴去水分;~干率效~力历~史历~日呖疠砾栎
tɕ	⑦接楫划~劫子揭羯碣节疖结洁诘桔~梗镢急级极束身给吉髻爱司~即鲫白~唧稷戟棘积迹脊瘠绩击墼炭~激鷑阴~只□又,~好
tɕʰ	⑦妾怯惬切窃绁活~头;离异再嫁的女人挈~阔挈提;~桶辑~鞋底缉茸戢~草泣七漆乞讫迄戚吃~饭砌俗
dʑ	⑧捷睫桀搩搂杰竭截绝集习袭及汲~水疾蒺极屐籍藉狼~席夕汐寂
ȵ	⑧聂镊蹑业孽蘖啮匿逆溺热日
ɕ	⑦燮胁薛亵泄歇蝎屑楔揳塞雪吸疢差歙悉蟋膝戌恤息熄媳螅昔惜腊鱼~;小鱼干析淅晰晳蜥锡
z	⑧贼又~木~草绝又~藉又,~狼~席又~入又,~娘东*~杀𧎸转动;~转
ɦ	⑧叶页熠曳逸轶翼弋忕心动液腋掖亦弈译驿易交~
∅	⑦靥笑~谒噎咽哽~揖邑挹乙一抑益缢溢隘狭~秩瘗不饱满阋藏匿;~壁鬼挹轻按吸附

[ueʔ]

k	⑦骨
kʰ	⑦阔扩窟
g	⑧□盘算□~牢:堵住
h	⑦忽惚寣一会儿:晒一~

ɦ	⑧活核桃~囫~囵猢~狲
∅	⑦殁没入水中:~杀殟烦闷:~塞□慢慢地喝:老酒~~

[əʔ]

t	⑦德得瘩打呃~:呃逆,打嗝儿
d	⑧特
l	⑧扐捋新肋新勒新鳓新
ts	⑦侧又只一~鸟蛰新则新责新职新织新
tsʰ	⑦饬尺辄新测侧又彻新撤新澈新饬敕新赤新斥新
dz	⑧杂涉贼直值掷蛰新泽新择新秩新植新殖新□龊:一~戏文
s	⑦塞闭~色涩新瑟新虱新啬新穑室新饰新式新适新释新
z	⑧蛰新又什又牢~食石杂又贼又值又涉又蚀新硕新
k	⑦胳新革新
kʰ	⑦磕新刻新克新
h	⑦黑吓赫喝新
ɦ	⑧核~心,新核~对,新核~桃,新
∅	⑦扼新厄新轭新遏新

[øʔ]

t	⑦掇裰直~□文火炖煮
tʰ	⑦脱秃□屁:蒸笼~突眼睛~出
d	⑧夺叠~墙凸突~然读又
n	⑧㧎用手指按,又纳又衲又
l	⑧捋粒口,又肋又
ts	⑦嘬卒啐嗜酒
tsʰ	⑦撮啜猝
s	⑦说蟀率~领屑又些又
z	⑧□收缩

[iøʔ]

tɕ	⑦镢又,~子刀厥蹶蕨噘獗决诀抉孑橘攫又觉珏又菊又鞠又掬又

267

tɕʰ	⑦阙阅缺屈确又榷又悫又曲又麴又畜~生,又
dʑ	⑧掘倔崛橛一~,一截蹶牛角顶轴又逐又局又
ȵ	⑧月狱又浴又
ɕ	⑦血噱恤蓄又畜~牧,又旭又叔;晚爹~□唆使,又□刺~:刺猬,又
ɦ	⑧悦阅月越钺~斧曰粤穴籞~丝,又乐音~,又学又域又役又疫又育又毓又煜又欲又浴又□摇动,又
∅	⑦哕呕吐郁忧~熨~贴抈折郁浓~,又鹬又

[uøʔ]

k	⑦骨又
kʰ	⑦阔又扩又窟又
g	⑧□盘算,又□~牢,堵住,又
h	⑦忽又惚又霍一会儿:眮一~,又
ɦ	⑧活又核桃~,又囫又猢~狲,又
∅	⑦殁没入水中:~杀,又殟烦闷:~塞,又□慢慢地喝:老酒~~,又

[oʔ]

p	⑦博搏膊剥驳北卜
pʰ	⑦朴~素魄~力扑蹼醭蝮狗屎~覆合~讣俗
b	⑧勃脖渤薄礴磅~泊漂箔缚鸡~牢雹萄萝帛魄落~潦倒匐俯伏璞濮仆~人暴~露曝瀑
m	⑦摸口 ⑧摸莫膜漠寞谟模大~数墨幕旧,门~木沐目苜穆牧睦麽什~
f	⑦福蝠幅辐腹覆複復蝮馥
v	⑧缚服伏袱茯復又
t	⑦掇又啄沰滴~督褶拼接:~块布笃尿~底毂点击□竖,陡
tʰ	⑦脱又秃又托託柝庹两臂平伸时的间距祐~肩魄落~邋遢拓开~箨箨~:竹壳
d	⑧铎度忖~踱~踯~头,呆子浊浑~~独读犊牍椟渎小渠毒
n	⑧诺喏偌你
l	⑧捋又乐快~落烙骆洛酪络睩注视禄碌盝~子,盒子鹿麓漉辘簏陆戮六绿录菉~笋赂俗答竹担;泥~
ts	⑦作工~作和我~偌斫捉卓桌涿啄琢冢卒足竹筑竺烛嘱鐲捡取:~狗屎祝垤堵塞:~漏粥
tsʰ	⑦燆~~黑错交~戳龊齪~簇促蹙触畜~生□孽:调皮

绍兴方言同音字汇

dz ⑧昨凿勺镯浊擢泥_{淋雨}族逐_又轴_又妯_又俗续蜀属

s   ⑦索朔速肃骕_骤~宿缩谡粟叔菽束塑~料唧吸溹_潮说_又些_又

z   ⑧昨_又凿_又警_骂勺_又芍若箬弱戳_{击,蹬:~一拳,~桨船}躅踏:躞~俗_又续_又熟孰塾淑赎蜀_又属_又辱

k   ⑦各搁阁觉_{木知木}~角咯_{的个口,一~}

kʰ ⑦壳确榷酷哭_又皱~起燉_烤

g   ⑧搁_又榷_{又,估量}

ŋ   ⑧鄂腭鳄萼愕鹗锷鹤岳嶽

h   ⑦壑郝貉霍_姓藿蠚_{虫蛰}殼_{咳吐}

ɦ   ⑧学

ø   ⑦恶_凶~龌~龊

[ioʔ]

tɕ ⑦撅觉珏菊鞠掬镢_又,~子刀厥蕨橛蹶獗决诀抉孓橘_又

tɕʰ ⑦确榷悫曲麴畜~生,阙_又阕缺屈_又

dʑ ⑧局逐轴妯掘_又倔_又崛橛_{又,一截}蹶_{牛角顶,又}

ȵ   ⑧肉褥掬_揉玉狱浴_又月_又

ɕ   ⑦畜~牧蓄旭叔_{又,晚爹}~□唉使血_又噱_又恤_又

ɦ   ⑧籲~丝乐音~学域役疫育毓煜欲浴□_{摇动}悦阅月_又越_又钺~斧,_又曰_又粤_又穴_又翼_又

ø   ⑦郁_浓~鹭哕_{呕吐,又}熨~贴,_又拐折,_又郁忧~,_又

[uoʔ]

k   ⑦郭椁石~国帼虢谷□_{眼睛}~落落縠骨_又

kʰ ⑦廓哭_又阔_又扩_又窟_又

g   ⑧□_{盘算,又}□~牢:堵住,又

h   ⑦霍~闪攉~亲:冲喜忽_又惚_又寉_{一会儿:嗝一~,又}

ɦ   ⑧获镬或惑斛活核_桃~,_又囫_又猢~狲,_又

ø   ⑦握幄沃_肥~屋颈_{没人水中:~杀,又}殟_{烦闷:~塞,又}□_{慢慢地喝:老酒~~,又}

[m̩]

m   ⑤姆口,~妈

[n]

n　①唔~得

[ȵ]

ȵ　⑤唔~有姨□,~娘

[ŋ]

ŋ　①唔~结煞　②唔~神~气吴鱼恒□,~心茎□,地下茎　④五午端~姆□,妗~,丈~　⑤膙~~;屎,儿童语齃□,~鼻头荫□,~浸头冷,又□~~重

[l]

l　②儿而　④尔迩耳饵洱　⑥二贰

参考文献

范　寅:《越谚》,谷应山房刊本,1882;上海文艺出版社,1987。
茹敦和:《越言释》,光绪四年刊本,江苏广陵古籍刻印社,1990。
王福堂:《绍兴话记音》,载《语言学论丛》第 3 辑,上海教育出版社,1959。
赵元任:《现代吴语的研究》,清华学校研究院,1928;科学出版社,1956。

（原载《方言》2008 年第 1 期）

绍兴方言中的两种述语重叠方式及其语义解释

一

绍兴方言中有两种述语重叠式,表达的语法意义各不相同。第一种是表示动作的量,即表动作的短暂或尝试性。如"葛*本书让我看看","我来问问伊"。第二种是表示反复问。如"葛*本书偌有有?""糕干偌要要吃?"赵元任曾在《现代吴语的研究》中指出过这第二种重叠式的特点,说绍兴方言"光把动词说两遍就算问话式"。实际上上述第一种重叠式是两个述语间减少了"一",第二种重叠式是两个述语间减少了"勿"。第一种重叠式普遍见于吴方言区各地(也普遍见于汉语其他方言),第二种重叠式在吴方言中除绍兴地区外仅见于个别方言。

二

绍兴方言中可以在第一种重叠式中充当述语的有下列几类词,按单双音节可以构成不同的格式。例如:

1. 单音节动词、形容词,构成AA①式。例如:

   伊生病亨*哉,偌去看看伊。(他病了,你去看看他。)
   衣裳高头咯灰尘掸掸清爽。(把衣服上的土掸干净喽。)
   小人勿听说话,话话也是白话。(小孩儿不听话,说也是白说。)
   伊眼睛白白偌,则*偌有意见东*。(他瞪你一眼,是对你有意见呢。)
   冷下饭热热再吃。(冷菜该热一下再吃。)
   张先生酒量大,酒盅拨伊再满满。(张先生酒量大,再给他把酒斟满。)

2. 双音节动词、形容词,构成ABAB式。例如:

   伊话亨*笔借款还要再研究研究哝。(他说那笔借款还得再研究一下呢。)

葛*桩事体纳*个捻,大家来商量商量。(这件事怎么办,大家来商量一下。)

伊人有些勿大对东*,倷留心留心。(他有点儿不大对劲儿,你注意一下。)

门*朝老太太生日,要闹热闹热咯。(明天是老太太生日,该热闹一下的。)

天家介热,俚到塔山肚里去荫凉荫凉。(天气这么热,咱们到塔山里头去凉快凉快吧。)

忙得一日,赞*好快活快活哉。(忙了一天,这下能轻松一下了。)

AA①的原式是"A — A",目前口语中较正式的场合仍然使用;ABAB式的原式是"AB — AB",口语中已经近乎绝迹。

可以在第二种重叠式中充当述语的有下列几类词,也可以按单双音节构成不同的格式。例如:

1. 单音节动词、形容词、助动词,构成AA②式。例如:

倷去去?(你去不去?)

门*朝是是礼拜日?(明天是不是星期天?)

倷下昼有有工夫?(你下午有没有时间?)

周先生咯学问好好?(周先生的学问好不好?)

衣裳燥燥唻?(衣服干了没有?)

饭热热唻?(米饭热了没有?)

伊肯肯话?(他愿意不愿意说?)

倷阿妹会会骑脚踏车?(你妹妹会不会骑自行车?)

倷好好后日上昼再来?(你能不能后天上午再来?)

2. 双音节动词、形容词,构成AAB式。例如:

火车票涨价哉,伊晓晓得?(火车票涨价了,他知道不知道?)

倷落得个夜,瞌瞌眊?(你熬了一晚上,睏不睏?)

伊话天高头会落铜钱,倷相相信?(他说天上会掉钱下来,你信不信?)

葛*东西跌落要要紧?(这东西丢了要紧不要紧?)

眼镜戴得看字灵灵清?(戴了眼镜看字清楚不清楚?)

的笃班好好看?(越剧好看不好看?)

AA②的原式是"A 勿 A",AAB的原式是"A 勿 AB",口语中两种原式都仍然普遍使用。

三

上述两种重叠式在述语为双音节时,由于重叠方式不同,不会发生混淆。例如:

(葛*)个人倷认认得?(这个人你认得不认得?)

伊是我老同学,倷来认得认得。(他是我老同学,你来认识一下。)

新人好好看?(新娘好看不好看?)

请伊老先生出来,也不过面子高头好看好看。(把他老人家请出来,也不过为了面子上好看些。)

但在述语为单音词时,重叠方式完全相同,变调规律又部分相同,就存在混淆的可能。下面列出 AA①式和 AA②式的变调值:(绍兴方言单字调的调值为:阴平 52,阳平 231,阴上 335,阳上 113,阴去 33,阳去 11,阴入 45,阳入 23。)

		AA①	AA②
阴平	穿穿	55—52	55—52
阳平	来来	115—52	115—52
阴上	走走	33—55	335—52
阳上	染染	11—55	115—52
阴去	看看	33—33	33—33
阳去	换换	11—11	11—11
阴入	吃吃	3—5	45—54
阳入	熟熟	1—5	25—54

述语为阴上、阳上、阴入、阳入调时,两种重叠式可以借助不同的变调值相区别。例如:

夜饭吃过顶好出去走走(33—55)。(吃完晚饭最好出去散散步。)

时光到快哉,倷走走(335—52)?(时间快到了,你走不走?)

旧衣裳染染(11—55)还有些像新咯介带*哎?(旧衣服染一下还真有点像新的呢。)

红咯件衣裳要染,蓝咯件染染(115—52)?(红的那件衣服要染,蓝的那件染不染?)

味道勿错去,倷吃吃(3—5)!(味道不错,你吃吃看。)

夜头点心当饭,伊吃吃(45—54)?(晚上甜食当饭,他吃不吃?)

柿子摘落来要熟熟(1—5)才至好吃。（柿子摘下来要熟一下才能吃。）

粽子熟熟(25—54)唻？（粽子熟了没有？）

但述语为阴平、阳平、阴去、阳去调时，两种重叠式的变调方式和变调值都相同，如果没有区别语言环境的上下文，下列句子就将产生歧义：

葛*件大衣倷穿穿(55—52)。/？（1.这件大衣你穿一下。2.这件大衣你穿不穿？）

倷真*朝夜头来来(115—52)。/？（1.今晚你来一下。2.今晚你来不来？）

葛*本书倷看看(33—33)。/？（1.这本书你看一下。2.这本书你看不看？）

衣裳有些浕湿哉，倷换换(11—11)。/？（1.衣服有点淋湿了，你换一下。2.衣服有点淋湿了，你换不换？）

两种表示不同语法意义的重叠式部分混淆，成为绍兴方言的特点之一。

四

绍兴方言中上述两种述语重叠式大量见于口语。不论是大庭广众，还是小家深院，"看看"、"吃吃"、"好好"、"要要"之声不绝于耳。可以说，本地人如果不使用这两种重叠式，连说话都会变得不够流畅。但本地人在被问及绍兴方言是否存在这两种述语重叠式时，对二者的语感却很不相同。他们一般都毫不犹豫地认同表示动作短暂或动作尝试性的重叠式。因为口语中几乎绝大多数动词、形容词都可以这样重叠，而且这种重叠式和原式"A — A""AB — AB"相比，虽然省略了"一"，二者在语义上的一致性仍然是明白无误的。但在被问及是否存在表反复问的述语重叠式，比如"倷去勿去？"是否可以简说成"倷去去？"时，却大多表示怀疑或否定。他们有的否认可以说"倷去去？"，也否认自己曾经这样说过，尽管实际上他们一直在这样说。有的则开始时否认，但经过短时间的回忆和观察，又承认可以这样说，承认自己也常常是这样说的。还有的人否认动词、形容词重叠可以表疑问，认为"倷去去？"这样的说法不合适，但承认助动词重叠可以表疑问，如"倷要要去？"是可以说的（这也许和助动词只能构成第二种重叠式有关）。本地人一开始就认同这第二种重叠式的情况不多。究其原因，可能是口语中可以这样重叠的词不是很多，常见的也只是与日常生活有关的单音节动词如"看、听、吃、咬、掼、轧、开、关、走、跑、坐、来、去、到、晒、醒、生、住、穿、戽、晒、染、换、买、卖、话说、教、学、赢、有、要、来*在、是"，形容词如"大、满、燥、热、冷、泡、熟、好、傀乖"，助动词如"会、敢、要、好、肯"，双音节动词如"欢喜、晓得、认得、看见、相信",形容词如"要紧、灵清、吃力、难过、好看、好听、好吃",等等。也可能是这种重叠式和原式"A 勿 A"、"A 勿 AB"语义上存在矛盾:没有了否定词而仍然表同样的反复问,逻辑上不免有难解之处。不过适用范围和逻辑似乎不应该是左右语感的决定性因素(实际上汉语方言中不乏语法与逻辑矛盾的事例),这里可能还有其他的原因。

五

考虑到两种述语重叠式在某些变调和重叠方式上存在差别,绍兴本地人对两种重叠式态度上的不同,似乎可以从变调和重叠方式这两方面去寻找原因。

下面就先列出第一种重叠式 AA①、ABAB 和原式"A — A"、"AB — AB"的变调值进行比较。

1. AA①   A — A

    穿穿   55—52   穿一穿   55—5—52
    来来   115—52   来一来   115—5—52
    走走   33—55   走一走   33—5—55
    染染   11—55   染一染   11—5—55
    看看   33—33   看一看   33—3—33
    换换   11—11   换一换   11—1—11
    吃吃   3—5   吃一吃   3—5—5
    熟熟   1—5   熟一熟   1—5—5

2. ABAB   AB — AB

    研究研究   33—55—55—52   研究一研究   33—55—5—55—52
    留心留心   11—55—55—52   留心一留心   11—55—5—55—52
    晓得晓得   335—5—55—54   晓得一晓得   335—5—55—54
    理值理值   115—55—54   理值一理值   115—55—5—55—54
    荫凉荫凉   33—33—33—33   荫凉一荫凉   33—33—3—33—33
    认得认得   11—1—11—1   认得一认得   11—1—1—11—1
    客气客气   3—55—5—52   客气一客气   3—55—5—52
    熟悉熟悉   1—5—5—54   熟悉一熟悉   1—5—5—5—54

(1) 单音节的 AA① 和原式"A — A"中前 A 的变调值相同。从调值来看,A 为阴上、阳上、阴入、阳入调时,AA① 应该是"A — A"式省略了"一"的结果;而 A 为阴平、阳平、阴去、阳去调时，AA①可以是"A 一 A"式省略了"一"，也可以是"A 一 A"式中前 A 和"一"合音的结果。但就系统内部的一致性着眼，应该认为所有 AA①式都是"A 一 A"式省略了"一"的结果。

（2）双音节的 ABAB 和原式"AB 一 AB"中前 AB 变调值也相同。从调值看，ABAB 式是"AB 一 AB"式省略了"一"的结果。当然，"AB 一 AB"式中前 AB 的 B 和"一"如果可以合音，也会有同样的变调值，但实际上绍兴方言双音节述语并不和其他音节合音。因此，就变调规则和系统内部一致性着眼，双音节重叠式 ABAB 应该和单音节重叠式 AA①的重叠方式相同，同样是"AB 一 AB"式省略了"一"的结果。

下面再列出第二种重叠式 AA②、AAB 和原式"A 勿 A"、"A 勿 AB"的变调值进行比较。

1.　　　　AA②　　　　　　　　A 勿 A

　　　　穿穿　55—52　　　　穿勿穿　55—5—52
　　　　来来　115—52　　　　来勿来　115—5—52
　　　　走走　335—52　　　　走勿走　33—5—52
　　　　染染　115—52　　　　染勿染　11—5—52
　　　　看看　33—33　　　　　看勿看　33—3—33
　　　　换换　11—11　　　　　换勿换　11—1—11
　　　　吃吃　<u>45</u>—<u>54</u>　　　　吃勿吃　3—5—<u>54</u>
　　　　熟熟　<u>25</u>—<u>54</u>　　　　熟勿熟　1—5—<u>54</u>

2.　　　　AAB　　　　　　　　A 勿 AB

　　　　欢欢喜　33—55—52　　　　欢勿欢喜　33—5—55—52
　　　　灵灵清　11—55—52　　　　灵勿灵清　11—5—55—52
　　　　晓晓得　335—55—<u>54</u>　　　晓勿晓得　335—5—55—<u>54</u>
　　　　老老实　115—55—<u>54</u>　　　老勿老实　115—5—55—<u>54</u>
　　　　看看见　33—33—33　　　　看勿看见　33—3—33—33
　　　　认认得　11—11—1　　　　　认勿认得　11—1—11—1
　　　　吃吃力　3—5—<u>54</u>　　　　　吃勿吃力　3—5—5—<u>54</u>
　　　　值值得　1—5—<u>54</u>　　　　　值勿值得　1—5—5—<u>54</u>

（1）单音节的 AA②和原式"A 勿 A"中的前 A，在 A 为阴上、阳上、阴入、阳入调时变调值不同，从调值来看，AA②应该是"A 勿 A"式中前 A 和"勿"合音的结果；而在 A 为阴平、阳平、阴去、阳去调时，两式前 A 变调值相同，AA②可以是"A 勿 A"省略了"勿",也可以是"A勿A"式中前A和"勿"合音的结果。从系统内部一致性着眼,也应该认为所有AA②式都是"A勿A"中前A和"勿"合音的结果。

(2) 双音节的AAB和原式"A勿AB"中的前A调值都相同。在A为阴平、阳平、阴入、阳入调时,AAB式应该是"A勿AB"式省略"勿"的结果;而在A为阴上、阳上、阴去、阳去调时,AAB式可以是"A勿AB"式省略了"勿",也可以是"A勿AB"式中前A和"勿"合音的结果。从系统内部一致性着眼,同样应该认为所有AAB式都是"A勿AB"省略了"勿"的结果。

但既然AAB和AA②属于同一类重叠式,具有内部的一致性,为什么重叠方式却不相同？比如为什么单音节的AA②式是"A勿A"中前A和"勿"合音的结果,同样表反复问的双音节的AAB式却不是"A勿AB"式中前A和"勿"合音,而是"勿"被省略的结果？为什么"勿"在"A勿A"式中和前A合音,在"A勿AB"式中却不和前A合音？当然,"A勿AB"本身并不能提供对这一原因的说明,因为它自身也是省略的结果,并不是初始的原式,它还有更早的原式"AB勿AB"。上述"A勿AB"中"勿"的不同表现可能和这更早的原式有关,特别和双音节述语AB在这一原式中的表现有关。因此下面需要再列出双音节述语AB的变调值和"AB勿AB"这一初始原式的变调值：

AB		AB勿AB	
欢喜	33—55	欢喜勿欢喜	33—55—5—55—52
灵清	11—52	灵清勿灵清	11—55—5—55—52
晓得	335—54	晓得勿晓得	335—5—5—55—54
老实	115—54	老实勿老实	115—5—5—55—54
看见	33—33	看见勿看见	33—33—3—33—33
认得	11—1	认得勿认得	11—1—1—11—1
吃力	3—5	吃力勿吃力	3—5—5—5—54
值得	1—5	值得勿值得	1—5—5—5—54

两字组AB前后字相互影响发生变调。但这只是进入"AB勿AB"之前的首次变调单位。进入"AB勿AB"五字组后,前AB中的B和后AB的调值都还要调整,形成二次变调单位。值得注意的是二次变调中前AB的A不变化。

比较"A勿AB"式和初始的"AB勿AB"式可以发现,第一次被省略的是前AB中的B而不是"勿"(倒也因此避免了省略后和第一种重叠式ABAB相同的结果)。而省略了前B的"A勿AB"式中,前A作为原双音节述语的剩余部分,不能和后面的

"勿"发生直接的关系。因此"勿"在"A 勿 AB"进一步再简化时,就不能和前 A 合音,而反被省略,生成 AAB 式。

综上所述,第一类述语重叠式 AA①和 ABAB 是原式"A 一 A"和"AB 一 AB"省略了"一"的结果,第二类述语重叠式则单音节的 AA②是原式"A 勿 A"中"勿"和前 A 合音的结果,双音节的 AAB 式是初始的原式"AB 勿 AB"先省略前 B 为"A 勿 AB",然后以"A 勿 AB"为原式,再省略"勿"为 AAB 的结果。

六

以上两种述语重叠的多种简式变调情况各不相同,说明重叠式原式中音节的合音或省略取决于语义表达的不同要求。比如第二种重叠式原式中"勿"的有无直接牵涉到"肯定/否定"相叠表示反复问的基本语义,因此需要保留一定的语音痕迹。"A 勿 A"中的"勿"与前面的单音节述语 A 合音而不是省略,就是要求保留"否定"义语音痕迹的体现。而第一种重叠原式中"一"所表达的语义和重叠式的基本语义一致,因此没有保留语音痕迹的必要,可以省略。

但音节的合音或省略虽然取决于语义表达的要求,却还可以有不同的表达方式。比如和"勿"有关的正反相叠表示反复问的语义如果能以其他方式来表达,"勿"也不是不可以省略。AAB 式的出现就属于这种情况。如前所述,由于变调规则的限制,第二种重叠式双音节初始原式"AB 勿 AB"中的前 B 不可能像单音节述语一样和"勿"合音,而这时"勿"又不能省略(为了避免成为 ABAB 式),因此语言中出现的是省略前 B 的"A 勿 AB"式。"A 勿 AB"式既保证了表达正反相叠反复问基本语义的要求,又满足了减少音节发音省力的要求,的确是语言自然调节的上佳结果。而"A 勿 AB"既然已经可以用"没有前 B 的重叠"来表示反复问,并且和第一种表动作短暂或尝试性的重叠式 ABAB 相区别,这时"勿"也就不再是表反复问的必需,因此可以在再次简化时省略,产生 AAB 式。

七

以上绍兴方言各种单双音节述语重叠式和原式的比较显示,所谓的重叠只是就字面来说的。实际上它可以是省略的结果,也可以是合音的结果。省略和合音都能减少音节,但省略减少的是音节的全部(声韵调),合音则只减少音节的一部分语音

（声韵调中的一部分）。第一种重叠式的AA①和ABAB减少了语素"一"的全部语音形式和意义，也就是语素"一"整个被省略了。第二种重叠式中的AA②虽然字面上和AA①相同，但保留有语素"勿"的声调和意义，语素"勿"实际上还存在；而AAB中的"勿"虽然语音形式全部省略，但意义也并未省略，只是转而改由特定的重叠格式AAB来承担了。不过，绍兴方言中"一"、"勿"的省略和合音在语音上的表现相同多于相异。"勿"一部分是声韵全部省略只保留声调部分（AA②），一部分是声韵调全部省略（AAB），这种情况和整个"一"的声韵调全部省略相比，差异的程度并不算大。

　　这也许可以解释本地人对表反复问的述语重叠式为什么会存有特殊的语感。他们感觉到"勿"的存在，因此对字面上不写出"勿"感到难以接受；但在实际口语中又无法找到"勿"在语音上的确实证据，似乎又不得不承认"勿"的不存在。"勿"的语义保留在其他音节的变调和重叠格式中，这也许是本地人在认同上存在疑惑的真正原因。

（原载《吴语研究——第二届国际吴方言学术研讨会论文集》，
上海教育出版社，2003年）

绍兴方言韵母又读中的元音 ɒ 和 a

一

绍兴方言中，主要元音为 ɒ 的韵母有 ɒ、iɒ、ɒŋ、iɒŋ、uɒŋ 5 个，分别来自效摄和宕江摄。各韵母都有少量的字主要元音又读为 a，韵母音变为 a、ia、aŋ、iaŋ、uaŋ。据目前所知，有这种又读的字共有 32 个，列举如下。又读大多和不同的词语有关，举例说明。

ɒ ～ a：(12)

包　˛pɒ ～裹 ˛pa 黄～车,小～车

帽　mɒ² 铜盆～ ～ ma² 抲落～风:剧名

到　tɒ³ 迟～ ～ ta³ 捻～一世八界

道　˵dɒ 理～ ˵da 缝～

遭　˛tsɒ～遇 ˛tsa～眼

灶　tsɒ³ 缸～ ～ tsa³ ～□(ha³):灶后坐炊处

槽　˵dzɒ ˵zɒ 水～ ～ ˵za 鸡～

兆　dzɒ² zɒ² 凶～ ～ za² 积货：旧指初见外孙时赠鸡或羊等作为发家象征物

告　kɒ³ ～诉 ～ ka³ ～化子

觉　kɒ³ ～ ～ ka³ ～,斗～

教　kɒ³ ～养 ～ ka³ 劝皈;像劝人信教似的尽力劝诱

号　ɦɒ² ～码 ～ ɦia 洋～头,目莲～头

iɒ ～ ia：(2)

荞　˵dziɒ ～ ˵dzia 麦

窑　˵ɦiɒ ～ ˵ɦia 瓦～头;地名

ɒŋ ～ aŋ：(16)

庞　˵bɒŋ～大 ～ ˵baŋ 大,～公

盲	₋mɒŋ~目 mɒŋ文 ~ ₋maŋ ₋baŋ摸青~；捉迷藏
虻	₋mɒŋ~ ~ ₋maŋ牛~，瞎~
忙	₋mɒŋ~碌 ~ ₋maŋ~煞*哉；忙得晕头转向，手足无措
莽	₋mɒŋ ₋mɒŋ ~ ₋maŋ王~，鲁~ ₋maŋ~撞
蟒	₋mɒŋ~ ~ ₋maŋ~蛇
望	mɒŋ²~头，倷~何里去 ~ maŋ²倷~何里去
淌	₋tʰɒŋ流~ ~ ₋tʰaŋ tʰaŋ²船~过去
趟	tʰɒŋ²~，~锣 ~ tʰaŋ²~锣
荡	dɒŋ²飘~ ~ daŋ²~秋千
宕	dɒŋ²石~ ~ daŋ²~户
蹚	dɒŋ²~ ~ daŋ²~马路
脏	dzɒŋ²内~ ~ dzaŋ²五~六腑
噇	₋dzɒŋ~ ~ ₋dzaŋ肚痛冷饭~
杠	₋kɒŋ单~ ~ ₋gaŋ~肿痕
吭	₋gɒŋ~溜溜；鹅鸣声 ~ gaŋ~鹅

iɒŋ ~ iaŋ：(1)

攮	₋n̠iɒŋ推来~去 ~ ₋n̠iaŋ推来~去

uɒŋ ~ uaŋ：(1)

光	₋kuɒŋ~明 ~ ₋kuaŋ~火

其中"盲"字有莫郎、武庚二切，又读也有可能是不同反切造成的。

绍兴方言 ɒ、iɒ、ɒŋ、iɒŋ、uɒŋ 等韵母（以下或称 ɒ 类韵母）的字又读 a、ia、aŋ、iaŋ、uaŋ（以下或称 a 类韵母）的现象很少见于其他吴方言，只邻近方言有少量分布。如萧山方言"道缝~"₋da，"槽食~"za，"庞~大"₋baŋ，"虻"maŋ，"望~东走"maŋ²，"趟~锣"tʰaŋ，"荡~秋千"daŋ²，"宕石~"daŋ²，"蹚~东~西"daŋ²，宁波方言"虻鹨~"₋maŋ，"趟~锣"tʰaŋ，"荡~秋千"daŋ²，"蹚~来~去"daŋ²，"光~火"₋kuaŋ。其他某些方言有个别字例。如嘉定方言"趟~锣"₋tʰaŋ，"蹚~东~西"daŋ²，"光~火"₋kuaŋ，上海方言"盲捉~~"maŋ，"荡~头"₋daŋ，"光~火"₋kuaŋ，苏州方言"虻牛~"₋maŋ，"盲捉~~"₋maŋ，"蹚~~"daŋ²，"光~火"₋kuaŋ。像绍兴方言这样又读丰富的，应为仅有。

二

绍兴方言上述 ɒ 类韵母又读为 a 类韵母，还没有人注意过它究竟是一种什么性质的异读,吴方言区也没有其他方言有这种明显的韵母对应可资比较。因此有必要考虑ɒ和a这两类不同韵母的又读和词语的使用情况之间是否有关。

首先,绍兴方言中,a类韵母有较多词语是常用的口语词,地名,甚至是旧词。相对应的ɒ类韵母的词语则是口语较少使用的,有的还是新词(如"单杠")。例如:

遭　$_c$tsɒ~遇 ～ $_c$tsa~眼
槽　$_c$dzɒ $_c$zɒ水~ ～ $_c$za~鸡~
兆　dzɒ² zɒ²凶~ ～ za²积货~
号　ɦɒ²~码 ～ ɦa²洋~头,目莲~头
荞　$_c$dziɒ~ ～ $_c$dzia~麦
窑　$_c$ɦiɒ~ ～ $_c$ɦia瓦~头;地名
盲　^{c}mɒŋ~目 $_c$mɒŋ文~ ～ $_c$maŋ $_c$baŋ摸青~
虻　$_c$mɒŋ~牛~,瞎~ ～ $_c$maŋ牛~,瞎~
莽　$_c$mɒŋ ^{c}mɒŋ~ ～ $_c$maŋ王~,鲁~, ^{c}maŋ~撞
荡　dɒŋ²飘~ ～ daŋ²~秋千
噇　$_c$dzɒŋ~ ～ $_c$dzaŋ肚痛冷饭~
脏　dzɒŋ²内~ ～ dzaŋ²五~六腑
杠　$_c$kɒŋ单~ ～ $_c$gaŋ~肿痕
光　$_c$kuɒŋ~明 ～ $_c$kuaŋ~火

相反也有ɒ类韵母的词语属于常用的口语词,而相对a类韵母的词语口语中较不常用,或并非旧词(如"黄包车"、"小包车")的。这种情况比较少见。例如:

包　$_c$pɒ~裹 ～ $_c$pa黄~车,小~车

也有两类韵母的词语均为口语词或旧词的。例如:

灶　tsɒ²缸~ ～ tsa²~□(ha²):灶后坐炊处
告　kɒ²~诉 ～ ka²~化子
宕　dɒŋ²石~ ～ daŋ²~户
吭　^{c}gɒŋ溜溜~ ～ gaŋ²~鹅

甚或两类韵母用于同一词语。例如:

斠　kɒ²~ ～ ka²~
庞　$_c$bɒŋ~大 ～ $_c$baŋ~大
望　mɒŋ²倷~何里去 ～ maŋ²倷~何里去
锡　tʰɒŋ²~锣 ～ tʰaŋ²~锣

搛　ᶜȵiɒŋ 推来～去 ～ ᶜȵiaŋ 推来～去

从以上又读和词语的关系来看，ɒ 类韵母和 a 类韵母都有较多的口语词甚至旧词，也都有一些新词，还有彼此相同的词语。虽然语感上 a 类韵母的读音似乎更口语化一些，但与两类韵母配合的词语在使用场合上没有明显的差别，很难说哪一类韵母更古老些，哪一类韵母是因为从异方言（权威方言）借入词语而产生的。也就是说，这种又读不是通常意义的含有异源层次的文白异读。

摩棱多夫所著《宁波方言的字音》（1901 年）附录中收入绍兴方言的字音，有上述 32 字中的 24 个，其中 21 字有标音，均为 ɒ 类韵母，无一 a 类韵母。摩著附录中的绍兴字音只收读书音，不收口语音。没有收入 a 类韵母的读音，可能和这类韵母读音更口语化的语感有关。

如果与词语的新旧无关，那么从语音的角度看，却可以认为 ɒ 类韵母又音 a 类韵母是效摄和宕江摄韵母本身的一种音变。也就是说，主要元音由 ɒ 向 a 的这种变化不是由于从异方言借入词语引起的，而是本方言的某种语音变化的结果，但二者又在相当长的时间内作为又音并存，因此各自领有的词语没有明显的新旧之别。这种音变可以叫做又读音变。

三

绍兴方言 ɒ 类韵母又读为 a 类韵母，其中宕江摄的字音有一些情况需要说明。

一是宕江摄有极个别 ɒ 类韵母字又读或只读 a 类韵母，另有原因。比如阳韵章组字"樟"ᶜtsɒŋ ᶜtsaŋ，"掌障"ᶜtsɒŋ ᶜtsaŋ，"商"ᶜsɒŋ ᶜsaŋ，"上"zɒŋ² zaŋ²，"让"zɒŋ² zaŋ²（ȵiaŋ²），"厂敞"ᶜtsʰaŋ，各字 a 类韵母的读音并非以上所说自身的音变，而是官话方言的影响引起韵母 ɒŋ iɒŋ uɒŋ 向韵母 aŋ iaŋ uaŋ 的归并（这一趋势在苏南地区的吴方言里表现得最为明显），方言中 a 类一读通常看作读书音。江韵字"腔"ᶜtɕʰiaŋ，"夯"ʰaŋ 等字只有 a 类韵母一读，也是相同性质的读书音。这些字的 a 类韵母读音和上述其他字因自身音变而产生的 a 类韵母读音不同，需要区分开来。

二是宕江摄字发生 a 类又读的阳声韵见于所有韵母，入声韵则只见于宕摄开口三等韵。

下面是宕江摄入声字韵母的音值：

　　oʔ　博托索各恶（铎开一）剥捉角岳（觉开二）缚（药合三）
　　ioʔ　䒖（药合三）

uoʔ 郭镬（铎合一）
aʔ 着（药开三知）
iaʔ 掠雀脚约（药开三）

宕摄开口三等韵为 aʔ iaʔ，其他非开口三等韵为 oʔ ioʔ uoʔ。但从阳声韵的读音 ɒŋ iɒŋ uɒŋ 来看，相配入声韵 oʔ ioʔ uoʔ 中的元音 o 早期也应当是 ɒ。比如前述摩著附录的绍兴字音，入声字韵母通摄记作 oh ioh uoh，宕江摄（非开口三等韵）记作 ôh iôh uôh，元音 ô 的开口度要大于 o。而赵元任《现代吴语的研究》（1928）中绍兴方言的这两组韵母已经合流，元音都记作 o。据此推测，十九世纪中后期摩著中的 ô 可能是一个开口度比 o 稍大的 ɔ。这说明宕江摄入声非开口三等韵（没有介音 i）中的元音原来也是 ɒ，只是后来发生了高化，经历了 ɒ→ɔ→o 的演变。高化后 ɔ 的音值与 ɒ 已有较大的差别，因此没有参与 ɒ→a 的音变。而开口三等韵（有介音 i）"掠雀"等字的主要元音没有高化，原韵母 iɒʔ 因此得以音变为 iaʔ。至于"着"的韵母为开口韵 aʔ，则是因为韵母由 iɒʔ 变 iaʔ 之后，又受声母（知组）由舌面音（dʑ）转为舌尖音（dz）的影响，再转为开口韵的缘故。

另外，绍兴方言宕江摄入声字中，还有"泊"pʰaʔ₂ 和"霍"hoʔ₂ 姓 huoʔ₂ ~闪 huæʔ₂ ~闪，又 huaʔ₂ ~闪，又二字，其中 a 类韵母读音也不是 ɒ→a 音变的结果。"泊"的读音和偏旁"白"baʔ₂ 有关，"霍~闪"有 huaʔ₂ 一读则与 æʔ 组韵母和 aʔ 组韵母之间存在变读（如"鬶"ŋæʔ₂ ~ŋaʔ₂，"括"kuæʔ₂ ~kuaʔ₂）有关。

四

绍兴方言韵母 ɒ、iɒ、ɒŋ、iɒŋ、uɒŋ 向 a、ia、aŋ、iaŋ、uaŋ 的变化，各韵母数量很不平衡，而且在宕江摄和效摄中有不同的表现。

宕江摄的韵母 ɒŋ、iɒŋ、uɒŋ 中，开口韵 ɒŋ 有 16 字又读 aŋ，合口韵 uɒŋ 只有"光"一字又读 uaŋ，齐齿韵 iɒŋ 也只有"攘"一字又读 iaŋ。但齐齿韵其他字全部变读为 iaŋ，而且是唯一的读音，并非又读（相配的齐齿韵入声字也全部读为 iaʔ）。这说明齐齿韵音变的动力要大于开合口韵。

效摄的韵母 ɒ、iɒ 中，开口韵 ɒ 有 12 字又读 a，齐齿韵 iɒ 却只有"荞"、"窑"二字又读 ia，大大少于开口韵。这和宕摄齐齿韵几乎全部字归入 a 类韵母的表现大相径庭，说明虽然同为齐齿韵，效摄齐齿韵在音变方面并不具有和宕摄齐齿韵一样的动力。

以上宕江摄和效摄虽然都有 ɒ 类韵母又读 a 类韵母的现象，但各韵数量参差不齐,即使是较多的开口韵字仍然显得零星,而宕摄齐齿韵字却有几乎整体的变化。因此,这几个韵摄音变的主要动力应该不在其他,而在与宕摄齐齿韵有关的某个方面。也许宕摄齐齿韵的这种变化和其他韵摄的又读音变有不同的性质。

为此需要先从历史演变的角度观察绍兴方言 ɒ 类韵母及 a 类韵母和韵摄的对应,注意它们——特别是宕摄的齐齿韵——在变化中的走向。

下面是 ɒ 类韵母及 a 类韵母和韵摄的对应:

ɒ　刀豪 教肴 潮宵 知章

iɒ　条萧 苗宵

ɒŋ　旁唐 装阳庄 常阳章 方阳非 项江

iɒŋ　攘阳 降江

uɒŋ　汪唐 王阳

a　赛咍 太泰 排皆 晒佳 寨夬 扯麻

ia　野麻

ua　会(能干)泰 怀皆 枴佳 快夬

aŋ　猛庚二 争耕 张阳知 夯江

iaŋ　良阳

uaŋ　横庚二

aʔ　百陌二 册麦 尺昔昌

iaʔ　捏屑 略药

uaʔ　划麦

把不涉及历史演变的零星的韵母和领字(如"攘""降""张""夯""尺")除去,就得到如下韵母与韵摄的简明对应:

ɒ	iɒ		效(开)	效(齐)	
ɒŋ		uɒŋ	宕江(开)		宕(合)
a	ia	ua	蟹假(开)	假(齐)	蟹(合)
aŋ	iaŋ	uaŋ	梗二(开)	宕三(齐)	梗二(合)
aʔ	iaʔ	uaʔ	梗二(开)	宕三(齐)	梗二(合)

对应表明,在演变引起的韵类分合中,效摄和蟹假摄没有特殊的变动,宕摄中的开口三等韵则出格地归入了 aŋ、aʔ 组,与梗摄的开合口二等韵合为一组,从而在 ɒŋ 组韵母中留下一个齐齿韵的空缺。这说明,宕摄开口三等韵韵母 iɒŋ、iɒʔ 向 iaŋ、iaʔ 的变化是一个重要的音变。相比之下,其他少量的 ɒ 类韵母字向 a 类韵母的又读只不过

是围绕在它周围的零星音变,在历史演变中显得并不重要。由此看来,宕摄开口三等韵的变化应该是一种性质不同的历史音变,需要与 ɒ→a 的又读音变区别开来。

五

不过,作为历史音变,绍兴方言宕摄开口三等韵的韵母在归入梗摄以后,并没有和梗摄三四等韵的韵母合流。因为从目前梗摄韵母的音值与宕摄不同的情况来看,梗摄的韵母虽然较早时曾经是 aŋ、iaŋ、uaŋ 和 aʔ、iaʔ、uaʔ,但三四等韵母 iaŋ、iaʔ 在宕摄归入以前已经音变为 iŋ、ieʔ(如"领"ᶜliŋ,"历"lieʔ₂)或近似的语音形式,离开了 aŋ、aʔ 组,与侵真(臻殷)蒸等韵母合流了。因此,宕摄开口三等韵变为 iaŋ、iaʔ 并不是一种韵母合流,即这一韵母音值和另一韵母音值逐渐接近的结果。促成宕摄开口三等韵上述变化的原因不在它自身的渐变,而在梗摄三四等韵的吸引造成的突变。

绍兴方言宕摄和梗摄的上述音变其实具有系列性。实际上是梗摄三四等原韵母 iaŋ、iaʔ 先变为 iŋ、ieʔ,使韵组 aŋ、iaŋ、uaŋ 和 aʔ、iaʔ、uaʔ 的平行分布遭到破坏,留下一个齐齿韵位置上的空缺,然后这一空缺吸引宕摄开口三等韵前来填补。宕摄开口三等韵的韵母 iɒŋ、iɒʔ 和梗摄三四等韵的韵母 iaŋ、iaʔ,介音和韵尾相同,主要元音相近。它们是同一类型的韵母,因此可以作为一个系列的不同阶段,在它们之间发生音变。宕摄开口三等韵韵母的主要元音由 ɒ 变 a,韵母 iɒŋ、iɒʔ 变为 iaŋ、iaʔ,使梗摄 aŋ、uaŋ、aʔ、uaʔ 韵母重新获得齐齿韵,韵组复归完整。但宕摄开口三等韵的变化也使宕摄韵母在齐齿韵的位置上出现空缺。不过其中宕摄阳声韵的空缺后来也得到了填补:江摄江韵见组字在权威方言影响下产生的腭化音如"降"ᶜtɕiɒŋ 等,尽管字数很少,作为齐齿韵的韵母仍然起到了填补空缺的作用。这样,梗摄的韵母 iaŋ、iaʔ 变为 iŋ、ieʔ,引起宕摄的韵母 iɒŋ、iɒʔ 变为 iaŋ、iaʔ,"降"等个别字韵母又由 ɒŋ 变 iɒŋ,这就构成了一种链移式的音变。其中阳声韵的音变过程可以表示如下:

```
梗摄   aŋ  iaŋ  uaŋ  →  aŋ        uaŋ → aŋ  iaŋ  uaŋ
                              ↑
宕摄   ɒŋ  iɒŋ  uɒŋ  →  ɒŋ  iɒŋ  uɒŋ →  ɒŋ  iɒŋ  uɒŋ
```

绍兴方言中这一链移式音变还不能说已经全部完成,因为目前还有个别字保持原来主要元音的音值没有变化。比如口语中的梗摄三等字"顷 来得一~哉"ᶜtɕʰiaŋ,"掷"dzaʔ₂、"石"zaʔ₂(后二字因知章组声母由舌面音转为舌尖音,韵母相应也由原齐齿韵 iaʔ 转为开口韵 aʔ)。前述宕摄开口三等字的"攘"ᶜȵiɒŋ(~ᶜȵiaŋ)看来也应该是保留下来的原韵母的残余。

绍兴方言中非宕摄开口三等韵的韵母 ɒ、iɒ、ɒŋ、uɒŋ 也有少量的字（前文所述的 30 余字）又读为 a 类韵母。但这种音变超出了宕摄开口三等韵的范围，仅只主要元音 ɒ 符合又读的语音条件，因此不是早先梗摄的 iaŋ、iaʔ 向 iŋ、ieʔ 的音变引起的链移式音变，而是后来宕摄开口三等韵 iɒŋ、iɒʔ 向 iaŋ、iaʔ 的音变引起的感染性音变。所谓感染性音变，是指某一音类本来不会发生某种变化，但由于具有某个相同特点（比如主要元音均为 ɒ）的另一音类（比如宕摄开口三等韵）发生变化，跟着就也发生了变化。这种音变不仅使与宕摄开口三等韵同组的开合口韵 ɒŋ、uɒŋ 以及韵母音值相同的江摄开口韵 ɒŋ 又读为 aŋ、uaŋ，和梗摄二等韵相同，而且波及不同韵组的效摄的 ɒ、iɒ，使它们又读为 a、ia，和蟹假摄开口齐齿韵相同。不过这种由于感染而发生的音变只产生又音，没有取代原有的读音。而且音变也只有少数字参与，其中以开口韵 ɒŋ 和 ɒ 稍多。而宕摄中非开口三等入声字韵母由于主要元音已经高化为 ɔ，不具备元音 ɒ 的语音条件，反倒没有参与这一音变。

六

上述绍兴方言的链移式音变也见于吴方言区的大多数方言。下面以"汤宕开一"、"讲江开二"、"光宕合一"、"阳宕开三"、"林深开三"、"邻臻开三"、"陵曾开三"、"领梗开三"等字为例（为方便起见，例字有文白异读的只标出口语音。下同）：

	汤	讲	光	阳	林	邻	陵	领
苏州	₌tʰɒŋ	₍kɒŋ	₌kuɒŋ	₌jiaŋ	₌lin	₌lin	₌lin	⁽lin
上海	₌tʰɒŋ	₍kɒŋ	₌kuɒŋ	₌jiaŋ	₌liŋ	₌liŋ	₌liŋ	⁽liŋ
宜兴	₌tʰaŋ	₍tɕiaŋ	₌kuaŋ	₌jiaŋ	₌lin	₌lin	₌lin	⁽lin
宁波	₌tʰɒŋ	₍kɒŋ	₌kuɒŋ	₌jiaŋ	₌liŋ	₌liŋ	₌liŋ	⁽liŋ
绍兴	₌tʰɒŋ	₍kɒŋ	₌kuɒŋ	₌jiaŋ	₌liŋ	₌liŋ	₌liŋ	⁽liŋ
杭州	₌tʰaŋ	₍tɕiaŋ	₌kuaŋ	₌jiaŋ	₌lin	₌lin	₌lin	⁽lin
金华	₌tʰaŋ	₍kaŋ	₌kuaŋ	₌iaŋ	₌liŋ	₌liŋ	₌liŋ	⁽liŋ
遂昌	₌tʰɔŋ	₍kɔŋ	₌kɔŋ	₌iaŋ	₌liŋ	₌liŋ	₌liŋ	⁽liŋ
温州	₌tʰuɔ	₍kuɔ	₌kuɔ	₌ji	₌leŋ	₌leŋ	₌leŋ	⁽leŋ

和绍兴方言一样，各方言中链移式音变都已经发生，梗摄开口三四等字的韵母已经与深臻曾摄三等韵合流，宕摄开口三等韵的韵母也已经由 ɒ 类变为 a 类（温州方言的韵

母 i 是由较早时的 iaŋ 进一步演变而成的），宕摄一等、合口三等和江摄的韵母则大多仍为 ɒ 类。ɒ 类在宜兴、杭州、金华等方言中也变为 a 类，前文已经提到，这是官话方言影响的结果。

与吴方言相比，其他南方方言中的这一演变却要保守得多。仍以上述各字为例：

	汤	讲	光	阳	林	邻	陵	领
长沙	₋tʰan	ᶜkan	₋kuan	₋ian	₋lin	₋lin	₋lin	ᶜlin
双峰	₋tʰɒŋ	ᶜkɒŋ	₋kɒŋ	₋iɒŋ	₋lien	₋lien	₋lien	ᶜliaŋ
南昌	₋tʰɔŋ	ᶜkɔŋ	₋kuɔŋ	₋iɔŋ	lin⁼	lin⁼	lin⁼	ᶜliaŋ
梅县	₋tʰɔŋ	ᶜkɔŋ	₋kuɔŋ	₋iɔŋ	₋lim	₋lin	₋lin	ᶜliaŋ
广州	₋tʰɔŋ	ᶜkɔŋ	₋kuɔŋ	₋iœŋ	₋lɐm	₋løn	₋lɪŋ	ᶜlɛŋ
厦门	₋tʰŋ	ᶜkɔŋ	₋kŋ	₋iũ	₋nã	₋lin	₋lɪŋ	ᶜnĩã

各方言除新湘语以外，梗摄三四等字的韵母仍保持为 a 类（双峰方言 ɒŋ、iɒŋ 韵母无 ɒ～a 对立，广州方言"领"的元音 ɛ 由介音 i 和韵腹 a 合音而成），没有和深臻曾摄三等韵合流（即使新湘语如长沙方言也有个别字仍有残留的 a 类读音，如"挺"ᶜtʰian"倾"₋kʰuan）。宕江摄韵母元音仍保持为圆唇的 ɒ 或 ɔ（广州方言"阳"的元音 œ 由介音 i 和韵腹 ɔ 合音而成，厦门方言"汤""光"的韵母 ŋ 由 ɔŋ 央化并弱化而成，"阳"的韵母 iũ 由 iɔŋ 鼻化高化而成），只有新湘语已经在官话方言影响下转为不圆唇的 a 类。各方言由于梗摄三四等字的韵母保持了原有的 a 类读音，因此一系列可能的后续音变未能发生。由此看来，吴方言梗摄三四等韵和宕摄开口三等韵之间的链移式音变虽然在本地区普遍发生，在南方方言中却是唯一的。这显然与相邻官话方言对梗摄三四等韵的影响有关。

七

从文献记载看，吴方言各地上述链移式音变的现象其实很早就已经出现，大概不会晚于四百多年前的明代后期。从嘉靖年间江苏昆山王应电所著韵书《声韵会通》（1540）中可以看到，"形恒容红"一组韵母中，"形"韵是由梗摄三四等韵与曾摄三等韵合流而成的，比如梗摄的"灵令零铃"、"婴英瑛"等字分别与曾摄的"凌陵菱绫"、"应鹰"等字同音。不过深臻摄的三等韵仍然各自为韵，显见曾梗摄三四等韵与它们的合流还是后来的事。"阳降杭王"一组韵母中，也由宕摄一等、合口三等韵及江摄合为一类，即"航降王"韵，宕摄开口三等韵自成一类，即"阳"韵。王应电以"轻重"描写韵母中开合口元音的不同音色。比如说"降"韵"于阳稍重",可以理解为"降"韵的韵腹元音比"阳"韵的舌位要后些,说"王"韵"音尤重于航",是指"王"韵比"航"韵多了一个后元音的 u 介音。根据这样的描写,四个韵母的音值可以构拟如下:

    航 ɒŋ 降 iɒŋ 王 uɒŋ 阳 iaŋ

这样的构拟把宕江摄韵母按主要元音的区别分为两类,和目前绍兴方言的情况基本相同。(只是绍兴方言"降"韵所领江韵见系字和阳韵庄章组字并不音 iɒŋ,可能反映了不同方言的差别,绍兴方言目前个别字如"降"的韵母 iɒŋ 应是后来新产生的读书音。)王应电的分韵显然与当时的吴方言相近。

《声韵会通》中宕摄开口三等知系字的归类存在分歧:庄组归"降"韵,如"装创床爽",知组归"阳"韵,如"张畅肠",章组多数字归"阳"韵,如"章漳嫜彰掌障瘴厂敞氅唱商赏常尝偿",少数字归"降"韵,如"昌猖唱"(这可能是一种未参与音变的残余现象)。这种情况还保持在目前的吴方言中,各地知组庄组比较一致,章组字则颇有参差。下面以"张知"、"丈澄"、"壮庄"、"霜生"、"樟章"、"伤审"、"让日"等字为例:

	张	丈	壮	霜	樟	伤	让
苏州	₋tsaŋ	zaŋ²	tsɒŋ⁻	₋sɒŋ	₋tsɒŋ	₋sɒŋ	ȵiaŋ²
宜兴	₋tsaŋ	dzaŋ²	tsaŋ⁻	₋saŋ	₋tsaŋ	₋saŋ	ȵiaŋ²
宁波	₋tɕiaŋ	dziaŋ²	₋tsɔŋ	₋sɔŋ	₋tsɔŋ	₋sɔŋ	ȵiaŋ⁵
绍兴	₋tsaŋ	⁻dzaŋ	tsɒŋ⁻	₋sɒŋ	₋tsɒŋ	₋sɒŋ	ȵiaŋ²
杭州	₋tsaŋ	dzaŋ²	tsʮaŋ⁻	₋sʮaŋ	₋tsaŋ	₋saŋ	ȵiaŋ²
金华	₋tɕiaŋ	dziaŋ²	tɕyaŋ⁻	₋ɕyaŋ	₋tɕiaŋ	₋ɕiaŋ	ȵiaŋ²
遂昌	₋tiaŋ	⁻tɕiaŋ	tsɔŋ⁻	₋ɕiɔŋ	₋tɕiaŋ	₋ɕiaŋ	ȵiaŋ²
温州	₋tɕi	⁻dʑi	tɕy⁻	₋ɕy	₋tɕi	₋ɕi	ȵi²

各方言中,知组字的韵母或保留三等的齐齿韵 iaŋ(温州话进一步变为 i),或因声母由舌面音转为舌尖音而变为开口韵 aŋ,均为 a 类。庄组字除宜兴、杭州、金华等方言因官话方言影响转为 a 类,其他方言仍为 ɒ 类。章组字则除苏州、宁波、绍兴方言为 ɒ 类,其他方言均与知组相同,为 a 类。知系字中,只有章组字韵母的归类在吴方言区各地有不同的表现。

章组字甚至在同一方言中也有不同表现。前面提到《声韵会通》中章组多数字归"阳"韵,少数字归"降"韵,目前各方言内也有类似的不一致的情况。比如上海方言大多数字为 ɒŋ 韵,只"掌常嫦厂敞"为 aŋ 韵,前述绍兴方言绝大多数字为 ɒŋ 韵,只"樟掌障商上让厂敞"又读或只读 aŋ 韵。有的方言章组 aŋ 韵的读音则在增加之中,如苏州方言老年口音只有"章樟掌障昌倡商常壤"读 aŋ 韵,中年口音已有"章彰嶂幛瘴掌障昌娼鲳菖唱商常嫦上尚"。不过章组字的分别归入 ɒ 类 a 类的韵母,《声韵会通》中是指早期齐齿韵的 iɒŋ 和 iaŋ,目前的方言则是指转为开口韵的 ɒŋ 和 aŋ,二者性质上并不相同。因为 iɒŋ 和 iaŋ 之间的变化是链移式的音变,方言中 ɒŋ 和 aŋ 之间的变化则反映了官话方言的影响。对目前章组又读的处理,一般以 ɒŋ 类为白读,aŋ 类为文读。这种文白异读,与上海、苏州方言青年口音中韵组 ɒŋ、iɒŋ、uɒŋ 归入 aŋ、iaŋ、uaŋ 的整体性的变化,都是在官话方言影响下发生的现象,性质是相同的。

嘉靖、万历年间,还有两种韵书也反映了与上述《声韵会通》大致相同的吴方言韵母特点。比如由会稽毛曾、陶承学改订章黼《韵学集成》而成的《字学集要》(1561)中,曾梗三四等韵合为"庚"韵,但不同于"真"韵和"侵"韵,宕江合流,但"江"韵与"姜"韵分立;安徽宣城濮阳涞《韵学大成》(1578)中曾梗三四等韵合为"京青"韵,但不同于"榛文"韵和"寻侵"韵,宕江合流,但"江黄"韵与"姜阳"韵分立,等等。

由此看来,绍兴方言这种梗摄三四等韵和宕摄开口三等韵的链移式音变,很早就见于吴方言区多个方言,可以说是吴方言韵母历史演变的一个不同于其他南方方言的特点。

八

综上所述,绍兴方言梗摄三四等韵母与蒸韵合流,吸引宕摄开口三等韵前来填补齐齿韵的空缺,使梗摄韵组复归完整。宕摄开口三等韵音变后又有江摄少数字(如"降")的韵母前来填补宕江摄齐齿韵的空缺,宕江摄阳声韵韵组也复归完整。宕摄开口三等韵的音变还引发了宕江摄(开合口)和效摄的感染性音变。以上梗摄三四等韵和宕摄开口三等韵的链移式音变也见于吴方言区多个方言,而且历史悠久。感染性音变则未在吴方言区普遍发生。看来这是一种地方性的音变。绍兴方言中参与这一音变的字音数量和种类之多远为其他方言所不及,其中效摄字的音变更是除相邻地区外不见于任何其他方言。因此很有可能绍兴地区就是发生这种感染性音变的中心。正是这种音变现象引导人们进一步去注意隐藏在它后面的链移式音变。而新生或残余的多种不同语音形式又暴露了音变过程的痕迹。在这种痕迹的指引下,人们就可以更有把握地追踪各个韵母的历史演变。

语料来源

北京大学中文系语言学教研室:《汉语方音字汇》(第二版重排本),语文出版社,2003。
曹志耘:《南部吴语语音研究》,商务印书馆,2002。
江苏省地方志编纂委员会:《江苏省志·方言志》,南京大学出版社,1998。
江苏省和上海市方言调查指导组:《江苏省和上海市方言概况》,江苏人民出版社,1960。
钱乃荣:《杭州方言志》,日本好文出版,1992。
汤珍珠、陈忠敏:《嘉定方言研究》,社会科学文献出版社,1993。
王福堂:《绍兴方言同音字汇》,《方言》2008.1。
徐通锵:《宁波方言调查字表》,商务印书馆,1980。(未刊)
许宝华、汤珍珠:《上海市区方言志》,上海教育出版社,1988。

参考书目

耿振生:《明清等韵学通论》,语文出版社,1992。
李新魁:《汉语等韵学》,中华书局,1983。
摩棱多夫(P. G. von Möllendorff):《宁波方言的字音》(*The Ningpo Syllabary*),American Presbyterian Misson Press,Shanghai,1901。
王福堂:《汉语方言语音的演变和层次》(修订本),语文出版社,2005。
　　　《汉语方言语音中的层次》,《语言学论丛》第27辑,商务印书馆,2003。
王应电:《声韵会通》,载《同文备考》,明嘉靖刊本,1540。
赵元任:《现代吴语的研究》,清华学校研究院,1928;科学出版社,1956。

(原载《语言学论丛》第 37 辑,商务印书馆,2008 年)

绍兴方言中蟹摄一等咍泰韵的分合

一

绍兴方言中蟹摄一等咍泰两韵的韵母都有 E（uE）和 a（ua）两种音值，而且与二等皆佳夬韵的读音关系密切。下面列举各韵的例字：

（开）咍一：戴 tE⁼ 文 ta⁼ 白　猜 ₋tsʰE　赛 sa⁼　慨 kʰE⁼ 文 kʰa⁼ 白

　　　泰一：贝 pE⁼　带 ta⁼　蔡 tsʰa⁼　害 ɦE⁼

　　　皆二：拜 pa⁼　斋 ₋tsa　豺 ₋dzE 文 za 白　介 tɕia⁼ 文 ka⁼ 白

　　　佳二：派 ⁼pʰa　奶 ⁼na　柴 ₋za　解 ⁼tɕia 文 ⁼ka 白

　　　　　　稗 bo⁼　女～孙 ⁼no　佳 ₋tɕio

　　　夬二：败 ba⁼　寨 dza⁼

（合）咍一：杯 ₋pE　队 dE⁼　催 ₋tsʰE　块 kʰuE⁼

　　　泰一：兑 dE⁼　最 tsE⁼　会 ɦuE⁼ 文 ua⁼ 白,能干

　　　皆二：乖 ₋kua　坏 ɦua⁼

　　　佳二：拐 ⁼kua　歪 ₋ua

　　　　　　挂 kuo⁼　蛙 ₋uo

　　　夬二：哙樊～ kʰuE⁼ 文 kʰua⁼ 白

　　　　　　话 ɦuo⁼

下面再以帮端知见各系声类为条件，排列各例字的韵母，以见各韵的分合（表中"/"左为读书音，右为口语音。又皆佳两韵见系个别字有主要元音与口语音相同的读书音 ia，与本文所述问题无关，表中不列，佳夬两韵个别字的韵母为 o 或 uo，说明可能有不同来源，也不列。下同）：

(开)	咍	泰	皆	佳	夬	(合)	咍	泰	皆	佳	夬
帮		ɛ	a	a	a			ɛ			
端	ɛ/a	a		a				ɛ	ɛ		
知			ɛ/a	a	a				ɛ		
见	ɛ/a	ɛ	a	a			uɛ	uɛ/ua	uɛ/ua	ua	uɛ/ua

从以上两表来看，一等韵中，开口的咍韵有读书音 ɛ，口语音 a，异读是文白的关系，泰韵则帮系见系为 ɛ，端系为 a，异读大致与声类有关。合口韵中，咍韵有 ɛ(uɛ) 无 a(ua)，泰韵则除见系个别字有口语音 a(ua)，其他端系都为 ɛ(uɛ)。这样，咍韵开口和泰韵开合口都有口语音 a(ua) 一读，但咍韵通过读书音，泰韵通过声类条件和读书音，都在向 ɛ(uɛ) 转化。就这点来看，咍泰两韵演变中分合的方向相同，表现为合流。

二等韵中，皆佳夬韵开合口有口语音 a(ua) 一读，只个别字有读书音 ɛ(uɛ)，由于文白读音的存在，与咍泰两韵的演变有相同的方向，也表现为合流。但泰韵开口端系只有 a(ua) 一读，比起咍韵来，与读音多为 a(ua) 的二等韵的关系显得更为密切。

看来绍兴方言中一等咍泰两韵之间的关系比二等皆佳夬韵的情况复杂，有进一步分析的必要。

二

绍兴方言一等咍泰两韵都有文白异读。但泰韵字 ɛ(uɛ) 的出现大多与声类条件有关，因为有相对的口语音 a(ua) 而得以确认为读书音的极少，就笔者《绍兴方言同音字汇》所记，上文的"会"字是仅见的例字。这说明泰韵中读书音 ɛ(uɛ) 的产生可能还是晚近的事。但咍韵开口字一般都有读书音 ɛ(uɛ)，口语音 a 非常少见，合口韵则全部为 ɛ(uɛ)，无一 a(ua)。就目前所知，咍韵开口韵有口语音 a 的仅有以下 17 字：

戴 tɛ⊃ 文,姓 ta⊃ 白,~花

态 tʰa⊃

埭 da⊇

乃艿 ⊆na

灾栽 ⊂tsɛ 文 ⊂tsa 白

哉 ⊂tsɛ 文,好~ ⊂tsa 白,之乎~也

宰 ⊂tsɛ 文 ⊂tsa 白

载_(年~) tsE⁼_文 tsa⁼_白

赛_(塞边~) sa⁼

凯慨 ᶜkʰE_文 ᶜkʰa_白

忾 kʰE⁼_文 kʰa⁼_白

埃 ᶜE_文,~糟 ᶜa_白,尘~

嗳 E⁼_文,~隶 a⁼_白,阴~天

  例字中,就异读 E 和 a 组词的使用情况来看,"戴""嗳"二字的读书音用于书面语,口语音用于口语,与一般文白读音的语言环境一致。但其他字就很难判断异读一定就是读书音和口语音的区别了,其中"哉""埃"二字更是读书音用于口语,口语音用于书面,颠倒了过来。由于咍韵开口字中读书音 E 远较口语音 a 为多,这种文白异读似乎曾经有过长期的发展,因此不但文白读音和文白语言环境已经变得不都一致,而且口语音也已经大量消磨,成为零星的残余。但实际上绍兴方言蟹摄一等韵受官话方言的影响还不能说是很深的,这种口语音长期发展后已属残存的情况似乎不太可能出现。

  因此,绍兴方言咍韵开口字中异读 E 和 a 的性质还值得商榷。咍韵开口字的 a 韵母一读是不是口语音,不同的判断将牵涉到咍泰两韵分合的方向。如果认为是口语音,则咍泰两韵都有读书音 E 和口语音 a,二者有平行的演变,都在由 a 向 E 变化,只不过有较多读书音 E 的咍韵字在合流中的变化速度比泰韵要快。如果认为不是口语音,则咍泰两韵的文白不都是 E 和 a,在演变中就不完全是平行的,有着不完全相同的方向,彼此还可能会有交集。这就有必要了解绍兴方言咍韵字较早时期的读音,看看是不是有助于对情况的判断。

三

  就目前所见,绍兴方言与此有关的早期文献有摩棱多夫《宁波方言的字音》(1901年)和范寅《越谚》(1882 年)两种,距今都已百年有余。摩著是研究宁波方言语音的著作,但附录中收入了绍兴方言约 4 千字音的材料,其中咍韵开口字韵母为 a 的计有"埭乃鼐灾宰载_(~重)塞_(边~)忾哀嗳"等共 10 字。由于这一材料收入的基本上是读书音,这些字是否是口语音,也值得怀疑。

  《越谚》主要收集绍兴方言的词语和谚语,不是音韵描写的专著,但从所收词语的注音中可以判断一部分咍韵开口字的读音。比如注文中以"戴待采鳃哀爱"等作为 a

韵母字"带筷浅筐大汏埭奶扯载酾(筛)解尬侲我们捱外号目连~头埃挨瑷"等的反切下字或同音字，以"戴哉鳃艾哀爱"等作为 E 韵母字"妹歹虽榷裾呆唉"等的反切下字或同音字，其中"戴鳃哀爱"等字还是两属的，显见是两读。这些反切下字或同音字有的读作 E 韵母，有的读作 a 韵母，有的 E、a 两读。但从读音上也很难认为读 a 的一定就是口语音。

绍兴方言上述两种材料的情况说明，百年前哈韵一部分开口字已经有 a 韵母一读，但与目前情况相比，数量差别不大，难以判断这种 a 韵母是否就是口语音的情况也相似。不过 a 韵母字在早期也不多的情况说明，它不像是原有读音的残留，相反，倒有可能是在演变过程中新产生的读音，是哈韵开口字以词汇扩散的方式向泰韵归并的一种表现。这种读音自然不能认为是口语音。它在目前被处理为口语音，可能只是根据了部分字(如"戴""瑷")的情况。

四

绍兴方言这种哈韵开口字因向泰韵归并而出现 a 韵母一读的情况，也见于吴方言区的不少方言。下面列出几个方言哈泰皆佳夬各韵的韵母：

	(开)哈	泰	皆佳夬	(合)哈	泰	皆佳夬
苏州	E/ɒ	E/ɒ	E/ɒ	E uE	E uE/ɒ	uE/uɒ
宁波	e/a	ei e/a	a	ei uei	ei uei/a	uei/ua
遂昌	ɐ/ɔ	ei e/ɔ	ɔ	ei uei	ei uei/ɔ	uei/ɔ
温州	ei e/a	ai e/a	a	ai e	ai e/a	a ua
庆元	ei/a	ei/a	a	ei uei	ei uei/ua	ua

各方言哈泰开口韵都有相同的口语音，泰韵合口也都有少量的口语音，而且从韵母的音值看，泰韵和二等韵的关系也更密切。这些情况都和绍兴方言相同。

方言中这类哈韵开口字数量上的多寡还与地域分布有关。在江苏南部和浙江的中部北部，哈韵开口字有口语音韵母一读的极少，基本上都是相近的个别用字。例如：

　　苏州：戴 tE² 文 tɒ² 白　埭 dɒ²
　　宁波：戴 te² 文 ta² 白　埭 da²

但在浙江南部，这类字音却相对较多。例如：

　　温州：戴 te² 文 ta² 白　埭 da²　乃䴙 ˆna　硋 ˤŋa　埃 ˤa

庆元：戴 ᶜdei⁼ 文 dʼa⁼ 白 态 tʰa² 埭 ta² 乃 ᶜna 耐 na² 灾栽 ₒtsa
宰 ᶜtsa 赛 sa² 在 ᶜsa 孩 ₒxa

例字的韵母和方言中泰韵及二等皆佳夬韵（如 a 或 ɒ）相同，而不同于哈韵（如温州方言 ei、e，庆元方言 ei）。这种情况和绍兴方言一致。可见早期哈韵一部分开口字向泰韵归并的情况普遍见于吴方言区，不限于绍兴方言。而且各地哈泰两韵开口字存在读书音 ɛ、e、ɐ 或 ei 等和口语音 a（ua）等的情况，大致也与绍兴方言相同，只不过字音数量上有差异。这些也反映了吴方言区大多数方言都有和绍兴方言相似的哈泰两韵合流中的复杂情况，即哈韵是以词汇扩散的方式向泰韵归并的，泰韵则同时通过声类条件和读书音向哈韵归并。

五

从以上绍兴方言和百年前字音材料及目前其他吴方言相比较的情况来看，本文开头提到的绍兴方言哈泰两韵合流、都有韵母由 a（ua）向 ɛ（uɛ）的变化，只是目前的一种现象。在早期，绍兴方言哈泰两韵无疑是各自为韵的。就音值来看，可能哈韵的 ɛ（uɛ）是《切韵》ɐi*（uɐi*）中韵腹和韵尾的合音，泰韵的 a（ua）是《切韵》ɑi*（uɑi*）中韵腹丢失韵尾并前化的结果。* 据前文所述情况推断，绍兴方言泰韵的早期读音已经基本上变化为 a（ua），与二等的皆佳夬韵合流，一部分字则以声类为条件与哈韵合流为 ɛ（uɛ），反映出两个一等韵之间仍有较为密切的关系。而哈韵开口韵也已经有一部分字按词汇扩散的方式向泰韵归并，韵母中除 ɛ 外出现了另一读音 a（这里的 ɛ 和 a 自然不是一般的读书音和口语音的关系）。因此早期的哈泰两韵是相互归并，即同时存在哈韵由 ɛ 向泰韵 a 的归并（但合口韵 uɛ 没有这一动向），ɛ 最后都可能变为 a，和泰韵按声类条件由 a（ua）向哈韵 ɛ（uɛ）的归并，a（ua）最后都可能变为 ɛ（uɛ）。这是两种相反方向的归并，归并的结果是不同的。当然，在归并过程中的某一阶段（这一阶段也许很长），两韵都兼有 ɛ（uɛ）和 a（ua），看起来很像是合流。但实际上这只是韵母的部分交集，并非合流。而后来由于官话方言影响的进入，而且由于绍兴方言的（合音而成的）ɛ 在音值上比（丢失韵尾的）a 更接近于相对应的官话方言的复元音 ai，更适合作为读书音，哈韵由 ɛ 向泰韵 a 的归并就停顿了下来，而泰韵的 a（ua）韵母字则由于官话的影响而开始产生新读音 ɛ（uɛ），这一新读音与 a（ua）构成

---

* 哈泰两个一等韵在《切韵》中的读音，是笔者根据它们在现代汉语方言中的表现构拟的。

了读书音和口语音的关系。这样,哈泰两韵原有的 ɛ(uɛ)韵母趋于稳定,哈韵开口字已经向泰韵归并的 a 韵母则开始消磨。因此,哈泰两韵总的演变趋势发生了变化,其中由 ɛ 向 a 的变化中断,全部转为由 a(ua)向 ɛ(uɛ)的变化。哈韵开口韵中的 a 韵母字在吴方言区受官话影响较大的北部地区——江苏南部和浙江北部中部地区——迅速消磨,只留下个别的残余,只在离官话较远的浙江南部地区及中部的个别方言(如绍兴方言)有较多的保留(但《越谚》所载早期绍兴方言中曾有 a 韵母一读的"待采鳃哀爱"等字目前也已经失去了这一读音)。

由此可见,绍兴方言中哈泰两韵的分合并不是简单的合流。在早期,哈韵和泰韵相互归并,结果是交集而不是合流。在官话方言的影响进入后,哈泰两韵都表现为向 ɛ(uɛ)的变化,分合方向才改变为合流。演变过程中先是哈韵和泰韵有双向的归并,后来则只是泰韵向哈韵归并。可以想见,分合方向改变后,绍兴方言哈泰两韵将会确定地以 ɛ(uɛ)的语音形式完成合流。

参考书目

曹志耘、秋谷裕幸、太田斋、赵日新:《吴语处衢方言研究》,日本好文出版,2000。
范　寅:《越谚》,谷应山房,1882;上海文艺出版社,1986。
摩棱多夫(P. G. von Möllendorff):《The Ningbo Syllabary》(宁波方言的字音),1901。
潘悟云:《温州话音档》,上海教育出版社,1998。
王福堂:《绍兴方言同音字汇》,《方言》2008.1。
王洪君:《从开口一等重韵的反映形式看汉语方言的历史关系》,《语言研究》1999.1。
叶祥苓:《苏州方言志》,江苏教育出版社,1988。

(原载《罗杰瑞先生七秩晋三寿庆论文集》,
香港中文大学出版社,2009 年)

绍兴方言百年来的语音变化

一

早期绍兴方言有不少著作存世,如清毛西河《越语肯綮录》,茹三樵《越言释》,范寅《越谚》等。这些著作记述了相当数量的方言词语,对词语音读和用法的注释还透露出方言语音语法的若干消息,作为研究资料无疑是宝贵的。但它们还不是用现代语言学方法记录的方言材料。1901年摩棱多夫(P. G. von Möllendorff)所著《宁波方言的字音》(The Ningbo Syllabary)一书附录绍兴方言约4000字音,则是仅见的这种语音材料(下文称绍兴方言早期字音材料)。它使我们有可能了解早期绍兴方言的语音系统以及不同于现代绍兴方言的若干语音特点,重要性自不待言。不久前丁锋利用它对绍兴方言一百年来的语音变化进行探索,颇得条理。但语言实际是复杂的,一种材料不一定能给予全面的反映。笔者以为,为使了解准确深入,还需要根据其他文献和语言实际对这一材料进行补充,再作探索。

《宁波方言的字音》附录中收入了宁波、绍兴、台州三个方言的字音。摩氏在序言中说,绍兴方言字音是绍兴府浸信会教友布道团的包斯菲尔德(C. E. Bousfield)牧师提供的。但没有说明是否即是包氏本人所记。也没有提到发音人,但无疑应该是本地人。这种字音的调查记录可能是为方言布道和《圣经》翻译所做的准备工作。据资料,浸信会是1869年开始在绍兴地区传教的,包氏提供的材料应当是此年至该书出版的1901年之间的记录,距今约100至150年。不过字音没有记录声调,声韵母系统也没有整理,需要研究者自行归纳。记音符号是根据拉丁字母改造的。摩著是宁波方言的研究著作,对宁波方言的声韵调有细致的分析。但绍兴方言既非摩氏所记,和宁波方言标音相同的字音是否音值也相同,就不易判断了。比如"奏"字两方言同记为 tseo,而据20世纪20年代赵元任记录的韵母,流摄开口韵韵母绍兴方言为 ɤ,宁波方言为 œɤ,差别颇大,从语音演变的可能性考虑,此前半个世纪时的音值是不会完全相同的。

绍兴方言早期字音材料的声母(30)和韵母(62)可以归纳如下：

p p' b m f v, t t' d n l, ts ts' dz s z, k k' g ng h, ky ky' gy ny hy, ' w y, ∅。

a ô o ae ao eo an aen en   ön   ang eng ông ong ah aeh eh   öh ôh oh
i ia   iae iao ieo ian   ien in   iang ing   iah iaeh ieh ih
u ua uô uae   uan uen   uün uön uang   uông uong   uaeh ueh   uöh uôh uoh uh
ü   üô   üin ün ön   üông öng   üih   üôh üoh
r

声母中,ky 组是 k 组的腭化音(如"京"kying、"旭"hyüoh),相当于 tɕ 组。'置于声母后表示送气(如"忾"k'a),置于开口呼音节前为声母(如"侯"'eo),与 ɦ 相当。w、y 实际上是'的音位变体,w 出现在合口韵前(如"丸"wön),y 出现在齐齿韵和撮口韵前(如"演"yien,"渔"yü)。韵母中,ü 为 y,ö 为 ø,ô 相当于 ɔ(如"哑"üô)和 ɒ(如"光"kwông,"江"kyüông),eng 中的 e 为 ə(如"承"dzeng),韵尾 h 相当于喉塞音 ʔ(如"拆"ts'ah)。r(如"二"r),摩氏也写作 yrl,音值大概与 l(ɦl)相近。另外,"紫迟使"等字音只标声母不标韵母(如"四"s),没有元音 ɿ。

绍兴方言早期字音材料有读音相同而标音不同的问题。比如个别字韵母记做 æn、iæn,实际上和 an、ian 相同,少数字韵母记做 æ、iæ、uæ、æn、æh、iæh、uæh,实际上和 ae、iae、uae、aen、aeh、iaeh、uaeh 相同。又如"裙"gyüin 和"捐"kyön 有无介音 ü 不一,"泥"nyi 和"女"nü 声母腭化与否不同,可能是因为未作音系归纳致使标音不尽一致。另外还可能有一些误记。如韵母 uh 的音值与目前相对应的韵母(əʔ)出入太大,其中的元音 u(如"侧"ts'uh)令人怀疑。误记还可能影响到人们对音类变化进程的理解。

绍兴方言现代语音的材料,主要有赵元任(1928 年)、笔者(1959 年)和陶寰(1996 年)等数种,差别不大。本文根据笔者所记绍兴东头埭口音,需要时也引述赵、陶的记音。绍兴东头埭口音的声母(29)韵母(57)如下:

p pʰ b m f v, t tʰ d n l, ts tsʰ dz s z, tɕ tɕʰ dʑ ɕ z, k kʰ g ŋ h ɦ (j、w、ɥ),∅。

ɿ a ɛ ɤ ɒ o æ ē ø aŋ əŋ ɒŋ oŋ aʔ æʔ eʔ əʔ øʔ oʔ
i ia iɛ iɤ io iæ ie iø iaŋ iŋ iɒŋ ioŋ iaʔ   ieʔ   iøʔ ioʔ
u ua uɛ   uo uæ uē uø uaŋ   uoŋ uoŋ uaʔ uæʔ ueʔ   uøʔ uoʔ
y
m n ŋ l

与现代语音相比,早期绍兴方言的声母多出 w y(作为'的音位变体,与现代绍兴方言 ɦ 的音位变体 w 和 j、ɥ 相当)2 个,缺少 1 个 ʐ,韵母多出 ô uô yô aen in üin uün ün iaeh ih üih ôh uôh yôh 等 14 个，缺少 ɿ io uo uaʔ iø? m n ŋ̍ 等 9 个。声韵母的不一致反映了变化前后两个语音系统的差别，也与音系的处理以及材料中多收读书音（字音材料所收并非如摩氏所说都是口语词字音），颇多遗漏口语音（比如字音材料不收只见于口语音的 4 个声化韵 m n ŋ̍）有关。不过这一缺漏还不致影响对语音系统的观察。比较这两个相距百年以上的音系，仍然可以找出声韵母音类的分合轨迹。

为与绍兴方言现代语音比较的方便，下面把早期字音材料中一部分与现代语音音值相同或相当的元辅音标音作了改写。比如声母ʻ改为 ɦ，w 改为 ɦu，y 改为 ɦi 和 ɦy，送气符号ʻ改为ʰ，ky、kyʻ、gy、ny、hy 改为 tɕ、tɕʰ、dʑ、ȵ、ɕ，元音 ü 改为 y，ö 改为 ø，ô 改为 ɔ 和 ɒ，鼻音韵尾 ng 改为 ŋ，喉塞韵尾 h 改为 ʔ，韵母 eng 改为 əŋ，另增加元音 ɿ。

二

绍兴方言语音百年来的变化，主要是声母韵母音值的变化，以及由此引发部分音类的分化和合流。方言的内部分歧和文白异读的消长，也影响到字音的变化。下面按声母韵母的顺序分项叙述这些变化。

1. 精组声母的分化

绍兴方言早期字音材料中的精组字声母为舌尖音 ts、tsʰ、dz、s、z。现代绍兴方言中则因韵母四呼的不同而分化，开合口韵前保持为舌尖音 ts、tsʰ、dz、s、z，齐撮口韵前腭化为舌面音 tɕ、tɕʰ、dʑ、ɕ、ʑ，与见组声母的腭化音合流，不再区分尖团音。声母分合情况如下所示：

ts tsʰ dz s z → ts tsʰ dz s z 早崔惭塞寺
     ↘ tɕ tɕʰ dʑ ɕ ʑ 接趣前仙自
tɕ tɕʰ dʑ ɕ → tɕ tɕʰ dʑ ɕ 结丘虔轩

据赵元任所记，这一分化过程在 20 世纪 20 年代已经完成，仅只绍兴地区一部分人的"堕贫口音"（又称"凡字眼"）还保持区分尖团音的特点。

精组声母的分化，也有少数字与总的变化过程进度不一致的情况。比如在早期字音材料中已经有极少数精组字声母在齐撮口韵前腭化，如"俊精"tɕiŋ，"娶清"tɕʰy，"先心"ɕien，"巡邪"dʑiŋ。而目前绍兴方言虽然已经不存在"堕贫口音"，但南郊少数老年人齐撮口韵前却还可以有舌尖音一读，如"小~心"ᶜɕiŋ～ᶜsiŋ。可见精组字声母的分化在早期已经开始，而在非主流的群体中，完成却将会更晚。

2. 知照组三等字与精组字声母的合流

有些吴方言知照组三等部分字声母为舌面音 tɕ 组，韵母为细韵，语音较为存古。如宁波方言"展知"ᶜtɕi，"超彻"ₑtɕʰi，"传澄"ₑdʑiɵʏ，"浙章"ᶜtɕieʔ₅，"穿昌"ₑtɕʰiɵʏ，"剩船"ₑdʑiŋ，"少书"ᶜɕiɔ，"盛禅"ₑʑiŋ，"日日"ȵieʔ₅。部分方言舌面音已经舌尖化。其中极少数方言为卷舌音，如常熟方言"照章"tsɤᶜ，"树禅"zʮ²，"砖知"ᶜtʂɤ。多数方言为舌尖前音，与精组合流，如上海方言"抽彻"ₑtsʰɤ，"煮章"tsɿᶜ，"船船"ₑzø。也有与精组合流的情况因韵母开合口而异的，如绍兴方言。

绍兴方言早期字音材料中，知照组开口三等字声母已经记为 ts 组，与精组字声母合流。如"展知"tsaen，"超彻"tsʰao，"沉澄"dzin，"浙章"tsiʔ，"菖昌"tsʰɒŋ，"剩船"dzəŋ，"少书"sao，"盛禅"dzəŋ，"日日"ziʔ。各例字韵母也相应大部分由齐齿韵转为开口韵。

但上述早期绍兴方言字音材料中，知照组开口三等还有 in、iʔ 两个韵母的字，声母虽然已经与精组合流，韵母却还保持为齐齿韵。例如：

  in 针趁沉阵真春神身慎人

  iʔ 侄浙职出实识十入日

以上各字声母与精组合流而韵母还没有转为开口，说明演变中的各齐齿韵韵母可能是不同步的。稍晚到赵元任的记音中，这两个韵母才变成 ẽ 和 eʔ，完成了向开口韵的转变。（不过韵母 in 变为 ẽ 虽然不是不能解释，但它的知照组声母与精组合流，韵母却不与音近的"情从"dziŋ 的韵母合流，另行演变为开口韵，其中也许还有人们不了解的细节。）

早期绍兴方言字音材料中，知照组合口三等字声母也已经大部分与精组合流。如"转知"tsaen，"柱澄"dzy，"准章"tsin，"枢昌"tɕʰy，"船船"zaen，"说书"siʔ，"纯禅"zin，"如日"zy。但其中遇摄鱼虞韵字声母，一部分字标写为舌面音，一部分字标写为舌尖音。例如：

  tɕy 渚(鱼)主蛀铸(虞) tsy 著(鱼)珠(虞)

  tɕʰy 鼠(鱼)枢(虞)

  dʑy 柱住(虞) dzy 除署(鱼)

  ɕy 书黍庶恕(鱼)输戍(虞)

        zy 如茹(鱼)树儒孺乳(虞)

以上标音存在两个问题。第一，同一横行内的字声母分别为舌面音（左列）和舌尖音（右列），而实际情况应该是相同的，这显然是记音时相同的声母使用了不同音标的结果。（其中 z 行字没有 ʑ 的记法，所以早期字音材料的语音系统中就没有了声母 ʑ。）丁锋认为这些知照组合口三等字的声母曾经由舌面音变化为舌尖音，与精组字合流，以后因撮口韵的影响又再与精组字一起腭化为舌面音。也就是说，知照组鱼虞韵字曾经经历过 tɕy→tsy→tɕy 这样的变化过程，而当时舌面音正处在变化为舌尖音的阶段，所以以上字音应该认为声母都是舌尖音 ts、tsʰ、dz、s、z。丁氏所说知照组鱼虞韵字声母变为舌尖音的情况在吴方言北部地区确有存在。如松江方言"著知"tsy²，"处昌"tsʰy²，"柱澄"zy²，"书书"ₒsy，"乳日"zy²，声母都是舌尖音。但绍兴方言的知照组鱼虞韵字从来没有舌尖音声母与 y 韵母的配合。《越谚》中的字音注释可以证明这一点。《越谚》出版于 1882 年，与《宁波方言的字音》中绍兴字音的记录差不多同时。《越谚》中，"馗"音"厨"（早期字音材料中该字阙记），"鬼"音"主"，这两个声母为舌面音的见组细韵字是用知照组鱼虞韵字来注音的。这说明此时的知照组鱼虞韵字声母也是舌面音，并没有发生 tɕy→tsy 的演变，变化成舌尖音与精组字合流。而《越谚》以后至今，绍兴话鱼虞韵精组字的声母发生了向舌面音的变化，知照组字的声母却一直没有改变。因此，以上字音材料中的两种声母不应该统一为舌尖音 ts tsʰ dz s z，而应该统一为舌面音 tɕ tɕʰ dʑ ɕ ʑ。

第二，知照组鱼韵字的声母韵母还因文白而有不同情况。如"猪"ₒtɕy 文ₒtsl 白，"鼠"ₒtɕʰy 文ₒtsʰl 白，读书音为舌面音声母，y 韵母，口语音为舌尖音声母，舌尖元音 l 韵母。文白异读中，口语音反映了方言音类早先的情况。宋陆游《老学庵笔记》中说："吴人讹鱼字，则一韵皆开口"。绍兴方言鱼韵入开口的特点至今仍然保存在口语音中（除"猪"ₒtsl 等外，又如"裾"ₒkɛ 白，"锯"kɛ² 白）。正是这种开口韵的特性使鱼韵知照组三等字口语音的声母很早就随二等字归入了精组。目前这些字的韵母演变为舌尖元音，仍然反映了早期开口韵的特性。

绍兴方言知照组鱼韵（读书音）虞韵字和精组字声母目前是相同的，如"处昌""取清"同音ₒtɕʰy，"储船""聚从"同音ₒdʑy，"书书""需心"同音ₒɕy，"竖禅""序邪"同音ₒʑy。这种同音自然是声母合流的结果。但如上所述，这里的声母合流，并不是知照组归入精组，而是精组归入知照组的结果。因为知照组鱼虞韵字声母的舌面音一直没有变化，而精组字声母在齐撮韵前却由舌尖音腭化成了舌面音。正是精组字声母的这一变化才导致与知照组字声母的合流。

如上所述，从早期绍兴方言字音材料来看，绍兴方言知照组三等字与精组字声母的合流，就遇摄鱼韵（读书音）和虞韵字来说是精组归入知照组三等，就其他韵母字来说则是知照组三等归入精组。

此外，绍兴方言鱼虞韵以外的其他韵母，至今也还有个别知照组三等字的声母没有归入精组的。比如现代绍兴方言中的"占章"tsẽ² tɕiẽ²~地方，"身书"ₒsẽ ₒɕiŋ~跟头，

"叔₅"soʔ₅、ɕioʔ₅、晚爹~等。这些残余现象说明，绍兴方言中还有极少数字音游离在知照组三等字声母与精组字声母合流的过程之外。

3. 晓组合口呼声母混入非组声母

绍兴方言早期字音材料中，晓匣母合口呼字声母为 h、ɦ，如"呼"ʰhu、"湖"˛ɦu，"昏"ʰhuē、"魂"˛ɦuē，非敷奉母字声母为 f、v，如"夫"ʰfu、"符"˛vu、"分"ʰfē、"文"˛vē，晓匣母字和非敷奉母字声母不相混同。这一特点直到 20 世纪 20 年代赵元任的记录中仍然保持。

但在 20 世纪 50 年代笔者所记绍兴东头埭口音中，晓组合口呼字声母已经开始与非组声母混淆。虽然"呼""湖"仍音ʰhu、˛ɦu，"昏""魂"仍音ʰhuē、˛ɦuē，但少数人又读ʰfu、˛vu 和ʰfē、˛vē，与"夫""符"、"分""文"同音（但"夫""符"只音ʰfu˛vu，"分""文"只音ʰfē、˛vē，不又读ʰhu、˛ɦu、ʰhuē、˛ɦuē）。在 90 年代陶寰的记音中，晓组合口呼声母完全混入非组，"呼""夫"同音ʰfu，"湖""符"同音˛vu，"昏""分"同音ʰfē，"魂""文"同音˛vē（但"夫""分"、"符""文"仍没有 h、ɦ 声母又读）。这种完全混同的现象主要见于绍兴东北郊。

绍兴方言中，晓组合口呼声母完全混入非组是近期发生的语音变化，早期字音材料自然不可能反映。但材料中记有"粪₊"huen、"讣₊"hu 二字。如果记音无误，二字应是反映当时有非组字声母反向混入晓组的情况。这种现象如果发生在两类声母普遍混同的阶段，那是可以理解的。因为在甲类字通过两读混入乙类字的过程中，由于数量引起的感染作用，大量甲类字的两读可能引发个别只有一读的乙类字也产生两读。但这种情况极少出现在音变刚开始发生，音类尚未混同的早期，因此"粪"、"讣"的上述读音也许只是当时个别人的特殊情况。

4. 声母 z 的大量出现

z 不见于绍兴方言早期字音材料而多见于现代绍兴方言。这除去前面所说记音中处理的问题外，还有声母又读发展的原因。

现代绍兴方言中的 z 声母有两个来源。例如：

（1）齐脐茅绪就前贱旋像匠旬循晴绝籍，鲟自邪斜谢榭袖嚼（从邪母）

（2）如茹汝儒乳（日母）殊竖树（禅母虞韵）薯（禅母鱼韵）

从例字中可见，z 声母主要来源于(1)从邪母字。例字在早期字音材料中除"自"、"谢"二字声母为 z 外，其他均为 dz。这是因为绍兴方言精组浊塞擦音字声母多有两读，如"罪从"˛dzE、˛zE，"寻邪"˛dziŋ、˛ziŋ，其中擦音一读多见于口语。早期字音材料基本上不是口语的记录，而以读书音为主，所以绝大部分这类字的声母只记了浊塞擦音

dz,没有记浊擦音 z。现代绍兴方言中,精组字声母已经在齐撮韵前腭化,例字(1)逗号前各字声母变为 dʑ、ʑ 两读,逗号后各字声母只有 ʑ 一音。这些 ʑ 声母是精组分化时由从邪母字的声母 z 腭化而成的,数量颇多。这种由早期的 z 变成的 ʑ,是一种新出现的现象。

但丁氏认为 ʑ 是百年来新产生的声母。就总体来说,情况并非如此。例字(2)的知照组鱼虞韵字声母是 ʑ 的另一来源。因为早期字音材料中例字(2)虽然都记作 z 声母,没有记作 ʑ 声母的,但前文已经提到,绍兴方言知照组鱼虞韵(禅日母)字 y 韵母前的声母 z 实际上应该就是 ʑ。早期字音材料的语音系统没有设立这一声母,并不是因为当时不存在这个声母,而是处理上出了问题。实际上,从材料中知照组鱼虞韵禅日母字的声母或记作舌尖音,或阙记颇多,显见调查者记录时下笔相当犹豫。知照组鱼虞韵字中,声母凡记作舌尖音 ts、dz 的,固然因为有同类的字又记作舌面音,可以有把握地改正为 tɕ、dʑ。但 z 虽然没有同类字又记舌面音可以作为参证,同样也应该改正为 ʑ。这些 ʑ 声母字数量上不是很多,但作为知照组鱼虞韵字的声母从早期至今一直存在,并不是新产生的。

5. 深臻摄舒声韵向曾梗摄的归并

深臻曾梗摄开合口一三四等舒声韵合流,是吴方言区北部大多数方言的特点。以"沉深"、"陈臻"、"澄曾"、"程梗"、"金深"、"斤臻"、"京曾"、"经梗"等字为例:

	苏州	上海	杭州
沈陈澄程	ən	nə	nə
金斤京经	in	iŋ	in

以上开口齐齿韵例字目前苏州、上海、杭州等方言都已合流。绍兴方言中齐齿韵的也已经合流,"金斤京经"同音 ₋tɕin,但开口韵的仍有差别:"沉深陈臻" ₋dzē ≠ "澄曾程梗" ₋dzəŋ。这一特点曾由赵元任指出。

不过从绍兴方言早期字音材料来看,当时深臻摄与曾梗摄舒声的齐齿韵尚未最后完成合流,开口韵却已经开始了合流的进程。

说深臻摄与曾梗摄舒声齐齿韵的合流尚未最后完成,是因为前面提到,深臻摄字还有一个齐齿呼韵母 in,与 en 开齐相配。例如:

in 针趁阵真春神身慎人(知照组)根跟恳垦(见组)

前面还提到,in 韵母中知照组字的声母当时已经与精组字合流,韵母则要晚到 20 世纪 20 年代赵元任的记音中才转为开口韵的 ē。(见组字"根跟恳垦"则是由于方言内部分歧而转入 iŋ 韵母的。见下文。)到那时,in 韵母归于消失,深臻摄没有了这一特有的齐齿韵,才真正完成了与曾梗摄齐齿韵(iŋ)的合流。

说深臻摄舒声开口韵字的韵母在当时已经开始了变化的进程,是因为"啃"字的韵母本应为 en,但早期字音材料中记作 kʰə̣ŋ,与曾梗摄字相同。(由 ə̄ 变 əŋ 缺乏语音条件,所以并不是语音演变,而是外方言影响的结果。)以后到上世纪前半期,"很狠艮"和"根跟恳垦"等字也陆续由 ə̄ 韵母转入了 əŋ 韵母。而目前"痕恨恩"以及非见组的"斟撵舜"等字,或是除 ə̄ 韵母外也有了 əŋ 韵母的新读,或是仅有韵母 əŋ 一读。看来绍兴方言深臻摄开口韵 ə̄ 向曾梗摄 əŋ 韵母的归并在早期就已经启动,归并的结果将是深臻曾梗摄舒声开口韵的全部合流,与目前吴方言北部地区多数方言相同。

6. 韵母音值的渐变及其引发的韵类合流

绍兴方言韵母音值的渐变主要表现为:(1) ae、iae、uae、aen、aeʔ、iaeʔ、uaeʔ、ao、iao、eo、ieo 等韵母中复元音 ae、ao、eo 等单化(部分或又高化)为 ɛ、æ、ɒ、ɣ、e(ɒ 组开口呼韵母的发音至今仍有轻微的动程,实际上仍有韵尾:ɒᵒ,赵元任标写为 ɑɒ;ɛ 组韵母后来如陶寰所记又高化为 e)。(2) ɔ、ciɔ、cu、ʂc、ʂciɔ、ʂcu 等韵母中主要元音 ɔ 舌位高化为 o。(3) an、ian、uan、aen、en、ien、uen、in、yin、uyn、yn、øn、uøn、yøn 等韵母中的前鼻音韵尾 n 弱化,韵母转为鼻化韵 æ̃、iæ̃、uæ̃、ẽ、iẽ、uẽ、ø̃、iø̃、uø̃(æ̃ 组韵母后来如陶寰所记又高化为 ẽ 组)。

上述语音变化引发了如下几组韵类的合流:

(1) ɔ 组韵母归入 o 组韵母。例如:

　　o → o 做搓坐个何(果摄)

　　ɔ ↗ 巴骂沙(假摄)

　　iɔ uɔ → io uo 嘉ᵡ下ᵡ丫ᵡ,瓜画花(假摄)

(2) ɔʔ 组韵母归入 oʔ 组韵母。例如:

　　oʔ ioʔ uoʔ → oʔ ioʔ uoʔ 北六嘱,菊蓄肉,谷哭屋(通摄,曾摄帮组)

　　ɔʔ ʂciɔʔ ʂcuʔ ↗ 　　　　博乐错,学,镬(宕江摄)

(3) aen 韵母部分字归入 en(ẽ)韵母。例如:

　　en → ẽ 奔喷盆门份论村(深臻摄)

　　aen ↗ 占扇看汉岸安(咸山摄覃韵,谈寒韵见系)

上述韵母的合流减少了绍兴方言韵母的数量。

7. 撮口韵介音的齐齿化

绍兴方言早期字音材料中有 y、yɔ、ʂcyin、yn、yøn、yɒŋ、yoŋ、yiʔ、ʂcyʔ、yoʔ 等 10 个撮口韵,韵母系统开齐合撮四呼颇称均衡。但现代绍兴方言中仅单元音韵母 y 保持为

撮口韵,韵母 yn 变为开口韵(ø̃),其他 8 个撮口韵都变为齐齿韵。例如:

    y → y

    yn → ø̃

    yin → iø̃   yøn → iø̃   yiʔ → iøʔ

    yɔ → io   yoŋ → ioŋ   yoʔ → ioʔ   yɔʔ → ioʔ

    yɒŋ → iɒŋ

因韵母的合流,8 个撮口韵变成 6 个齐齿韵:iø̃、iøʔ、io、ioŋ、ioʔ、iɒŋ,其中韵腹为圆唇前元音(ø)的 2 个,圆唇后元音(o 和 ɒ)的 4 个。这是因为在韵母的演变过程中,韵腹后元音使前元音介音 y 失去依托,唇形趋展,逐渐变而为 i。而且这一变化连带使前元音韵腹前的介音也不再有明显的圆唇作用,一并归入了齐齿韵。这一演变使现代绍兴方言的撮口韵大为减少,成为韵母系统的特点之一。

8.几组韵母的整化

绍兴方言早期字音材料中记有 in、yin,uyn、yn,iʔ、yiʔ 三组韵母,都没有开口韵相配,韵组凌乱,引人注意。现代绍兴方言中这些韵母已经并入其他韵母。但它们的归并不都是以韵组为单位的合流,而是以单个韵母自身的音变方向为依据,分别归入音近的韵母。这种音变的动力可以认为是来自方言语音系统的整化,目的是使不整齐的韵母系统重新变得整齐,以便于语言的运用。下面分两组来叙述这种韵母系统的整化。

(1) in 和 iʔ 的变化

in 和 iʔ 韵母中,声母为知照组三等字的,韵母变化为 ē 和 eʔ。这两个韵母可能原来有一个舌位比介音 i 略低的韵腹元音,比如 ɪ。在音变过程中,由于声母由舌面音向舌尖音的转变引起介音 i 的失落,韵腹元音就进一步低化而并入音近的开口韵 ē 和 eʔ。例如:

    in (iɪn) → ē 沉枕深珍陈神伸春顺

    iʔ (iɪʔ) → eʔ 执失侄实职识质湿折拙汁

in 归入 ē、iē、uē 组韵母中的 ē,iʔ 归入 eʔ、ieʔ、ueʔ 组韵母中的 eʔ,各自消除了一个不整齐的韵母。

(2) yn、uyn 和 yin、yiʔ 的变化

同样,这些韵母的 y 和 i 后可能也有一个舌位略降的ɤ 和 ɪ,并受介音 y 的影响而圆唇化为 ʏ,然后在音变过程中各韵母再归入韵腹元音相近的 ø̃、uø̃ 和 iø̃、iøʔ。例如:

yn（yᵛn）→ ø̄ 墩汆盾轮(臻摄端系合口)

uyn（uyᵛn）→ uø̄ 棍坤婚浑稳(臻摄见系合口一等)

yin（yiᵛn）→ iø̄ 军裙勋韵(臻摄见系合口三等)

yiʔ（yiᵛʔ）→ iøʔ 决屈倔血月(山摄见系合口三四等)

yn、yin、uyn 等不成组的韵母分别归入 ø̄、iø̄、uø̄ 组韵母，yiʔ 韵母变为 iøʔ，与 øʔ、uøʔ 合并为 øʔ、iøʔ、uøʔ 组，整化效果显著。

9.方言内部分歧的反映

绍兴方言语音存在若干内部分歧，早期字音材料中有所反映。如果把这种分歧看成是一种语音演变，则变化前后音值的差异显然难以从音理上加以说明。而如果明确它们是一种方言内部分歧，即地域性语音分化的结果，很早就是不同的读音，并非后来语音变化所造成，则差异就可以得到解释。

早期字音材料中所见的这类字音差异，有以下两种情况。

（1）早期绍兴方言字音材料中"根垦恳"等字记做 kin 和 kʰin，韵母为 in，而现代绍兴方言读作 kəŋ 和 kʰəŋ，韵母为 əŋ。丁氏认为目前的 kəŋ、kʰəŋ 是由早期的 kin、kʰin 演变来的，理由是舌根音声母会使韵母的元音和韵尾后化(韵母 əŋ 丁氏标作 ɤŋ)。但这一说法并不符合音理，事实上它也不是一种语音演变的现象。因为现代绍兴方言中，见组声母的中元音韵母开口韵字一部分人读入齐齿韵，如"狗"ᶜkɤ～ᶜkiɤ，"啃"ᶜkʰəŋ～ᶜkʰiŋ，主要是城区和郊区之间的地域性语音分化的结果，是一种共时的语音差异。如果要从演变的角度说，则"啃"目前的异读音 ᶜkʰəŋ～ᶜkʰiŋ 来自早期的异读音 kʰen～kʰin，其中 ᶜkʰəŋ 来自 kʰen，ᶜkʰiŋ 来自 kʰin，目前的 ᶜkʰəŋ 和早期的 kʰin 之间则没有演变的关系。绍兴方言早期字音材料中"根垦恳"等字记作 kin、kʰin 而不记作 ken、kʰen，应该和发音人的口音有关，其实是当时 kʰen～kʰin 这种共时差异的反映。了解了绍兴方言这一内部分歧的情况后，才能避免在韵母变化中把早期字音材料中的 kin、kʰin 和现代绍兴方言的 kəŋ、kʰəŋ 不恰当地联系起来。

（2）现代绍兴方言韵母 ē、uē 和 ō、uō，eʔ、ueʔ 和 øʔ、uøʔ 间多有又读。如"村"ᶜtsʰē～ᶜtsʰō，"揾"ᶜuē～ᶜuō，"肋"leʔ₂～løʔ₂，"活"ɦueʔ₂～ɦuøʔ₂。绍兴方言早期字音材料中 ueʔ 韵母字"阔"、"骨"韵母记作 uøʔ，ē 韵母字"篡"记作 tsʰøn（tsʰø̄），就是这一内部分歧的反映。这些字的韵母与现代绍兴方言中的读音不同(比如 uøʔ 与 ueʔ，ø̄ 与 ē)，应该是不同的又读音，彼此间没有音变的关系。因此把这几个字的读音理解成是 uøʔ 向 ueʔ、ø̄ 向 ē 的演变结果，无疑是不确切的。

10.部分读书音的消亡

绍兴方言早期字音材料多收书面语读音,极少口语用音。如日母字"人"只收 zin,不收 ȵiŋ 音,"二"只收 r,不收 ȵi 音。这反映了清末吴方言区大力推行官话的社会情况。清代中晚期,由于语言交际和任用官吏时考核官话的需要,官话的推广工作受到重视,吴方言区大多数方言中因此出现了众多的读书音。早期字音材料多收读书音,正是这种情况的反映。但进入民国以后,由于吴方言区经济的发展,也由于任用官吏不再考核官话,推广官话的工作放松下来,吴方言区各地方言中的读书音就大为减少。现代绍兴方言中的读书音总的来说少于早期字音材料。比较早期字音材料和现代绍兴方言,这方面有两个现象值得注意。

(1) 部分读书音消亡

早期字音材料中的某些读书音在现代绍兴方言中不再出现。例如绍兴方言咸山摄见系开口二等韵"夹甲胛掐瞎"等字口语音为 kæʔ、kʰæʔ、hæʔ。早期字音材料中收录的读书音或是只借入官话的声母,如"夹甲胛"音 tɕiaeʔ,"瞎"音 ɕiaeʔ,或是同时借入官话的声母和韵母元音,如"掐"音 tɕʰiaʔ,"鸭"音 iaʔ。而现代绍兴方言的读书音只保留韵母 iaʔ,于是以 iaeʔ(iæʔ)为韵母的读音归于消失。这种因读书音调整而消失的字音 iaeʔ,显然不能理解成是后来演变成了 iaʔ。

(2) 部分读书音消失后再度产生

现代绍兴方言和早期字音材料的字音多有相同的读书音。这些读书音多数是早期字音传承下来的。但也可能有曾经消失,后来重新产生的。比如蟹摄见系开口二等字"阶解戒揩蟹鞋",口语音为 ka、kʰa、ha、ɦa,早期字音材料只收入读书音 tɕia、tɕʰia、ɕia、ɦia。现代绍兴方言中,"阶解"的读书音 tɕia 得以保存,"揩蟹鞋"等字的读书音 tɕʰia、ɕia、ɦia 归于消失,而"戒"的读音 tɕia,根据语言实际情况,则是在 20 世纪前半期不再使用,归于消失,后来重新产生出来的。语音演变中,字音消失后再产生是不可能出现的现象。但对于方言中向官话借入的读书音来说,既然可以因不再需要而消失,消失后因需要而再次借入,应该是完全可能的。不过这种问题的判断无法依靠文献材料,而是要借助于对方言实际情况的了解。

三

绍兴方言语音系统在经历短短的百年之后有了不小的变化。声母系统相对比较稳定,但也有精组分化、知照组三等与精组合流和晓组合口呼混入非组等情况。韵母系统则变动较大,比如出现了如下情况:复元音单化,低中元音高化,韵类合流,n 尾韵转为鼻化韵,撮口韵减少,韵母系统整化等。声韵母的这些变化体现了吴方言北部地区方言语音系统简化的趋势。文白异读的消长则反映了该地区社会中语言运用情况的变化。另外,绍兴方言早期和目前少数不规则的字音,还反映了方言内部分歧以及语音演变中方向和进度的复杂情况。这充分体现了方言的社会性质,需要从社会语言学的角度来认识。

参考文献

丁　锋:《一百年来绍兴方言的语音演变》,载《吴语研究——第三届国际吴方言学术研讨会论文集》,上海教育出版社,2005。
范　寅:《越谚》,谷应山房,1882;上海文艺出版社,1986。
江苏省和上海市方言概况编写组:《江苏省和上海市方言概况》,江苏人民出版社,1960。
摩棱多夫(P. G. von Möllendorff):《The Ningbo Syllabary》(宁波方言的字音),1901。
陶　寰:《绍兴市志》"方言",浙江人民出版社,1996。
王福堂:《绍兴话记音》,《语言学论丛》第 3 辑,上海教育出版社,1959。
赵元任:《现代吴语的研究》,清华学校研究院,1928;科学出版社,1956。

(原载《吴语研究——第四届国际吴方言学术研讨会论文集》,
上海教育出版社,2008 年)

绍兴方言中表处所的助词"东*"、"带*"、"亨*"

一

绍兴方言中,"东*"toŋ²~doŋ²、"带*"ta²~da²、"亨*"haŋ²三个助词,置于动词或介词后,表示句中人或物存在的处所。例如:

1. 寻得*半日,钢笔安带*书包里!(找了半天,钢笔搁在书包里呢!)
2. 钢笔安亨*书包里,我忘记拉来哉。(钢笔搁在书包里,我忘了拿来了。)
3. 钢笔我安东*书包里咯,脍唔有咯。(钢笔我搁在书包里的,不会没有的。)

例句中,"东*"、"带*"、"亨*"都指明某物("钢笔")在某处所("书包里"),意义和功能都大致和普通话的"在"相当。但"东*"与"带*"、"亨*"之间有不容忽视的差别。"东*"只指明人、物存在的处所,"带*"、"亨*"则除指明处所外,还表示人、物与说话人距离的远近。如例句1是说话人在书包里找到钢笔时说的,这时钢笔就在说话人身边,"带*"表示钢笔与说话人距离近。例句2是说话人离开某地后想起钢笔和书包被遗忘在某地时说的,这时钢笔在书包里,却不在说话人身边,"亨*"表示钢笔和说话人的距离远。例句3则是说话人要申明钢笔在书包里而不是在别处时说的,这时钢笔可能在说话人的身边,也可能不在,"东*"表示的处所只涉及钢笔和书包,不涉及说话人。

可见,"带*"、"亨*"实际上同时表示了语句中人、物的两种不同性质的处所:一种是结合语句中有关词语(如"书包")明确指示的处所,另一种是与说话人的距离。第一种处所具有绝对性,第二种是相对的,二者之间并没有必然的联系。普通话的"在"可以表示这第一种处所,但第二种处所却是无法表示的。上述例句后的普通话对译就没有能表示出这第二种处所的区别。如果必须要反映这种区别,就只能用增加指示代词等变通的办法。比如把"安带*书包里"译作"搁在(这里的)书包里","安亨*书包里"译作"搁在(那里的)书包里"之类。

助词"东＊＊"只表示人、物存在的处所,不表示与说话人的距离,因此还可以用在说明事理而不涉及说话人的场合。例如:

　　4.羊毛出东＊羊身上。(羊毛出在羊身上。)

　　5.打蛇打东＊七寸里。(打蛇要打在七寸上。)

　　6.眼睛生东＊额角头。(眼睛长在脑门儿上。)

如果用"带＊＊"、"亨＊＊"替代例句中的"东＊＊",语句的意义就可能发生变化。比如例句6原是用来比喻人的品质的,改用"带＊＊"或"亨＊＊",就变成述说近处或远处一个确实存在的畸形的人了。

因此,"东＊＊"、"带＊＊"、"亨＊＊"在表示处所方面的作用不完全相同。"带＊＊"可以称作近指,"亨＊＊"可以称作远指,"东＊＊"就其不拘与说话人的距离远近来说可以称作泛指。泛指和近指、远指是两个不同层面的类。有人把"东＊＊"称作中指或前指,使"东＊＊"与"带＊＊"、"亨＊＊"归为一类,组成一个系列,认为"带＊＊"、"东＊＊"、"亨＊＊"依次指称最近、近、远(徐文蔚《"哼"、"东"和"带"》),或近、前、远(陈望道《说存续表现的两式三分》),或近、中、远(同前陈文附注)。但绍兴方言的"带＊＊"、"东＊＊"、"亨＊＊"实际上从来不能顺序指称由近渐远的几个人或物,上述说法混淆了层次的系列,显然是不正确的。

绍兴方言还有两个表示远近的指示代词:表近指的"葛＊＊"和表远指的"亨＊＊",相当于普通话的"这"和"那"。助词"带＊＊"、"亨＊＊"与代词"葛＊＊"、"亨＊＊"在使用上有明确的配合关系:助词"带＊＊"只与代词"葛＊＊"配合,不与代词"亨＊＊"配合;助词"亨＊＊"只与代词"亨＊＊"配合,不与代词"葛＊＊"配合。如:

　　7.桌子还是摆带＊葛＊里好。(桌子还是搁在这儿好。)

　　8.伊住亨＊亨＊头,倷走出去转个汇就到哉。(他住在那边,你出去拐个弯就到了。)

"东＊＊"不表示近指或远指,因此可以与代词"葛＊＊"或"亨＊＊"任何一个配合。如:

　　9.呆歇照相,倷立东＊葛＊半边,或则立东＊亨＊半边,都好咯。(待会儿拍照,你站在这边,或是站在那边,都行。)

不过,助词"亨＊＊"与代词"亨＊＊"在口语中实际上较少连用,常常改变其中的一个,以避免重复。如例句8中的"伊住亨＊亨＊头",常常或是只以指示代词表示远近而说成"伊住东＊亨＊头",或是加上具体的表处所的词语而改说"伊住亨＊昌安门外"之类。

助词"亨＊＊"与代词"亨＊＊"语音形式相同,又都表远指,可能有相同的历史来源,但二者在当前的共时系统中并没有关系。有人认为助词"亨*"就是代词"亨*"（同前陈文），有人认为"东*"、"带*"、"亨*"是出自指示代词的处所代词（吕叔湘《指示代词的二分法和三分法》），还有人具体推测助词"亨*"是由处所代词"亨*头"（那边）缩减转化而成的（巢宗祺《苏州方言中"勒笃"等的构成》）。但这些说法无法解释为什么目前绍兴方言可以说"来*亨*亨*头"（在那边），而不说"来*亨*头"。"来*亨*亨*头"中兼有"亨*"和"亨*头"，表明"亨*"与"亨*（头）"是共时系统中并存而且彼此独立的助词和处所代词，不是同一个词，也不存在转化的关系。

二

绍兴方言"东*"、"带*"、"亨*"在语法上的分布可以分为两类，一类附着在一般动词后，一类附着在方位介词兼存在动词"来*"之后。两类分布的语法环境有对应关系。

附着在一般动词后的"东*"、"带*"、"亨*"主要出现在如下句式和结构中：（下面的 NP 表示名词性词组，VP 表示动词性词组，R 表示结果补语，圆括弧（ ）里是下级构成成分，方括弧 [ ] 里是出现与否两可的成分。译文不能反映的近指、远指、泛指义，以后加〈近〉、〈远〉、〈泛〉表示。下同。）

（一）NP＋VP(V＋东*、带*、亨*＋处所)＋VP

10. 小王坐带*明堂里乘风凉。（小王坐在院子里乘凉。〈近〉）
11. 倻立亨*大树底下避雨。（他们站在大树底下避雨。〈远〉）
12. 偌坐东*凳高头看好哎。（你就坐在凳子上看好了。〈泛〉）

（二）NP＋VP(V＋东*、带*、亨*)＋ VP

13. 伊坐带*发呆。（他坐着发愣。〈近〉）
14. 阿祥清早就立亨*忙哉。（阿祥一大早就站着忙了。〈远〉）
15. 偌立东*则*啥？（你站着干吗？〈泛〉）

（三）NP＋VP(V＋东*、带*、亨*＋处所)

16. 小船歇带*桥底下。（小船停在桥底下。〈近〉）
17. 麻鸟落亨*稻田里。（麻雀落在稻田里。〈远〉）
18. 伊翻东*河港里哉。（他掉在河里了。〈泛〉）

（四）NP＋VP(V [＋R] ＋东*、带*、亨*)

19. 呆呆大一梗鱼抲牢带*哉。（好大的一条鱼逮住了。〈近〉）

20. 倷儿子归来亨*哉。(你儿子回来了。〈远〉)

21. 伊睏熟东*,[倷嫑去吵伊。](他睡了,[你别去闹他。]〈泛〉)

(五) NP+处所+VP(V(+NP)+东*、带*、亨*)

22. 倻车站里等倷带*,[倷豪*燥*来。](我们在车站里等你,[你快点来。]〈近〉)

23. 伊爹娘屋里头等亨*咯。(他爹妈在家里等着的。〈远〉)

24. 钢笔书包里安东*咯,[𫧃唔有咯。](钢笔在书包里搁着的,[不会没有的。]〈泛〉)

(六) 处所+VP(有+NP)+VP(V+东*、带*、亨*)

25. 皮夹里还有张钞票塞带*。(钱包里还塞着一张钞票呢。〈近〉)

26. 门口头有个人立亨*。(门口有一个人站着。〈远〉)

27. 伊箱子里有些铜钱囥东*。(他箱子里有些钱藏着。〈泛〉)

(七) 咯字结构(V+东*、带*、亨*+咯)[+N][+VP]

28. 做带*咯[衣裳][勿割舍穿。](做好了的[衣服][不舍得穿。]〈近〉)

29. 开亨*咯[门][嫑忘记关拢。](开着的[门][别忘了关上。]〈远〉)

30. 读东*咯[书][总是自咯。](学来的[知识][总是自己的。]〈泛〉)

附着在处所介词兼存在动词"来*"后的"东*"、"带*"、"亨*",主要出现在与上述第一类相对应的下列句式和结构中:(其中 PP 表示介词词组,例句各序号以相对应第一类的序号加"'"表示)

(一) NP+PP(来*+东*、带*、亨*+处所)+VP

10'. 小王来*带*明堂里乘风凉。(小王在院子里乘凉。〈近〉)

11'. 俫来*亨*大树底下避雨。(他们在大树底下避雨。〈远〉)

12'. 倷来*东*葛*里看好唻。(你就在这儿看好了。〈泛〉)

(二) NP+来*+东*、带*、亨*+VP

13'. 我来*带*饲鸡。(我在喂鸡。〈近〉)

14'. 阿祥清早就来*亨*忙哉。(阿祥一大早就在忙了。〈远〉)

15'. 倷来*东*则*啥?(你在干吗?〈泛〉)

(三) NP+VP(来*+东*、带*、亨*+处所)

16'. 小船来*带*桥底下。(小船在桥底下。〈近〉)

17'. 麻鸟来*亨*稻田里。(麻雀在稻田里。〈远〉)

18'. 伊来*东*屋里。(他在家。〈泛〉)

（四）NP+VP(来*＋东*、带*、亨*)

　　19′. 呆呆大一梗鱼来*带*哉。（好大的一条鱼在[这儿]了。〈近〉）

　　20′. 倷儿子来*亨*哉。（你儿子在[那儿]了。〈远〉）

　　21′. 伊来*东*，[偌去讴伊来好哉。]（他在，[你去叫他来好了。]〈泛〉）

（五）NP＋处所+VP(来*＋东*、带*、亨*)

　　22′. 倠车站里来*带*，[偌豪*燥*来。]（我们在车站里，[你快点来。]〈近〉）

　　23′. 伊爹娘屋里头来*亨*咯。（他爹妈在家里的。〈远〉）

　　24′. 钢笔书包里来*东*咯，[艅唔有咯。]（钢笔在书包里的，[不会没有的。]〈泛〉）

（六）处所＋VP(有＋NP)＋来*＋东*、带*、亨*

　　25′. 皮夹里还有张钞票来*带*。（钱包里还有一张钞票呢。〈近〉）

　　26′. 门口头有个人来*亨*。（门口有一个人。〈远〉）

　　27′. 伊袋袋里有些铜钱来*东*。（他口袋里有些钱。〈泛〉）

（七）略字结构(来*＋东*、带*、亨*＋咯)[＋N][＋VP]……

　　28′. 来*带*咯[衣裳][嫚穿,偌要穿啥西呢。]（在的[衣服][不要穿,你要穿什么呢。]〈近〉）

　　29′. 门口头来*亨*咯[人][去讴得伊来。]（门口在的[那个人][去把他叫来。]〈远〉）

　　30′. 来*东*咯[些书][尽够看哉。]（在的[这些书][完全够看了。]〈泛〉）

以上两类各句式中，一至五是一类。它们都是普通句，基本结构相类，差别只在句中第二个VP及表处所成分的有无或位置，可以看成是同一个句式的不同省略和变化。六是存在句。存在句也可以把处所成分移到句末，构成变式，如例句26可以改成"有个人立亨*门口头"。七是把动词性成分转化成名词性成分的略字结构。略字结构在句中除了例句中用做定语的情况外，还可以做主语或宾语。因此，绍兴方言中"东*"、"带*"、"亨*"在一般动词后和在"来*"后的分布实际上都可以归为上述三类。

各种分布中，"东*"、"带*"、"亨*"在一、二两种句式里位于同一层次的主要动词之前，在其他句式里位于主要动词之后。位置在前表示动作正在进行。如例句13′"我来*带*饲鸡"，说话时还在喂鸡。位置在后表示动作或指令已经实现。如例句18"伊翻东*河港里哉"，说话时他已经掉进河里了。又如例句29中的"开亨*葛*

门",说话时"门"已经开着了。不过这种时态上的区别是由不同句式造成的,与"东﹡"、"带﹡"、"亨﹡"本身关系不大,这里不赘述。

从上述各句式例句可见,"东﹡"、"带﹡"、"亨﹡"在一般动词后与在介词兼动词"来﹡"后出现的语法环境相似,两类句式和结构对应整齐。这和绍兴方言介词"来﹡"虚化程度不深,与动词相去不远的情况有关。不过,这两种环境对"东﹡"、"带﹡"、"亨﹡"有着不同的影响:"东﹡"、"带﹡"、"亨﹡"附着在一般动词后和附着在"来﹡"后,意义上有细微的差别。如例句 11 和 11′中的"亨﹡"都表示人、物存在的处所,也都有普通话无法表达的人、物与说话人距离远的意义,但例句 11 中"立亨﹡"的"亨﹡"可以单独译作普通话的"在",例句 11′中"来﹡亨﹡"的"亨﹡"则要连同"来﹡"一起才能译作"在"。这说明绍兴方言"来﹡"后面的"东﹡"、"带﹡"、"亨﹡"只指明处所,而一般动词后面的"东﹡"、"带﹡"、"亨﹡"除指明处所外,还有介词"来﹡"所具有的引导表处所词语的意义。一般动词后的"东﹡"、"带﹡"、"亨﹡"="来﹡"+"东﹡"、"带﹡"、"亨﹡",这可以说是绍兴方言语法的一个特点。

三

绍兴方言中一般动词后的"东﹡"、"带﹡"、"亨﹡"有"在"义,这一现象前人曾有过记载。章太炎在《新方言》卷一中说:"《尔雅》:'都,於也。'《乡射礼》注:'诸,於也。''都'、'诸'亦同字。……今吴越间言'於'犹用'都'字。如置诸某处则曰'放都某处',或曰'安都某处'。绍兴作德驾切,苏州作丁莫切。"章文所说动词"放"、"安"后"绍兴作德驾切"的"都"就是"带﹡"。可见,认为绍兴方言中一般动词后的"东﹡"、"带﹡"、"亨﹡"包含有介词"在"义的语感存在已久。

但要把一般动词后的"东﹡"、"带﹡"、"亨﹡"看成介词还是困难的。因为包含有介词"在"的意义并不等于就是介词"在"。章太炎认为"带﹡"就是"於"(在),这显然与分析中没有考虑"带﹡"在处所介词兼存在动词"来﹡"后的情况有关。而且,绍兴方言处所助词在一般动词后与处所介词后的使用情况,与苏州等其他吴语方言也不尽相同,不应一概而论。下面以与普通话的介词"在"(如"书放在桌子上")和动词"在"(如"书在桌子上")相当的例子分作 A、B 两组,列举苏州(城区老派)、上海、杭州、宁波、绍兴等方言的情况加以比较,以见异同:

	苏州	上海	杭州	宁波	绍兴
A	勒*（里*）	辣*（辣*），辣*（海*）	辣*（哈*）	来*东*	来*带*
	勒*（浪*）	辣*（辣*），辣*（海*）	辣*（哈*）	来*该*	来*亨*
	勒*海*	辣*（辣*），辣*（海*）	辣*（哈*）	来*（的*），来*辣*	来*东*
B	摆勒*（里*）	摆辣*（辣*），摆辣*（海*）	摆辣*（哈*）	摆东*	安带*
	摆勒*（浪*）	摆辣*（辣*），摆辣*（海*）	摆辣*（哈*）	摆(来*)该	安亨*
	摆勒*海*	摆辣*（辣*），摆辣*（海*）	摆辣*（哈*）	摆的*，摆辣*	安东*

从上列各例可见，第一，介词在各地的语音形式相近，"来*"、"勒*"、"辣*"可能有共同的来源。但表处所的助词语音形式复杂多样，而且即使语音形式相同，所指也不一定相同，很难判断是否有共同的来源。第二，各地助词并不都能区分近指、远指、泛指，其中宁波、绍兴方言"三分"完整，苏州方言近指与远指的区分已不稳固，上海、杭州方言则已经三者合而为一，而且可以省略不用了。如上海：

31. 我心里难过煞辣*（辣*）。（我心里难受着呢。〈近〉）

32. 衣裳摆好辣*（辣*），侬自家去拿。（衣裳收好了，你自己去拿。〈远〉）

33. 英文学辣*（辣*）总归有用场咯。（英语学了总能用上的。〈泛〉）

第三，各地助词前单用的介词都很稳固，但在助词前动词后，苏州、上海、杭州方言有介词，宁波方言大多数情况下没有介词，少数情况下才有介词，绍兴方言则完全没有介词。下面就A、B两组再分别举例说明。先举A组：

34. 苏州：我勒*（里*）该*搭*等人。（我在这儿等人。）

35. 上海：辣*（辣*）黑板浪*向*写字。（在黑板上写字。）

36. 杭州：我辣*（哈*）门房里打电话。（我在传达室里打电话。）

37. 宁波：其来*该*灶根里向*吃饭。（他在厨房里吃饭。）

38. 绍兴：喜鹊来*东*树高头做窠。（喜鹊在树上做窝。）

再举B组：

39. 苏州：拿只茶杯摆勒*（浪*）归*搭*。（拿一只茶杯搁在那儿。）

40. 上海：字写辣*（辣*）黑板浪*向*。（字写在黑板上。）

41. 杭州：我立辣*（哈*）门房里。（我站在传达室里。）

42. 宁波：其坐(来*)该*矮凳高头。（他坐在凳子上。）

43. 绍兴：喜鹊停东*树高头。（喜鹊停在树上。）

以d表示动词，j表示介词，z表示助词，各方言上述A、B两组例句的情况可以重写如下：

	苏州	上海	杭州	宁波	绍兴
A.	j(z)	j(z)	j(z)	jz	jz
B.	dj(z)	dj(z)	dj(z)	d(j)z	dz

助词前动词后介词的有或无显然是方言演变过程中一个语法成分保持和失落的问题。例句39—43中，苏州、上海、杭州方言完全保存了介词"勒*"或"辣*"；宁波方言介词"来*"基本上失落，只有表远指的"坐该*"、"坐来*该*"两可，是介词"来*"失落过程中的仅存；绍兴方言介词"来*"则全部失落。更有甚者，绍兴方言甚至连动词"来*"在"有"字式存在句中也可以省略。如例句25′、26′、27′还可以说成：

25″.皮夹里还有张钞票带*。（钱包里还有一张钞票呢。〈近〉）

26″.门口头有葛*人亨*。（门口有一个人。〈远〉）

27″.伊袋袋里有些铜钱东*。（他口袋里有些钱。〈泛〉）

根据这一情况推断，早期的绍兴方言在动词后助词前应该也存在过介词"来*"，与其他吴语方言情况相同。可以认为，绍兴方言上述B组中的dz实际上是djz失落了介词j的结果。不过动词后的介词失落后，原有介词的意义和功能并没有立即消失，只是在某种程度上转移给了后面的助词。这就使绍兴方言的助词"东*"、"带*"、"亨*"变得能直接附着在动词后引导表处所词语的出现，本身包含了介词的一部分功能和意义。不过毕竟还不能认为"东*"、"带*"、"亨*"已经演变成了介词，因为它们还不能离开"来*"独立组成介词结构，构成下面这样的句子：

44.东*书包里安钢笔。

四

绍兴方言中，"东*"、"带*"、"亨*"表处所虽然明确区分近指、远指、泛指，但当后面没有表处所的词语，而且本身处于句末位置时，表处所的功能便大为减弱。例如：

45.倷则*啥是葛*立带*？（你干吗这么站着？〈近〉）

46.伢新妇有有讨进亨*？（他们家儿媳妇娶了没有？〈远〉）

47.电视机买东*哉。（电视机买了。〈泛〉）

在这种对话里，无论是说话人或是对方，其实都并不意识到人、物存在的处所是话题的一部分。而其中不表示与说话人距离远近的"东*"还可以由表示指示转变为表示语气。例如：

48. 饭豪*燥*吃东*！（饭快点儿吃！）

49. 早咪，慢慢走东*。（还早呢，慢点儿走吧。）

50. 交学钱勿容易，上心些读东*。（交学费不容易，用心点儿学。）

这些句子中的"东*"实际上只表示指令语气。此外，在表处所功能减弱的语句中，还存在助词连用的现象。例如：

51. 偌葛*里坐带*带*，怕伊勿看见咯啊？（你坐在这儿，难道就没看见啊？〈近〉）

52. 偌头卯是葛*立带*亨*则*啥？（你刚才这么站着干吗？〈远〉）

53. 电视机买带*东*，也唔有功夫看。（买了电视机，也没时间看。〈泛〉）

"带*"可以出现在"带*"、"亨*"或"东*"之前。这个"带*"表处所的功能更弱，以致与表远指的"亨*"在一起也不会构成矛盾，省略不用也不影响语句的意义。以上情况表明，绍兴方言中"东*"、"带*"、"亨*"的演变方向将是弱化和虚化，与其他吴语方言相同。这方面的问题，还需要另外讨论。

参考文献

巢宗祺：《苏州方言中"勒笃"等的构成》，《方言》1986.4。
陈望道：《表示动作延续的两种方式》（署名：雪帆），附录三：《"哼"、"东"和"带"》（徐文蔚作），《说存续表现的两式三分》（署名：雪帆），《谈存续跟既事和始事》（署名：雪帆），附录：《对于"来亨"等的修正并答徐文蔚先生》（雪村作），载《陈望道文集》第 3 卷，上海人民出版社，1981。
范　寅：《越谚》，谷应山房，1882；上海文艺出版社，1986。
吕叔湘：《释〈景德传灯录〉中在、著二助词》，《华西协和大学中国文化研究所集刊》1 卷 3 期，1941；又载《汉语语法论文集》，科学出版社，1955；商务印书馆，1984。
　　《指示代词的二分法和三分法》，《中国语文》1990.6。
王福堂：《绍兴话记音》，《语言学论丛》第 3 辑，上海教育出版社，1959。
章太炎：《新方言》，浙江图书馆，1919。
赵元任：《现代吴语的研究》，清华学校研究院，1928；科学出版社，1956。

（原载《语言学论丛》第 21 辑，商务印书馆，1998 年）

从"实心馒头"到"淡面包"再到"淡包"

——语词语义场归属变化一例

我国北方的蒸制面食,按有馅无馅可以分为"馒头"和"包子"两类。"馒头"有"糖馒头"、"戗面馒头"等,都是无馅的。如"糖馒头"是把糖均匀和入面中的无馅蒸制面食。"包子"有"肉包子"、"菜包子"、"糖包子"等,都是有馅的。此外,面食按制作方法的不同,还有烙制的"烙饼",按西法烤制的"面包"等。

绍兴的蒸制面食,过去一直是有馅无馅的都叫"馒头"。细分的话,无馅的叫"实心馒头",有馅的叫"肉馒头"、"菜馒头"、"糖馒头"等。绍兴的"馒头",包括了北方的"馒头"和"包子"。

这样,绍兴话的"实心馒头"就相当于北方的"馒头"。不过,虽然这两个词所指的事物相同,绍兴话的词表面上看起来也只多了一个定语,但两个词中"馒头"的意义却大相径庭,因为它们所属的语义场并不相同。绍兴话中和"实心馒头"同一系列的"肉馒头"、"菜馒头"、"糖馒头"等都是有馅的。如"糖馒头"是糖馅的蒸制面食(和北方的"糖馒头"不同)。这一系列的词以有馅无馅和馅料的不同相互区别,共同构成"蒸制面食"的语义场。这也就是它们共同的上位词"馒头"的意义,较之北方的"馒头"少了"无馅"这一区别特征。绍兴地处江南,当地人以稻米为主食,面食一般只用作点心,大多是有馅的。所谓的"实心馒头"在解放前实际上比较少见。因此,如果不加定语,绍兴话的"馒头"多半还是指的北方的"包子"(有馅的蒸制面食)。这种语义场结构也是吴方言的普遍特点。

有意思的是,1998年秋天我们在绍兴市内调查方言时发现,现在绍兴市内除少数老年人外,已经不用"实心馒头"的说法,而改说"淡面包"或"淡包"了。("淡包"的叫法更常见,大多数人认为是"淡面包"的简称。)"肉馒头"、"菜馒头"等则同时也可以用北方的称呼,说成"肉包"、"菜包"等。

这种用词的变化是由社会生活的变化引起的。据当地人告知,这首先是因为解放后有大批山东籍的干部南下来到绍兴工作。他们在北方养成的生活习惯是以蒸制面食(包括有馅和无馅的)为主食,不是仅仅当作点心的。这样,绍兴当地的蒸制面食,特别是本来较少见的无馅蒸制面食,就开始越来越多地有售了。其次是改革开放以后,北方的各类公司、单位以至打工仔、小贩大量涌入绍兴,又加速了这一变化。我们在绍兴看到,学校的食堂和街上的饭铺都有这种无馅面食出售。每到早上,各条街上还会冒出许多临时的早点摊,出售各种类似北方的面食。无馅的蒸制面食(比北方的"馒头"明显更暄更松)是其中最常见的一种。许多当地人也已经习惯以这种面食为早餐了。

无馅蒸制面食的大量出现引发了从"实心馒头"到"淡面包"、"淡包"的称呼的变化,而这种称呼的变化涉及到语义场的结构。

"实心馒头"没有改用北方的称呼"馒头",是因为绍兴话原有的"馒头"多是指有馅的。但绍兴另外也有一种无馅的面食,即"面包"。于是绍兴人把上述这种无馅的蒸制面食和"面包"这种无馅的烤制面食归入了一类。由于面包一般是甜的,因此就把不甜的"实心馒头"叫做"淡面包"。这样,"淡面包"就以"无馅"为区别特征,与"有馅"的"馒头"形成对立,而和"面包"在"蒸制"、"烤制"上的不同反而变得不重要了。"实心馒头"改称"淡面包"完全打破了吴方言中"蒸制面食"语义场不区分有馅无馅的格局。虽然只改变了一种面食的叫法,语义场区别特征格局的变化却很大。

"淡包"的称呼较"淡面包"晚出,由它引起的语义场结构变化将又不相同。尽管目前大多数绍兴人还认为"淡包"是"淡面包"的简称,但以下两个因素可能会引发再次的重新分析。一是在实际生活中"淡包"和面包类面食一起出现的机会不多:面包类多在食品店出售,"淡包"则常和其他北方面食在饭铺和早点摊上出售。二是"淡包"从名称上已经和"面包"、"甜面包"、"果料面包"等不再构成系列。我们发现,饭铺和早点摊同时出售的面食,主要有无馅蒸制面食、有馅(以肉、干菜、糖为馅料)蒸制面食、油炸食品、面条类食品等,其中有馅和无馅的蒸制面食在同一笼屉中蒸制,关系最为密切。在饭铺的小黑板上通常写着"肉包、菜包、糖包、淡包……",俨然形成了一个新的"包子"系列。据当地人告知,人们在家里多半还是管"肉包、菜包、糖包"叫"馒头",但有时也说"肉包、菜包、糖包"。在学校里更多用后一种说法,因为比较接近普通话。饭铺也多用后一种说法,主要是为了照顾外地人。

如果这一变化完成,当地人就将不再意识到"淡包"是"淡面包"的简称,而只会把它看做是和"肉包、菜包、糖包"同系列的词了。也就是说,"淡包"中"包"的意思将由"面包"转变成"包子"。这一变化的结果是,虽然"肉包、菜包、糖包"等多个具体语词的所指变得和北方话完全相同,但语义场却恢复到了吴方言原来的格局:有馅无馅不分,共同上位词指"蒸制面食"。只是上位的具体语词由"馒头(不一定无馅)"换成了

"包子(不一定有馅)",下位的具体语词也换去了大半。

绍兴地处吴方言中心区。在周围吴方言的影响下,绍兴话中由"淡面包"一词改变了的语义场格局,能否由"淡包"一词恢复过来呢?我们看好"淡包"。因为我们感觉到,吴方言区人们的心目中终究还是认为"蒸制面食"应该是一个语义场,与烤制的"面包"不属一类。这种语义场的区别比若干具体语词的区别更属底层,更加牢固。在"淡面包"的称呼出现后不久就又出现了"淡包"的称呼,看来不仅仅是为了简称的方便,恐怕更是因为它有可能恢复原有的语义场格局。而目前的社会生活也支持"淡包"回归"蒸制面食"系列。

让我们静观其变。

(和王洪君合作,原载《语文研究》2000年第1期)

绍兴方言"偠子"本字考

绍兴方言"偠子"[ˢiẽ tseʔ˳]一词,指因缺乏生活经验或不明事理而容易上当受骗的人,即蠢人。例如"(葛*)个偠子,好个覅伊,拕得个疲咯!"(这傻瓜,好的不要,倒拿了个差的!)绍兴话另有"呆子"一词,有时和"偠子"不同,指因智力欠缺或心理障碍而缺乏判断能力的人,有时也与"偠子"同义。

清范寅所著《越谚》收有大量反映绍兴地区语言风物的方言词语,也收入了该词。如卷中"赝掩子:不聪明而可欺侮之人","大赝撩子:不识好歹之甚",卷下"偠雁,呼如魇:谓不识好歹,不辨真伪",意思都和目前绍兴方言所说相同。不过蠢人在吸取教训或取得经验以后也会有所进步,甚至变得精通事理。所以该书卷上又收有谚语一则:"在行人都是偠子鬼变"(内行都是外行变来的)。

"偠魇"、"赝掩"、"赝撩",注音字,同音[ˢiẽ],阴上调。本字不明。绍兴话中"偠"的同音字都没有愚蠢义,文献也无可考证。在人们的语感中,"偠"和"呆"一样是形容词。"偠"可以和"呆"一样用作定语,比如"偠东家,病作头"(是说早先东家克扣长工,长工就以称病怠工相对待,这样的东家其实是很蠢的)。但"偠"是否和"呆"一样也能用作谓语,人们的语感就不一致了。比如"(葛*)个人介呆咯"(这人这么傻)都可以说,"(葛*)个人介偠咯"则有的人说,有的人不说。由此看来,"偠"还不是一个语法功能完全的形容词。

考证本字,通常要求把字音和词义两个方面结合起来考虑,求得音义两方面的严格对应。比如苏州方言"孵~小鸡"[buˀ],"孵"是训读字,本字是"伏"。"伏",《广韵》"鸟菢子",扶富切,苏州方言中字音词义两方面完全相符。

不过字音词义的对应常有比较复杂的情况。因此,从词义这一方面着眼,考证本字时还要考虑词义是否有变化的可能。比如厦门方言"叶树~"[hioʔ˳],"叶"是训读字,本字是"箬"。"箬",《广韵》"竹箬",而灼切,原指一种枝细叶大的竹子,以后词义缩小只指这种竹子的叶子,厦门方言中词义又扩大泛指各种树叶。

此外,还要考虑本字的词类也可能变化。比如苏州话"荫"[inˀ]是凉的意思。据《说文》:"荫,草阴地",於禁切,义为遮蔽,应为动词。但《荀子》"劝学篇":"树成荫而众鸟息焉",说明"荫"很早也已经转作名词了。目前苏州方言"荫"作凉解,应是后来又转成了形容词。这是因为有草木遮蔽的地方总是比较凉的缘故。目前也有人不认同转为形容词的"荫",认为本字应该是"瀴"。"瀴",《广韵》"瀴㴐,冷也",於孟切,词义虽然相近,读音却需要斟酌。因为"瀴"按反切是梗摄开口二等字,与"樱"同韵,就韵母的语音层次来看,苏州方言中的读音[in˧]应属读书音,不属口语音。而作为方言口语中的常用词,很难解释"瀴"的韵母读音为什么不是与"樱"相同的口语音的[aŋ˧],而是读书音的[in˧]。这也说明字音考证中文白异读的问题是不能不考虑的。如果认同转作形容词的"荫",作为深摄开口三等字,读音[in˧]就不存在文白的问题了。"荫"也见于吴语区多数方言,实际上大多数人的语感是认同的。

但如果本字的意义变化较大,超出了基本意义的范围,以致变化了的意义和本字无法联系,考证就会发生困难。方言中不乏这样的例子。比如西安方言把毛笔叫做"生活"[ₔsəŋ xuo·],原是根据唐代的一个传说。据五代后周王仁裕《开元天宝遗事》说:"李太白少时,梦所用之笔头上生花。后天才瞻逸,名闻天下。"按这一传说,"生活"的本字应该就是"生花"。目前西北地区有的方言就还是这样写的。"生花"原是用来比喻诗人的天才的,但后来转而用作毛笔的代称,这就逐渐和传说失去了联系。人们就慢慢忘了它的原意,忘了它的本字,而原来的词组被看成了名词,后字变成轻声,西安方言根据读音就把它写成了"生活"。这说明,考证本字不仅要着眼于词义和字音相联系的一般情况,还要考虑由于史实或传说的流传变化,本字意义是否有较大变化的可能,然后通过对文献材料的查证,包括对史实或传说流变情况的考察,设法恢复变化了的意义和原义之间的联系,找到本字。为此需要在考虑词义和字音相联系的同时,扩大视野,注意那些看起来意义上似乎无关的音同音近的字(词)。

绍兴方言"修子"一词,不排除有发生过与西安话"生活"相似的词义变化的可能。笔者在阅读文献时发现,"修"的愚蠢义很可能与同音字"燕"有关。因为《战国策》中一个燕国因统治者愚蠢而导致社会动乱的记载,把"燕"字和愚蠢义联系了起来。下面摘录一段有关的文字:

……苏秦之在燕也,与其相子之为婚,而苏代与子之交。……子之相燕,贵重主断。苏代为齐使於燕。燕王(按指子哙)问之曰:"齐宣王何如?"对曰:"必不霸。"燕王曰:"何也?"对曰:"不信其臣。"——苏代欲以激燕王以厚任子之也。——於是燕王大信子之。子之因遗苏代百金,听其所使。鹿毛寿谓燕王曰:"不如以国让子之。人谓尧贤者,以其让天下於许由。由必不受。有让天下之名,实不失天下。今王以国让相子之,子之必不敢受。是王与尧同行也。"燕王因

> 举国属子之。子之大重。或曰:"……今王言属国子之,而吏无非太子人者,是名属之,而太子用事。"王因收印自三百石吏而效之子之。子之南面行王事。而哙老不听政,顾为臣,国事皆决子之。子之三年,燕国大乱。……将军市被太子平谋将攻子之。……燕王哙死。……

燕王哙听信一些人的一派胡言,竟然真的照帝尧禅让那样行事,把王位让给了宰相子之,而且在权力上越来越退让,终于酿成大乱,自身也被杀害。

这件事给人们留下的印象是如此之深刻,以致后人在很长一段时间里一说到蠢人就会想起它来。下面是《太平御览》中《东观汉记》的一段记载:

> 上(按指光武帝)破贼入渔阳。诸将上尊号。上不许议。曹掾张祉言:"俗以为燕人愚。方定大事,反与愚人相守。非计也。"上大笑。

光武不准别人拥戴他称帝,张祉认为光武是像"燕人"一样的"愚人"。

"燕人"即"愚人",这里"燕"字有了愚蠢义。从字音看,"燕",《广韵》"国名",乌前切,"玄鸟",於甸切,绍兴方言中同音阴上调[ˊie](也有人同音阴去调[ie ˋ]),也和"偐"相同。看来"偐"就是"燕","偐子"就是上面所说"燕人"的意思。这种由古代的历史事实构成的词语进入口语,和绍兴地区深厚的传统文化积淀有关。只是在长期的使用中,愚蠢的"燕人"转义为蠢人,"燕"字有了愚蠢义,就由名词慢慢转变成了形容词(虽然还不能在任何情况下都像一般形容词那样用作谓语)。这样,"燕"字由于新的愚蠢义和原来的国名无法相联系,加上后来社会上政治思想和文化情况的变化,绍兴人也不再能联想起上述历史事实,慢慢忘了本字,后来就用"偐"、"赝"等注音字来书写了。

绍兴方言另外还有"偐绷＊＊"[ˊie³³⁵ paŋ₅₂]一词,和"偐子"同义,目前少数老年人还在使用。"偐绷＊＊"中的"绷＊＊"不知是什么意思,但似乎和"大绷＊＊"一词中的"绷＊＊"相似。"大绷＊＊",义为大伯子,其中的"绷＊＊"是"伯"的儿化音,即"伯儿"。——这是绍兴方言少数几个残存的儿化音之一。——看来"偐绷＊＊"中的"绷＊＊"也是"伯儿"。而且据《史记》"燕召公世家",召公为武王异母兄弟,在武王之子成王执政时曾与周公共同辅政,被尊称为"二伯"。这样,把音义两方面联系起来,很明显,"偐绷＊＊"就是"燕伯儿"。"燕"而称"伯",应该是该词源于上述史实的有力证据。"燕伯"儿化,则是蠢人不被尊重的缘故。

综上所述,在恢复变化了的词义和本字原义的联系以后,可以认为,绍兴方言"偐子"的本字就是"燕子",来源于战国时燕王哙让位身死的史实。

引用书目

范　寅:《越谚》,谷应山房,1882;上海文艺出版社,1987。
李　昉:《太平御览》四九九卷"人事部",中华书局,1985。
司马迁:《史记》三十四卷"燕召公世家",载《二十五史》,上海古籍出版社,1986。

(原载《吴语研究——第三届国际吴方言学术研讨会论文集》,
上海教育出版社,2005年)

后　　记

　　本书收入笔者有关汉语方言的论文29篇。

　　时光匆匆,笔者从事教学和科研不觉已50年有余。早年承导师袁家骅先生指点,致力于汉语方言研究。但60年代中期以后停滞多年,80年代又投入《汉语方音字汇》和《汉语方言词汇》两书的修订,90年代起才得以再度致力于耕耘。本书所收论文的绝大部分便是在近十余年的时间里写作的。

　　论文按内容分为几组:论述与评介,方言分区问题,汉语方言研究,绍兴方言研究。方言分区问题方面,笔者对"晋语"的意见见于拙著《汉语方言语音的演变和层次》中的有关章节,但并无单篇论文发表,本书中因付阙如。绍兴方言是笔者的母语,笔者所说方言的年龄层次又较高,有其特点,但目前已经很难有条件作有规模的调查和系统的写作,本书收入的只是几篇零散的论文。

　　收入的论文大都有一些词句上的改动,部分也有材料方面的补充和论述方面的修正。另外,《绍兴话记音》一文是笔者早年的习作,有个别疏漏之处,其中"不成词变调"一节作了较多的补充和订正,另删除了"比较音韵"部分。《绍兴方言中表处所的助词"东*"、"带*"、"亨*"》一文曾于1988年提交香港吴语研究国际学术会议,原题为《绍兴方言中的处所介词"东*"、"带*"、"亨*"》,由于会议论文集多年未能出版,笔者对问题的看法又有变化,因此征得论文集编者同意,修改后另行发表,笔者之见当以本文为准。《二十世纪的汉语方言学》一文完稿于1997年,为与时限相符,收入本书时补充了对此后两年几种著述的评论。《普通话语音标准中声韵调音值的几个问题》一文增加了一个附注。

　　收入的论文,有的先在学术研讨会上宣读,有的直接在刊物和论文集上发表,得到过同行学者的指教。现在结集出版,也希望能得到读者的指正。

王　福　堂
北京大学承泽园
2008年3月20日